Heinz-Jürgen Tischbein • Peter Langweg

Die Legitimationsprüfung/ Identifizierung bei der Kontoeröffnung

Anforderungen nach der AO, dem GwG, dem KWG und der Zinsinformationsverordnung

4., überarbeitete Auflage 2011

Der Text gibt die Rechtsauffassung der Autoren wieder. Weder sie noch der Herausgeber der Broschüre oder der Verlag haften für die Richtigkeit der Interpretation.

Herausgeber:
Bundesverband der Deutschen Volksbanken und Raiffeisenbanken e. V., Berlin

© Deutscher Genossenschafts-Verlag eG, Wiesbaden

Druck: AZ Druck und Datentechnik GmbH, Kempten/Allgäu

Bestell-Nr. 961710 **DG** VERLAG

ISBN 978-3-87151-139-4

Inhaltsverzeichnis

4

Inhaltsverzeichnis

Inhaltsverzeichnis

Seite

Vorwort

Die EG-Richtlinie zur Bekämpfung der Geldwäsche schreibt unter anderem bei der Anknüpfung von Geschäftsbeziehungen eine Identifizierung des Vertragspartners vor. Der Gesetzgeber hatte zunächst bei der Umsetzung der Richtlinie durch das Geldwäschegesetz auf Regelungen zur Umsetzung der Identifizierungspflichten bei Konto- und Depoteröffnungen sowie bei der Vergabe von Schließfächern verzichtet. Er ging dabei davon aus, dass die in diesem Zusammenhang erforderlichen Feststellungen von den kontoführenden Stellen bereits aufgrund der Verpflichtung nach § 154 Abs. 2 AO getroffen werden. Dennoch wurde im Rahmen der Fortentwicklung des Geldwäscherechts unter anderem eine eigene Identifizierungspflicht in das Geldwäschegesetz auch für die Kontoeröffnung aufgenommen. Die sich seither für die Praxis ergebenden zusätzlichen Anforderungen aus geldwäscherechtlicher Sicht werden in den nachfolgenden Ausführungen berücksichtigt.

Die geldwäscherechtlichen Regelungen und die Regelungen der Abgabenordnung haben eine unterschiedliche Zielsetzung. Während insbesondere das Geldwäschegesetz als Gewerbeaufsichtsrecht die kontoführenden Stellen verpflichtet, durch bestimmte Sorgfaltspflichten die Verbrechensbekämpfung zu erleichtern, dienen die Bestimmungen der Abgabenordnung zur Sicherstellung der ordnungsgemäßen Besteuerung. Dennoch gibt es zwischen beiden Regelungskreisen zahlreiche Verbindungen. Die Praxis wird immer versuchen, die Handlungsabläufe so auszurichten, dass zugleich den Vorschriften des § 154 AO und auch den geldwäscherechtlichen Vorschriften in vollem Umfang Rechnung getragen wird. Die nachfolgenden Ausführungen versuchen, diesem Ansatz gerecht zu werden. Eine zivilrechtliche Beratung kann dieser Leitfaden aber nicht ersetzen.

Seit der 3. Auflage haben sich wiederum verschiedene Rechtsänderungen und zahlreiche Änderungen der Verwaltungspraxis ergeben, die eine gründliche Überarbeitung des Textes erforderlich machten.

Vorwort

Nach einem umfassenden allgemeinen Überblick über die nach der Abgabenordnung, den geldwäscherechtlichen Vorschriften im Geldwäschegesetz und Kreditwesengesetz sowie der Zinsinformationsverordnung einzuhaltenden Vorgaben werden die verschiedenen, in der täglichen Praxis
auftretenden Fallgruppen der Kontoeröffnung nach einem einheitlichen
Schema erarbeitet. Hierdurch kann sich der Bankmitarbeiter schnell einen
Überblick verschaffen, welche Anforderungen im Einzelfall einzuhalten
sind.

Berlin, im Dezember 2010

Dr. Heinz-Jürgen Tischbein   Peter Langweg

Abkürzungsverzeichnis

a. a. O.	am angegebenen Ort
ABl.	Amtsblatt
Abs.	Absatz
AEAO	Anwendungserlass zur Abgabenordnung
AG	Aktiengesellschaft
AktG	Aktiengesetz
AO	Abgabenordnung
AO/FGO	Abgabenordnung mit Finanzgerichtsordnung und Nebengesetzen
Art.	Artikel
AufenthV	Aufenthaltsverordnung
Aufl.	Auflage
BaFin	Bundesaufsichtsamt für das Kreditwesen
BAKred	Gesetz über die Sicherung von Bauforderungen (Bauforderungssicherungsgesetz)
BayOLG	Bayerisches Oberlandesgericht
BB	Der Betriebs-Berater
BFH	Bundesfinanzhof
BGB	Bürgerliches Gesetzbuch
BGBl	Bundesgesetzblatt
BGH	Bundesgerichtshof
BMF	Bundesministerium der Finanzen
BStBl	Bundessteuerblatt
Btx	Bildschirmtext
BVR	Bundesverband der deutschen Volksbanken und Raiffeisenbanken
BZSt	Bundeszentralamt für Steuern
bzw.	beziehungsweise
CpD	Conto pro Diverse

Abkürzungsverzeichnis

DBA	Doppelbesteuerungsabkommen
d. h.	das heißt
DVAuslG	Durchführungsverordnung zum Ausländergesetz
EDV	Elektronische Datenverarbeitung
eG	eingetragene Genossenschaft
EG	Europäische Gemeinschaften
EGBGB	Einführungsgesetz zum Bürgerlichen Gesetzbuch
EGVO	Europäische Verordnung des Rates
EKD	Evangelische Kirche in Deutschland
ErbStG	Erbschaftsteuer- und Schenkungsteuergesetz
EStG	Einkommensteuergesetz
etc.	et cetera
EU	Europäische Union
e. V.	eingetragener Verein
EWIV	Europäische wirtschaftliche Interessenvereinigung
EWR	Europäischer Wirtschaftsraum
f.	folgende
FamFG	Gesetz über das Verfahren in Familiensachen
FATCA	Foreign Account Tax Compliance Act
FATF	Financial Action Task Force on Money Laundering
ff.	fortfolgende
Fn.	Fußnote
FreizügG/EU	Gesetz über die allgemeine Freizügigkeit von Unionsbürgern
GbR	Gesellschaft bürgerlichen Rechts
GemKVO	Gemeindekassenverordnung
GenG	Genossenschaftsgesetz
GG	Grundgesetz
ggf.	gegebenenfalls
gGmbH	gemeinnützige Gesellschaft mit beschränkter Haftung
GmbH	Gesellschaft mit beschränkter Haftung
GmbHG	Gesetz betreffend die Gesellschaften mit beschränkter Haftung
GmbH & Co.	Gesellschaft mit beschränkter Haftung und Compagnie
GwBekErgG	Geldwäschebekämpfungsergänzungsgesetz
GwG	Geldwäschegesetz
gem.	gemäß
HGB	Handelsgesetzbuch

ID-Karte	Identitätskarte
i. d. R.	in der Regel
i. G.	in Gründung
i. S.	im Sinne
i. S. d.	im Sinne des
KapSt	Kapitalertragsteuer
KG	Kommanditgesellschaft
KGaA	Kommanditgesellschaft auf Aktien
KO	Konkursordnung
KStG	Körperschaftsteuergesetz
KWG	Kreditwesengesetz
NJW	Neue Juristische Wochenschrift
Nr.	Nummer
o. a.	oben angeführt
OECD	Organisation for Economic Cooperation and Development
OFD	Oberfinanzdirektion
OGAW	Organismus für gemeinsame Anlagen in Wertpapieren
OHG	Offene Handelsgesellschaft
PEP	Politisch exponierte Personen
PIN	Persönliche Identifikationsnummer
Rdn.	Randnummer(n) der Broschüre
RFH	Reichsfinanzhof
RFHE	Amtliche Sammlung der Entscheidungen des Reichsfinanzhofs
RGZ	Amtliche Sammlung der Entscheidungen des Reichsgerichtshofs
Rz	Randziffer
S.	Seite
SE	Europäische Aktiengesellschaft (Societas Europaea)
SGB	Sozialgesetzbuch
s. o.	siehe oben
sog.	sogenannt
TAN	Transaktionsnummer
TIN	Steuer-Identifikationsnummer
Tz	Textziffer
VAG	Versicherungsaufsichtsgesetz
vgl.	vergleiche

Abkürzungsverzeichnis

VVaG	Versicherungsverein auf Gegenseitigkeit
VwVfG	Verwaltungsverfahrensgesetz
WEG	Wohnungseigentümergemeinschaft
WM	Wertpapier-Mitteilungen
WpHG	Wertpapierhandelsgesetz
WuB	Entscheidungssammlung zum Wirtschafts- und Bankrecht
ZASt	Zinsabschlagsteuer
z. B.	zum Beispiel
ZIP	Zeitschrift für Wirtschaftsrecht
ZIV	Zinsinformationsverordnung
ZKA	Zentraler Kreditausschuss

A. Gesetzliche Pflichten zur Kundenidentifizierung

1 Legitimationsprüfung nach der Abgabenordnung

Nach § 154 Abs. 2 AO muss sich ein Kreditinstitut vor der Eröffnung eines Kontos bzw. der Überlassung von Schließfächern Gewissheit über die Person des Verfügungsberechtigten (Gläubiger, gesetzlicher Vertreter oder Bevollmächtigter, vgl. Rdn. 41) verschaffen.

1

Die erforderliche Gewissheit über die Person besteht nach § 154 Abs. 2 AO bei natürlichen Personen, wenn der vollständige Name, das Geburtsdatum und die Adresse bekannt sind. Darüber hinaus sind gem. § 4 Abs. 3 GwG der Geburtsort und die Staatsangehörigkeit des Vertragspartners, also Kontoinhabers, festzustellen. Die entsprechenden Angaben muss das Kreditinstitut auf dem Konto festhalten[1]. Es soll hierdurch in der Lage sein, jederzeit Auskunft darüber geben zu können, wer über ein bestimmtes Konto verfügungsberechtigt ist. Zusätzlich muss das Kreditinstitut in der Lage sein, alle Konten zu benennen, über die eine bestimmte Person verfügungsberechtigt ist. Hierdurch schafft sich das Kreditinstitut zugleich die Datenbasis für die beim Tod eines Kunden erforderliche Meldung nach § 33 Abs. 1 ErbStG.

Nach § 154 Abs. 1 Abgabenordnung (AO) darf niemand ein Konto auf einen falschen oder erdichteten Namen errichten. Hierdurch soll sichergestellt werden, dass die Nachprüfung der steuerlichen Verhältnisse nicht durch die Verwendung von falschen oder erdichteten Namen erschwert wird[2]. Deshalb dürfen nach § 154 AO in Deutschland auch keine Nummernkonten eröffnet bzw. geführt werden (vgl. Nr. 5 AEAO zu § 154 AO,

---

1 Vgl. Nr. 5 AEAO § 154 AO, abgedruckt im Anhang unter 2.1.
2 Bundestagsdrucksache VI/1982, S. 123

abgedruckt im Anhang unter 2.1). Die Verschleierung von Vermögenswerten soll so verhindert werden.

1.1 Das Konto auf einen falschen oder erdichteten Namen

2   Ein Konto wird auf einen falschen Namen eröffnet, wenn der Name des Kontoinhabers zwar existiert, der wahre Namensträger aber zu keinem Zeitpunkt über das Konto verfügungsberechtigt sein soll.

> **Beispiel:**
> A eröffnet bei einem Kreditinstitut ein Konto auf den Namen des B. Den Namen und die Adresse des B hat er aus einem Telefonbuch entnommen. B erfährt von der Kontoeröffnung nichts.

Auf einen erdichteten Namen wird ein Konto dann eröffnet, wenn der Name des Kontoinhabers frei erfunden ist.

> **Beispiel:**
> C errichtet auf den Fantasienamen D ein Konto.

Eine Kontoerrichtung auf einen falschen bzw. erdichteten Namen liegt demgegenüber nicht vor, wenn das für einen bestimmten Bankkunden errichtete Konto später ausschließlich von einem bevollmächtigten Dritten in dessen eigenem Interesse genutzt wird.

> **Beispiel:**
> Der 70-jährige A beantragt die Eröffnung eines Kontos auf seinen Namen. Er erteilt seinem 30-jährigen Sohn Kontovollmacht. In der Folgezeit wird das Konto ausschließlich durch den Sohn genutzt. Er reicht Schecks zur Gutschrift ein und nimmt Barabhebungen vor.

Die Kontoeröffnung erfolgt entsprechend der Regelung des § 154 Abs. 1 AO auf den Namen der Person, die auch die Kontoeröffnung beantragt hat und die Gläubigerin des Bankguthabens werden soll. Da der Kontoinhaber seinen Namen bei der Kontoeröffnung korrekt angegeben hat, liegt kein Verstoß gegen § 154 Abs. 1 AO vor. Sperrt die Bank in einem solchen Fall das Konto, macht sie sich schadensersatzpflichtig[1]. Allerdings sollte die Bank mit dem Kontoinhaber klären, ob er das Konto auf Veran-

---

1   BGH vom 18. Oktober 1994, ZIP 1994, 1926; WM 1994, 2270; NJW 1995, 261; BB 1995, 62.

lassung seines Sohnes führt und diesen ggf. als wirtschaftlich Berechtigten erfassen (vgl. Rdn. 10).

1.2 Die Folgen eines Verstoßes gegen den Grundsatz der Kontenwahrheit

Stellt das Kreditinstitut fest, dass ein Konto auf einen falschen bzw. erdichteten Namen errichtet wurde, muss das Konto gesperrt werden. Nach § 154 Abs. 3 AO darf das Guthaben dann nur noch mit Zustimmung des für die Einkommensteuer und Körperschaftsteuer des Verfügungsberechtigten zuständigen Finanzamts herausgegeben werden. Sind verschiedene Personen über das Konto verfügungsbefugt und sind für diese Personen verschiedene Finanzämter örtlich zuständig (z. B. bei abweichendem Wohnsitz nach 17 AO), müssen alle für die verschiedenen Verfügungsberechtigten zuständigen Finanzämter zustimmen. **3**

Das Kreditinstitut ist nicht verpflichtet, dem Finanzamt eine Anzeige zu erstatten, wenn es erfährt, dass ein Konto auf einen falschen bzw. erfundenen Namen errichtet wurde[1]. Es muss jedoch das Konto sperren. Der Kunde muss sich dann um die Zustimmung seines Finanzamts bemühen, und erst wenn diese dem Kreditinstitut vorliegt, kann es das Kontoguthaben auszahlen.

Wird das Konto nicht gesperrt, obwohl das Kreditinstitut weiß oder nach den Umständen davon auszugehen war, dass das Konto auf einen falschen bzw. erdichteten Namen errichtet wurde, haftet das Kreditinstitut nach § 72 AO für einen daraus ggf. resultierenden Steuerausfall des Fiskus. Die Haftung des Kreditinstituts ist jedoch auf den Wert der herausgegebenen Gegenstände (Guthaben oder Verwahrstücke) beschränkt. Sie kommt nur bei einem Verstoß gegen das Verbot der Kontoeröffnung auf einen falschen oder erdichteten Namen nach § 154 Abs. 1 AO in Betracht, nicht aber bei einem Verstoß gegen die Pflicht zur Legitimationsprüfung nach § 154 Abs. 2 (vgl. hierzu Rdn. 109) oder bei einer unzulässigen Verbuchung eines Geschäftsvorfalls über ein CpD-Konto (vgl. Rdn. 118). Der Kunde, der ein Konto auf einen falschen oder erdichteten Namen errichtet, begeht eine Ordnungswidrigkeit, die mit einer Geldbuße bis zu 5.000 Euro geahndet werden kann (§ 379 Abs. 4 AO). **4**

---

1   Tipke/Kruse, § 154 AO, Rdn. 15.

2 Sorgfaltspflichten nach dem Geldwäschegesetz

5 Die EG-Richtlinie zur Verhinderung der Nutzung des Finanzsystems zum Zwecke der Geldwäsche und der Terrorismusfinanzierung (3. EG-Geldwäsche-Richtlinie) vom 26. Oktober 2005 (ABl. EG Nr. L 309, S. 15) verpflichtet die EU-Mitgliedsstaaten unter anderem dafür zu sorgen, dass Kredit- und Finanzinstitute insbesondere bei Begründung einer Geschäftsbeziehung und der Abwicklung gelegentlicher Transaktionen ab 15.000 Euro die Identität ihrer Kunden feststellen und auf der Grundlage von Dokumenten, Daten oder Informationen, die aus einer glaubwürdigen und unabhängigen Quelle stammen, überprüfen. Die Umsetzung der 3. EG-Geldwäsche-Richtlinie in nationales Recht erfolgte durch das am 20. August 2008 im Bundesgesetzblatt verkündete Geldwäschebekämpfungsergänzungsgesetz[1]. Hierdurch wurde das Geldwäschegesetz (GwG) vollständig neu gefasst, wobei spezifische Pflichten für Kreditinstitute in das Kreditwesengesetz (§§ 25c bis 25h KWG) bzw. das Versicherungsaufsichtsgesetz (§§ 80c bis 80f VAG) ausgelagert wurden.

2.1 Identifizierung des Vertragspartners

6 Nach § 3 Abs. 1 Nr. 1 GwG müssen die Kreditinstitute bei Begründung einer auf Dauer angelegten Geschäftsbeziehung und bei Durchführung einer außerhalb einer bestehenden Geschäftsbeziehung anfallenden Transaktion (z. B. beim Ankauf von Edelmetallen) im Wert von 15.000 Euro oder mehr den jeweiligen Vertragspartner nach Maßgabe des § 4 Abs. 3 und 4 GwG identifizieren.

Gemäß § 4 Abs. 3 und 4 GwG besteht die Identifizierung aus der Feststellung der Identität durch das Erheben bestimmter Angaben und der Überprüfung (Verifizierung) der Angaben durch bestimmte Dokumente.

Mit Schreiben vom 4. November 2002 – und damit bereits unter Geltung des bisherigen Geldwäschegesetzes – hatte das Bundesfinanzministerium klargestellt, dass die Erleichterungen des Anwendungserlasses zu § 154 AO zu den Legitimationsprüfungspflichten auch bei der Verpflichtung zur Identifizierung nach dem Geldwäschegesetz zur Anwendung kommen.[2] Diese Klarstellung gilt unverändert für die Neufassung des Geldwäsche-

---

1 Gesetz zur Ergänzung der Bekämpfung der Geldwäsche und Terrorismusfinanzierung (Geldwäschebekämpfungsergänzungsgesetz-GwBekErgG) vom 13. August 2008, BGBl I, S. 1690.

2 BMF vom 4. November 2002 – VII B7 WK 5023 – 1031/02.

gesetzes fort, worauf die Gesetzesbegründung zu § 3 Abs. 1 Nr. 1 GwG ausdrücklich hinweist.[1]

Die Regelungen zu den Identifizierungs- und Aufzeichnungspflichten nach dem Geldwäschegesetz und nach § 154 AO sind zwar grundsätzlich unabhängig voneinander. Gleichwohl gibt es zahlreiche Berührungspunkte beider Regelungssysteme, was auch Auswirkungen auf die Art und Weise der Identifizierung hat.

Nach § 4 Abs. 2 GwG kann von den erforderlichen Identifizierungen abgesehen werden, wenn der Kunde bereits bei früherer Gelegenheit identifiziert und die dabei erhobenen Angaben aufgezeichnet wurden.

§ 4 Abs. 4 GwG beschränkt allerdings die zulässigen Legitimationspapiere zur Identifizierung des Vertragspartners auf gültige amtliche Lichtbildausweise, Auszüge aus dem Handels- oder Genossenschaftsregister und andere gleichwertige Dokumente. Um den strengen Vorschriften des Geldwäschegesetzes zu genügen, darf deshalb bei der Aufnahme einer Geschäftsverbindung durch erstmalige Eröffnung eines Kontos oder Depots sowie bei der erstmaligen Vergabe von Schließfächern auch dann nicht auf die Vorlage eines Legitimationspapiers verzichtet werden, wenn der Kunde der Bank persönlich bekannt ist. Es wird sogar als empfehlenswert erachtet, auch bei der Eröffnung weiterer Konten und Depots darauf zu achten, ob ein geeignetes Legitimationspapier bereits früher vorgelegen hat und die Angaben darüber festgehalten wurden. Eine Aufarbeitung der vor dem 29. November 1993 vorgenommenen Altkontoeröffnungen ist allerdings auch weiterhin nicht zwingend erforderlich, soweit kein weiteres Konto für den Kunden eröffnet wird.

2.2 Zweck der Geschäftsbeziehung

Nach § 3 Abs. 1 Nr. 2 GwG wird von den Kreditinstituten ferner verlangt, sich über den Zweck und die angestrebte Art der Geschäftsbeziehung zu informieren, soweit dies nicht bereits aus der Natur der jeweiligen Geschäftsverbindung ersichtlich ist. Hierdurch sollen das sog. Know-your-customer-Prinzip ergänzt und die Kreditinstitute besser in die Lage versetzt werden, ein Risikoprofil über ihre jeweiligen Vertragspartner zu entwickeln. Der Geschäftszweck kann insbesondere in folgenden Fällen bereits aus der Produktart abgeleitet werden: So dient beispielsweise ein Kontokorrentkonto als Privat- oder Geschäftskonto der Abwicklung des Zahlungsverkehrs, ein Sparkonto der Ansammlung und Anlage von Ver-

7

---

1   Bundestagsdrucksache 16/9038, S. 33.

mögen und ein Depotkonto der Verwaltung und Verwahrung von Wertpapieren. Darüber hinaus kann der Geschäftszweck auch aus den Angaben des Kunden abgeleitet werden. Eine gesonderte Erfassung dieser Informationen ist dabei nur insoweit sinnvoll, als sich der Geschäftszweck nicht aus der Kundenbeziehung unmittelbar ergibt. Bei Geschäftsbeziehungen mit natürlichen Personen und nicht gewerblicher Nutzung der Bankprodukte kann daher grundsätzlich angenommen werden, dass der Zweck die allgemeine private Nutzung (z. B. zu Zwecken des Zahlungsverkehrs etc.) ist. Hier besteht daher grundsätzlich kein Bedarf nach weiteren Informationen, solange die Ergebnisse der laufenden Überwachung des Kunden keinen Anlass zu Zweifeln geben. Bei Geschäftskunden kann die Einholung von Angaben zum Nutzungszweck dagegen erforderlich sein, wenn sich dieser nicht aus der Geschäftsbeziehung selbst ergibt. Dabei kann es sinnvoll sein, die Intensität der einzuholenden Informationen über den Geschäftszweck an der dem Kunden zugeordneten Risikokategorie auszurichten.

2.3   Der wirtschaftlich Berechtigte

8   Die Kreditinstitute müssen nach § 3 Abs. 1 Nr. 3 GwG bei jeder Kontoeröffnung und der Abwicklung gelegentlicher Transaktionen ab 15.000 Euro klären, ob der Vertragspartner für einen wirtschaftlich Berechtigten handelt. Ist dies der Fall, muss er nach Maßgabe des § 4 Abs. 5 GwG identifiziert werden. Ist der Vertragspartner keine natürliche Person, muss zusätzlich mit angemessenen Mitteln geklärt werden, wer den Kontoinhaber kontrolliert bzw. die (Eigentums-) Anteile hält. Es geht hierbei um die Frage, in wessen Eigentum oder unter wessen Kontrolle die auf dem Konto verwalteten Vermögenswerte bzw. der Vertragspartner letztlich stehen. Die Bank muss sich dann also zunächst einen Überblick über die Beteiligungs- und Stimmrechtsverhältnisse verschaffen, um auf dieser Grundlage die hinter dem Kunden stehenden natürlichen Personen mit entsprechenden Eigentums- oder Stimmrechtsanteilen ermitteln zu können. Die Vordrucke für die Kontoeröffnung sehen deshalb entsprechende Rubriken vor. Handelt der Kontoinhaber für einen wirtschaftlich Berechtigten, ist dessen Name und, soweit dies in Ansehung des im Einzelfall bestehenden Risikos der Geldwäsche oder der Terrorismusfinanzierung angemessen ist, zusätzlich weitere Identifikationsmerkmale zu erheben.

Insgesamt ist die Thematik des wirtschaftlich Berechtigten neuer Prägung noch nicht mit der Bankaufsicht ausdiskutiert. Es ist daher zu erwarten, dass sich hierzu in naher Zukunft noch Nachjustierungen von Detailfragen sowie eine Änderung der gesetzlichen Vorgaben ergeben werden.

2.3.1 Identifizierung des wirtschaftlich Berechtigten

Handelt der Kontoinhaber für einen wirtschaftlich Berechtigten, so sind   **9**
zur Feststellung dessen Identität der Nachname und mindestens ein Vorname zu erfassen. Weitere Identifizierungsmerkmale wie beispielsweise die Anschrift und das Geburtsdatum sind hingegen nur zu erheben, soweit dies mit Blick auf das im Einzelfall bestehende Geldwäsche- oder Terrorismusfinanzierungsrisiko angezeigt ist.

Die Überprüfung der Identität des wirtschaftlich Berechtigten erfolgt nach § 4 Abs. 5 Satz 2 GwG durch risikoangemessene Maßnahmen. Die Angemessenheit der Maßnahmen richtet sich zunächst nach dem Geldwäsche- oder Terrorismusfinanzierungsrisiko der Geschäftsbeziehung bzw. Transaktion. Gleichzeitig ist zu berücksichtigen, welche Erkenntnismöglichkeiten dem Kreditinstitut zur Klärung des Sachverhalts zur Verfügung stehen. Hierzu weist die Bundesanstalt für Finanzdienstleistungsaufsicht explizit darauf hin[1], dass auch in Fällen eines normalen Risikos stets Maßnahmen zur Überprüfung der Identität des wirtschaftlich Berechtigten ergriffen werden müssen; lediglich der Umfang der insoweit zu treffenden Maßnahmen könne risikoangemessen ausgestaltet werden. Ein vollständiger Verzicht auf Maßnahmen zur Überprüfung der Identität des wirtschaftlich Berechtigten soll damit auch in Fällen des normalen Risikos nicht zulässig sein. Dabei soll das Ersuchen des Kunden um zweckdienliche Daten keine geeignete Maßnahme zur Überprüfung der Identität des wirtschaftlich Berechtigten darstellen. Anders als bei der Identifizierung des Vertragspartners dürften jedoch Verifizierungsmaßnahmen bei wirtschaftlich Berechtigten nicht in allen Fällen durchführbar sein. Um der Vorgabe der Bankaufsicht zu genügen, muss es ausreichen, die Angaben zum wirtschaftlich Berechtigten beim Kunden zu erfragen und – soweit möglich – anhand von öffentlich zugänglichen Quellen oder Dokumentenkopien zu plausibilisieren. Dies kann z. B. anhand von Ausweiskopien, Registerauszügen, Gesellschafterverträgen, Satzungen, aber auch Telefonbucheinträgen oder mittels eigener Internetrecherche erfolgen. Ein amtlicher Ausweis des wirtschaftlich Berechtigten muss jedoch nicht vorgelegt werden. Besonderheiten gelten allerdings nach der Zinsinformationsverordnung, wenn der abweichend wirtschaftlich Berechtigte in einem anderen EU-Mitgliedstaat ansässig ist, vgl. Rdn. 26.

Als wirtschaftlich Berechtigter ist jeweils die im Hintergrund stehende natürliche Person zu ermitteln. Aufgrund der durch die 3. EG-Geldwä-

---

1   BaFin-Rundschreiben Nr. 14/2009 (GW) an alle Kreditinstitute (und andere) in der Bundesrepublik Deutschland vom 29. Juli 2009, Ziffer III.

scherichtlinie vorgegebenen Definition kommen nicht natürliche Personen als wirtschaftlich Berechtigte nicht mehr infrage.

Somit muss bei zwischengeschalteten nicht natürlichen Personen zur Ermittlung des wirtschaftlich Berechtigten grundsätzlich durch diese hindurch auf die dahinterstehende natürliche Person geblickt werden. Dies gilt auch, wenn ein Konto oder Depot treuhänderisch für eine nicht natürliche Person geführt wird.

Insgesamt umfasst die gesetzliche Definition des wirtschaftlich Berechtigten gemäß § 1 Abs. 6 GwG drei unterschiedliche Fallkonstellationen des wirtschaftlich Berechtigten:

▷ derjenige, auf dessen Veranlassung eine Transaktion letztlich durchgeführt bzw. eine Geschäftsbeziehung begründet wird,

▷ diejenige natürliche Person, die den Vertragspartner direkt oder indirekt kontrolliert bzw. in deren Eigentum der Vertragspartner letztlich steht und

▷ bei fremdnützigen Gestaltungen:
  – diejenige natürliche Person, die 25 Prozent oder mehr des Vermögens kontrolliert sowie
  – diejenige natürliche Person, die als Begünstigte von 25 Prozent oder mehr des verwalteten Vermögens bestimmt worden ist, und
  – die Gruppe von natürlichen Personen, zu deren Gunsten das Vermögen hauptsächlich verwaltet oder verteilt werden soll, wenn die begünstigte Person des verwalteten Vermögens noch nicht endgültig bestimmt ist.

2.3.2 Handeln auf Veranlassung eines Dritten

10 Das Handeln auf Veranlassung eines Dritten entspricht im Wesentlichen dem Handeln für Rechnung eines Dritten i. S. d. § 8 GwG-alt. Im Unterschied zur alten Rechtslage ist jedoch jeweils auf die im Hintergrund unmittelbar oder auch nur mittelbar stehende natürliche Personen abzustellen, da nach der neuen gesetzlichen Definition der wirtschaftlich Berechtigte keine juristische Person sein kann. Der Vertragspartner geht in diesen Fällen die Geschäftsbeziehung mit der Absicht ein, die Leistungen und Produkte nicht im eigenen Interesse, sondern – insbesondere als Treuhänder – für die Interessen eines Dritten zu nutzen. Nach der Begründung einer bestehenden Geschäftsbeziehung besteht jedoch regelmäßig keine Pflicht zur Prüfung, ob einzelne Transaktionen auf Veranlassung eines anderen durchgeführt werden. Etwas anderes gilt nur dann,

wenn Zweifel an der Richtigkeit der bei der Begründung der Geschäftsbeziehung erhobenen Angaben zum wirtschaftlich Berechtigten bestehen.

Beispiel:
Bei der Eröffnung eines Treuhandkontos muss der Treuhänder als Kontoinhaber den Namen des wirtschaftlich berechtigten Treugebers nennen. Das Kreditinstitut muss zumindest den Namen und gegebenenfalls weitere Identifikationsmerkmale des Treugebers nach den Angaben des Treuhänders aufzeichnen und diese im Rahmen seiner Möglichkeiten überprüfen.

Werden auf einem Konto Vermögenswerte verschiedener natürlicher Personen verwaltet (z. B. auf einem Sammelkonto eines Vermögensverwalters), muss dem Kreditinstitut eine vollständige Liste der wirtschaftlich Berechtigten eingereicht werden. Die Angaben müssen im Rahmen der bestehenden Möglichkeiten überprüft werden. Spätere Veränderungen müssen vom Kontoinhaber ebenfalls mitgeteilt und durch das Kreditinstitut überprüft werden (zu Anderkonten vgl. Rdn. 84, zu Mietkautionskonten vgl. Rdn. 87, zu Grabpflegekonten vgl. Rdn. 98 und zu Gerichtsvollzieherkonten vgl. Rdn. 175). Bei natürlichen Personen als Treugeber sind zur Verifizierung die Angaben des Kunden zumindest auf Widersprüche hin zu bewerten, wenn Unterlagen zum Treuhandverhältnis nicht verfügbar sind.

Werden Vermögenswerte für nicht natürliche Personen verwaltet, ist „durch diese hindurchzuschauen", der mögliche wirtschaftlich Berechtigte abzuklären und gegebenenfalls zu identifizieren. Das Vorgehen entspricht der Situation bei den wirtschaftlich Berechtigten, die über Stimmrechte oder Eigentumsanteile die Kontrolle über eine nicht natürliche Person ausüben,

Tritt eine nicht natürliche Person als Treuhänder auf, so reicht es aus, den Treugeber (bzw. die hinter einer nicht natürlichen Person als Treugeber stehenden natürlichen Personen) als wirtschaftlich Berechtigten zu erfassen. Von einer Feststellung der natürlichen Personen, die hinter dem Treuhänder stehen, kann in diesen Fällen abgesehen werden.[1]

Bei Anderkonten von Angehörigen rechtsberatender Berufe gemäß § 2 Abs. 1 Nr. 7 GwG (Rechtsanwälte, Patentanwälte, Notare) müssen die wirtschaftlich Berechtigten durch das Kreditinstitut regelmäßig nicht festgestellt werden. Weil diese Berufsträger selbst Verpflichtete des GwG

---

1 ZKA-Hinweise zur Geldwäschebekämpfung 2008, Tz. 39.

sind, können sie ein geringes Risiko darstellen. Nach § 5 Abs. 2 Nr. 3 GwG ist es in diesen Fällen ausreichend, wenn sichergestellt ist, dass das Kreditinstitut Angaben zum wirtschaftlich Berechtigten auf Nachfrage erhält. Regelmäßig wird eine derartige Auskunftsverpflichtung bereits durch die banküblichen Sonderbedingungen für das Führen von Anderkonten und Anderdepots gewährleistet. Die Privilegierung des § 5 Abs. 2 Nr. 3 GwG beschränkt sich allerdings auf die Abklärung des wirtschaftlich Berechtigten bei Anderkonten und erstreckt sich weder auf die sonstige Geschäftsbeziehung zu dem Berufsträger noch auf sonstige Sorgfaltspflichten.

2.3.3 Juristische Personen und Personenmehrheiten

11 Nur bei juristischen Personen und Personenmehrheiten als Vertragspartner kann eine natürliche Person direkt oder indirekt Kontrolle ausüben bzw. Eigentumsanteile halten. Bei Gesellschaften wird nach § 1 Abs. 6 GwG die Kontrollmöglichkeit unwiderlegbar vermutet, wenn unmittelbar oder mittelbar mehr als 25 Prozent der Eigentums- oder Stimmrechtsanteile kontrolliert werden. Bei nicht natürlichen Personen und Personenmehrheiten muss das Kreditinstitut somit neben dem wirtschaftlich Berechtigten, auf dessen Veranlassung eine Transaktion durchgeführt oder eine Geschäftsbeziehung begründet wird, somit zusätzlich auch die natürliche(n) Person(en), die mehr als 25 Prozent der (Eigentums-)Anteile halten, mit angemessenen Mitteln feststellen.

Soweit dies aus Risikogesichtspunkten erforderlich erscheint, sind neben den Namen ergänzend noch weitere verfügbare Identifikationsmerkmale (Anschrift, Geburtsdatum etc.) zu erfassen.

> **Beispiel:**
> Eröffnet der Geschäftsführer einer GmbH für die GmbH ein Konto, muss zunächst abgeklärt werden, ob eine oder mehrere natürliche Personen mehr als 25 Prozent der Eigentums- oder Stimmrechtsanteile an der GmbH besitzen. Ist dies der Fall, so sind die Namen dieser wirtschaftlich Berechtigten und gegebenenfalls weitere Identifikationsmerkmale zu erfassen. Darüber hinaus sind die Feststellungen zu dem oder den wirtschaftlich Berechtigten – soweit möglich – anhand von öffentlich zugänglichen Quellen oder Dokumentenkopien zu plausibilisieren. Dies sollte idealerweise anhand von Registerauszügen, Gesellschafterverträgen, Ausweiskopien erfolgen, hilfsweise ist aber auch eine Überprüfung z. B. anhand von Telefonbucheinträgen oder einer Internetrecherche ausreichend. Der Geschäftsführer selbst kommt als wirtschaftlich Berechtigter nur dann in Betracht, wenn er gleichzeitig Eigentums- oder Stimmrechtsanteile an der GmbH besitzt. In seiner Eigenschaft als Ge-

schäftsführer handelt er lediglich als Organ der Gesellschaft und somit für die Gesellschafter bzw. Stimmrechtsinhaber.

Sind an einer juristischen Person oder an einer Personenmehrheit ausschließlich natürliche Personen unmittelbar beteiligt (sog. einstufige Beteiligung), sind alle Anteilseigner wirtschaftlich Beteiligte, die mehr als 25 Prozent der Eigentums- oder Stimmrechtsanteile halten.

Bei mehrstufigen Beteiligungsstrukturen, also in Fällen, in denen Anteile nicht nur von natürlichen Personen, sondern wiederum von juristischen Personen oder Personenmehrheiten gehalten werden, sind darüber hinaus diejenigen natürlichen Personen zu ermitteln, die zwischengeschaltete Gesellschaften kontrollieren. Eine Beherrschung oder Kontrolle über zwischengeschaltete Gesellschaften liegt regelmäßig dann vor, wenn die im Hintergrund stehende natürliche Person die zwischengeschaltete Gesellschaft tatsächlich beherrscht oder kontrolliert, also insbesondere die Unternehmenspolitik steuern und die gesetzlichen Vertreter und Organe bestimmen kann. Eine solche kontrollierende Stellung liegt aufgrund der gesellschaftsrechtlichen Einflussmöglichkeiten immer dann vor, wenn eine Person eine Mehrheit (also mehr als 50 Prozent) der Anteile an der Gesellschaft hält. Auch ohne eine Mehrheitsbeteiligung kann eine entsprechende kontrollierende Stellung vorliegen, wenn sich eine der gesellschaftsrechtlichen Einflussmöglichkeit entsprechende Kontrollmöglichkeit aus anderen Umständen, z. B. durch vertragliche Abreden ergibt.

Beispiele:
Fall 1: Kontoinhaber ist die K-GmbH. 33,3 Prozent der Anteile hält A, 33,3 Prozent hält B und 33,3 Prozent die C-GmbH. Die Anteile an der C-GmbH sind wie folgt verteilt: D hält 30 Prozent und E hält 70 Prozent der Eigentums und Stimmrechtsanteile.

Ergebnis: A, B und E sind wirtschaftlich Berechtigte der K-GmbH. A und B sind wirtschaftlich Berechtigte, weil sie den Schwellenwert von 25 Prozent der gesetzlichen Vermutungsregel bei direkter Beteiligung überschreiten. Hinsichtlich der C-GmbH kommt es auf die Verteilung der Eigentums- und Stimmrechtsanteile unter den Gesellschaftern der C-GmbH an. Danach ist D nicht wirtschaftlich Berechtigter, da 30 Prozent grundsätzlich nicht für die Beherrschung der C-GmbH ausreichen. E ist wirtschaftlich Berechtigter, da er mit seinem Anteil von 70 Prozent die C-GmbH beherrscht.

Fall 2: Kontoinhaber ist die K-GmbH mit folgender Anteilsverteilung: A = 20 Prozent, B = 20 Prozent, C = 20 Prozent, D = 20 Prozent, E =

14 Prozent und die F-GmbH = 6 Prozent. Die Anteile an der F-GmbH sind wie folgt verteilt: A = 90 Prozent und H = 10 Prozent.

Ergebnis: Nur A ist wirtschaftlich Berechtigter. Er hält 20 Prozent der Anteile unmittelbar und 6 Prozent mittelbar über die von A beherrschte F-GmbH. Addiert hält A faktisch 26 Prozent der Anteile und überschreitet somit den Schwellenwert von 25 Prozent.

Bei juristischen Personen und Personenmehrheiten ist die Beteiligungsstruktur mit angemessenen Mitteln und risikoorientiert zu erfassen und in geeigneter Weise aufzuzeichnen.

Bei börsennotierten Gesellschaften, die an einer den gemeinschaftsrechtlichen Transparenzanforderungen genügenden Börse (siehe Anhänge unter 2.14 und 3.13) notiert sind, muss ein wirtschaftlich Berechtigter nicht festgestellt werden. Auch die Eigentums- und Kontrollstrukturen müssen nicht erfasst werden. Umgekehrt gilt, dass die Pflicht zur Abklärung des wirtschaftlich Berechtigten bei börsennotierten Gesellschaften besteht, wenn die betreffende Börse nicht zu den privilegierten Börsen zählt, § 5 Abs. 2 GwG.

Beispiel:

Kontoinhaber ist die K-GmbH mit folgender Anteilsverteilung: A = 20 Prozent, B = 20 Prozent und die C-GmbH = 60 Prozent. Die Anteile an der C-GmbH gehören zu 100 Prozent der am geregelten Markt der deutschen Börse notierten D-AG.

Ergebnis: Die K-GmbH hat keinen wirtschaftlich Berechtigten. A und B unterschreiten jeweils den Schwellenwert von 25 Prozent. Die D-AG kontrolliert zwar die C-GmbH und damit indirekt die K-GmbH, aber Aktiengesellschaften, die an Börsen der EU und einigen anderen Ländern notiert sind, werden nicht von den geldwäscherechtlichen Pflichten zur Abklärung des wirtschaftlich Berechtigten erfasst.

2.3.4 Trusts, Stiftungen

12 Bei fremdnützigen Gestaltungen wie Treuhandgestaltungen einschließlich Trusts, Stiftungen und vergleichbaren Rechtsgestaltungen wird gemäß § 1 Abs. 6 GwG die Stellung als wirtschaftlich Berechtigter vermutet, wenn eine natürliche Person 25 Prozent oder mehr des Vermögens kontrolliert, eine natürliche Person als Begünstigter von 25 Prozent oder mehr des verwalteten Vermögens bestimmt worden ist oder bei einer Gruppe von natürlichen Personen, zu deren Gunsten das Vermögen ver-

waltet wird, sofern eine begünstigte Person noch nicht bestimmt worden ist.

Eine „Kontrolle" von 25 Prozent des Vermögens kommt jedoch bei einer Stiftung nach deutschem Recht nicht in Betracht, da die Mitglieder der Stiftungsorgane lediglich als solche – und damit vergleichbar der Geschäftsführung einer Gesellschaft – handeln und es keinen kontrollierenden Anteilseigner gibt. Bei Stiftungen deutschen Rechts erübrigt sich folglich eine hierauf gerichtete Prüfung. Dagegen ist bei ausländischen Stiftungen abzuklären, ob eine derartige „Kontrolle" durch eine natürliche Person ausgeübt wird.

Eigentlich kann auch eine Begünstigtenstellung von 25 Prozent bei Stiftungen nach deutschem Recht nicht vorliegen, da diese dem Substanzerhaltungsgebot unterliegen, wonach Aufwendungen ausschließlich aus dem Ertrag, nicht jedoch zu Lasten des Stiftungsvermögens zu erfolgen haben. Leider konnte hierzu jedoch noch keine abschließende Übereinkunft mit der BaFin getroffen werden. Dort geht man wohl[1] davon aus, dass in diesem Zusammenhang auch Begünstigte über lediglich 25 Prozent des Ertrages aus dem Stiftungsvermögen zu erfassen sind. Bis zu einer abschließenden Klärung mit der BaFin sollte daher entsprechend verfahren werden.

Ist eine begünstigte Person noch nicht bestimmt worden, ist die Gruppe der Personen als wirtschaftlich Berechtigter festzuhalten, zu deren Gunsten das Vermögen hauptsächlich verwaltet oder verteilt werden soll (z. B. „Stipendiaten der X-Stiftung"). Wann von einer hauptsächlichen Begünstigung ausgegangen werden muss, kann nicht an einem starren Prozentsatz festgemacht werden. Vielmehr ist im Einzelfall nach dem Umfang der Begünstigung der möglicherweise „hauptsächlich Begünstigten" gegenüber den anderen Begünstigten zu entscheiden. Können dagegen die Personen der potenziell begünstigten Gruppe nicht eindeutig bestimmt werden, besteht keine Abklärungspflicht, aber eine entsprechende Mitteilungspflicht des Kunden gem. § 4 Abs. 6 GwG, falls die Personen zu einem späteren Zeitpunkt bestimmt werden.

Zur Klarstellung sei darauf hingewiesen, dass Teuhandkonten nicht der Kategorie „fremdnützige Gestaltungen" unterfallen. Treuhandkonten werden vielmehr durch die Fallkonstellation des „Handelns auf Veranlassung eines Dritten" (siehe Rdn. 10) erfasst.

---

1   So in Ackmann/Reder, Geldwäscheprävention in Kreditinstituten nach Umsetzung der Dritten EG-Geldwäscherichtlinie, WM 2009, S. 158, 162 f.

Beispiele:

Fall 1: Kontoinhaber ist die K-Stiftung, eine anerkannte deutsche Bürgerstiftung (rechtsfähige Stiftung des bürgerlichen Rechts). Zweck der als gemeinnützig anerkannten Stiftung ist die Förderung von Naturschutz und Landschaftpflege.

Ergebnis: Kein wirtschaftlich Berechtigter, da keine natürliche Person als Begünstigter bestimmt worden ist und auch keine hauptsächlich begünstigte Personengruppe ersichtlich ist.

Fall 2: Kontoinhaber ist die K-Stiftung, eine deutsche Familienstiftung (rechtsfähige Stiftung bürgerlichen Rechts) mit vier Begünstigten (Destinatären). Die Begünstigung besteht in einer jährlichen Ausschüttung, die allen Destinatären zu gleichen Teilen voraussetzungslos gewährt wird (Unterhaltsstiftung).

Ergebnis: Wirtschaftlich Berechtigte sind die vier Begünstigten der Familienstiftung.

Anmerkung: Aufgrund des Substanzerhaltungsgebotes von Stiftungen nach deutschen bürgerlichen Recht ist bereits formal eine Begünstigung über 25 Prozent des verwalteten Vermögens nicht möglich, da jeweils nur der sich aus dem Stiftungsvermögen ergebende Ertrag an die Begünstigten ausgekehrt werden kann. Darüber hinaus kommt auch eine Kontrolle von 25 Prozent des Vermögens nicht in Betracht, da die Mitglieder der Stiftungsorgane lediglich als solche (vergleichbar der Geschäftsführung einer Gesellschaft) handeln und es keinen kontrollierenden Anteilseigner gibt. Gleichwohl geht die Bundesanstalt für Finanzdienstleistungsaufsicht wohl davon aus, dass in diesem Zusammenhang auch Begünstigte mit einem Anspruch auf 25 Prozent des Ertrages aus dem Stiftungsvermögen zu erfassen sind.

2.3.5 Mitwirkungspflicht des Vertragspartners

13 Mit der Pflicht zur Abklärung des wirtschaftlich Berechtigten korrespondiert die Mitwirkungspflicht des Vertragspartners nach § 4 Abs. 6 GwG, die erforderlichen Informationen und Unterlagen für die Abklärung des wirtschaftlich Berechtigten sowie der Eigentums- und Kontrollstruktur dem Kreditinstitut zur Verfügung zu stellen und entsprechende Änderungen anzuzeigen. Diese gesetzliche Mitwirkungspflicht verpflichtet jedoch ausschließlich den Vertragspartner, nicht jedoch andere Personen, wie beispielsweise einen wirtschaftlich Berechtigten.

2.4   Vereinfachte Sorgfaltspflichten

Nach §§ 5 GwG und 25d KWG können Kreditinstitute von den Pflichten   **14**
zur Identifizierung des Vertragspartners, der Ermittlung des Geschäfts-
zweckes, der Abklärung des wirtschaftlich Berechtigten sowie der Überwachung und Aktualisierung der Kundendaten absehen, wenn im konkreten Fall kein erhöhtes Risiko vorliegt.

Obwohl der Gesetzestext des § 5 Abs. 1 GwG ein „Absehen" von den
oben genannten Sorgfaltspflichten vorsieht, sind im Hinblick auf die in
jedem Fall bestehenden Verpflichtungen zur Erkennung und Anzeige von
Verdachtsmomenten hinsichtlich Geldwäschehandlungen bzw. der Finan-
zierung des Terrorismus gleichwohl Feststellungen zur Identität des Vertragspartners zu treffen. Einer förmlichen Identifizierung i. S. d. § 4 GwG
bedarf es jedoch nicht. Ausreichend ist insofern die Erfassung seines Namens. Denn die Kreditinstitute sind nach der Gesetzesbegründung zu § 5
Abs. 1 GwG[1] gehalten, auch diese Geschäftsbeziehungen zu überwachen,
um komplexe und ungewöhnlich große Transaktionen ohne klar ersichtlichen wirtschaftlichen oder rechtmäßigen Zweck aufzudecken und gegebenenfalls als einen Verdachtsfall anzuzeigen. Darüber hinaus müssen sie
in der Lage sein, der Bundesanstalt für Finanzdienstleistungsaufsicht auf
Verlangen darlegen zu können, dass die Voraussetzungen zur Erfüllung
vereinfachter Sorgfaltspflichten tatsächlich vorliegen und diese in angemessenem Umfang erfüllt worden sind.

In § 5 Abs. 2 Satz 1 GwG sind die Vertragspartner abschließend aufge-
zählt, bei denen regelmäßig von einem geringen Risiko der Geldwäsche
und der Terrorismusfinanzierung ausgegangen werden kann und bei denen die vereinfachten Sorgfaltspflichten angewendet werden dürfen:

▷ Kreditinstitute i. S. d. § 1 Abs. 1 KWG mit Ausnahme der in § 2 Abs. 1
   Nr. 3 bis 8 KWG genannten Unternehmen (z. B. Kapitalanlagegesellschaften, Investment-Aktiengesellschaften, Versicherungsunternehmen, Unternehmensbeteiligungsgesellschaften, Wagniskapitalbeteili-
   gungsgesellschaften) und im Inland gelegene Zweigstellen und
   Zweigniederlassungen von Kreditinstituten mit Sitz im Ausland (§ 5
   Abs. 2 Nr. 1 GwG);

▷ Kredit- oder Finanzinstitute im Sinne der Richtlinie 2005/60/EG mit Sitz
   in einem Mitgliedsstaat der EU oder mit Sitz in einem Drittstaat, die
   dort gleichwertigen Anforderung und einer gleichwertigen Aufsicht
   unterliegen (§ 5 Abs. 2 Nr. 1 GwG).

---

1   Bundestagsdrucksache 16/9038 S. 39.

▷ Aktuell erfüllen darüber hinaus ausländische Kredit- und Finanzinstitute i. S. d. Art. 2 Abs. 1 Nr. 1 und 2 der 3. EG-Geldwäscherichtlinie, die ihren Sitz in einem Land oder Territorium haben, das auf der von der EU-Kommission veröffentlichten Liste über gleichwertige Länder[1] verzeichnet ist, die Voraussetzungen des § 5 Abs. 2 GwG (siehe Anhang unter 2.13). In Ihren Rundschreiben 7/2008 (GW) und 14/2009 (GW) stellt die BaFin fest, dass bei den Mitgliedsstaaten der EU – mit Ausnahme von Polen und Griechenland – ‚des Europäischen Wirtschaftsraums (EWR) sowie Ländern, die auf Basis einer zwischen den EU-Mitgliedsstaaten vereinbarten Liste[2] aufgeführt sind, grundsätzlich von einer Gleichwertigkeit der Präventionsstandards ausgegangen werden kann. Die BaFin weist jedoch ausdrücklich darauf hin, dass dies nicht gilt, wenn der Bank Informationen vorliegen, nach denen in Bezug auf das jeweilige Land oder den konkreten Vertragspartner nicht von einem geringen Risiko ausgegangen werden kann.

▷ börsennotierte Gesellschaften, deren Wertpapiere zum Handel auf einem organisierten Markt i. S. d. § 2 Abs. 5 WpHG in einem oder mehreren Mitgliedsstaaten der EU zugelassen sind (§ 5 Abs. 2 Nr. 2 GwG). Darunter fallen börsennotierte Unternehmen und deren konzernangehörige Tochtergesellschaften, sofern deren Wertpapiere zum Handel auf einem geregelten Markt der Richtlinie 2004/39/EG zugelassen sind. Die „geregelten Märkte" im Sinne der Richtlinie 2004/39/EG sind in der „Übersicht über die geregelten Märkte und einzelstaatliche Rechtsvorschriften zur Umsetzung der entsprechenden Anforderungen der Wertpapierdienstleistungsrichtlinie (2008/C 57/11)" aufgeführt;[3]

▷ börsennotierte Gesellschaften aus Drittstaaten, die Transparenzanforderungen im Hinblick auf Stimmrechtsanteile unterliegen, die denjenigen des Gemeinschaftsrechts gleichwertig sind (§ 5 Abs. 2 Nr. 2 GwG). Derzeit erfüllen nach Auffassung von BMF und BaFin organisierte Märkte aus den im Anhang unter 3.13 genannten Drittstaaten die gemeinschaftsrechtlichen Transparenzanforderungen;

▷ inländische Behörden i. S. d. § 1 Verwaltungsverfahrensgesetz und der entsprechenden Regelungen der Verwaltungsverfahrensgesetze der Bundesländer (§ 5 Abs. 2 Nr. 4 GwG);

▷ ausländische Behörden oder ausländische öffentliche Einrichtungen, die nach europäischem Recht mit öffentlichen Aufgaben betraut sind,

---

1   Protokoll der 15. Sitzung des Komitees zur Verhinderung von Geldwäsche und Terrorismusfinanzierung am 18. April 2008; gemeinsames Verständnis der Mitgliedsstaaten über die Gleichwertigkeit von Bedingungen in Drittstaaten.
2   Siehe Anhang unter 2.13.
3   ABl. C 57 vom 1. März 2008, S. 21 ff, siehe Anhang unter 2.14.

einschließlich EU-Behörden, soweit bestimmte Anforderungen an Aufsicht und Transparenz gewahrt sind (vgl. hierzu den Gesetzestext § 5 Abs. 2 Nr. 4 GwG).

Zur Privilegierung von Anderkonten rechtsberatender Berufe gem. § 5 Abs. 2 Nr. 3 GwG siehe Rdn. 84.

Darüber hinaus enthält § 25d KWG eine abschließende Aufzählung von **15** Produkten, bei denen lediglich ein geringes Risiko der Geldwäsche oder der Terrorismusfinanzierung besteht und hinsichtlich derer daher vereinfachte Sorgfaltspflichten Anwendung finden können, wenn nicht im konkreten Fall ein erhöhtes Risiko vorliegt. Hierzu gehören

▷ insbesondere staatlich geförderte, kapitalgedeckte Altersvorsorgeverträge,

▷ Verträge zur Anlage von vermögenswirksamen Leistungen, soweit die Voraussetzungen für eine staatliche Förderung durch den Vertrag erfüllt werden,

▷ Kreditverträge im Rahmen eines staatlichen Förderprogramms, die über eine Förderbank des Bundes oder der Länder abgewickelt werden, und deren Darlehenssumme zweckgebunden verwendet werden muss.

Voraussetzung ist jeweils, dass Vertragssummen von insgesamt 15.000 Euro während der Laufzeit der Verträge nicht überschritten werden. Darüber hinaus benennt § 25d KWG eine Reihe von Finanzierungsprodukten mit geringem Finanzierungsvolumen und jeweils unter der Voraussetzung, dass das Eigentum an der Sache bis zur Abwicklung des Vertrages nicht auf den Vertragspartner oder den Nutzer übergeht und Vertragssummen von insgesamt 15.000 Euro während der Laufzeit der Verträge nicht überschritten werden.

Von der Financial Action Task Force on Money Laundering (FATF) wurden im Deutschland-Bericht vom 18. Februar 2010 Defizite im deutschen Rechtssystem bei der Bekämpfung von Geldwäsche und Terrorismusfinanzierung identifiziert, die zum Teil auch die Vorgaben an die Kreditinstitute aus dem Geldwäschegesetz und dem Kreditwesengesetz betreffen. Die FATF weist darauf hin, dass aufgrund des Angebots qualitativ hochwertiger Finanzdienstleistungen, der geographischen Lage Deutschlands und der engen wirtschaftlichen Beziehungen und der internationalen Vernetzung der deutschen Wirtschaft eine lückenlose, genaue und effiziente Implementierung der internationalen Vorgaben gerade in Deutschland besonders wichtig sei. Es ist geplant, diese Defizite durch gesetzgeberische Maßnahmen zu beseitigen. So sollen die von Kritik betroffenen geldwäscherechtlichen Vorschriften des Kreditwesengesetzes mit dem Gesetz zur Umsetzung der Zweiten E-Geld-Richtlinie Anfang 2011 und das Geldwäschegesetz voraussichtlich Ende 2011 geändert werden. Auswirkungen auf die Sorgfaltspflichten im Rahmen der Kontoeröffnung werden dabei insbesondere mögliche Änderungen der Regelungen im Geldwäschegesetz zum wirtschaftlich Berechtigten und zur Behandlung von politisch exponierten Personen haben. Deutschland ist als Gründungsmitglied der Financial Action Task Force (FATF) seit ihrer Bildung 1989 aktiv an der Erarbeitung und Weiterentwicklung der international anerkannten Standards zur Bekämpfung von Geldwäsche und Terrorismusfinanzierung (der sogenannten 40+9 FATF-Empfehlungen) beteiligt.

2.5 Verstärkte Sorgfaltspflichten

Mit den Regelungen der §§ 6 GwG und 25 f. KWG versucht der Gesetzgeber dem Umstand Rechnung zu tragen, dass die Risiken der Geldwäsche und der Terrorismusfinanzierung nicht in allen Fällen gleich hoch sind. Während z. T. vereinfachte Sorgfaltspflichten gelten (siehe Rdn. 14), wird für bestimmte Fallgestaltungen aufgrund des vom Gesetzgeber unterstellten erhöhten Risikos die Anwendung verstärkter Sorgfaltspflichten verlangt.

Verstärkte Sorgfaltspflichten gelten in folgenden Fällen:

▷ Identifizierung physisch abwesender Vertragspartner (hierzu siehe Rdn. 74 f.),

▷ Korrespondenzbankbeziehungen in Drittstaaten (hierzu siehe Rdn. 73),

▷ Sortengeschäfte (hierzu siehe Rdn. 40),

▷ Geschäftsbeziehungen zu und Transaktionen für politisch exponierte Personen (hierzu siehe Rdn. 17),

▷ Geschäftsbeziehungen mit Ländern, bei denen gravierende Defizite in Bezug auf Maßnahmen zur Verhinderung von Geldwäsche oder Terrorismusfinanzierung festgestellt worden sind, oder Personen, einschließlich Gesellschaften und Instituten, die in diesen Ländern ihren Sitz haben, sowie bei Transaktionen von oder in diese Länder (hierzu siehe Rdn. 18).

2.5.1 Politisch exponierte Personen

17 § 6 Abs. 2 Nr. 1 GwG fordert bei Personen, die ersichtlich eine politisch exponierte Stellung innehaben (sog. PEP-Status), die Anwendung ver-

stärkter Sorgfaltspflichten. Diese gelten nur gegenüber natürlichen und nicht im Inland ansässigen Personen. Entscheidend ist dabei der dem Kreditinstitut bekannte Wohnsitz und nicht die Staatsbürgerschaft oder der Ort, an dem die Person üblicherweise tätig ist. Dabei erfordern das Gesetz und die zugrunde liegende Richtlinie eine zwingende Einstufung des Kunden als PEP bei folgenden Funktionen:

▷ Staats- und Regierungschefs, Minister und stellvertretende Minister bzw. Staatssekretäre,

▷ Parlamentsmitglieder,

▷ Mitglieder oberster Gerichte oder Justizbehörden,

▷ Botschafter, Geschäftsträger, hochrangige Offiziere der Streitkräfte und

▷ Mitglieder der Leitungs-, Verwaltungs- und Aufsichtsgremien staatlicher Unternehmen.

Öffentliche Ämter unterhalb der Leitungsebene von nationalen Behörden bzw. Einrichtungen gelten in der Regel nur dann als wichtig, wenn deren politische Bedeutung vergleichbar ist. Kommunale Funktionen sind dabei grundsätzlich nicht erfasst. Regionale Funktionen (z. B. Mitgliedschaft in einem Regionalparlament) können allenfalls bei föderalen Strukturen relevant werden. Ein Jahr nach Aufgabe der qualifizierenden Ämter entfällt der PEP-Status, wobei jedoch eine Fortschreibung der Behandlung als PEP aufgrund institutseigener risikobasierter Maßnahmen möglich ist. Funktionen auf europäischer und internationaler Ebene sind ebenfalls erfasst.

Miterfasst sind darüber hinaus enge Familienmitglieder, also direkte Verwandte und Ehepartner sowie bekanntermaßen der PEP nahestehende Personen. Nahestehende Personen werden in die Überwachung allerdings nur dann einbezogen, wenn die Beziehung öffentlich bekannt ist oder sie zumindest dem Kreditinstitut bekannt ist.

Die Prüfung des PEP-Status hat bei Transaktionen außerhalb einer bestehenden Geschäftsbeziehung ab einem Wert von 15.000 Euro, bei der Begründung einer dauerhaften Geschäftsbeziehung sowie in angemessenen zeitlichen Abständen während der laufenden Geschäftsbeziehung zu erfolgen. Dabei kann sich das Kreditinstitut auf die Angaben des Kunden stützen und/oder die Kundendaten mit kommerziellen PEP-Datenbanken abgleichen. Anhaltspunkte dafür, was ein „angemessener zeitlicher Abstand" ist, könnten die Regelungen zur Aktualisierungspflicht liefern (siehe Rdn. 19).

Handelt es sich bei dem Vertragspartner um eine nicht im Inland ansässige, politisch exponierte Person im Sinne der gesetzlichen Vorgaben, so ist vor der Begründung der Geschäftsbeziehung im Kreditinstitut die Zustimmung eines unmittelbaren Vorgesetzten einzuholen. Der jeweils zuständige Vorgesetzte wird durch interne Regelungen des Kreditinstituts bestimmt.

Ferner hat das Kreditinstitut Maßnahmen zur Ermittlung der Herkunft des zu verwaltenden Vermögens zu ergreifen, die Geschäftsbeziehung einer verstärkten kontinuierlichen Überwachung zu unterziehen und zwingend als erhöhtes Risiko einzustufen.

Mit den Pflichten zur Identifizierung des Vertragspartners, der Feststellung und gegebenenfalls Identifizierung des wirtschaftlich Berechtigten, sowie der Bestimmung des PEP-Status korrespondiert jeweils die Mitwirkungspflicht des Vertragspartners nach § 4 Abs. 6 GwG, die erforderlichen Informationen und Unterlagen dem Kreditinstitut zur Verfügung zu stellen und entsprechende Änderungen unverzüglich anzuzeigen. Allerdings verpflichtet diese gesetzliche Mitwirkungspflicht ausschließlich den Vertragspartner, nicht jedoch andere Personen, wie den wirtschaftlich Berechtigten.

2.5.2 Länder mit Defiziten bei der Geldwäsche- und Terrorismusbekämpfung

18 Eine weitere Fallgruppe erhöhten Risikos, die nach Ansicht des Gesetzgebers[1] besonderer Aufmerksamkeit bedarf, besteht bei Geschäftsbeziehungen mit Vertragspartnern, die in Staaten oder Territorien ansässig sind, deren Geldwäschepräventionsstandards bekanntermaßen nicht den internationalen Standards entsprechen oder nicht hinreichend effektiv sind.

Hierzu hat die BaFin in der jüngeren Vergangenheit mehrere Rundschreiben[2] veröffentlicht, mit denen sie die entsprechenden Feststellungen der FATF[3] und MONEYVAL[4] mitgeteilt hat. Entsprechend der Erklärung der FATF werden dabei drei Kategorien unterschieden, bezüglich derer jeweils die folgenden Maßnahmen zu ergreifen sind:

---

1   Begründung zu § 6 Abs. 2 GwG, Bundestagsdrucksache 16/9038, S. 40.
2   Insbesondere Rundschreiben 7/2010 (GW) vom 14. Juli 2010 (abgedruckt im Anhang unter 2.16) und 6/2009 (GW) vom 25. März 2009 (abgedruckt im Anhang unter 2.15).
3   Financial Action Task Force on Money Laundering.
4   Experten-Ausschuss zur Überprüfung von Maßnahmen zur Verhinderung der Geldwäsche und der Terrorismusfinanzierung beim Europäischen Rat.

Der Kategorie 1 unterfallen Länder mit anhaltenden, strukturellen Mängeln, bezüglich derer die FATF wegen des besonders hohen Risikos zu Gegenmaßnahmen aufruft (derzeit Iran). Bezüglich des Iran hat die BaFin zuletzt mit Rundschreiben 6/2009 vom 23.03.2009 (siehe Anhänge unter 2.15 und 2.16) die ihrer Ansicht nach zu ergreifenden Maßnahmen dargestellt.

Bezüglich der Länder in Kategorie 2, die starke Mängel aufweisen und keine oder unzureichende Anstrengungen zu deren Beseitigung unternehmen (derzeit Nordkorea), rufen FATF und BaFin (zuletzt mit Rundschreiben 10/2010 vom 15. November 2010) zu einer Beachtung des deutlich erhöhten Risikos auf. Bei Geschäftsbeziehungen mit diesen Ländern oder Geschäftsbeziehungen mit Personen, einschließlich Gesellschaften und Instituten, die in diesen Ländern ihren (Wohn-)Sitz haben, sowie bei Transaktionen von oder in diese Länder gilt dementsprechend ein erhöhter Sorgfaltspflichtenmaßstab. Dabei sind die Ergebnisse der insoweit getroffenen Sicherungs- und Überprüfungsmaßnahmen für die Innenrevision sowie die Jahresabschluss- und etwaige Sonderprüfungen nachvollziehbar zu dokumentieren.

In die Kategorie 3 können Länder aufgenommen werden, die wegen erheblicher Defizite bereits länger unter Beobachtung stehen, bezüglich derer die FATF die erfolgten Anstrengungen würdigt, aber auf nach wie vor bestehende erhöhte Risiken hinweist (derzeit keine gelisteten Länder). Ob und inwieweit bei Geschäftsbeziehungen und Transaktionen, die einen Bezug zu den Ländern der Kategorie 3 aufweisen, ein erhöhter Kundensorgfaltspflichtenmaßstab auf risikobasierter Grundlage zur Anwendung kommt, liegt nach Ansicht der Bafin in der Verantwortung der Bank.

Bei einer Veränderung der Risikoeinschätzung durch die FATF bzw. die BaFin wird letztere hierüber mittels Rundschreiben unterrichten.

2.6   Aktualisierungspflicht

Nach § 3 Abs. 1 Nr. 4 GwG sind die im Rahmen der Erfüllung kundenbezogener geldwäscherechtlicher Sorgfaltspflichten erhobenen Dokumente, Daten oder Informationen in angemessenem zeitlichen Abstand zu aktualisieren. **19**

Die Aktualisierungsverpflichtung berührt nicht die datenschutzrechtlichen Grenzen für die Erfassung von Kundendaten. Sie verlangt von den Kreditinstituten jedoch die Einführung von geeigneten Maßnahmen zur

Aktualisierung ihrer Kundendaten. Eine Pflicht zur starren, periodischen Aktualisierung des gesamten Datenbestandes beinhaltet die gesetzliche Vorgabe jedoch nicht. Insbesondere ist im Rahmen der Aktualisierung der Kundendaten keine erneute Identifizierung i. S. d. § 4 GwG sowie keine Aktualisierung der nach § 8 Abs. 1 Satz 2 GwG zu erfassenden Daten (also Ausweisart, -nummer sowie ausstellende Behörde) erforderlich. Etwas anderes gilt lediglich bei offensichtlich falschen Daten.

Offensichtlich falsch sind nach Inkrafttreten des neuen Geldwäschegesetzes die Angaben zu juristischen Personen als wirtschaftlich Berechtigte nach dem früheren § 8 GwG-alt, da nach § 1 Abs. 6 GwG nur noch natürliche Personen als wirtschaftlich Berechtigte zu erfassen sind. Daher gilt in diesen Fällen eine Sonderfrist zur Aktualisierung der Kundendaten und der in die Datei zum automatisierten Abruf von Kontoinformationen nach § 24c KWG eingestellten diesbezüglichen Daten von fünf Jahren, beginnend am 1. Januar 2009[1].

Aktualisierungsmaßnahmen setzen nicht zwingend eine Kontaktaufnahme mit dem Kunden voraus. Vielmehr können Kreditinstitute auch auf anderweitig erhältliche Informationen zurückgreifen, sofern diese aus einer zuverlässigen Quelle stammen.

Die Überprüfung der Aktualität der Kundendaten in angemessenem zeitlichen Abstand kann z. B. durch eine hausinterne Vorgabe von Überprüfungsintervallen anhand von Risikoklassen für Kunden und Produkten geschehen. So wird derzeit[2] beispielsweise folgende Überprüfungsroutine als angemessen beurteilt:

▷ Keine Aktualisierungspflicht bei Konten mit geringen Guthaben, die über einen längeren Zeitraum umsatzlos sind.

▷ Überprüfung der Aktualität der Kundendaten bei einem durch die hausinterne Gefährdungsanalyse ermittelten niedrigen Risiko nach maximal zehn Jahren zuzüglich eines Bearbeitungszeitraums von weiteren maximal drei Jahren.

▷ Überprüfung der Aktualität der Kundendaten bei einem durch die hausinterne Gefährdungsanalyse ermittelten normalen Risiko nach maximal sieben Jahren zuzüglich eines Bearbeitungszeitraums von weiteren maximal drei Jahren.

---

1 Vgl. ZKA-Hinweise zur Geldwäschebekämpfung 2008, Tz 61.
2 Siehe ZKA-Hinweise zur Geldwäschebekämpfung, Tz 61.

▷ Überprüfung der Aktualität der Kundendaten bei einem durch die hausinterne Gefährdungsanalyse ermittelten hohen Risiko nach maximal zwei Jahren.

2.7 Pflicht zur Beendigung der Kundenbeziehung

Kann das Kreditinstitut die Sorgfaltspflichten nach § 3 Abs. 1 Nr. 1 bis 3 GwG (Identifizierung des Vertragspartners, Ermittlung des Geschäftszwecks und Abklärung des wirtschaftlich Berechtigten) nicht erfüllen, darf die Geschäftsbeziehung nicht begründet oder fortgesetzt und keine Transaktion durchgeführt werden. Soweit eine Geschäftsbeziehung bereits besteht, ist diese vom Verpflichteten ungeachtet anderer gesetzlicher oder vertraglicher Bestimmungen durch Kündigung oder auf andere Weise zu beenden. Diese Pflicht gilt nach § 6 Abs. 1 Satz 2 GwG ebenfalls für die Abklärung des PEP-Status des Vertragspartners, vgl. hierzu Rdn. 17.

20

Die Verpflichtung ist bei bestehenden Geschäftsverbindungen durch eine risikobasierte Wahrnehmung des Rechts zur ordentlichen oder außerordentlichen Kündigung zu erfüllen. Dies kann gegebenenfalls unter Hinweis auf die Verletzung der Mitwirkungspflichten des Vertragspartners sowie die durch § 3 Abs. 6 GwG gesetzlich vorgeschriebene Kündigungspflicht geschehen. Darüber hinaus sollte überprüft werden, ob Anlass zur Erstattung einer Verdachtsanzeige besteht.

Bei Anwendung der Verpflichtung zur Kündigung einer bestehenden Geschäftsbeziehung oder Beendigung auf andere Weise ist jedoch nach der Gesetzesbegründung zu § 3 Abs. 6 GwG[1] im Einzelfall der Grundsatz der Verhältnismäßigkeit zu beachten. Die Verpflichtung kann somit entfallen, wenn nach Abwägung des wirtschaftlichen Interesses des Kreditinstituts an der Fortsetzung der Geschäftsbeziehung mit dem Geldwäsche- oder Terrorismusfinanzierungsrisiko des jeweiligen Vertragspartners und der jeweiligen Transaktion eine Beendigung unangemessen wäre. Die Verpflichtung zur Kündigung einer bestehenden Geschäftsbeziehung tritt jedoch auch in diesen Fällen ein, wenn die Sorgfaltspflichtverletzungen nachhaltig und andauernd sind.

Die Beendigung einer Geschäftsbeziehung kann auch dann unverhältnismäßig sein, wenn die Erfüllung der Sorgfaltspflichten tatsächlich unmöglich ist. Ein Fall der Unverhältnismäßigkeit aufgrund tatsächlicher Unmöglichkeit liegt z. B. dann vor, wenn im Rahmen der Abklärung des

---

1   Bundestagsdrucksache 16/9038, S. 36.

wirtschaftlich Berechtigten festgestellt wird, dass über 25 Prozent der Anteile an dem Vertragspartner von einer Gesellschaft kontrolliert werden,
die an einer Börse notiert ist, die nicht den europäischen Transparenzanforderungen genügt, und sich die Anteilsinhaber deshalb nicht ermitteln
lassen, es aber ansonsten keine Hinweise auf ein konkretes Geldwäsche-
oder Terrorismusfinanzierungsrisiko gibt.

Die Erwägungen zur Verhältnismäßigkeit sind sowohl auf die laufenden
als auch die neu begründeten Geschäftsbeziehungen und gelegentliche
Transaktionen anwendbar.

Die Entscheidung, im Einzelfall mit Rücksicht auf den Verhältnismäßig-
keitsgrundsatz bzw. wegen tatsächlicher Unmöglichkeit von der Beendigung abzusehen, ist zu begründen. Darüber hinaus sind geeignete, risikobasierte Maßnahmen zu treffen, um dem gegebenenfalls erhöhten Risiko
wegen Fortsetzung der Geschäftsbeziehung angemessen zu begegnen.
Die Begründung und die ergriffenen Maßnahmen sind zu dokumentieren.

3 Kundendokumentation für Zwecke der US-Quellensteuer

21 Die Bestimmungen zur Einbehaltung einer Quellensteuer auf US-Wertpa-
pirerträge streben eine vollständige Erfassung der Gläubiger (wirtschaftlich Berechtigter) der Erträge an. Um die Identität dieser Personen mit
Sicherheit feststellen zu können, werden die bisher praktizierten Vorschriften zur Feststellung der persönlichen Daten in bestimmten Bereichen verschärft. Hieraus ergeben sich seit dem 1. Januar 2001 auch Auswirkungen auf die im Zusammenhang mit der Kontoeröffnung von
deutschen Kreditinstituten vorzunehmenden Identifizierungsverpflich-
tungen (nach § 154 AO bzw. § 4 GwG). Die Einzelheiten sind in dem von
den kreditwirtschaftlichen Spitzenverbänden mit dem US-Fiskus abge-
stimmten Attachment enthalten. Eine deutsche Übersetzung des Attach-
ments ist im Anhang unter 3.12 abgedruckt. Die Anwendung der deutschen Kundenidentifizierungsregelungen nach der Abgabenordnung und
dem Geldwäschegesetz sind nach den US-Quellensteuervorschriften nicht
in allen Fällen ausreichend. Auf die zusätzlichen Erfordernisse zur Einhaltung der US-Quellensteuerbestimmungen wird bei den unter D beschriebenen Fallgruppen im Einzelnen hingewiesen.

Auswirkungen ergeben sich insbesondere auf die Legitimationsprüfung/ Identifizierung von

▷ natürlichen Personen (vgl. Rdn. 122),

▷ ausländischen juristischen Personen (vgl. Rdn. 158),

▷ Personenmehrheiten (-vereinigungen) (vgl. Rdn. 137) und die

▷ Legitimationsprüfung durch sog. zuverlässige Dritte (vgl. Rdn. 45).

Handlungsbedarf ergibt sich seit dem 1. Januar 2001 bei Personenmehrheiten (Gesellschaften bürgerlichen Rechts – GbR bzw. BGB-Gesellschaften und nichtrechtsfähigen Vereinen) sowie bei ausländischen juristischen Personen, soweit diese US-Wertpapiere in ihren Depots verwahren lassen. Bei diesen Depotkonten muss überprüft werden, ob die Legitimationsprüfung nach den Bestimmungen der US-Regulations vorgenommen wurde. Ist dies nicht der Fall, muss die Legitimationsprüfung nachgeholt werden. Auch bei allen natürlichen Personen, die in der Vergangenheit als „persönlich bekannt" ohne Vorlage eines amtlichen Ausweisdokumentes legitimationsgeprüft wurden, ist eine Legitimationsprüfung unter Vorlage eines amtlichen Personalausweises nachzuholen, vgl. Rdn. 122.

Die Regelungen werden mit Wirkung ab dem Kalenderjahr 2013 verschärft (Foreign Account Tax Compliance Act – FATCA). Hierdurch sollen bisher genutzte Steuerschlupflöcher für in den USA Steuerpflichtige geschlossen werden. Die FATCA-Regelungen zielen ebenfalls nur auf die Erfassung US-steuerpflichtiger Personen. Zwar werden bisher schon im Rahmen des QI-Verfahrens Meldungen für US-Personen abgegeben. Diese beschränken sich jedoch auf natürliche Personen als direkte oder indirekte (über Personengesellschaften verbundene) Konto- oder Depotinhaber. Durch FATCA wird diese Kundengruppe jetzt wesentlich erweitert um direkte Kontoinhaber in der Rechtsform der US-Kapitalgesellschaft und um Nicht-US-Kapitalgesellschaften, an denen eine US-Person mit mindestens 10 Prozent beteiligt ist.

In der Praxis kann es sinnvoll erscheinen, die sich aus den US-Quellensteuerregelungen ergebenden verschärfenden Regelungen bei jeder neuen Kontoeröffnung zugrunde zu legen. Dies führt zwar zunächst zu einem Mehraufwand. Spätere Versäumnisse bei den nachfolgenden Eröffnungen eines Depots oder beim Erwerb von US-Wertpapieren werden dadurch aber vermieden.

4 Kontendatei nach § 24c KWG

22 Der Gesetzgeber hat die Kreditinstitute durch das Gesetz zur weiteren Fortentwicklung des Finanzplatzes Deutschland[1] verpflichtet, bei sämtlichen zugunsten von natürlichen oder juristischen Personen bestehenden Konten die Inhaber, Verfügungsberechtigten und wirtschaftlich Berechtigten in eine dem automatischen Abruf durch die BaFin und das Bundeszentralamt für Steuern unterliegende Kontendatei einzustellen. Einzustellen sind alle Daten der Konten i. S. d. § 154 Abs. 2 Satz 1 der Abgabenordnung, auf denen Forderungen oder Verbindlichkeiten des Kunden ausgewiesen werden. Die Einhaltung der Anforderungen zur Legitimationsprüfung nach § 154 der Abgabenordnung und § 4 Geldwäschegesetz bekommt durch die Einrichtung der zentralen Kontendatei eine nochmals wachsende Bedeutung. In die Kontendatei sind nach § 24c KWG folgende Daten einzustellen:

▷ Kontonummer,

▷ Tag der Errichtung des Kontos,

▷ Tag der Auflösung des Kontos,

▷ Name des Kontoinhabers,

▷ Geburtsdatum bei natürlichen Personen,

▷ Name der Verfügungsberechtigten,

▷ Geburtsdaten der Verfügungsberechtigten,

▷ Namen der abweichend wirtschaftlich Berechtigten,

▷ Anschriften der abweichend wirtschaftlich Berechtigten – soweit erhoben,

▷ Datum der Änderung der vorstehenden Daten.

Zu den materiellen Anforderungen an die einzustellenden Daten siehe Rdn. 51.

Nach der Gesetzesbegründung dient die zentrale Erfassung dieser Daten zur Bekämpfung der Terrorismusfinanzierung, der Geldwäsche, des illegalen Schattenbankenwesens und des unerlaubten Betreibens von Bank- und Finanzdienstleistungsgeschäften. Zusätzlich zu den Strafverfolgungsbehörden und den Sozialbehörden können seit dem 1. April 2005 auch die Finanzbehörden auf die zentrale Kontendatei zugreifen.

---

1   4. Finanzmarktförderungsgesetz vom 21. Juni 2002, BGBl I, S. 2010 ff.

§ 24c KWG verpflichtet sämtliche Kreditinstitute i. S. d. § 1 Abs. 1 KWG, die Konten gemäß § 154 Abs. 2 AO führen, eine zum automatisierten Abruf der Kontoinformationen geeignete Datei einzurichten. Nach § 53b Abs. 3 Satz 1 KWG werden auch die deutschen Zweigniederlassungen ausländischer Einlagen-Kreditinstitute und Finanzdienstleistungsinstitute, die nach § 1 Abs. 1 KWG als Kreditinstitute anzusehen wären, verpflichtet, eine Kontendatei einzurichten. Die Vorschrift erfasst wie § 154 AO selbst nur die in Deutschland geführten Konten. Konten, die in Zweigniederlassungen oder Tochtergesellschaften im Ausland geführt werden, werden somit nicht in die Kontendatei aufgenommen.

Nach dem BMF-Schreiben vom 4. November 2002 soll zur Gewährleistung einer einheitlichen Verwaltungspraxis der Anwendungserlass zur Abgabenordnung (abgedruckt im Anhang unter 2.1) auch für die Anforderungen an die Praxis nach § 24c KWG Anwendung finden.

Unter Berücksichtigung von Sinn und Zweck der gesetzlichen Neuregelung hat die BaFin zahlreiche Ausnahmen zugelassen, in denen die Kontendaten nicht in die Datei eingestellt werden müssen. Die entsprechenden Ausnahmen werden im Detail nachfolgend bei den Ausführungen zu den verschiedenen Kontoarten mit behandelt.

Sonderregelungen gelten für

▷ Anderkonten von Angehörigen rechtsberatender Berufe (Rechtsanwälte, Patentanwälte, Notare (vgl. Rdn. 84),

▷ Mietkautionskonten auf den Namen des Vermieters (vgl. Rdn. 87),

▷ Konten Minderjähriger (vgl. Rdn. 123, 125),

▷ Treuhandkonten für Wohnungseigentümer- und Erbengemeinschaften (vgl. Rdn. 140, 138),

▷ Insolvenzverwalterkonten (vgl. Rdn. 60),

▷ Grabpflege-Treuhandkonten (vgl. Rdn. 98).

Die Daten nach § 24c KWG werden für einen Zeitraum von drei Jahren nach der Kontolöschung bzw. Depotauflösung in die Datei eingestellt. Durch diese Handhabung wird der BaFin und dem Bundeszentralamt für Steuern der Abruf historischer Datensätze für drei Jahre ermöglicht.

Die BaFin prüft die Einhaltung der Regelungen zum Bankenregister durch Sonderprüfungen nach § 44 Abs. 1 KWG. Verstöße gegen die Vorschrift stellen eine Ordnungswidrigkeit dar und sind mit Bußgeld bedroht (§ 56 Abs. 3 Nr. 7a und b KWG).

5 Anforderungen an die Identifikation von Kunden nach der Zinsinformationsverordnung

23 Im Juni 2003 hat der Rat der Wirtschafts- und Finanzminister einstimmig die EU-Zinssteuerrichtlinie zur Harmonisierung der Besteuerung grenzüberschreitender Zinszahlungen an Privatanleger innerhalb der EU verabschiedet.

Deutschland hat die EU-Zinsrichtlinie aufgrund einer Ermächtigung in § 45e EStG durch die Zinsinformationsverordnung – ZIV – vom 26. Januar 2004 umgesetzt.

Die Zinsinformationsverordnung verlangt eine Kontrollmitteilung über sämtliche grenzüberschreitenden Zinseinnahmen von Privatanlegern aus anderen EU-Staaten einschließlich Einnahmen aus Investmentfonds mit einem hohen Anteil an Anleihen (40 Prozent). Nicht erfasst werden Dividendeneinnahmen. Meldepflichtig sind die Zahlstellen.

Erweiterte Legitimationspflichten zur Feststellung der Identität und des Wohnsitzes ergeben sich insbesondere aus der Anforderung, den Wohnsitz durch ein beweiskräftiges Dokument zu belegen. Auch die Verpflichtung den abweichend wirtschaftlich Berechtigten zu legitimieren/identifizieren ist neu.

5.1 Feststellung eines ZIV-Kunden

24 Dem Kundenberater werden in seinem Tagesgeschäft i. d. R. folgende drei ZIV-relevante Standardkonstellationen begegnen:

▷ Der Konto-/Depotinhaber als wirtschaftlicher Eigentümer ist eine natürliche Person mit Anschrift im ZIV-Ausland (vgl. Rdn. 25).

▷ Der Konto-/Depotinhaber benennt einen Dritten als wirtschaftlichen Eigentümer (Beispiel Treuhandkonto). Der Dritte ist eine natürliche Person mit Anschrift im ZIV-Ausland (vgl. Rdn. 35 f.).

▷ Der Konto-/Depotinhaber ist eine Personenmehrheit (eine „Einrichtung") aus natürlichen Einzelpersonen. Die Einrichtung hat ihren Sitz im ZIV-Ausland (vgl. Rdn. 27).

Feststellung einer natürlichen Person

Grundlage für die Anwendung der ZIV ist die Identifikation des wirt- **25**
schaftlichen Eigentümers als natürliche Person mit Anschrift in einem
„anderen EU-Mitgliedstaat bzw. einem abhängigen oder assoziierten Gebiet eines EU-Mitgliedstaates, das von Deutschland aus eine Mitteilung
erhält" (nachstehend ZIV-Ausland genannt).

Werden beim wirtschaftlichen Eigentümer diese Faktoren (natürliche Person und Anschrift im ZIV-Ausland) festgestellt, kann der Kundenberater
von einer ZIV-Relevanz ausgehen mit der Folge, dass die besonderen Anforderungen der ZIV an die Feststellung von Identität und Wohnsitz zu
beachten sind.

> **Feststellung einer natürlichen Person als ZIV-relevant**
>
> Eine natürliche Person mit Anschrift im ZIV-Ausland[1] ist im Sinne der
> ZIV zu behandeln, es sei denn, der Sachverhalt oder die vorliegenden
> Dokumente weisen etwas Gegenteiliges aus.

5.2 Feststellung des wirtschaftlichen Eigentümers

Wirtschaftlicher Eigentümer kann der Kunde (Konto- bzw. Depotinhaber) **26**
selbst, aber auch eine dritte Person sein, die als wirtschaftlicher Eigentümer nachgewiesen wird:

Nach § 3 Abs. 1 Nr. 3 GwG hat das Kreditinstitut bei jeder Konto- und
Depoteröffnung zu klären, ob der Vertragspartner für einen wirtschaftlich Berechtigten handelt. Ist dies der Fall, muss er nach Maßgabe des § 4
Abs. 5 GwG identifiziert werden, d. h. es ist dessen Name und, soweit dies
in Ansehung des im Einzelfall bestehenden Risikos der Geldwasche oder
der Terrorismusfinanzierung angemessen ist, zusätzlich weitere Identifikationsmerkmale zu erheben und zu verifizieren. Bei der Abklärung des
wirtschaftlich Berechtigten sind u. a. auch Treuhandverhältnisse, also das
„Handeln auf Veranlassung" eines Dritten beachtlich. Dabei ist jedoch
jeweils auf die im Hintergrund unmittelbar oder auch nur mittelbar stehende natürliche Personen abzustellen, da nach der aktuellen gesetzlichen Definition der wirtschaftlich Berechtigte keine juristische Person
sein kann (siehe oben Rdn. 8).

> ▷ **Fall 1:** Deklariert ein ZIV-relevanter Kunde (Konto-/Depotinhaber) eine
> dritte Person mit Anschrift im ZIV-Ausland als abweichenden wirt-

---

1   Die ZIV-relevanten Staaten bzw. assoziierten Gebiete sind in Fußnote 1 der Tabelle unter
    der Rdn. 30 aufgeführt.

schaftlichen Eigentümer, ist dies vom Kunden nachzuweisen (z. B. durch Vorlage einer Kopie des Personalausweises der dritten Person). Für die Anwendung der ZIV muss also festgestellt werden, ob der abweichend wirtschaftliche Eigentümer eine natürliche Person mit Anschrift im ZIV-Ausland und damit ZIV-relevant ist.

▷ **Fall 2:** Entsprechendes gilt, wenn ein nicht-ZIV-relevanter Kunde (Konto-/Depotinhaber) angibt, für einen abweichend wirtschaftlichen Eigentümer mit Anschrift im ZIV-Ausland zu handeln.

In Fällen, in denen ein abweichend wirtschaftlicher Eigentümer nicht ermittelt oder nachgewiesen werden kann, gilt der Konto- oder Depotinhaber als wirtschaftlicher Eigentümer. Nach der Vermutungsregelung wird dann im o. g. Fall 1 eine ZIV-Meldung erfolgen, im Fall 2 jedoch nicht (BMF-Schreiben vom 6. Januar 2005, Rz 10).

Feststellung des wirtschaftlichen Eigentümers

▷ Ein Kunde ist grundsätzlich als wirtschaftlicher Eigentümer anzusehen, es sei denn der Sachverhalt oder die vorliegenden Dokumente weisen auf einen Dritten als wirtschaftlichen Eigentümer hin.

▷ Der Kunde wird nicht als wirtschaftlicher Eigentümer angesehen, wenn er nachweist, dass ein anderer wirtschaftlicher Eigentümer ist.

5.3 Feststellung einer Einrichtung/ Personenmehrheit

27 Auch wenn der Konto-/Depotinhaber bzw. der abweichende wirtschaftliche Eigentümer eine Personenmehrheit („Einrichtung") ist, kommt eine Meldung nach der ZIV in Betracht, wenn die Personenmehrheit ihren Sitz im ZIV-Ausland hat. Hierunter fallen z. B. das Firmenkonto einer GbR oder das Konto eines Spar-/Investmentclubs mit u. U. diversen wirtschaftlichen Eigentümern. Hierzu gehören ebenso Konten für **Wohnungseigentümergemeinschaften** und **Mietkautionskonten,** die ein Vermieter als Kontoinhaber für eine Mehrheit von Mietern anlegt. Diese Personenmehrheit ist als solche gem. § 4 Abs. 2 i. V. m. § 8 ZIV zu melden, wenn sie im ZIV-Ausland ansässig ist.

Feststellung einer Einrichtung/Personenmehrheit

Identifizieren einer im ZIV-Ausland niedergelassenen Einrichtung. **Meldepflichtige Einrichtungen** sind alle Personenvereinigungen, an denen neben den Kontoinhabern noch weitere Personen beteiligt sind. **Nicht meldepflichtig sind:**

▷ juristische Personen,

▷ Personenvereinigungen, deren Gewinne der Unternehmensbesteuerung unterliegen,

▷ Einrichtungen, die richtlinienkonforme Investmentfonds (OGAW) sind,

▷ Einrichtungen, die zur Behandlung als OGAW optieren.

In Zweifelsfällen hat der Kunde die Möglichkeit, das Vorliegen der vorstehenden Voraussetzungen durch eine Bescheinigung des Finanzamtes nachzuweisen. Entsprechende Musterbescheinigungen sind im Anhang unter 2.18 und 2.19 abgedruckt.

Eine Auflistung juristischer Personen findet sich im Anhang unter 2.21.

5.4   Gewerbliche oder berufliche Treuhänder

Wird ein Konto auf den Namen eines Treuhänders geführt, hat das Kreditinstitut zu prüfen, ob es sich bei dem Treuhänder um einen Wirtschaftsbeteiligten handelt, der in Ausübung seines Berufes oder Gewerbes Zinszahlungen für einen anderen vereinnahmt. Dies ist insbesondere bei Rechtsanwälten und Notaren gegeben, wenn diese auf einem Anderkonto Gelder von Mandanten verwalten.   **28**

Weitere Beispiele: Testamentsvollstreckung durch einen gewerblich oder beruflich tätigen Treuhänder, Gerichtsvollzieherdienstkonten. In diesen Fällen ist der Treuhänder selbst Zahlstelle i. S. d. § 4 Abs. 1 ZIV und hat dementsprechend ggf. eigene Meldepflichten bei Weiterleitung der Zinsen an die Treugeber. Kreditinstitute, welche auf solchen Treuhandkonten Zinsen gutschreiben, müssen hingegen **keine Meldung** nach § 8 ZIV an das BZSt abgeben. Es sind dann auch **keine Kopien** der Ausweisdokumente der Mandanten (Treugeber) zu Identifikationszwecken hereinzunehmen.

Feststellung eines gewerblichen oder beruflichen Treuhänders

Nicht meldepflichtig sind:

▷ Anderkonten/-depots von Rechtsanwälten und Notaren,

▷ Konten/Depots von gewerblich oder beruflich tätigen Testamentsvollstreckern,

▷ Gerichtsvollzieherdienstkonten.

5.5 Feststellung von Identität und Wohnsitz

29 Für Konto-/Depoteröffnungen beinhaltet die ZIV zusätzliche Anforderungen an die Identitäts- und Wohnsitzprüfung der wirtschaftlichen Eigentümer. Die Anforderungen greifen ergänzend zu den bereits geltenden Identifizierungsbestimmungen der Abgabenordnung und des Geldwäschegesetzes. Hierdurch soll den Wohnsitzstaaten des wirtschaftlichen Eigentümers die Besteuerung der Zinserträge ermöglicht werden. Der Wohnsitzfeststellung kommt daher im Rahmen der Legitimationsprüfung in diesen Fällen eine erhöhte Bedeutung zu.

Die zusätzlichen Anforderungen gelten für Konto-/Depoteröffnungen von Neukunden. Als Neukunden im Sinne der ZIV gelten alle vertraglichen Kundenbeziehungen, die seit dem 1. Januar 2004 neu begründet werden. In der Praxis werden die verschärften Anforderungen seit dem 1. Juli 2005 berücksichtigt, dem Zeitpunkt, an dem nach § 17 ZIV die Zinsinformationsverordnung in Kraft getreten ist.[1]

Für Konto- und Depoteröffnungen von Bestandskunden gelten Erleichterungen.

Die Feststellung von Identität und Wohnsitz dient der Vorbereitung der Meldung nach § 8 ZIV. Gegenstand der Meldung sind grenzüberschreitende Zinszahlungen in das ZIV-Ausland. Die besonderen Prüfungsanforderungen nach § 3 ZIV sind deshalb immer einzuhalten, wenn eine natürliche Person ihren Wohnsitz in einem anderen EU-Mitgliedstaat hat. Die Anforderungen gelten nach § 16a ZIV entsprechend für die abhängigen und assoziierten Gebiete eines EU-Mitgliedstaates, die am Zinsinformationsverfahren teilnehmen und von Deutschland eine Zinsmitteilung erhalten (vgl. die Aufzählung in Fn. 31 zu Rdn. 30).

Die Identität des Kunden wird nach § 154 AO, § 4 Abs. 3 GwG und § 3 Abs. 2 ZIV durch den Namen, den Geburtsort, das Geburtsdatum, die Staatsangehörigkeit und die Anschrift, und die vom Wohnsitzstaat erteilte Steueridentifikationsnummer festgestellt.

Feststellung des Wohnsitzes

30 Ergänzend zur Personenidentifizierung des wirtschaftlichen Eigentümers ist dessen Wohnsitz festzustellen. Diese Anforderungen gelten auch für

---

1 Durch Entscheidung des Rates vom 19. Juli 2004 wurde der Termin für ein mögliches Inkrafttreten auf den 1. Juli 2005 verlegt (Entscheidung des Rates 2004/587/EG vom 19. Juli 2004, Abl. EU Nr. L 257, S. 7).

den abweichend wirtschaftlich Berechtigten. Es ist eine organisatorische Frage, ob das Kreditinstitut nur von den ZIV-relevanten abweichenden wirtschaftlich Berechtigten eine Kopie des Ausweispapiers zu den Akten nimmt oder alternativ hierzu zum später eventuell erforderlichen Nachweis der ordnungsgemäßen Prüfung von jedem abweichenden wirtschaftlichen Eigentümer eine Kopie des Ausweisdokumentes archiviert.

Für Neukunden gelten die verschärften Anforderungen der ZIV, wonach der Wohnsitz beweiskräftig nachgewiesen werden muss. Das BMF-Schreiben vom 30. Januar 2008 bestimmt in Rz 17 hierzu:

„Bei vertraglichen Beziehungen oder gesonderten Transaktionen, die ab dem 1. Januar 2004 eingegangen bzw. getätigt werden, ist ebenfalls davon auszugehen, dass der Wohnsitz in dem Land liegt, das der festgestellten ständigen Anschrift entspricht. Ist die Anschrift nicht im Pass oder amtlichen Personalausweis eingetragen, sind hilfsweise andere beweiskräftige Dokumente heranzuziehen. Hierfür bieten sich als Möglichkeiten der Überprüfung beispielhaft an: Nachprüfung im Wählerverzeichnis, Nachfrage bei einer Kreditauskunftei, Bitte um Vorlage einer Strom-, Gas- oder Wasserrechnung, eines lokalen Steuerbescheids, eines Bank- oder Bausparkassen-Kontoauszuges oder auch Nachschlagen in einem örtlichen Telefonbuch. Als beweiskräftiges Dokument gilt auch eine schriftliche vom wirtschaftlichen Eigentümer unterzeichnete Erklärung über seine ständige Anschrift."

Demnach stellt auch der vom Kunden unterschriebene Kontoeröffnungsantrag bzw. Rahmenvertrag ein beweiskräftiges Dokument zum Nachweis des Wohnsitzes dar, da hierin die vom Kunden als maßgeblich erklärte Adresse enthalten ist. Bei einem abweichend wirtschaftlichen Eigentümer ist gegebenenfalls eine gesonderte Erklärung über seine ständige Anschrift oder ein anderes beweiskräftiges Dokument (z. B. eine Kopie des Personalausweises oder eines anderen beweiskräftigen Dokumentes) heranzuziehen.

Feststellung des Wohnsitzes

▷ Der Wohnsitz liegt grundsätzlich in dem Land, das der festgestellten ständigen Anschrift entspricht.

▷ Die Feststellung erfolgt anhand des Passes oder Personalausweises. Ist die ständige Anschrift nicht im Pass oder Personalausweis eingetragen, sind beweiskräftige Dokumente heranzuziehen. Als beweiskräftiges Dokument gilt auch eine schriftliche vom wirtschaftlichen

Eigentümer unterzeichnete Erklärung über seine ständige Anschrift (im Kontoeröffnungsantrag bzw. Rahmenvertrag enthalten).

▷ Weitere Beispiele für beweiskräftige Dokumente: Nachschlagen im Telefonbuch, Strom-, Gas-, Wasserrechnungen, lokaler Steuerbescheid, örtliche Register, Bank- oder Bausparkassenauszüge, Kreditauskunftei.

Für Personen mit einem im ZIV-Ausland ausgestellten Ausweis und dem **Wohnsitz in einem Drittstaat** gilt nach Rz 19 des BMF-Schreibens vom 30. Januar 2008 nachfolgende Regelung:

„Gibt eine Person mit einem in der EU ausgestellten Pass oder amtlichen Personalausweis an, in einem Drittstaat (also außerhalb der EU) ansässig zu sein, muss dies durch einen Nachweis über den steuerlichen Wohnsitz belegt werden, der von der zuständigen Behörde dieses Drittstaates ausgestellt wurde. Wird dieser Nachweis nicht vorgelegt, gilt der Wohnsitz als in dem EU-Mitgliedstaat belegen, in dem der Pass oder ein anderer amtlicher Identitätsausweis ausgestellt wurde (§ 3 Abs. 2 Satz 6 ZIV)."

Ein Muster eines Nachweises über den steuerlichen Wohnsitz ist im Anhang unter 2.22 abgedruckt.

Wohnsitzfeststellung – Sonderfall „Wohnsitz in einem Drittstaat"

▷ Ist eine Person mit EU-Pass/-Personalausweis (nicht Deutschland) nach ihren Angaben in einem Nicht-EU-Land ansässig, muss eine Wohnsitzbescheinigung der zuständigen Behörde des Drittlandes vorgelegt werden.

▷ Liegt diese Bescheinigung nicht vor, gilt für Zwecke der Meldung der Wohnsitz in dem EU-Land belegen, in dem der Pass oder Personalausweis ausgestellt wurde. Als Anschrift für Meldezwecke ist die bei der Kontoeröffnung durch ein beweiskräftiges Dokument festgestellte Anschrift im Drittland zu verwenden. In diesem Fall weichen somit Meldeland und Land der zu meldenden Anschrift voneinander ab.

Folgende drei **Fallkonstellationen** sind zu unterscheiden:

Wirtschaftlicher Eigentümer mit deutschem Pass/Personalausweis, Anschrift im	Wohnsitzfeststellung nach ZIV
▷ Inland	nein
▷ ZIV-Ausland[1]	beweiskräftiges Dokument
▷ Drittstaat	nein
Wirtschaftlicher Eigentümer mit Pass/Personalausweis aus dem ZIV-Ausland, Anschrift im	**Wohnsitzfeststellung nach ZIV**
▷ Inland	nein
▷ ZIV-Ausland1	beweiskräftiges Dokument
▷ Drittstaat	Nachweis über den steuerlichen Wohnsitz
Wirtschaftlicher Eigentümer mit Pass/Personalausweis aus einem Drittstaat, Anschrift im	**Wohnsitzfeststellung nach ZIV**
▷ Inland	nein
▷ ZIV-Ausland	beweiskräftiges Dokument
▷ Drittstaat	nein

Teilt der Kunde auf die Frage des Kreditinstituts nach seinem Wohnsitz nur eine Anschrift mit, genügt das Kreditinstitut den nach § 3 ZIV bestehenden Verpflichtungen, wenn es die vom Kunden mitgeteilte Adresse – wie in der vorstehenden Tabelle beschrieben – überprüft und festhält.

Nach Rz 17 des Einführungsschreibens ist davon auszugehen, dass der Wohnsitz in dem Land liegt, das der festgestellten ständigen Anschrift entspricht. Verfügt der Kunde über mehrere Adressen (z. B. neben der

---

1   Dazu gehören die anderen EU-Mitgliedstaaten und die abhängigen oder assoziierten Gebiete eines EU-Mitgliedstaates, an die Deutschland die Zinszahlungen meldet: Belgien, Bulgarien, Frankreich (inkl. Überseedepartemente Guadeloupe, Französisch-Guyana, Martinique, Réunion), Italien, Luxemburg, Niederlande, Dänemark, Großbritannien (inkl. Gibraltar), Irland, Griechenland, Portugal (inkl. Madeira, Azoren), Rumänien, Spanien (inkl. Kanarische Inseln), Österreich, Finnland, Schweden, Estland, Lettland, Litauen, Malta, Polen, Slowakei, Slowenien, Tschechien, Ungarn, Zypern und – zurzeit ergänzend – an die folgenden abhängigen bzw. assoziierten Gebiete: Guernsey, Jersey, Insel Man, Montserrat, Aruba und die Niederländischen Antillen.

Wohnadresse zusätzlich noch über eine hiervon abweichende Versandadresse), ist die maßgebende ständige Anschrift den Angaben des Kunden zu entnehmen.

5.5.1 Feststellung des Wohnsitzes nach einem Umzug

31 Beim Wohnsitzwechsel ist der neue Wohnsitz wiederum nach den Regelungen der ZIV festzustellen.

Ein Kunde verlegt seinen Wohnsitz von Deutschland in ein anderes Land und teilt dies seiner Bank mit

▷ Die Adressdaten müssen bei einem Umzug wie bei einer Kontoeröffnung durch ein beweiskräftiges Dokument festgestellt werden (schriftliche vom wirtschaftlichen Eigentümer unterzeichnete Erklärung über seine ständige Anschrift oder ein anderes beweiskräftiges Dokument).

▷ Eine vorliegende neue Steuernummer kann nach einem entsprechenden Nachweis aufgezeichnet werden.

▷ Ohne beweiskräftiges Dokument oder bei Zweifeln an der neuen Anschrift (z. B. Postrückläufer) ist für Meldezwecke auf die vor dem Umzug festgestellte Anschrift und den Wohnsitz abzustellen.

Rz 19b des BMF-Schreibens vom 30. Januar 2008 (vollständig abgedruckt im Anhang unter 2.18) bestimmt hierzu:

„Teilt der wirtschaftliche Eigentümer einen Wechsel des Wohnsitzes mit, sind die Daten des neuen Wohnsitzes wiederum anhand der im Pass oder im amtlichen Personalausweis angegebenen Adresse oder eines anderen beweiskräftigen Dokuments festzustellen. Als der Zeitpunkt des Wohnsitzwechsels gilt der Zeitpunkt, zu dem der wirtschaftliche Eigentümer den neuen Wohnsitz anzeigt und durch eines der oben angeführten Dokumente belegt. Die Zahlstelle kann eine rückwirkende Änderung der Daten zum Wohnsitz akzeptieren, wenn der wirtschaftliche Eigentümer das Datum des Umzugs durch geeignete Nachweise (z. B. Abmelde- und Anmeldebescheinigung) belegt."

Anforderungen an die Identifikation nach der Zinsinformationsverordnung

Folgende **Fallkonstellationen** sind zu unterscheiden:

Umzug eines Kunden mit deutschem Pass		erneute Wohnsitzfeststellung nach ZIV
von	nach	
Inland	Inland	nein
ZIV-Ausland[1]	Inland	nein
Drittstaat	Inland	nein
Inland	ZIV-Ausland	beweiskräftiges Dokument
Inland	Drittstaat	nein
ZIV-Ausland	Drittstaat	nein
ZIV-Ausland	ZIV-Ausland	beweiskräftiges Dokument
Drittstaat	Drittstaat	nein
Drittstaat	ZIV-Ausland	beweiskräftiges Dokument

Umzug eines Kunden mit Pass aus einem anderen EU-Staat		erneute Wohnsitzfeststellung nach ZIV
von	nach	
Inland	Inland	nein
ZIV-Ausland	Inland	nein
Drittstaat	Inland	nein
Inland	ZIV-Ausland	beweiskräftiges Dokument
Inland	Drittstaat	Nachweis über den steuerlichen Wohnsitz
ZIV-Ausland[1]	Drittstaat	Nachweis über den steuerlichen Wohnsitz
ZIV-Ausland	ZIV-Ausland	beweiskräftiges Dokument

---

1 Dazu gehören die anderen EU-Mitgliedstaaten und die abhängigen oder assoziierten Gebiete eines EU-Mitgliedstaates, an die Deutschland die Zinszahlungen meldet: Belgien, Bulgarien, Frankreich (inkl. Überseedepartemente Guadeloupe, Französisch-Guyana, Martinique, Réunion), Italien, Luxemburg, Niederlande, Dänemark, Großbritannien (inkl. Gibraltar), Irland, Griechenland, Portugal (inkl. Madeira, Azoren), Rumänien, Spanien (inkl. Kanarische Inseln), Österreich, Finnland, Schweden, Estland, Lettland, Litauen, Malta, Polen, Slowakei, Slowenien, Tschechien, Ungarn, Zypern und – zurzeit ergänzend – an die folgenden abhängigen bzw. assoziierten Gebiete: Guernsey, Jersey, Insel Man, Montserrat, Aruba und die Niederländischen Antillen.

Drittstaat	Drittstaat	Nachweis über den steuerlichen Wohnsitz
Drittstaat	ZIV-Ausland	beweiskräftiges Dokument

Umzug eines Kunden mit Pass aus einem Drittstaat		erneute Wohnsitzfeststellung nach ZIV
von	**nach**	
Inland	Inland	nein
ZIV-Ausland	Inland	nein
Drittstaat	Inland	nein
Inland	ZIV-Ausland	beweiskräftiges Dokument
Inland	Drittstaat	nein
ZIV-Ausland	Drittstaat	nein
ZIV-Ausland	ZIV-Ausland	beweiskräftiges Dokument
Drittstaat	Drittstaat	nein
Drittstaat1	ZIV-Ausland	beweiskräftiges Dokument

5.5.2 Bestandskunden

32 Die ZIV sieht keine weiterführenden Anforderungen für die Personenidentifizierung und zur Wohnsitzfeststellung von Bestandskunden (bestehende Konten und Depots) vor.

Rz 14 des BMF-Schreibens vom 30. Januar 2008 (abgedruckt im Anhang unter 2.18) bestimmt hierzu:

„Eine ab dem 1. Januar 2004 neu eingegangene vertragliche Beziehung liegt nur vor, wenn die Kundenbeziehung neu begründet wird. Eröffnet ein in der Vergangenheit bereits ausreichend legitimierter wirtschaftlicher Eigentümer nach dem 1. Januar 2004 ein weiteres Konto oder Depot, wird somit eine erneute Legitimations- oder Wohnsitzprüfung nicht erforderlich."

Bei Umzügen von Bestandskunden nach Inkrafttreten der ZIV muss der Wohnsitz demgegenüber nach den Vorschriften der ZIV erneut festgestellt und festgehalten werden.

5.5.3 Erweiterte unbeschränkte Steuerpflicht/ diplomatisches Personal

§ 1 Abs. 2 EStG bestimmt: 33

„Unbeschränkt einkommensteuerpflichtig sind auch deutsche Staatsangehörige, die

1. im Inland weder einen Wohnsitz noch ihren gewöhnlichen Aufenthalt haben und

2. zu einer inländischen juristischen Person des öffentlichen Rechts in einem Dienstverhältnis stehen und dafür Arbeitslohn aus einer inländischen öffentlichen Kasse beziehen,

sowie zu ihrem Haushalt gehörende Angehörige, die die deutsche Staatsbürgerschaft besitzen oder keine oder nur Einkünfte beziehen, die ausschließlich im Inland einkommensteuerpflichtig sind. Dies gilt nur für Personen, die in dem Staat, in dem sie ihren Wohnsitz oder gewöhnlichen Aufenthalt haben, lediglich in einem der beschränkten Einkommensteuerpflicht ähnlichen Umfang zu einer Steuer vom Einkommen herangezogen werden."

Hieraus folgt, dass diese Personen trotz ihres Wohnsitzes im Ausland im Inland weiterhin steuerpflichtig sind. Deshalb bestimmt das BMF-Schreiben vom 30. Januar 2008 in Tz 19a:

„Bei Personen, die der erweiterten unbeschränkten Einkommensteuerpflicht nach § 1 Abs. 2 EStG unterliegen, ist für Zwecke der Zinsinformationsverordnung von einer Ansässigkeit im Inland auszugehen. Mangels einer Ansässigkeit in einem anderen Mitgliedstaat besteht bei Zinszahlungen an nach § 1 Abs. 2 EStG unbeschränkt Steuerpflichtige keine Verpflichtung zur Datenübermittlung nach § 8 ZIV. Das gleiche gilt für Zinszahlungen an deutsche Beschäftigte internationaler Einrichtungen (z. B. EU), wenn sie aufgrund zwischenstaatlicher Vereinbarungen wie unbeschränkt Steuerpflichtige behandelt werden (z. B. EG-Privilegienprotokoll BGBl II 1965, 1482 und 1967, 2156).

Bei ausländischen Mitgliedern des diplomatischen oder konsularischen Personals wird zur Beurteilung der Ansässigkeit nicht auf den Staat der Akkreditierung oder des Aufenthalts, sondern auf den Entsendestaat abgestellt. Ist der Entsendestaat ein EU-Mitgliedstaat, ist trotz inländischem Wohnsitz eine Datenübermittlung nach § 8 ZIV vorzunehmen.

*In sonstigen Fällen, insbesondere bei Treuhandkonten und bei Tafelge-
schäften, können die Verpflichtung zum Steuerabzug vom Kapitalertrag
(Zinsabschlag nach §§ 43 Abs. 1 Satz 1 Nr. 7 und 8 sowie Satz 2, 43a Abs. 1
Nr. 3 EStG) und die Verpflichtung zur Datenübermittlung nach § 8 ZIV
nebeneinander bestehen."*

Auslandsbedienstete einer inländischen juristischen Person des öffentlichen Rechts unterliegen mit ihren Zinseinkünften somit nicht der Melde-
pflicht. Diplomaten (einschließlich ihres Personals) unterliegen demgegenüber mit ihren Zinserträgen der Meldung, wenn sie von einem ZIV-
Land nach Deutschland entsendet wurden.

5.6 Feststellung der Steuer-Identifikationsnummer

34 Die ZIV verlangt zusätzlich zu den oben aufgezählten Angaben, dass die
vom Wohnsitzstaat erteilte Steuer-Identifikationsnummer (TIN) des wirtschaftlichen Eigentümers anhand eines beweiskräftigen Dokumentes
(Personalausweis, Steuerbescheid, ID-Karte oder sonstige Bescheinigung)
festgehalten wird. In Zweifelsfällen sowie beim Fehlen einer TIN sind ersatzweise zur späteren Präzisierung der Meldung das bei der Legitimation
bereits erfasste Geburtsdatum und der Geburtsort zu verwenden. Da zurzeit noch keine offizielle Liste der für die ZIV-Meldung verbindlichen TINs
existiert, wird in der Praxis ersatzweise auf das Geburtsdatum und den
Geburtsort zurückgegriffen.

Die Anforderung an die Erfassung der TIN bezieht sich ausschließlich auf
die natürliche Einzelperson. Handelt es sich um einen Zusammenschluss
mehrerer natürlicher Personen (Einrichtung), braucht keine TIN erfasst zu
werden, auch nicht für die beteiligten natürlichen Personen.

5.7 Abweichender wirtschaftlicher Eigentümer

35 Die Identifizierung eines abweichenden wirtschaftlichen Eigentümers
muss anhand amtlicher Dokumente erfolgen. Eine persönliche Identifizierung durch den Kundenberater ist jedoch nicht erforderlich, die Vorlage einer Kopie der Ausweisdokumente durch den konto-/depotinha-
benden Treuhänder reicht zur Identifizierung aus (vgl. Rz 13 des BMF-
Schreibens vom 6. Januar 2005).

B. Die Legitimationsprüfung/ Identifizierung bei der Kontoeröffnung

Nach § 154 Abs. 2 AO muss sich ein Kreditinstitut vor der Eröffnung eines Kontos bzw. der Überlassung von Schließfächern Gewissheit über die Person des Verfügungsberechtigten (Gläubiger, gesetzlicher Vertreter oder Bevollmächtigter, vgl. Rdn. 41) verschaffen. Diese Verpflichtung trifft alle im Inland tätigen Kreditinstitute. Wird ein Konto bei einer im Ausland ansässigen selbstständigen Tochtergesellschaft geführt, besteht keine Verpflichtung zu einer Legitimationsprüfung nach deutschem Recht. Denn nach dem völkerrechtlichen Territorialitätsprinzip erstreckt sich der Anwendungsbereich der deutschen Abgabenordnung und des Geldwäschegesetzes grundsätzlich nur auf das Gebiet, das der Hoheitsgewalt der Bundesrepublik unterliegt[1].

Unabhängig hiervon müssen Kreditinstitute gemäß § 25g KWG sicherstellen, dass in ihren nachgeordneten Unternehmen, Zweigstellen und Zweigniederlassungen im In- und Ausland die Sorgfaltspflichten nach §§ 3, 5, und 6 GwG und §§ 25d und 25f KWG (also die Pflichten zur Identifizierung des Vertragspartner, zum Zweck der Geschäftsbeziehung, zur Abklärung des wirtschaftlich Berechtigten, zur kontinuierlichen Überwachung der Geschäftsbeziehung, zur Erkennung und Behandlung politisch exponierter Personen und zu Korrespondenzbankbeziehungen) sowie die Aufzeichnungs- und Aufbewahrungspflicht nach § 8 GwG eingehalten werden. Verantwortlich für die ordnungsgemäße Erfüllung dieser Pflichten sind die Geschäftsleiter. Für den Fall, dass am ausländischen Sitz strengere Pflichten als nach deutschem Recht gelten, sind dort diese strengeren Pflichten zu erfüllen. Nicht einbezogen in die Pflichten zur gruppenweiten Umsetzung sind die Vorschriften zur Durchführung der Identifizierung nach § 4 GwG. Somit müssen die konkreten Vorgaben des § 4 GwG zur Durchführung der Identifizierung nicht im Ausland angewendet werden. Vielmehr sollen stattdessen die Regelungen des jeweiligen Ortsrechts gelten.

---

1   Birk in Hübschmann/Hepp/Spitaler, AO, Rdn. 10 zu § 1; Tipke/Kruse, AO, Rdn. 2 zu § 1.

Sind die hiernach im Rahmen der Begründung von Geschäftsbeziehungen oder der Durchführung von Transaktionen zu treffenden Maßnahmen in einem Staat außerhalb der Europäischen Union und des Europäischen Wirtschaftsraums, in dem das Unternehmen ansässig ist, nicht zulässig oder tatsächlich nicht durchführbar, hat das übergeordnete Unternehmen oder Mutterunternehmen sicherzustellen, dass ein nachgeordnetes Unternehmen, eine Zweigstelle oder Zweigniederlassung in diesem Drittstaat keine Geschäftsbeziehung begründet oder fortsetzt und keine Transaktionen ausführt. Soweit eine Geschäftsbeziehung bereits besteht, hat das übergeordnete Unternehmen oder Mutterunternehmen sicherzustellen, dass diese durch Kündigung oder auf andere Weise beendet wird.

Die BaFin hat die Anforderungen des § 25g KWG an die gruppenweite Umsetzung von Sorgfaltspflichten mit Rundschreiben 17/2009 (GW) konkretisiert.[1] Danach sind im Ergebnis ausschließlich

▷ nachgeordnete Unternehmen gem. § 10a Abs. 1 Satz 2 KWG („Tochterunternehmen eines Instituts, die selbst Institute, Kapitalanlagegesellschaften, Finanzunternehmen oder Anbieter von Nebendienstleistungen sind") und

▷ Unternehmen, die ausschließlich oder neben der Anlageberatung die Verwaltung, Steuerung und Betreuung von Vermögen anbieten („Family Offices"),

betroffen, sofern sie am jeweiligen Standort selbst geldwäscherechtlichen Pflichten unterliegen und beherrschendem Einfluss des übergeordneten Unternehmens ausgesetzt sind.

Nicht unter den Begriff des nachgeordneten Unternehmens fallen damit unter anderem:

▷ Tochterunternehmen von Kreditinstituten, die z. B. nur Makler-, Warengeschäfte oder die Immobilienverwaltung betreiben und

▷ Unternehmen, an denen nur eine Minderheitsbeteiligung gehalten wird und auf die unabhängig von den gesellschaftsrechtlichen Einflussmöglichkeiten auch nicht auf andere Weise beherrschender Einfluss ausgeübt werden kann (etwa durch personelle Verflechtungen oder vertragliche Regelungen wie z. B. Beherrschungsverträge).

---

1   BaFin-Rundschreiben Nr. 17/2009 (GW) an alle Kreditinstitute (und andere) in der Bundesrepublik Deutschland vom 23. September 2009.

In der Praxis werden die Anforderungen nach der Abgabenordnung und dem Geldwäschegesetz bei der Begründung einer neuen Geschäftsbeziehung in einem Arbeitsschritt abgearbeitet.

1 Das Konto/die Geschäftsbeziehung

Das Konto i. S. d. § 154 AO ist die für einen Kunden im Rahmen einer **37** laufenden Geschäftsverbindung geführte Rechnung, in der die Zu- und Abgänge der Vermögensgegenstände erfasst werden.[1] Hieraus folgt jedoch nicht, dass jeder Kaufmann, der nach Ausführung einer Warenlieferung die daraus resultierende Warenforderung unter dem Namen des Warenempfängers (Schuldner der Forderung) aufzeichnet, zugleich ein Konto nach § 154 Abs. 2 AO für seinen Kunden eröffnet. Zwar spricht der Wortlaut des § 154 Abs. 2 AO nur von der Kontoführung. In Nr. 3 AEAO zu § 154 AO wird die gesetzliche Vorschrift jedoch zutreffend dahin präzisiert, dass die Legitimationsverpflichtung nur denjenigen trifft, der für einen anderen ein Konto führt[2]. Die handelsrechtlich vorgeschriebene Verbuchung der Außenstände durch einen Kaufmann (vgl. § 238 Abs. 1 HGB) ist infolgedessen noch keine Kontoführung i. S. d. § 154 Abs. 2 AO. Würde man den Wortlaut dieser Vorschrift weiter auslegen und auch auf diese Fälle anwenden, müsste ein Versandhaus vor dem Absenden der Ware und der Verbuchung der Warenforderung beim Warenempfänger eine Legitimationsprüfung nach § 154 Abs. 2 AO durchführen. Nach dem Sinn und Zweck der Vorschrift ist eine solche Ausuferung der Legitimationspflichten nicht erforderlich. Zu einer Legitimationsprüfung ist der Kaufmann daher nur verpflichtet, wenn er aufgrund einer vertraglichen Vereinbarung mit einem anderen für diesen ein Konto führt.

Die Warengenossenschaft (bzw. Kreditgenossenschaft mit Warenverkehr) muss eine Legitimationsprüfung nach § 154 AO bei der Verbuchung von Warenverkäufen somit nur vornehmen, wenn sie mit dem Kunden die Eröffnung eines Kontos (i. d. R. Kontokorrentkonto) vereinbart. Aus Praktikabilitätsgründen sollte daher eine Legitimationsprüfung vorgenommen werden, wenn sich abzeichnet, dass sich an die Warenlieferung ein Kreditgeschäft unmittelbar anschließt. In diesen Fällen müssen bereits zur Sicherstellung der Durchsetzung der Rechte der Warengenossenschaft die persönlichen Daten des Kunden aufgenommen werden. Darüber hinaus besteht für Warengenossenschaften als geldwäscherechtlich Verpflichtete gem. § 2 Abs. 1 Nr. 12 GwG („Personen, die gewerblich mit Gütern

---

1 RFH in RFHE 24, 203, 205.
2 Tipke/Kruse, AO, § 154 Rdn. 4.

handeln") die Verpflichtung nach § 3 Abs. 2 Satz 2 GwG, bei der Annahme von Bargeld im Wert von 15.000 Euro oder mehr den Vertragspartner zu identifizieren und den wirtschaftlich Berechtigten des Vertragspartners abzuklären.

38 Zu den Konten gehören alle kundenbezogenen Konten, auf denen Forderungen des Kunden gegen die Bank oder Forderungen der Bank gegen den Kunden ausgewiesen werden. Neben den sog. Guthabenkonten gehören dazu auch die Kredit- bzw. Darlehenskonten sowie die Depots.[1]

Ein Konto wird für einen Kunden eines Kreditinstituts nur dann errichtet, wenn er in eine laufende Geschäftsverbindung zum Kreditinstitut treten will. Soll lediglich ein einmaliger Geschäftsvorfall abgewickelt werden, z. B. der Kauf von Wertpapieren über die Tafel oder eine Bareinzahlung mit Überweisungsauftrag (sog. Barüberweisung), wird hierdurch noch kein Konto i. S. d. § 154 AO eröffnet[2]. Eine Legitimationsprüfung muss deshalb in diesen Fällen nicht durchgeführt werden. Nach § 34 Abs. 1 WpHG besteht aber beim An- bzw. Verkauf eines Wertpapiers über die Tafel eine Aufzeichnungspflicht für das Kreditinstitut. Ausgenommen ist hiervon lediglich die Einlösung fälliger Wertpapiere.

Auch für die gesetzliche Verpflichtung zur Anwendung von Sorgfaltspflichten nach dem Geldwäschegesetz, die nach § 3 Abs. 2 Nr. 1 GwG bei Begründung einer auf Dauer angelegten geschäftlichen Beziehung zum Tragen kommt, sind die Eröffnung von Konten, Depots und Schließfächern (siehe auch Rdn. 39) die Hauptanwendungsfälle in der Praxis. Darüber hinaus unterfallen jedoch auch Geschäftsbeziehungen den geldwäscherechtlichen Sorgfaltspflichten, die (zunächst) keine Kontoeröffnung nach § 154 AO zum Gegenstand haben, wie z. B. die Schließfachmiete oder die Eröffnung eines Avalkredits (der als Eventualverbindlichkeit kein Konto nach § 154 AO darstellt, gleichwohl aber eine dauerhafte Geschäftsbeziehung). Verträge, die keinen Bezug zu den geschäftstypischen Aufgaben oder Leistungen des Kreditinstituts aufweisen oder die allein der Aufrechterhaltung des Geschäftsbetriebs dienen, unterfallen jedoch nicht einer Geschäftsbeziehung in diesem Sinne. Die besonderen Prüfungspflichten nach AO und GwG müssen hier nicht beachtet werden. Beispiele für solche allgemeinen, nicht banktypischen Rechtsbeziehungen sind Verträge mit Versorgungsunternehmen, IT-Wartungs-/Dienstleis-

---

1 BMF-Schreiben vom 22. April 1996 – IV A 4 – S 0325 – 8/96, abgedruckt im Anhang unter 2.5.
2 Hübschmann/Hepp/Spitaler, § 154 AO, Rdn. 11a.

tungsverträge, Dienstverträge mit Gebäudereinigungsunternehmen sowie sonstige Beschaffungsgeschäfte.

2 Die Verwahrung von Wertsachen

Überlässt das Kreditinstitut ein Schließfach oder nimmt es Wertgegenstände des Kunden, z. B. für die Zeit seines Urlaubs, in Verwahrung (Schmuck, Briefmarken- oder Münzsammlungen, Kunstobjekte), muss es nach § 154 Abs. 2 AO ebenfalls für den Verfügungsberechtigten eine Legitimationsprüfung durchführen. Zwar kann im Einzelfall zweifelhaft sein, ob es sich bei dem vom Kunden zur Verwahrung übergebenen Gegenstand um einen Wertgegenstand handelt. Dies gilt insbesondere, wenn der Kunde einen verschlossenen Briefumschlag, ein Paket oder ein verschlossenes Behältnis übergibt, ohne Angaben zu seinem Inhalt zu machen. Die Bank muss in diesen Fällen aber davon ausgehen, dass der übergebene Gegenstand werthaltig ist und deshalb in jedem Fall eine Legitimationsprüfung durchführen und die geldwächerechtlichen Obliegenheiten beachten. Diese entsprechen den Anforderungen an eine Kontoeröffnung.

39

3 Bartransaktionen

Nach § 3 Abs. 2 Nr. 2 GwG sind die geldwäscherechtlichen Sorgfaltspflichten, bestehend aus der Identifizierung des Vertragspartners und der Abklärung des wirtschaftlich Berechtigten sowie der Feststellung des PEP-Status des Vertragspartners (siehe Rdn. 17), auch anlässlich einer außerhalb einer bestehenden Geschäftsbeziehung anfallenden Transaktion im Wert von 15.000 Euro oder mehr zu erfüllen. Dabei umfasst der Begriff der Transaktion jede Handlung mit dem Ziel einer Vermögensübertragung und damit sowohl Bartransaktionen als auch unbare Transaktionen. Als pflichtauslösende Geschäftsvorfälle kommen daher unter anderem die Annahme und Abgabe von Bargeld, Wertpapieren und Edelmetallen, Überweisungen, Kreditrückführungen sowie sachenrechtliche Eigentümerwechsel in Betracht.

40

Durch die Beschränkung des Anwendungsbereichs auf gelegentliche Transaktionen außerhalb einer dauerhaften Geschäftsbeziehungen begrenzt sich die praktische Relevanz nach wie vor im Wesentlichen auf Bargeschäfte mit Nichtkunden: Da der unbare Zahlungsverkehr zwangsläufig innerhalb einer bestehenden Geschäftsbeziehung (Kontoverbindung) stattfindet, entsteht hierdurch keine Pflicht zur Anwendung der geldwäscherechtlichen Sorgfaltspflichten. Auch Auszahlungen vom Konto erfolgen ausschließlich innerhalb einer bestehenden Geschäftsbeziehung, da sie nur an Berechtigte erfolgen und bereits aus zivilrechtlichen Gründen entsprechend dokumentiert werden. Regelmäßig außerhalb einer bestehenden Geschäftsverbindung finden jedoch z. B. kontoungebundene Bargeschäfte (Tafelgeschäfte) statt. Bei Überschreiten der unten genannten gesetzlichen Schwellenwerte sind daher die Sorgfaltspflichten anzuwenden.

Zur Abgrenzung, ob eine Bareinzahlung auf ein bei dem jeweiligen Kreditinstitut geführtes Konto innerhalb oder außerhalb einer bestehenden Geschäftsverbindung erfolgt, erlaubt der Gesetzgeber auch ein Abstellen auf die Offensichtlichkeit des Handelns für den Vertragspartner. Neben anderen äußeren Umständen des jeweiligen Geschäfts kann z. B. das gewählte Einzahlungsverfahren indizieren, ob die Einzahlung innerhalb oder außerhalb einer bestehenden Geschäftsbeziehung erfolgt. Die Verwendung eines Zahlscheins – zur Überweisung eines bar eingezahlten Geldbetrages an einen Dritten – indiziert die Begründung eines eigenständigen Vertragsverhältnisses mit dem Auftretenden außerhalb einer bestehenden Geschäftsbeziehung. Denn nur das Zahlscheinverfahren ermöglicht dem Empfänger, den Zahlungseingang einer bestimmten Person anhand des Verwendungszwecks zuzuordnen. Eine andere Form, z. B. die Einzahlung auf Grundlage eines Einzahlungsbelegs, kann dagegen auf eine Einzahlung innerhalb einer bestehenden Geschäftsbeziehung hindeuten.

Bei Sortengeschäften, die nicht über ein Konto des Kunden abgewickelt werden gilt gem. § 25f Abs. 3 KWG der herabgesetzte Schwellenwert von 2.500 Euro. Die Pflicht zur Feststellung des PEP-Status greift jedoch auch hier erst ab 15.000 Euro.

Darüber hinaus sind die Sorgfaltspflichten in den Fällen zu beachten, in denen Anhaltspunkte dafür bestehen, dass Transaktionen künstlich aufgespalten werden, um den Schwellenwert zu unterlaufen und einer Identifizierung zu entgehen (sogenanntes „Smurfing").

An Transaktionen innerhalb einer bestehenden Geschäftsbeziehung knüpft das Gesetz keine spezifischen Pflichten.

Nach Nr. 3 Satz 3 des Anwendungserlasses zu § 154 AO ist die Abwicklung von Geschäftsvorfällen über sog. CpD-Konten u. a. dann unzulässig, wenn für einen Beteiligten ein entsprechendes Konto geführt wird.

Diese Verwaltungsanweisung entbehrt zwar einer gesetzlichen Grundlage[1]. Dennoch wird sie in der Praxis regelmäßig berücksichtigt. Nicht mit CpD-Konten vergleichbar sind demgegenüber die betrieblichen Verrechnungskonten bzw. die Eigenkonten der Bank, vgl. Rdn. 111. Es ist deshalb nicht grundsätzlich ausgeschlossen, eine Bareinzahlung (Barüberweisung) über ein betriebliches Verrechnungskonto abzuwickeln, auch wenn der Kunde über ein eigenes Konto bei der Bank verfügt. Die Bank muss in diesen Fällen jedoch im Zusammenhang mit der Bareinzahlung die nach den bestehenden Zahlungsverkehrsabkommen und der EG-Geldtransferverordnung[2] vorgesehenen Daten des Überweisenden aufzeichnen (auf einem Bareinzahlungsbeleg bzw. einem Überweisungsträger), damit bei einer fehlgeleiteten Überweisung der Geldfluss zurückverfolgt werden kann. Diese Daten stehen im Rahmen einer Betriebsprüfung dann auch zu Kontrollzwecken zur Verfügung.

4 Der Verfügungsberechtigte (legitimationspflichtige Personen)

Folgende Personen kommen als Verfügungsberechtigte i. S. d. § 154 AO in Betracht: **41**

▷ der Kontoinhaber, auf dessen Namen das Konto geführt wird,

▷ der Gläubiger, der nach dem Kontovertrag Inhaber der auf dem Konto verwalteten Guthabenforderung ist,

▷ der Bevollmächtigte, der aufgrund einer vom Kontoinhaber eingeräumten Vollmacht über das Konto verfügen kann und

▷ der gesetzliche Vertreter des Kontoinhabers, der kraft Gesetzes über das Konto verfügen kann.

Zum Antragsteller bei der Kontoeröffnung auf den Namen eines Dritten (vgl. Rdn. 48, 103).

§ 154 Abs. 2 AO geht zurück auf die im Jahr 1918 geschaffene gesetzliche Regelung in § 163 Reichsabgabenordnung. Die Vorschrift diente ursprünglich zur Verhinderung der Kapitalflucht. Bis zum Juli 1990 war unstreitig, dass nur der verfügungsberechtigte Gläubiger einer Kontoforderung legitimationsgeprüft werden muss. In einem am 2. Juli 1990

---

1 Heuermann in Hübschmann/Hepp/Spitaler, AO, § 154 Rz 10.
2 Verordnung (EG) 1781/2006 des Europäischen Parlaments und des Rates über die Übermittlung von Angaben zum Auftraggeber bei Geldtransfers vom 8. Dezember 2006, ABl. Nr. L 345.

veröffentlichten koordinierten Ländererlass[1] kamen die obersten Finanzbehörden der Länder zu einem von dieser langjährigen Rechtsauffassung abweichenden Ergebnis. Neben dem Gläubiger gehören danach auch dessen gesetzliche Vertreter sowie die Bevollmächtigten zu den Personen, für die als Verfügungsberechtigter eine Legitimationsprüfung durchgeführt werden muss. Die Finanzverwaltung argumentierte, zur Sicherung des Steueraufkommens sei es unbedingt erforderlich, dass die Identifizierungs-, Registrierungs- und Auskunftssicherungspflichten auch bei den gesetzlichen Vertretern und den Bevollmächtigten erfüllt werden. Gegen diese weite Auslegung des Gesetzeswortlauts wandten sich die kreditwirtschaftlichen Spitzenverbände mit Entschiedenheit. Nach intensiven Verhandlungen bewilligte die Finanzverwaltung eine ganze Reihe von Erleichterungen.

42 Im Ergebnis führen die Kreditinstitute seit Beginn des Jahres 1992 eine Legitimationsprüfung auch bei den gesetzlichen Vertretern des Gläubigers und den Bevollmächtigten durch. Dabei bestehen bezüglich dieser Personen keine geldwäscherechtlichen Sorgfaltspflichten, weil diese ausschließlich auf den „Vertragspartner" des Kreditinstituts, also den Kontoinhaber und den wirtschaftlich Berechtigten abstellen. Zu der Kontoeröffnung auf den Namen eines Dritten vgl. Rdn. 63.

Ausnahmsweise ist eine Legitimationsprüfung für andere Personen als den Kontoinhaber (Gläubiger) in den nachfolgend aufgezählten Fällen nicht erforderlich. Auch eine Dokumentation der Vertretungsberechtigten (bzw. Bevollmächtigten) muss in den nachfolgenden Fällen nicht erfolgen (vgl. Nr. 7 AEAO zu § 154 AO)[2]:

▷ bei sog. Altfällen, das sind die vor dem 1. Januar 1992 begründeten Kontovollmachten, unabhängig davon, ob diese noch bestehen oder bereits erloschen sind,

▷ bei den Eltern minderjähriger Kinder, soweit diese als gesetzliche Vertreter ein Konto auf den Namen des Kindes einrichten und die Voraussetzungen der Vertretungsberechtigung durch eine Geburtsurkunde oder durch das Familienstammbuch nachweisen. Zu den Pflichten nach § 24c KWG vgl. Rdn. 125.

▷ bei einem Vormund, Pfleger und Betreuer, wenn die Kontoeröffnung auf den Namen des Mündels, des Pfleglings oder des Betreuten erfolgt,

---

1   Abgedruckt im Anhang unter 2.8.
2   Abgedruckt im Anhang unter 2.1.

▷ bei Vertretern kraft Amtes (Insolvenzverwalter, Zwangsverwalter, Nachlassverwalter, Testamentsvollstrecker u. Ä.),

▷ beim Pfandnehmer (insbesondere bei Mietkautionskonten, bei denen die Einlage auf einem Konto des Mieters erfolgt und an den Vermieter verpfändet wird),

▷ bei Vollmachten auf den Todesfall,

▷ bei Einzelvollmachten zur einmaligen Verfügung über ein Konto,

▷ bei Verfügungsbefugnissen im Lastschriftverfahren (Abbuchungsauftragsverfahren und Einzugsermächtigungsverfahren),

▷ bei der Vertretung juristischer Personen des öffentlichen Rechts (einschl. Eigenbetriebe),

▷ bei der Vertretung von Kreditinstituten und Versicherungsunternehmen,

▷ bei in einem öffentlichen Register als Vertreter eingetragenen Personen, die in einem öffentlichen Register (Handelsregister, Vereinsregister etc.) eingetragene Firmen oder Personen vertreten,

▷ bei Vertretern von Unternehmen, sofern schon fünf Vertreter in ein öffentliches Register eingetragen sind bzw. sich legitimiert haben.

Hinweis:

Trotz der vorstehend aufgeführten Ausnahmen kann es sich empfehlen, die Legitimationsprüfung anhand eines Personalausweises bzw. Reisepasses sowie unter Beachtung der geldwäscherechtlichen Vorgaben vorzusehen, um die hausinterne Abwicklung in den verschiedenen Einzelfällen anzugleichen.

5 Der Zeitpunkt der Legitimationsprüfung/Identifizierung

Nach § 154 Abs. 2 AO muss sich der Kontoführer Gewissheit über die Person des Verfügungsberechtigten verschaffen, bevor er ein Konto führt. Die Legitimationsprüfung soll daher im Regelfall bereits bei der Kontoeröffnung erfolgen. Nach dem Sinn und Zweck der Vorschrift, die Auskunftsbereitschaft des Kreditinstituts sicherzustellen, ist es aber nicht ausgeschlossen, dass die Legitimationsprüfung im Einzelfall erst nach der

43

Kontoerrichtung erfolgt.[1] Für die weitgehend parallelen geldwäscherechtlichen Vorgaben sieht § 25e KWG mittlerweile eine entsprechend klarstellende gesetzliche Regelung vor. Danach kann die Überprüfung der Identität des Vertragspartners und des wirtschaftlich Berechtigten auch unverzüglich nach der Eröffnung des Kontos oder Depots abgeschlossen werden, wenn sichergestellt ist, dass vor Abschluss der Überprüfung der Identität keine Gelder von dem Konto oder dem Depot abverfügt werden können. Das Kreditinstitut kann daher bereits Einzahlungen auf ein neues Konto entgegennehmen, bevor die Legitimationsprüfung abgeschlossen ist. Die Legitimationsprüfung und die übrigen Sorgfaltspflichten müssen jedoch unverzüglich durchgeführt werden und spätestens abgeschlossen sein, bevor Verfügungen über das Konto zugelassen werden. Bis zu diesem Zeitpunkt ist das Konto mit einem Sperrvermerk zu versehen. Hierauf muss der Kunde bei der Kontoeröffnung hingewiesen werden. Zur Verpflichtung zur Beendigung der Geschäftsbeziehung nach § 3 Abs. 6 GwG siehe Rdn. 20.

Ändert sich der Name oder die Anschrift des Kontoinhabers später (z. B. durch Heirat), muss deshalb nicht eine erneute vollständige Legitimationsprüfung vorgenommen werden. Die Änderung des Namens sollte jedoch hinreichend nachgewiesen werden (z. B. durch Vorlage einer Heiratsurkunde). Die Zinsinformationsverordnung verlangt bei ZIVrelevanten Kunden nach einem Umzug eine erneute Wohnsitzfeststellung (vgl. Rdn. 31). Die erforderliche Gewissheit über die Person besteht auch dann fort, wenn das vorgelegte Ausweispapier nach der Durchführung der Legitimationsprüfung ungültig wird. Zur Zweitkontoeröffnung vgl. Rdn. 52.

6 Die Durchführung der Legitimationsprüfung/Identifizierung

44 Nach § 154 Abs. 2 AO muss sich das kontoführende Kreditinstitut Gewissheit über die Person des Verfügungsberechtigten verschaffen. Die Vorschrift regelt nicht, in welcher Weise dies erfolgen muss. Nach Nr. 4 des Anwendungserlasses AEAO zu § 154 AO besteht die erforderliche Gewissheit über die verfügungsberechtigte Person dann, wenn der Name, das Geburtsdatum und der Wohnsitz bekannt sind.

---

1 Anderer Ansicht Brandis in Tipke/Kruse AO/FGO, § 154 Rdn. 11.

Nach § 4 Abs. 4 Nr. 1 GwG hat sich das Kreditinstitut bei der Begründung einer auf Dauer angelegten Geschäftsbeziehung anhand eines gültigen amtlichen Ausweises von der Identität des Kontoinhabers zu überzeugen. Bei juristischen Personen müssen die Angaben zur Identität nach § 4 Abs. 4 Nr. 2 GwG regelmäßig aus einem amtlichen Register oder Verzeichnis entnommen werden.

Zur Feststellung der persönlichen Daten bei natürlichen Personen vgl. im Einzelnen Rdn. 48 ff., bei juristischen Personen vgl. Rdn. 64 ff., 157 ff., 170 ff.

7 Die Legitimationsprüfung/ Identifizierung durch zuverlässige Dritte

Die nach § 154 Abs. 2 AO erforderliche Legitimationsprüfung muss nicht in allen Fällen von Mitarbeitern des kontoführenden Kreditinstituts durchgeführt werden. Das Kreditinstitut kann sich gem. § 7 GwG vielmehr auch anderer Personen bedienen, die aufgrund einer vertraglichen Beziehung (Geschäftsbesorgungsvertrag) für das Kreditinstitut tätig werden (z. B. eine Korrespondenzbank, Notare oder Kreditvermittler). Diese stellen bei der Legitimationsprüfung fest, dass die erschienene Person mit der im Ausweis genannten übereinstimmt (Tatsachenfeststellung) und halten die persönlichen Daten aus dem Ausweis fest. Sofern die Legitimationsprüfung durch Drittbanken, Versicherungsunternehmen, die Lebensversicherungsverträge anbieten, Notare oder andere in § 7 Abs. 1 genannte Dritte vorgenommen wird, muss die Zuverlässigkeit dieser Stellen vom Kreditinstitut nicht gesondert geprüft werden. Dies gilt auch für die Nutzung des PostIdent-Verfahrens der Deutschen Post AG[1]. Botschaften und Konsulate werden aufgrund der Vorgaben der 3. EG-Geldwäsche-Richtlinie in § 7 Abs. 1 GwG nicht mehr als kraft Gesetz Geeignete aufgeführt. Um dennoch eine Identifizierung über deutsche Botschaften und Konsulate zu ermöglichen, wird derzeit ein Rahmenvertrag zwischen der deutschen Kreditwirtschaft und dem Auswärtigen Amt angestrebt.

45

Bei der Auswahl anderer Personen muss das Kreditinstitut sorgfältig vorgehen. Denn diese Personen müssen bei der Durchführung der Legitimationsprüfung dieselben Voraussetzungen einhalten, die das Kreditinstitut einhalten muss, wenn es die Legitimationsprüfung selbst vornimmt (vgl. Rdn. 49). Die Verantwortung für die ordnungsgemäße Durchführung der

---

1 ZKA-Hinweise zur Geldwäschebekämpfung 2008, Tz 52.

Legitimationsprüfung geht durch die Übertragung auf einen zuverlässigen Dritten somit nicht von der Bank auf den Dritten über. Daher muss der Dritte über die bei der Legitimationsprüfung nach § 154 Abs. 2 AO bzw. bei der Identifizierung nach § 4 Abs. 3 GwG einzuhaltenden Bedingungen informiert sein. Die Bank muss den Dritten mit den nötigen Informationen zur Durchführung einer ordnungsgemäßen Identifizierung versorgen – dazu gehören die internen Arbeits- und Organisationsanweisungen. Das Kreditinstitut muss sich nach § 7 Abs. 2 GwG vor Beginn der Zusammenarbeit von der Zuverlässigkeit des Dritten und während der Zusammenarbeit durch Stichproben über die Angemessenheit und Ordnungsmäßigkeit der von dem eingeschalteten Dritten getroffenen Maßnahmen überzeugen. Dazu muss es die vom Dritten übermittelten Unterlagen über die von ihm durchgeführten Identifizierungen darauf überprüfen, ob die Regeln eingehalten wurden. Das Prüfergebnis ist nach Auffassung der BaFin für GwG-Zwecke zur Prüfung für die interne und externe Revision zu dokumentieren.

Die Vorschriften der US-Quellensteuer verlangen zusätzlich, dass der die Legitimationsprüfung durchführende Dritte bestätigt, dass er die Person unter Vorlage des persönlichen Ausweispapiers legitimationsgeprüft hat. Die Prüfung muss den Namen, die Adresse und alle anderen relevanten Daten (Geburtsdatum, Ausweisnummer, Ausstellungsdatum) umfassen. Zusätzlich ist für Kontoeröffnungen seit dem 1. Januar 2001 eine Kopie des zur Legitimationsprüfung vorgelegten Ausweispapiers von der die Identifizierung durchführenden Stelle an die kontoführende Stelle zu versenden.

46   Wird die Legitimationsprüfung durch ein anderes Kreditinstitut im Auftrag des kontoführenden Instituts durchgeführt (durch eine Korrespondenzbank), muss dieses die gleichen Anforderungen einhalten wie bei der Kontoeröffnung für eigene Kunden. Das kontoführende Institut kann sich zwar grundsätzlich darauf verlassen, dass diese Anforderungen eingehalten werden. Deshalb muss auch nach einer Fusion oder nach der Übertragung des Geschäfts einer Zweigstelle auf ein anderes Kreditinstitut durch das übernehmende Kreditinstitut für die Kunden des übertragenden Kreditinstituts keine neue Legitimationsprüfung durchgeführt werden. Vermittelt ein Kreditinstitut einen Kunden an ein anderes Institut und wurde für diesen Kunden bereits eine Legitimationsprüfung durchgeführt, muss vor der Kontoeröffnung nicht nochmals eine Legitimationsprüfung durchgeführt werden, wenn das vermittelnde Institut der kontoeröffnenden Bank die persönlichen Kundendaten übermittelt und die Richtigkeit der Angaben bestätigt. Das vom Kunden zu einem früheren Zeitpunkt vorgelegte Ausweispapier muss zum Zeitpunkt der Datenübermittlung nicht mehr gültig sein.[1] Nach § 7 Abs. 1 Satz 1 GwG verbleibt die Verantwortung für die Erfüllung der geldwäscherechtlichen Sorgfaltspflichten jedoch beim verpflichteten Kreditinstitut und kann nicht auf einen Dritten übertragen werden. Das vermittelnde Kreditinstitut muss sicherstellen, dass der das Konto eröffnende Kunde (Handelnde) mit dem Kontoinhaber identisch ist (vgl. Rdn. 49).

Die Deutsche Post AG bietet seit Oktober 1996 ebenfalls zwei verschie- **47** dene Verfahren zur Legitimationsprüfung im Auftrag eines Kreditinstituts an. Die Legitimationsprüfung (Identifizierung) durch den Postmitarbeiter bei der Zustellung der Briefsendung (PostIdent Comfort) sowie die Legitimationsprüfung/Identifizierung am Postschalter (PostIdent Basic).

Bei dem Verfahren „PostIdent Comfort" sendet die Bank die Kontoeröffnungsunterlagen zusammen mit einem „PostIdent-Formular", der Postleitzahl und der Angabe des Wohnortes des Kunden an einen Zustellstützpunkt der Deutschen Post AG. Von dort wird die Sendung dem Kunden vom Briefzusteller der Deutschen Post AG ausgehändigt und eine Legitimationsprüfung nach § 154 AO (bzw. Identifizierung entsprechend § 4 Abs. 3 Nr. 1 GwG) vorgenommen. Die Angaben werden auf dem Rückschein vermerkt. Das Rückscheinformular wird anschließend an das Institut zurückgesendet.

Wird ein Bevollmächtigter auf diese Weise legitimationsgeprüft, scheidet die Übersendung der Kontoeröffnungsunterlagen an ihn i. d. R. aus, da diese bereits (vielleicht seit mehreren Jahren) beim Kreditinstitut vorliegen. Er muss jedoch darüber informiert werden, dass die Legitimationsprüfung im Zusammenhang mit einer erteilten Kontovollmacht erfolgt.

Das BMF hat mit Schreiben vom 26. Juni 1996 (abgedruckt im Anhang unter 2.7) mitgeteilt, dass die obersten Finanzbehörden des Bundes und der Länder das oben beschriebene Verfahren zur Fernidentifizierung als mit den Anforderungen des § 154 AO übereinstimmend anerkennen. Voraussetzung ist jedoch, dass die zur Identitätsfeststellung verwendeten Unterlagen mit den persönlichen Daten nur dem Verfügungsberechtigten selbst und nicht besonderen Postbevollmächtigten, Haushaltsangehörigen oder sonstigen Dritten ausgehändigt werden. Die Legitimationsprüfung durch das PostIdent-Verfahren erfüllt nur im Inland die Vorausset-

---

1   BAKred vom 2. Dezember 1999 – I 5 – B 402.

zung des § 154 AO. Die Legitimation einer im Ausland ansässigen natürlichen Person ist daher auf diesem Weg nicht möglich.

Zu den Anforderungen an die Legitimationsprüfung bei physisch nicht anwesenden Kontoinhabern vgl. Rdn. 74 f.

8 Die Legitimationsprüfung/ Identifizierung bei natürlichen Personen

48 Nach den Erläuterungen der Finanzverwaltung in Nr. 4 AEAO zu § 154 AO besteht die erforderliche Gewissheit über die Person im Allgemeinen nur dann, wenn der vollständige Name, das Geburtsdatum und der Wohnsitz des Verfügungsberechtigten bekannt sind. Darüber hinaus sind gem. § 4 Abs. 3 GwG zusätzlich der Geburtsort und die Staatsangehörigkeit des Kontoinhabers festzustellen.

Nach § 4 Abs. 4 Nr. 1 GwG hat sich das Kreditinstitut bei der Begründung einer auf Dauer angelegten Geschäftsbeziehung anhand eines gültigen amtlichen Ausweises, der ein Lichtbild des Inhabers enthält und mit dem die Pass- und Ausweispflicht im Inland erfüllt wird, von der Identität des Kontoinhabers zu überzeugen. Zur Durchführung der Legitimationsprüfung sollte deshalb bei der Erstkontoeröffnung i. d. R. ein amtlicher Personalausweis vorgelegt werden. Nur dieses Ausweispapier weist den vollständigen Namen, das Geburtsdatum und den Wohnsitz aus. Nach § 1 des Personalausweisgesetzes muss jeder Deutsche nach Vollendung des 16. Lebensjahres einen Personalausweis besitzen. Hilfsweise kann jedoch auch ein Reisepass herangezogen werden, nicht jedoch aber z. B. der Führerschein oder die Lohnsteuerkarte.

49 Der Bankmitarbeiter muss prüfen:

▷ Ist der vorgelegte Ausweis formgerecht ausgestellt und noch gültig[1]?

▷ Ist der Antragsteller mit der im Ausweis abgebildeten Person identisch?

▷ Sind der vom Antragsteller angegebene Vor- und Zuname sowie sein Geburtsdatum, Geburtsort und sein Wohnsitz identisch mit den Angaben im vorgelegten Ausweis, soweit darin enthalten?

---

1 Enthält das Ausweisdokument keinen Hinweis auf eine zeitlich beschränkte Gültigkeit, das ist zum Beispiel bei den in Griechenland ausgestellten Personalausweisen der Fall, kann das Kreditinstitut davon ausgehen, dass der Ausweis weiterhin gültig ist.

▷ Stimmt die Unterschrift im Ausweis mit der des Antragstellers im Kontoeröffnungsantrag überein?

Nur wenn die Prüfung in allen Punkten positiv verläuft, kann die Legitimationsprüfung erfolgreich abgeschlossen werden. Der Mitarbeiter des Kreditinstituts vermerkt in den Kontoeröffnungsunterlagen, anhand welcher Ausweispapiere er sich Gewissheit über die Person des Antragstellers verschafft hat (z. B. durch Vorlage des Personalausweises Nr. ..., ausgestellt von der Stadtverwaltung XY). Lediglich in Ausnahmefällen kann sich das Kreditinstitut auch anhand eines bereits abgelaufenen Ausweises (Personalausweis oder Reisepass) Gewissheit über die Person des Kontoinhabers/Bevollmächtigten verschaffen, wenn das im Ausweis enthaltene Bild noch ein Wiedererkennen der auftretenden Person ermöglicht. Der Mitarbeiter sollte in diesem Fall in den Kontoeröffnungsunterlagen vermerken, warum ein gültiger Ausweis nicht vorgelegt werden konnte[1]. Das Kreditinstitut muss in diesen Fällen besonders sorgfältig darauf achten, dass ihm die aktuelle Adresse des Kontoinhabers vorliegt. Kann die auftretende Person nicht anhand des bereits abgelaufenen Ausweises legitimationsgeprüft werden – ein Wiedererkennen der handelnden Person ist nicht möglich – kann zwar ebenfalls eine Kontoeröffnung bereits vorgenommen werden. Der Kunde muss jedoch aufgefordert werden, seinen Personalausweis nach der erfolgten Verlängerung bzw. Neuausstellung erneut vorzulegen, damit die Legitimationsprüfung erfolgreich abgeschlossen werden kann. Die Bank sollte hierfür einen verbindlichen Zeitpunkt vereinbaren, bis zu dem der Kunde einen gültigen Personalausweis vorzulegen hat. Bis zu diesem Zeitpunkt ist das Konto mit einem Sperrvermerk zu versehen. Hierauf muss der Kunde bei der Kontoeröffnung jedoch hingewiesen werden.

Anhand einer übersandten amtlich beglaubigten Kopie des Personalausweises des Kontoinhabers oder eines Bevollmächtigten kann die Legitimationsprüfung nicht vorgenommen werden. Hierbei kann nämlich nicht sichergestellt werden, dass der Kontoinhaber/Bevollmächtigte mit der tatsächlich handelnden Person identisch ist. Die erforderliche Gewissheit über die gegenüber dem Kreditinstitut auftretende(n) Person(en) erfordert immer eine persönliche Legitimationsprüfung durch Mitarbeiter des Kreditinstituts bzw. zuverlässige Dritte (vgl. Rdn. 45).

Eine Kontoeröffnung unter einem Künstlernamen bzw. einem Ordensnamen ist möglich, wenn sich dieser aus einem amtlichen Ausweispapier

---

1   ZKA-Hinweise zur Geldwäschebekämpfung 2008, Tz 11; Langweg in Fülbier/Aepfelbach/Langweg, Geldwäschegesetz, § 2 Rdn. 61.

ergibt (vgl. Rdn. 50). Der in diesem Ausweis angegebene bürgerliche Name muss dann neben dem Künstler- bzw. Ordensnamen in der Gläubigerdatei (oder bei Vollmachten in der Bevollmächtigtendatei) vermerkt werden.[1]

Das Kreditinstitut kann mit Einverständnis der Kunden eine Fotokopie der Ausweispapiere fertigen und zu den Kontoeröffnungsunterlagen nehmen. Eine Verpflichtung besteht hierzu nach den Vorschriften der AO bzw. des GwG jedoch nicht. Zu den Anforderungen nach den Regelungen der US-Quellensteuer vgl. Rdn. 122.

50 Nach § 4 Abs. 2 GwG kann von erforderlichen Identifizierungen bei Folgekontoeröffnungen oder einzelnen außerhalb der bestehenden Kontoverbindung durchgeführten Finanztransaktionen nur abgesehen werden, wenn der Kunde bereits früher identifiziert wurde. Auch bei der Eröffnung eines weiteren Kontos durch einen Altkunden muss das Kreditinstitut deshalb eine Legitimationsprüfung anhand eines amtlichen Ausweises durchführen, sofern bei diesem Kunden eine Legitimationsprüfung unter Vorlage eines amtlichen Ausweispapieres bisher noch nicht durchgeführt wurde.

§ 4 Abs. 4 Nr. 1 GwG begrenzt die zulässigen Legitimationspapiere auf Personalausweis und Reisepass. Daneben können bei der Legitimationsprüfung nur Ausweispapiere zugrundegelegt werden, die ein Lichtbild des Inhabers enthalten und die den Anforderungen an die Pass- und Ausweispflicht genügen. Diese richtet sich bei Deutschen nach § 1 des Gesetzes über Personalausweise und § 1 Abs. 2 und § 4 Abs. 1 Passgesetz.

Die Ausweispapiere müssen somit mindestens die folgenden Angaben enthalten:

▷ Seriennummer,

▷ Lichtbild und Unterschrift des Ausweisinhabers,

▷ Familienname und (ggf. Geburtsname),

▷ Vornamen,

▷ ggf. Titel (Doktorgrad, Professorentitel),

▷ ggf. Künstler-/Ordensname,

---

1 Nach dem BaFin-Rundschreiben Nr. 17/2002 vom 26. September 2002 – Z 12 – 01918 – 30/02, sind Künstlernamen, Ordensnamen und Adelstitel nicht in die Kontendatei nach § 24c KWG zu übernehmen.

▷ Tag und Ort der Geburt,

▷ Größe,

▷ ggf. Farbe der Augen,

▷ gegenwärtige Anschrift bzw. Wohnort,

▷ Staatsangehörigkeit.

Nur in Ausnahmefällen kann auf die Vorlage eines Personalausweises bzw. Reisepasses verzichtet werden. Ein solcher Ausnahmefall liegt beispielsweise vor, wenn ein älterer Heimbewohner keinen Personalausweis bzw. Reisepass besitzt und auch kein amtliches Ausweispapier mehr beantragen will. Bestätigt der Heimleiter in diesem Fall die Personalien des Heimbewohners, bestehen keine Bedenken, wenn das Kreditinstitut nur diese Angaben zur Legitimationsprüfung heranzieht und ein Konto auf den Namen des Heimbewohners eröffnet. Das gleiche gilt in den Fällen, in denen eine Person durch ein amtliches Dokument von der Ausweispflicht befreit ist (vgl. das Muster einer amtlichen Befreiung im Anhang unter 3.9).

Für Kunden mit deutscher Staatsangehörigkeit sind die folgenden durch deutsche Behörden ausgestellten Ausweise als Legitimationspapier geeignet[1]:

▷ Personalausweise, einschließlich vorläufiger Personalausweise, und

▷ Pässe (Reisepässe) i. S. d. Passgesetzes, einschließlich vorläufiger Pässe, amtlicher Pässe und Kinderpässe sowie vor dem 1. Januar 2006 ausgestellte und noch gültige Kinderausweise mit Lichtbild,

▷ Dienst-, Ministerial- und Diplomatenpässe (nur die vom Auswärtigen Amt ausgestellten Pässe gemäß § 1 Abs. 2 Nr.4 in Verbindung mit § 4 Abs. 6 Passgesetz (vgl. das Muster in den Materialien unter 3.8).

Zu den bei Ausländern anerkannten Ausweispapieren vgl. Rdn. 55 ff.

Übersicht über die bei der Legitimationsprüfung/Identifizierung von natürlichen Personen festzustellenden Daten   51

▷ Name,

▷ Vornamen,

▷ Geburtsdatum,

---

1   Vgl. Gesetzesbegründung zu § 4 Abs. 4 GwG, Bundestagsdrucksache 16/9038, S. 37.

▷ Geburtsort (seit 1. Januar 2003),

▷ Staatsangehörigkeit (seit 1. Januar 2003),

▷ Anschrift,

▷ Wohnsitzbescheinigung (in bestimmten Fällen erforderlich ab 1. Januar 2004 für ZIV[1]),

▷ TIN (Steuernummer, seit 1. Januar 2004 für ZIV[2]),

▷ Art, Nr., ausstellende Behörde des amtlichen Ausweises (gem. § 8 Abs. 1 S. 2 GwG).

Hat der Kunde verschiedene Vornamen, sind diese festzuhalten. In der aktuellen Schnittstellenspezifikation zum automatisierten Kontenabruf gem. § 24c KWG fordert die BaFin die Dokumentation von sämtlichen im Ausweispapier vermerkten Namen und Vornamen, soweit dies technisch möglich ist. Mindestens sind 50 Zeichen für Zwecke der Kontendatei nach § 24c KWG vorzuhalten. Verfügt das EDV-System über größere Kapazitäten, so sind diese auszunutzen. Es ist jedoch nicht ausdrücklich vorgeschrieben, dass das Kreditinstitut auch den Geburtsnamen des Verfügungsberechtigten festhält. Dies kann sich jedoch als zweckmäßig erweisen.

Bei natürlichen Personen als Kontoinhaber ist somit nach Nr. 5.1 Abs. 4 der Schnittstellenspezifikation (siehe Anhang unter 2.23) als Name die Zusammenstellung aus dem vollständigen Nachnamen (ggf. inkl. der akademischen Titel „Dr.", „Dr. hc." bzw. „Dr. eh." und Namenszusätzen wie „von") und allen Vornamen, wie sie sich aus dem Ausweispapier ergeben, zu erfassen. Damit verbietet die Schnittstellenspezifikation die Benutzung von Namensvarianten (wie Spitznamen, z. B. Anton wird zu Toni) und jeglichen Namenszusätzen (wie „verstorben", „Erben" oder „wegen Kegelclub") in den Namensfeldern, die in die Datei zum automatisierten Kontoabruf einfließen. Hierfür stehen in den Bankbetriebssystemen jedoch anderweitige Felder zur Verfügung, die nicht in die Kontoabrufdatei einfließen.

Bei juristischen Personen und anderen kontofähigen Personenvereinigungen wie z. B. OHG und KG, für die im In- oder Ausland ein öffentli-

---

1   Wenn der Kunde einen von einem EU-Land ausgestellten Pass vorlegt und seinen Wohnsitz in einem Drittland hat.

2   Wenn der Kunde einen Wohnsitz in einem anderen EU-Mitgliedsland hat. Diese Verpflichtung kann von den Kreditinstituten erst erfüllt werden, wenn eine verbindliche länderübergreifende Liste der TIN vorliegt. Bis zu diesem Zeitpunkt werden statt der TIN das Geburtsdatum und der Geburtsort festgehalten.

ches Register geführt wird, ist die in dem Register veröffentlichte Bezeichnung (z. B. Firma im Handelsregister, Vereinsname im Vereinsregister) zu erfassen. Die Schreibweise in den Kontenabrufdateien des Verpflichteten soll dabei der Eintragung in dem entsprechenden Register entsprechen. Soweit der Inhaber-Name insgesamt mehr als 50 Zeichen umfasst, kann auf die Einstellung darüber hinausgehender Namensbestandteile verzichtet werden, wenn die Erfassung technisch nicht möglich ist. Die Verwendung von Abkürzungen ist zulässig, soweit die Abkürzung Bestandteil der im Register veröffentlichten Bezeichnung oder eine allgemein übliche Abkürzung der Rechtsform ist.

Nach § 24c Abs. 1 Nr. 2 KWG zählt auch der „Tag der Geburt" zu den Angaben über natürliche Personen, die in die Abrufdatei einzustellen sind. Enthält das vorgelegte Identifikationspapier kein komplettes Geburtsdatum, ist nach der Schnittstellenspezifikation zum Verfahren zum automatisierten Abruf von Kontoinformationen Version 3.2.1[1] als Tag der Geburt i. S. d. § 24c KWG einheitlich der „01.01.JJJJ" in die Abrufdatei einzustellen. Enthält das vorgelegte Ausweispapier somit beispielsweise das Jahr 1958 als Geburtsjahr, jedoch keine Angaben zum Geburtstag und Geburtsmonat, so soll das Geburtsdatum „01.01.1958" verschlüsselt werden.

52 Bei der Eröffnung eines Zweitkontos (Folgekonto, Unterkonto) gelten erleichterte Anforderungen. Wegen der persönlichen Legitimationsdaten des Kunden kann auf die Unterlagen zum Erstkonto verwiesen werden (vgl. Nr. 5 AEAO zu § 154 AO und § 4 Abs. 2 GwG). Der Verweis ist auch dann möglich, wenn der bei der früheren Prüfung vorgelegte Ausweis/ Pass zwischenzeitlich nicht mehr gültig ist (Ablauf der Gültigkeitsdauer). Hat der Kunde zwischenzeitlich seinen Wohnsitz gewechselt, müssen die Kontounterlagen um den neuen Wohnsitz ergänzt werden. Nur bei ZIV-relevanten Kunden (vgl. Rdn. 24) ist nach der Zinsinformationsverordnung nach dem Umzug eine erneute Wohnsitzprüfung erforderlich (vgl. Rdn. 31). Eine vollständige Legitimationsprüfung ist zu diesem Zeitpunkt nicht erforderlich.

Muss das Kreditinstitut aufgrund der äußeren Umstände Zweifel hegen, dass die bei der früheren Identifizierung erhoben Angaben weiterhin zutreffend sind, darf nach § 4 Abs. 2 GwG nicht auf die alten Identifizierungsdaten zurückgegriffen werden.

---

1   Ziffer 5.1 (4) e, übersandt durch BaFin-Rundschreiben 20/2009 (GW) vom 5. November 2009, abgedruckt im Anhang unter 2.23.

Wurden die persönlichen Daten des Kunden in einem Rahmenvertrag erfasst (Kundenstammvertrag) kann bei einer Folgekontoeröffnung wegen der persönlichen Daten des Kunden auf die getroffene Rahmenvereinbarung verwiesen werden. Diese Vorgehensweise führt zu Rationalisierungseffekten. Zur Dokumentation der Legitimationsdaten vgl. Rdn. 103 f.

Die erforderliche Gewissheit über die Person kann bei einer Zweitkontoeröffnung auch über das Telefon erlangt werden, wenn sich der Kunde durch die Nennung seiner bereits geprüften persönlichen Daten einschließlich der bereits bestehenden Kundennummer oder eines Kennworts „ausweist". Sicherheitshalber sollte dem Kunden über die telefonische Zweitkontoeröffnung eine schriftliche Bestätigung übersandt werden. Hierdurch wird ausreichend sichergestellt, dass der Kontoinhaber über die Kontoeröffnung informiert wird. Nutzt der Kunde vereinbarungsgemäß die Möglichkeit, sich seine Kontoauszüge und sonstige Informationen durch einen beim Kreditinstitut aufgestellten Kontoauszugsdrucker selbst ausdrucken zu lassen, kann die Information auch auf diesem Weg erfolgen.

53 Die auch bei der Zweitkontoeröffnung erforderliche Feststellung des wirtschaftlich Berechtigten kann ebenfalls über den telefonischen Kontakt zum Kunden erfolgen. Dabei kann auch die Frage nach einem etwaigen Treuhandverhältnis geklärt werden. Liegt ein Treuhandverhältnis vor, müssen die Kundenangaben überprüft werden (vgl. Rdn. 9). Zu der bei ZIV-relevanten abweichend wirtschaftlichen Eigentümern erforderlichen Legitimationsprüfung vgl. Rdn. 15, 16. Handelt es sich bei dem Zweitkonto um ein Konto (z. B. Festgeldkonto), das als Unterkonto zu einem legitimationsgeprüften Konto angelegt wird, und wird das auf dem Unterkonto verbuchte Guthaben nach Ablauf der vertraglichen Laufzeit wieder auf dem bereits legitimierten Konto gutgeschrieben (sog. unselbstständiges Unterkonto), muss die Feststellung des wirtschaftlich Berechtigten für das Unterkonto nicht gesondert erfolgen.

Erfolgt die Zweitkontoeröffnung per Brief, kann die Legitimationsprüfung durch den Vergleich der persönlichen Daten mit den bereits vorhandenen Kundendaten und einem Unterschriftenvergleich erfolgen. Auch in diesem Fall sollte die Kontoeröffnung durch das Kreditinstitut schriftlich bestätigt werden. Die Frage nach einem etwaigen Treuhandverhältnis wird vom Kunden in diesen Fällen regelmäßig im übersandten Kontoeröffnungsantrag beantwortet. Eine telefonische Rückfrage ist aber auch in diesen Fällen ausreichend. Lediglich bei Vorliegen eines Treuhandverhältnisses sind weitere Maßnahmen zur Überprüfung der Kundenangaben zu treffen (vgl. Rdn. 9).

Bei der Eröffnung weiterer Konten/Depots sollte das Kreditinstitut immer prüfen, ob bei einer früheren Gelegenheit bereits ein geeignetes Legitimationspapier vorgelegt wurde und die entsprechenden Angaben festgehalten wurden. In diesen Fällen kann nach § 4 Abs. 2 GwG von einer erneuten Identifizierung abgesehen werden.

8.1 Ausländer

Bei der Kontoeröffnung für eine natürliche Person, die nicht die deutsche **54** Staatsangehörigkeit besitzt, wird sich die Bank zunächst fragen, ob der Ausländer im Inland rechtswirksam einen Kontovertrag abschließen kann. Das ist der Fall, wenn er im Inland rechtsfähig ist.

Geschäftsfähigkeit eines Ausländers

Die Geschäftsfähigkeit eines Ausländers richtet sich nach dem Recht des Staates, dem die Person angehört. Einige Staaten (z. B. England, USA, Australien, Kanada) verweisen demgegenüber auf das Recht des Wohnsitzstaates. In diesen Fällen beurteilt sich die Geschäftsfähigkeit dieser Personen nach deutschem Recht, wenn der Kontoinhaber seinen Wohnsitz im Inland hat. Bei Staatenlosen ist die Geschäftsfähigkeit nach dem Recht des Staates zu beurteilen, in dem der Staatenlose seinen gewöhnlichen Aufenthalt hat. Bei Flüchtlingen richtet sich die Geschäftsfähigkeit nach dem Recht des Landes, in dem der Flüchtling seinen Wohnsitz hat. Fehlt es an einem Wohnsitz, ist das Recht des Landes maßgeblich, in dem sich der Flüchtling aufhält.

Deshalb empfiehlt sich bei noch minderjährigen Gastschülern die Kontoeröffnung auf den Namen der Gasteltern. Dem Gastschüler kann dann von den Gasteltern eine Kontovollmacht erteilt werden. Der Gastschüler ist dann als (treugebender = veranlassender) wirtschaftlich Berechtigter zu erfassen.

Nimmt ein Ausländer im Inland ein Rechtsgeschäft vor, für das er nach seinem Heimatrecht geschäftsunfähig oder in der Geschäftsfähigkeit beschränkt ist, ist er aber nach dem deutschen Recht geschäftsfähig, so kann er sich auf seine nach ausländischen Vorschriften mangelnde Geschäftsfähigkeit nicht berufen. Etwas anderes gilt nur dann, wenn der Vertragspartner bei Vertragsabschluss wusste oder wissen musste, dass die Geschäftsfähigkeit nach den ausländischen Rechtsvorschriften nicht gegeben ist (Art. 12 Satz 1 EGBGB). Eine Ausnahme gilt jedoch bei familien- oder erbrechtlichen Rechtsgeschäften sowie bei Grundstücksverfügungen.

55 Auch der ausländische Kontoinhaber muss sich vor der Kontoeröffnung legitimieren. Nicht in allen Fällen kann der Kontoinhaber seine Personalien durch eine dem deutschen Personalausweis bzw. Reisepass entsprechende Urkunde nachweisen. Ausländische Staatsangehörige können auch auf der Grundlage gültiger und anerkannter Reisepässe bzw. Personalausweise eines anderen Staates identifiziert werden, sofern diese zur Erfüllung ihrer in Deutschland bestehenden Ausweispflicht geeignet sind. Dabei ist es unschädlich, wenn die ausländischen Dokumente keine Angaben zu Doktorgrad, Größe und Augenfarbe enthalten (§ 4 Abs. 1 Satz 2 Nr. 3, 7 und 8 des Passgesetzes bzw. § 1 Abs. 2 Satz 2 Nr. 3, 6 und 7 des Gesetzes über Personalausweise; vgl. Rdn. 50). Auch der Geburtsort ist nicht zwingend in allen ausländischen Ausweispapieren enthalten (z. B. ist er nicht enthalten in der in Portugal als Personalausweis ausgestellten National Citizen Card – Cartão de Cidadão). Dennoch kann auch anhand dieses Ausweises eine Legitimationsprüfung/Identifizierung beim Kunden durchgeführt werden.

Zur Legitimationsprüfung können jedoch nur solche Ausweispapiere herangezogen werden, die von einem Staat ausgestellt wurden, der von den deutschen Behörden anerkannt wird. Davon kann in jedem Fall ausgegangen werden, wenn der Staat zu den Mitgliedstaaten der Vereinten Nationen (UNO) gehört. Die aktuelle Mitgliederliste der Vereinten Nationen ist im Anhang bei den Materialien unter 3.10 abgedruckt. Bei Zweifelsfragen sollte sich die Bank nicht scheuen, eine entsprechende Anfrage an das Auswärtige Amt in Berlin oder an das Innenministerium zu richten. Schwierigkeiten ergeben sich in der Praxis, wenn das Ausweisdokument in einer den Mitarbeitern nicht geläufigen fremden Sprache abgefasst ist. Dieses Problem lässt sich zumeist durch die Vorlage eines in mehreren Sprachen abgefassten Reisepasses vermeiden. Nach § 3 Abs. 1 i. V. m. § 48 Abs. 2 Aufenthaltsgesetz (für EU-Bürger gilt entsprechendes nach § 8 Freizügigkeitsgesetz EU) müssen alle Ausländer bei der Einreise nach Deutschland einen gültigen Pass oder Passersatz besitzen. Bestehen beim Mitarbeiter des Kreditinstituts Zweifel an der Echtheit des Ausweisdokuments, sollte ggf. unter Einschaltung der Botschaft bzw. des Konsulats des Heimatstaates des Ausländers bzw. des Staates, in dem die ausstellende Behörde ansässig ist, eine Überprüfung vorgenommen werden.

Bei EU-Bürgern und ihren Familienangehörigen sowie für Bürger und ihre **56** Familienangehörigen der anderen Vertragsstaaten des Abkommens über den Europäischen Wirtschaftsraum sind die folgenden Ausweise als Legitimationspapier geeignet:

▷ anerkannte Pässe oder Passersatzpapiere, bei Unionsbürgern insbesondere der Personalausweis (§ 8 Abs. 1 FreizügG/EU), und

▷ nach § 3 AufenthV von ausländischen Behörden ausgestellte amtliche Ausweise als Passersatzpapiere; zum Beispiel:
  – Ausweise für Mitglieder und Bedienstete der Organe der Europäischen Gemeinschaften,
  – Ausweise für Abgeordnete der Parlamentarischen Versammlung des Europarates.

Schweizer Bürger erfüllen ihre Ausweispflicht nach dem Freizügigkeitsabkommen EU – Schweiz mit ihrem Pass oder ihrem Schweizer Personalausweis (Identitätskarte). Zudem genügen sie der Ausweispflicht mit durch deutsche Behörden ausgestellten Passersatzpapieren (§ 4 AufenthV, siehe unten).

Alle anderen Bürger aus Drittstaaten können anhand der folgenden Aus- **57** weise identifiziert werden:

▷ vom Bundesministerium des Innern durch im Bundesanzeiger bekanntgegebene Allgemeinverfügungen anerkannte Pässe oder Passersatzpapiere (§ 3 Abs. 1, § 71 Abs. 6 AufenthG);

▷ durch deutsche Behörden ausgestellte Passersatzpapiere (§ 99 Abs. 1 Nr. 5 in Verbindung mit § 4 AufenthV und § 79 AufenthV,
  – Reiseausweis für Ausländer nach § 4 Abs. 1 Nr. 1 AufenthV, abgedruckt im Anhang unter 3.4,
  – Notreiseausweis gem. § 4 Abs. 1 Nr. 2 AufenthV,
  – Reiseausweis für Flüchtlinge gem. § 4 Abs. 1 Nr. 3 AufenthV abgedruckt im Anhang unter 3.5,
  – Reiseausweis für Staatenlose gem. § 4 Abs. 1 Nr. 4 AufenthV. abgedruckt im Anhang unter 3.6;

▷ als Ausweisersatz erteilte und mit Angaben zur Person und einem Lichtbild versehene Bescheinigungen über einen Aufenthaltstitel oder über die Aussetzung der Abschiebung gem. § 48 Abs. 2 AufenthG in Verbindung mit § 78 Abs. 6 AufenthG und § 55 AufenthV (vgl. Beispiele abgedruckt im Anhang unter 3.3, 3.7) und

▷ Aufenthaltsgestattungen gemäß § 63 des Asylverfahrensgesetzes.

58 Im Rahmen der Überprüfung der Identität sollte sich das Kreditinstitut jedoch vergegenwärtigen, dass Passersatzpapiere unter Umständen auch ausschließlich auf den eigenen Angaben des Ausländers beruhen können. Insbesondere enthalten die Muster für den Ausweisersatz (Anlage D 1 zur AufenthV) und für das Klebeetikett der Aufenthaltsgestattung (Anlage D 12 zur AufenthV) Ankreuzfelder, aus denen hervorgeht, dass die Personenangaben auf eigenen Angaben des Inhabers beruhen. Ist eines dieser Felder angekreuzt oder in einem Reiseausweis für Ausländer, für Flüchtlinge oder für Staatenlose ein entsprechender Vermerk angebracht, besteht der Aussagegehalt der Personenangaben im entsprechenden Dokument lediglich darin, dass die betreffende Person unter diesen Personalien in der Bundesrepublik Deutschland auftritt und behördlich erfasst ist, nicht aber, dass die Richtigkeit in irgendeiner Form überprüft wäre.

Zwar kann das Kreditinstitut in einem solchen Fall ebenso wenig weitergehende Maßnahmen zur Überprüfung der in dem Passersatzpapier enthaltenen Angaben ergreifen, wie sie die Behörde bei der Ausstellung des Papiers ergreifen konnte; es ist jedoch anzuraten, beim Lichtbildabgleich eine erhöhte Sorgfalt an den Tag zu legen.

Ausländische Staatsangehörige können somit auch auf der Grundlage gültiger und anerkannter Reisepässe bzw. Personalausweise eines anderen Staates identifiziert werden, sofern diese zur Erfüllung ihrer in Deutschland bestehenden Ausweispflicht geeignet sind. Dabei ist es unschädlich, wenn die ausländischen Dokumente keine Angaben zu Doktorgrad, Größe und Augenfarbe enthalten (§ 4 Abs. 1 Satz 2 Nr. 3, 7 und 8 des Passgesetzes bzw. § 1 Abs. 2 Satz 2 Nr. 3, 6 und 7 des Gesetzes über Personalausweise).

Nicht als Ausweisersatz anerkannt werden demgegenüber

▷ der British Visitor passport,

▷ Carte de sejour[1],

▷ Carte de resident[2],

▷ Registrierscheine für Aussiedler (diese verfügen regelmäßig über einen ausländischen Ausweis),

▷ Bescheinigung über das gemeinschaftliche Aufenthaltsrecht (Freizügigkeit) nach § 5 FreizügG/EU.

1 BAKred-Schreiben vom 2. Juni 2000 – Z 5 – B 400.
2 BAKred-Schreiben vom 2. Juni 2000 – Z 5 – B 400.

Bei Angehörigen von Streitkräften kann die Legitimationsprüfung an- **59**
hand von militärischen Identifikationspapieren, bei Angehörigen der
amerikanischen Streitkräfte z. B. anhand der Geneva Convention Identification Card vorgenommen werden, wenn diese Papiere die unter
Rdn. 50 aufgeführten Voraussetzungen erfüllen.

Ergibt sich aus den Angaben des Kunden, dass er nicht über einen Wohnsitz in Deutschland verfügt und lassen die Umstände auch nicht darauf
schließen, dass er sich auf Dauer in Deutschland aufhält, kann ihn das
Kreditinstitut für steuerliche Zwecke als Steuerausländer einstufen.

Soll die Kontoeröffnung für eine im Ausland ansässige natürliche Person
auf dem Postwege erfolgen, muss zur Legitimationsprüfung ein zuverlässiger Dritter (z. B. ausländische Korrespondenzbank, vgl. Rdn. 45) beauftragt werden.

Zu gegebenenfalls zu beachtenden verstärkten geldwächerechtlichen
Sorgfaltspflichten aufgrund des mit dem Heimatland des Ausländers einhergehenden Risikos vgl. Rdn. 18.

8.2 Parteien kraft Amtes

Der Insolvenzverwalter, Zwangsverwalter, Nachlassverwalter oder Testa- **60**
mentvollstrecker ist Partei kraft Amtes. Er kann in dieser Funktion ein
Konto auf seinen Namen errichten (Treuhandkonto, vgl. Rdn. 81). Dann
ist für ihn eine Legitimationsprüfung durchzuführen.

Errichtet jedoch der Nachlassverwalter als Vertreter ein Konto auf den
Namen der Erben, ist nach Nr. 7c AEAO zu § 154 AO eine Legitimationsprüfung nicht erforderlich. Der Name des Nachlassverwalters braucht
dann auch nicht in die Bevollmächtigtendatei aufgenommen und nicht
in die Datei zum automatisierten Kontoabruf nach § 24c KWG eingestellt
zu werden. Für die anderen Parteien kraft Amtes gilt diese Regelung entsprechend. Der Insolvenzverwalter, der über die Konten des Gemein-
schuldners verfügen darf, muss folglich nicht legitimiert werden. Er muss
auch nicht in der Bevollmächtigtendatei vermerkt werden. Hiervon zu
unterscheiden ist die zivilrechtlich erforderliche Personenfeststellung einschließlich Unterschriftsprobe.

8.3 Vollmacht auf den Todesfall

Erteilt der Kontoinhaber einem Bevollmächtigten eine Kontovollmacht **61**
auf den Todesfall, kann dieser erst nach dem Ableben des Kontoinhabers
(Gläubigers) über das Konto verfügen.

Beispiel:
Der A und die B leben zusammen, ohne verheiratet zu sein. Damit die B auch nach dem Tod des A die laufenden Kosten des Haushalts bestreiten kann, räumt ihr der A eine erst mit seinem Tod wirksame Kontovollmacht über sein Konto ein.

Der Bevollmächtigte erwirbt mit der Bevollmächtigung kein Gläubigerrecht. Nach Nr. 7e AEAO zu § 154 AO kann auf die Legitimationsprüfung des Bevollmächtigten in diesem Fall verzichtet werden. Er muss deshalb auch nicht in die Bevollmächtigtendatei und auch nicht in die Datei zum automatisierten Kontoabruf nach § 24c KWG aufgenommen werden. Dies gilt auch dann, wenn der Bevollmächtigte nach Eintritt des Todesfalls von der Kontovollmacht Gebrauch macht.

8.4   Einzelvollmacht

62 Wird eine Kontovollmacht erteilt, die nur zu einer einmaligen Verfügung über das Konto ermächtigt (Einzelvollmacht), kann nach Nr. 7f AEAO zu § 154 AO auf die Durchführung einer Legitimationsprüfung beim Bevollmächtigten verzichtet werden. Er muss dann auch nicht in die Bevollmächtigtendatei und auch nicht in die Datei zum automatisierten Kontoabruf nach § 24c KWG aufgenommen werden.

Beispiel:
Der bettlägerige A ermächtigt seinen volljährigen Sohn B schriftlich dazu, von seinem Girokonto einmalig eine Barabhebung vorzunehmen. Der B legt die Vollmacht bei der Bank vor. Eine Legitimationsprüfung braucht in diesem Fall aus steuerlichen Gründen für B nicht durchgeführt zu werden.

8.5   Kontoeröffnung auf den Namen eines Dritten

63 Bei der Errichtung eines Kontos auf den Namen eines Dritten ergeben sich folgende verschiedene Fallgestaltungen:

Soll der Dritte sofort Gläubiger der Forderung und damit verfügungsberechtigt werden, müssen der Kontoerrichter und der Dritte einer Legitimationsprüfung unterzogen werden, vgl. Nr. 4 AEAO zu § 154 AO. Der Dritte muss in die Gläubigerdatei aufgenommen werden.

Beispiel:
Der Großvater A eröffnet ein Konto für das Enkelkind B. Das Enkelkind soll sofort Gläubiger der Guthabenforderung werden.

Der Großvater und das Enkelkind müssen sich legitimieren.

Soll der Dritte erst später Gläubiger der Guthabenforderung werden, behält sich der Kontoerrichter die Gläubigerstellung bis auf weiteres vor. Die Legitimationsprüfung muss zunächst nur für die Person durchgeführt werden, die das Konto eröffnet. Sie muss auch in die Gläubigerdatei aufgenommen werden. Für den Dritten genügt ein Existenznachweis, vgl. Nr. 2 AEAO zu § 154 AO, z. B. durch die Vorlage einer Kopie eines Ausweispapiers. Die Legitimationsprüfung muss jedoch später nachgeholt werden, wenn der Dritte Gläubiger wird.

Beispiel:
Der Großvater A eröffnet ein Konto auf den Namen des B. Er bestimmt, dass das Gläubigerrecht erst mit seinem Tod auf den B übergehen soll.

Der Großvater A muss sich im Zeitpunkt der Kontoeröffnung legitimieren. Er ist in das Gläubigerverzeichnis aufzunehmen. Für B muss eine Legitimationsprüfung erst nach dem Tod des Großvaters durchgeführt werden. Erst zu diesem Zeitpunkt müssen seine Daten in der Gläubigerdatei gespeichert werden. Seine Existenz muss dem Kreditinstitut jedoch bereits zum Zeitpunkt der Kontoeröffnung formlos nachgewiesen werden (vgl. auch Rdn. 127).

9 Die Legitimationsprüfung/ Identifizierung bei juristischen Personen des Privatrechts

Zu den juristischen Personen des Privatrechts gehören die eingetragenen Vereine, die GmbH, die Aktiengesellschaft, die eingetragene Genossenschaft und die Stiftung des privaten Rechts. Sie sind selbst Träger von Rechten und Pflichten. **64**

9.1 Juristische Personen mit Sitz oder Geschäftsleitung im Inland

Die Legitimationsprüfung der juristischen Person des Privatrechts erfolgte bislang ausschließlich nach den Vorgaben des Anwendungserlasses zu **65**

Die Legitimationsprüfung/Identifizierung bei der Kontoeröffnung

§ 154 AO (vgl. Nr. 4 AEAO zu § 154 AO). Mit dem Geldwäschebekämpfungsergänzungsgesetz vom 20. August 2008 ist das Geldwäschegesetz um entsprechende Vorgaben zur Identifizierung von juristischen Personen und Personenhandelsgesellschaften ergänzt worden. Die Sonderregelungen im AEAO zu § 154 AO werden hiervon jedoch nicht berührt. Nach § 4 Abs. 3 Nr. 2 GwG sind folgende Angaben über den Kontoinhaber zu erheben:

▷ Firma, Name oder Bezeichnung,

▷ Rechtsform,

▷ Registernummer, soweit vorhanden,

▷ Anschrift des Sitzes bzw. der Hauptniederlassung oder die im Handelsregister angegebene Geschäftsanschrift und

▷ Namen der Mitglieder des Vertretungsorgans oder der gesetzlichen Vertreter.

Ist eine juristische Person Mitglied des Vertretungsorgans oder der gesetzliche Vertreter, so sind deren Firma, Name oder Bezeichnung, Rechtsform, Registernummer, soweit vorhanden, und die Anschrift des Sitzes oder der Hauptniederlassung zu erheben.

Zur Überprüfung der Angaben zur Identität der juristischen Person oder Personenhandelsgesellschaft kommen nach § 4 Abs. 4 Nr. 2 GwG nachfolgende Dokumente/Maßnahmen in Betracht[1], jeweils soweit die zu erhebenden Angaben in ihnen enthalten sind:

▷ Auszug aus dem Handels- oder Genossenschaftsregister oder einem vergleichbaren amtlichen Register oder Verzeichnis, wie

   – das Partnerschaftsregister,

   – das Vereinsregister,

   – die Stiftungsverzeichnisse sowie

   – vergleichbare ausländische Register und Verzeichnisse,

▷ Gründungsdokumente oder gleichwertige beweiskräftige Dokumente oder

▷ die Einsichtnahme in die Register- oder Verzeichnisdaten.

66   Die Veröffentlichung der Informationen nach § 10 HGB – Bekanntmachungen der Eintragungen im Handelsregister – ist im Internet seit dem 1. Januar 2007 vorgeschrieben. Für die Vereinsregisterbekanntmachun-

---

1   Gesetzesbegründung zu § 4 Abs. 4 Nr. 2 GwG, Bundestagsdrucksache 16/9038, S. 38.

gen ist diese Verpflichtung seit dem 30. September 2009 gesetzlich vorgeschrieben. Auf der Internetseite (www.handelsregister.de) veröffentlichen die Registergerichte der Länder der Bundesrepublik Deutschland seit diesem Zeitpunkt die Eintragungen in das Handelsregister nach § 10 HGB und in das Vereinsregister nach § 66 BGB. Die Bezugnahme auf die Veröffentlichung im offiziellen Internetportal der Länder genügt zur Erfüllung der Sorgfaltspflichten nach § 154 bzw. §§ 3, 4 GwG.

Von einem Handelsregisterauszug ist die Mitteilung des Amtsgerichts über Eintragungen im Handelsregister zu unterscheiden. In ihr sind nur die letzten Änderungen der Eintragung enthalten. Die Mitteilung gibt infolgedessen im Gegensatz zum Handelsregisterauszug keinen vollständigen Überblick über die zur Vertretung befugten natürlichen oder juristischen Personen.

Bei Vertretern von juristischen Personen des Privatrechts ist deren Privatanschrift zu erfassen. Ist der Vertreter einer juristischen Person nicht am Sitz der kontoführenden Stelle wohnhaft, kann die Legitimationsprüfung entweder durch ein anderes Kreditinstitut (Korrespondenzbank, vgl. Rdn. 46) oder durch Fernidentifizierung (PostIdent-Service) des Vertreters erfolgen (vgl. Rdn. 47). **67**

Ist der Vertreter einer juristischen Person in ein öffentliches Register eingetragen (z. B. der Vorstand der Aktiengesellschaft nach § 37, 81 AktG; die Geschäftsführer der GmbH nach § 10 GmbHG; die Gesellschafter einer OHG nach § 106 HGB; der Vorstand des Vereins nach § 64, 67 BGB, sowie die Prokuristen nach § 53 HGB) muss für ihn eine Legitimationsprüfung nicht mehr durchgeführt werden (Nr. 7j AEAO zu § 154 AO). Diese Ausnahmeregelung findet aber nur auf Personen Anwendung, die als Vertreter der juristischen Person in einem öffentlichen Register eingetragen sind und diese auch bei der Kontoeröffnung vertreten bzw. eine Kontovollmacht erhalten.

Beispiel:

Die Unternehmen A und B gehören demselben Konzern an. Der Geschäftsführer C soll sowohl über die Konten des Unternehmens A wie auch über die Konten des Unternehmens B verfügungsberechtigt sein. C ist jedoch nur als Geschäftsführer des Unternehmens A im Handelsregister eingetragen. Deshalb muss für ihn als Vertreter des Unternehmens B eine Legitimationsprüfung durchgeführt werden. Er muss in die Bevollmächtigtendatei aufgenommen werden.

68 Sind bereits fünf Vertreter einer juristischen Person des privaten Rechts (z. B. einer Aktiengesellschaft) in ein öffentliches Register eingetragen, muss bei weiteren Vertretern keine Legitimationsprüfung mehr durchgeführt werden. Dies gilt auch, wenn zusätzlich zu den in einem öffentlichen Register eingetragenen Vertretern bereits weitere Vertreter legitimationsgeprüft wurden, sodass insgesamt bereits fünf Vertreter entweder in einem öffentlichen Register eingetragen oder legitimationsgeprüft sind (Nr. 7k AEAO zu § 154 AO)[1].

Bei der Feststellung, ob die Mindestzahl von fünf Personen erreicht ist, zählen alle legitimationsgeprüften Personen sowie alle im Register eingetragenen Personen mit. Dies gilt auch für die im Register eingetragenen Vertreter, die dem Kreditinstitut gegenüber nicht ausdrücklich als Verfügungsberechtigte benannt wurden.

> **Beispiel:**
> Für eine GmbH sind zwei Geschäftsführer und drei Prokuristen im Handelsregister als Vertreter eingetragen. Die GmbH teilt dem Kreditinstitut mit, dass zwei Buchhalter über das Konto der GmbH verfügungsberechtigt sind und reicht eine entsprechende Unterschriftenliste ein. Da bereits fünf Personen im Handelsregister als Vertreter eingetragen sind, muss für die verfügungsberechtigten Buchhalter eine Legitimationsprüfung nicht mehr durchgeführt werden.

> **Beispiel:**
> Ein Einzelunternehmer erteilt vier Personen Kontovollmacht über sein Konto. Für den Einzelunternehmer und die Verfügungsberechtigten wird eine Legitimationsprüfung durchgeführt. Erhält später eine fünfte Person Kontovollmacht, muss für diese keine Legitimationsprüfung mehr durchgeführt werden, da bereits fünf Personen legitimationsgeprüft sind.

Aus einer Mitteilung des Amtsgerichts über Eintragungen im Handelsregister sind regelmäßig nicht alle Verfügungsberechtigten ersichtlich. Eine Mitteilung eignet sich infolge dessen regelmäßig nicht dazu, festzustellen, ob bereits fünf Personen im Handelsregister als Vertretungsberechtigte eingetragen sind (vgl. Rdn. 65). Wird die geforderte Mindestzahl von fünf Verfügungsberechtigten z. B. deshalb nicht mehr erreicht, weil die Vollmacht für einen der bisher Verfügungsberechtigten erlischt, muss ein weiterer Verfügungsberechtigter nachträglich legitimiert werden, wenn auf seine Legitimationsprüfung bisher verzichtet wurde. Hierfür

---

1   So auch Gesetzesbegründung zu § 4 Abs. 3 Nr. 2 GwG, Bundestagsdrucksache 16/9038, S. 36.

spricht neben dem Wortlaut auch der Zweck der Ausnahmeregelung, die davon ausgeht, dass ab einer gewissen Mindestzahl von Verfügungsberechtigten ausgeschlossen werden kann, dass einer der Verfügungsberechtigten das Konto für eigene Zwecke nutzt. Das Kreditinstitut kann auswählen, bei welchem Vertretungsberechtigten eine Legitimationsprüfung zusätzlich vorgenommen wird, wenn bei mehreren Vertretungsberechtigten bisher von der Ausnahmeregelung Gebrauch gemacht wurde.

9.2 Juristische Personen mit Sitz oder Geschäftsleitung im Ausland

Die Legitimationsprüfung einer juristischen Person des Privatrechts mit **69** Sitz bzw. Geschäftsleitung im Ausland (z. B. ein ausländisches Unternehmen) kann ebenfalls durch die Vorlage eines Auszuges aus einem im Ausland geführten öffentlichen Register erfolgen. Voraussetzung ist jedoch, dass das ausländische Verzeichnis nach seiner Zweckbestimmung dem im Inland geführten Handelsregister entspricht. In einigen EU-Mitgliedstaaten gibt es zentrale Einrichtungen, bei denen alle Unternehmen des Staates registriert sind (siehe Übersicht unter Rdn. 71).

Bestehen Zweifel an der Echtheit des vorgelegten Handelsregisterauszuges, sollte die IHK oder das Konsulat des Sitzstaates des Unternehmens zur Überprüfung eingeschaltet werden. Die zivilrechtlichen Fragen im Geschäftsverkehr mit einer Gesellschaft in einer ausländischen Rechtsform lassen sich vielfach nur durch ein Rechtsgutachten (legal opinion) eines mit dem Heimatrecht des Unternehmens vertrauten Rechtsanwaltes klären.

Zu gegebenenfalls zu beachtenden verstärkten geldwäscherechtlichen Sorgfaltspflichten aufgrund des mit dem Sitzland der juristischen Person einhergehenden Risikos vgl. Rdn. 18.

Von der Legitimationsprüfung der juristischen Person selbst ist die Legiti- **70** mationsprüfung der die juristische Person vertretenden natürlichen Personen zu unterscheiden. Das Bundesfinanzministerium hat mit Schreiben vom 18. November 1999 an den Zentralen Kreditausschuss mitgeteilt, dass die Erleichterungen des Anwendungserlasses zur Abgabenordnung auf ausländische juristische Personen nicht anwendbar sind. Die Vereinfachungsregelungen könnten nur dann angewendet werden, wenn das ausländische Register nach seiner Zweckbestimmung sowie seinen Inhalten, Anforderungen und Voraussetzungen inländischen öffentlichen Registern qualitativ vergleichbar sei und die jeweils aktuelle Verfügungsbefugnis ausweise. Das Bundesfinanzministerium betont, dass es die erforderliche Vergleichbarkeit der Register nach den oben genannten Grundsätzen im Regelfall nicht für gegeben hält. Es schließt jedoch nicht aus, dass durch Gutachten im Einzelfall die Vergleichbarkeit eines ausländischen Registers mit dem inländischen Register nachgewiesen werden kann.

Im Ergebnis folgt hieraus, dass die vertretungsberechtigten natürlichen Personen einzeln legitimationsgeprüft werden müssen. Die Legitimationsprüfung kann nicht durch einen Verweis auf die Eintragungen im ausländischen Handelsregister ersetzt werden. Hierbei kann entweder ein in- oder ausländisches Korrespondenzinstitut oder ein anderer geeigneter Dritter im Ausland (insbesondere Notar, Rechtsanwalt, Wirtschaftsprüfer oder Steuerberater) behilflich sein (vgl. Rdn. 45 ff.). Der im Ausland ansässige Vertretungsberechtigte kann dort anhand der ihm übersandten Kontoeröffnungsunterlagen eine Legitimationsprüfung durchführen lassen. Dabei sollte zugleich auch die Echtheit der Unterschrift bestätigt werden.

Dies gilt auch für Unternehmen, die keine Betriebsstätte im Inland haben. Der § 154 AO soll auch in diesen Fällen die Überprüfung der steuerlichen Verhältnisse erleichtern. Das Finanzamt muss auch die Möglichkeit haben, in diesen Fällen zu prüfen, ob möglicherweise doch eine Steuerpflicht besteht.

Nach § 154 Abs. 2 AO muss grundsätzlich jeder Vertretungsberechtigte legitimationsgeprüft werden. Große ausländische Unternehmen haben im Regelfall mehrere hundert Vertretungsberechtigte. Diese werden dem Kreditinstitut bei einer Kontoeröffnung durch die Übersendung einer Unterschriftenliste mitgeteilt. Es erscheint nach dem Grundsatz der Verhältnismäßigkeit unzumutbar, sämtliche in einer Unterschriftenliste enthaltenen Personen einer persönlichen Legitimationsprüfung zu unterziehen. Das Kreditinstitut muss jedoch zumindest fünf Vertreter des ausländischen Unternehmens einer persönlichen Legitimationsprüfung (ggf. durch die Einschaltung zuverlässiger Dritter, vgl. Rdn. 45 ff.) unterziehen. Die Gefahr einer missbräuchlichen Verwendung des Kontos für fremde Gelder kann auch bei ausländischen Konten ausgeschlossen werden, wenn bereits fünf Personen über dieses Konto verfügungsbefugt sind (vgl. Nr. 7k AEAO, abgedruckt im Anhang unter 2.1).

Der im Ausland ansässige Vertretungsberechtigte kann dort anhand der ihm übersandten Kontoeröffnungsunterlagen die Legitimationsprüfung durchführen lassen. Dabei sollte zugleich auch die Echtheit der Unterschrift bestätigt werden. Dies gilt auch für Unternehmen, die keine Betriebsstätte im Inland haben. Denn § 154 AO soll auch in diesen Fällen die Überprüfung der steuerlichen Verhältnisse erleichtern. Das Finanzamt muss auch die Möglichkeit haben, in diesen Fällen zu prüfen, ob möglicherweise doch eine Steuerpflicht besteht.

Übersicht über die Handelsregister für Unternehmen in den anderen EU-Mitgliedstaaten   71

▷ **Belgien:** Seit dem 1. Juli 2003 existiert in Belgien das System der sog. Unternehmensdatenbanken. Diese ersetzen die Handelsregister und werden von „Unternehmensschaltern" geführt. Es handelt sich dabei um von der Regierung anerkannte und mit besonderen Aufgaben versehene private Einrichtungen. Insgesamt wurden zehn dieser Einrichtungen anerkannt. Sie haben 200 Betriebssitze in Städten und größeren Gemeinden (http://www.eurodb.be).

▷ **Dänemark:** Registrierung bei einem zentralen Register: Erhvervsog Selskabsstyrelsen, Kampmannsgade 1, DK-1780 Copenhagen V (http://www.eogs.dk oder http://www.publi-com.dk).

▷ **Estland:** Handelsgesellschaften, Erwerbsgenossenschaften, Einzelunternehmer, Zweigniederlassungen der ausländischen Handelsgesellschaften, Vereine, Stiftungen und Kommerzpfänder werden im Handelsregister, Vereins- und Stiftungsregister und dem Kommerzpfandregister registriert. Die entsprechenden Register werden in den Registerabteilungen des Stadtgerichts Tallinn (Registration Department of the Harju County Court, Pärnu mnt 142, Tallinn 11317) und der Kreisgerichte Tartu (Registration Department of the Tartu County Court, Kalevi 1, Tartu 51010), Pärnu (Registration Department of the Parnu County Court, Kuninga 22, Pärnu 80099) und Lääne-Viru (Registration Department of the County Court, Turuplats 2, Rakvere 44308) geführt (http://www.eer.ee).

▷ **Finnland:** Registrierung beim Registeramt: National Board of Patents and Registration of Finland, Trade Register, Arkadiankatu 6 A, Helsinki, P.O.Box 1140, FIN-00101 Helsinki (http://www.prh.fi).

▷ **Frankreich:** Registrierung im Handelsregister (Registre du Commerce et des Sociétés), das beim zuständigen Handelsgericht geführt wird. Zentrales Handelsregister: Registre National du Commerce et des Sociétés beim Institut Nationale de la Propriété Industrielle, 26 bis, rue de Saint Pétersbourg, 75800 cedex 08 Paris (http://www.euridile.inpi.fr).

Die Legitimationsprüfung/Identifizierung bei der Kontoeröffnung

▷ **Griechenland:** Registrierung von Aktiengesellschaften (AG) bei Ordnungsämtern, Registrierung von Gesellschaften mit beschränkter Haftung (GmbH) bei erstinstanzlichen Gerichten, Registrierung von Einzelkaufleuten bei den Industrie- und Handelskammern, Registrierung von Banken und Versicherungen beim Handelsministerium: Griechisches Handelsministerium, Pl. Kanigos, 10677 Athen (http://www.acci.gr).

▷ **Großbritannien:** Registrierung beim Firmenregister (Company Registry) beim Companies House (http://www.companieshouse.gov.uk),
  – England und Wales:Companies House, The Registrar of Companies, Crown Way, GB-Cardiff CF 14 3UZ oder London Information Centre, PO COX 29019, 21 Bloomsbury Street, GB-London WC1B 3XD,
  – Schottland: Companies House, The Registrar of Companies, 37 Castle Terrace, GB-Edingburgh EH1 2RN,
  – Nordirland: Companies Registry, Department of Enterprise, Trade and Investment, Customer Counter, 1st Floor, Waterfront Plaza, 8 Laganbank, Belfast BT1 3BS.

▷ **Irland:** Companies Registration Office, Parnell House, 14 Parnell Square, Dublin 1(http://www.cro.ie).

▷ **Italien:** Die Registrierung erfolgt im Handelsregister (Repertorio Economico Amministrativo, REA) bei der örtlichen Handelskammer (Camera di Commercio Industria Artigianato e Agricoltura) sowie beim Landgericht (http://www.itkam.de oder http://www.infocamere.it oder http://www.ipsoa.it).

▷ **Lettland:** Registrierung beim Handelsregister (Register of Enterprises): Latvijas Republikas Uznemumu Registrs, Perses iela 2, Riga, LV 1011 (http://www.lursoft.lv oder http://www.ur.gv.lv).

▷ **Litauen:** Registrierung beim einheitlichen Register juristischer Personen/Handelsregister beim staatlichen Registerzentrum: State Enterprise Centre of Registers, Valstybes Imone Registru Centras, V. Kudirkos 18, LT-03105 Vilnius (http://www.litlex.lt).

▷ **Luxemburg:** Centre administratif Pierre Werner, Bâtiment F, 13, rue Erasme, Luxembourg-Kirchberg; Adresse postale : Registre de Commerce et des Sociétés, L-2961 Luxembourg und Palais de Justice, place Guillaume; Adresse postale : Registre de Commerce et des Sociétés, B.P. 20, L-9201 Diekirch (www.rcsl.lu).

▷ **Malta:** The Registry of Companies, Malta Financial Services Authority, Notabile Road, Attard BKR14, Malta (www.mfsa.com.).

▷ **Niederlande:** Registrierung bei den Industrie- und Handelskammern (http://www.kvk.nl).

▷ **Österreich:** Registrierung im Firmenbuch, das von den Firmenbuchgerichten (örtlich zuständige Landesgerichte, in Wien das Handelsgericht: Justizzentrum Wien Mitte, Marxergasse 1a, 1030 Wien; in Graz das Landesgericht für Zivilrechtssachen: Marburger Kai 49, 8010 Graz) geführt wird (http://www.bmj.gv.at oder http://www.handelsregister.at).

▷ **Polen:** Registrierung im Unternehmensregister (Krajowy Rejestr Sadowy) des Wirtschaftsgerichts beim zuständigen Bezirksgericht.

▷ **Portugal:** Registrierung beim Nationalen Register für juristische Personen RNPC – Registo Nacional de Pessoas Colectivas (dort: Handelsregister – Registo Comercial).

▷ **Rumänien:** Das zentrale Handelsregister wird beim Justizministerium geführt, 74, Unirii Blvd., Building. J3B, sector 3, RO 030837 Bucharest – Romania (www.onrc.ro).

▷ **Schweden:** Registrierung beim Swedish Companies Registration Office, Bolagsverket, SE-851 81 Sundsvall.

▷ **Slowakei:** Registrierung im Handelsregister bei den zuständigen Bezirksgerichten; Daten des Handelsregisters über das Justizministerium der Slowakei abrufbar.

▷ **Slowenien:** Registrierung beim Handelsregister des Amtsgerichts.

▷ **Spanien:** Registrierung bei den Handelsregistern der Provinzen; zentrales Handelsregister in Madrid: Registro Mercantil Central, Principe de Vergara, 94, 28006 Madrid (http://www.rmc.es oder http://www.registradores.org).

▷ **Tschechien:** Registrierung im Handelsregister beim örtlichen Handelsgericht.

▷ **Ungarn:** Registrierung im Handelsregister beim Registergericht des Bezirkes.

▷ **Zypern:** Department of Registrar of Companies and Official Receiver, Corner Makarios Avenue & Karpenisiou, „XENIOS" Building, 1427 Nicosia.

Beispiel: Kontoeröffnung für eine Limited

72 Die Rechtsform der Limited findet in jüngster Zeit auch in Deutschland immer größere Verbreitung. Dies hängt maßgeblich damit zusammen, dass die Gesellschaftsgründung in der Rechtsform einer Limited mit einem sehr geringen Stammkapital möglich ist. Zwei verschiedene Typen sind zu unterscheiden: Die Public Company Limited by Shares – sie ist vergleichbar einer deutschen Aktiengesellschaft – und die Private Company Limited by Shares – sie ist vergleichbar der deutschen GmbH. Die wirksame Gründung der Limited setzt den Abschluss eines Gesellschaftsvertrages und die Eintragung in einem englischen Register (Companies House) voraus. Für die Eintragung sind beim Register der Gesellschaftsvertrag (Memorandum und Articles of Association) und die Formblätter 10 und 12 (mit Name, Adresse der Gesellschaft, Name, Adresse, Geburtsdatum, Nationalität und Beruf der Direktoren) einzureichen. Zugleich muss eine Erklärung eingereicht werden, dass alle Erfordernisse für die Gründung einer Gesellschaft eingehalten wurden. Diese Erklärung kann entweder durch den Direktor der Limited oder durch einen Rechtsanwalt erfolgen. Die Erklärung ist von einem Rechtsanwalt oder einem Notar gegenzuzeichnen.

Das Register prüft formal, ob die Voraussetzungen für eine Gründung eingehalten werden. Verläuft die Prüfung erfolgreich, wird eine Gründungsbescheinigung (Certificate of Incorporation) übersandt. Die Gesellschaft ist nun rechtsfähig und kann am Rechtsverkehr teilnehmen.[1]

Bei der Kontoeröffnung für eine Limited in Deutschland (mit Sitz im Ausland) sind folgende Anforderungen einzuhalten:

Kontoinhaber

Die rechtsfähige Limited.

Verfügungsberechtige(r)

Die Limited wird im Rechtsverkehr von den nach dem Gesellschaftsvertrag zur Vertretung berechtigten Personen vertreten.

Legitimationsprüfung/Identifizierung

Bei der Eintragung in das englische Register (Companies House) handelt es sich nach Auffassung des Bundesfinanzministeriums nicht um eine Eintragung in ein Handelsregister, auf das die Vereinfachungsre-

---

1   Für weitere Informationen zur Rechtsform der Limited siehe auch Ohlmeyer/Gördel, Das Kreditgeschäft der Kreditgenossenschaften, Kapitel 14.3.6.

gelung des § 7j des Anwendungserlasses zur Abgabenordnung zu § 154 AO Anwendung finden kann. Die Voraussetzungen hierfür könnten nur dadurch geschaffen werden, dass der Nachweis erbracht wird, dass das ausländische Register nach Inhalt, Anforderungen und Voraussetzungen inländischen Registern qualitativ vergleichbar ist. Dieser Nachweis wird bei dem vom Companies House geführten Register nicht geführt werden können.

Die Identifizierung der Limited selbst muss somit anhand des Gesellschaftsvertrages selbst erfolgen. Ergänzend ist zum Nachweis der erlangten Rechtsfähigkeit die Gründungsbescheinigung (Certificate of Incorporation) vorzulegen.

Das Kreditinstitut muss zusätzlich alle nach dem Gesellschaftsvertrag zur Vertretung der Gesellschaft berechtigten Personen legitimieren. Diese Anforderung gilt unabhängig davon, ob diese Personen dem Kreditinstitut gegenüber tatsächlich auch auftreten.

Die Legitimationsprüfung kann auch in diesen Fällen durch ein Korrespondenzinstitut oder eine ausländische Stelle (z. B. Notar, ausländisches Korrespondenzinstitut) erfolgen. In diesem Zusammenhang ist zusätzlich zu berücksichtigen, dass nach dem Rechtsgedanken des § 7k AEAO eine weitere Legitimationsprüfung der Vertretungsberechtigten entfallen kann, wenn bereits fünf dem Kreditinstitut gegenüber vertretungsberechtigte Vertreter geprüft wurden. Nach dem in § 7k AEAO niedergelegten Rechtsgedanken ist dann auszuschließen, dass eine weitere Person eigene Vermögenswerte auf diesem Konto verwalten lässt. Dieser Rechtsgedanke sollte auch für die Kontoeröffnung einer ausländischen Gesellschaft Anwendung finden können.

Wirtschaftlich Berechtigter

Das Kreditinstitut muss nach § 3 Abs. 1 Nr. 3 GwG abklären, ob die Limited für einen wirtschaftlich Berechtigten handelt. Dies ist der Fall, wenn

▷ sie auf Veranlassung eines Dritten handelt, also das auf dem Konto verwaltete Vermögen treuhänderisch verwaltet (siehe auch Rdn. 10) oder

▷ eine natürliche Person unmittelbar oder mittelbar mehr als 25 Prozent der Eigentums- oder Stimmrechte kontrolliert (siehe auch Rdn. 11). Hierzu ist die Eigentums- und Kontrollstruktur der Limited mit angemessenen Mitteln abzuklären.

Handelt die Limited für einen wirtschaftlich Berechtigten, muss er nach Maßgabe des § 4 Abs. 5 GwG identifiziert werden.

Ist ein wirtschaftlich Berechtigter vorhanden, sind zur Feststellung seiner Identität der Nachname und mindestens ein Vorname zu erfassen. Weitere Identifizierungsmerkmale wie beispielsweise die Anschrift und das Geburtsdatum sind hingegen nur zu erheben, soweit dies mit Blick auf das im Einzelfall bestehende Geldwäsche- oder Terrorismusfinanzierungsrisiko angezeigt ist (siehe auch Rdn. 9).

Somit ist zunächst zu klären, ob die auf dem Konto zu verwaltenden Vermögenswerte der Limited als Kontoinhaberin oder einem Dritten als veranlassendem Treugeber zuzurechnen sind. Erklärt die Limited, dass sie die Geschäftsbeziehung nicht auf Veranlassung eines Dritten (d. h. im Interesse eines Dritten), insbesondere nicht als Treuhänderin, eingeht und liegen keine Auffälligkeiten bzw. Hinweise vor, sind lediglich die wirtschaftlich Berechtigten der Limited festzustellen.

Hierfür ist durch die Limited als nicht natürliche Person „hindurchzuschauen" und nach den Maßgaben für wirtschaftlich Berechtigte, die über ihre Stimmrechts- oder Eigentumsanteile die Kontrolle über diese nicht natürliche Person ausüben, ein etwaiger wirtschaftlich Berechtigter abzuklären und gegebenenfalls zu identifizieren. Somit sind diejenigen natürlichen Personen, die mehr als 25 Prozent der Eigentums- oder Stimmrechtsanteile halten, mit angemessenen Mitteln festzustellen. Als kontrollierende wirtschaftlich Berechtigte kommen bei der Limited die Gesellschafter (shareholder) bzw. die hinter ihnen stehenden natürlichen Personen in Betracht.

Erklärt die Limited, das Konto solle auf Veranlassung einer anderen natürlichen Person, insbesondere als Treuhandkonto geführt werden, ist deren Name (mindestens ein Vorname) und gegebenenfalls weitere Identifikationsmerkmale aufzuzeichnen. In diesen Fällen sind zur Verifizierung die Angaben der Limited – ggf. unter Hinzuziehung von (Kopien von) Dokumenten (soweit vorhanden) auf Widersprüche hin zu bewerten. Werden auf dem Konto Vermögenswerte von nicht natürlichen Personen verwaltet, ist „durch diese hindurchzuschauen" und nach den Maßgaben für wirtschaftlich Berechtigte, die über ihre Stimmrechts- oder Eigentumsanteile die Kontrolle über diese nicht natürliche Person ausüben, ein etwaiger wirtschaftlich Berechtigter abzuklären und gegebenenfalls zu identifizieren. Wird das Konto auf Veranlassung einer anderen Person geführt, so reicht es aus, diese Person (bzw. eine hinter einer nicht natürlichen Person als Veranlasser stehende natürliche Person) als wirtschaftlich Berechtigten zu erfassen. Die wirtschaftlich Berechtigten der Limited müssen dagegen in Bezug auf das Treuhandkonto nicht ermittelt und erfasst werden.

Die Verifizierung von wirtschaftlich Berechtigten erfolgt anhand von risikoangemessenen Maßnahmen z. B. durch die Einsichtnahme in Treuhandverträge oder -abreden, Register, Kopien von Registerauszügen, Recherchen im Telefonbuch, Internet oder sonstigen Quellen. Die Verifizierung von Gesellschaftern (shareholder) einer Limited als wirtschaftlich Berechtigter kann insbesondere anhand des Gesellschaftsvertrages erfolgen.

Wegen ausführlicherer Ausführungen zum wirtschaftlich Berechtigten siehe Rdn. 8 ff.

Zweck der Geschäftsbeziehung

Soweit sich der Zweck und die angestrebte Art der Kontoverbindung nicht bereits aus der Kontoart selbst ergibt, hat das Kreditinstitut hierzu Angaben des Kunden einzuholen (siehe Rdn. 7).

Dokumentation

Die Limited muss selbst als Gläubigerin in die Gläubigerdatei aufgenommen werden. Die verfügungsberechtigten Personen müssen in die Bevollmächtigtendatei aufgenommen werden.

Kontendatei nach § 24c KWG

Vgl. Rdn. 22.

US-Quellensteuer

Ausländische juristische Personen müssen für Zwecke der US-Quellensteuer eine beglaubigte Kopie der Gründungsurkunde oder des Status bzw. Gesellschaftsvertrages vorlegen. Alternativ hierzu kann die Limited auch durch die Abgabe des Formulars W-8BEN legitimiert werden. Diese Erklärung ist jedoch nach jeweils drei Jahren zu erneuern.

Zusätzlich muss noch eine Erklärung zur Berechtigung von Vergünstigungen nach dem bestehenden Doppelbesteuerungsabkommen mit den USA (Art. 28) hereingenommen werden.

Ab dem Kalenderjahr 2013 muss nach dem Foreign Account Tax Compliance Act – FATCA zusätzlich festgestellt werden, welche US-Steuerpflichtigen (natürliche Personen und Körperschaften) an der Limited mit mindestens 10 Prozent beteiligt sind.

Beispiel: Eintragung der Limited in ein deutsches Handelsregister

Andere Grundsätze gelten, wenn die Limited selbst oder die deutsche Niederlassung der Limited in einem deutschen Handelsregister eingetragen wird.

Nach den Vorschriften der §§ 13d, e, g HGB sind Zweigniederlassungen eintragungspflichtig. Das Gericht prüft hierbei die Wirksamkeit der Gründung der Limited und ihre Rechtsfähigkeit.

Im Zusammenhang mit der Eintragung sind auch die vertretungsberechtigten Personen anzugeben.

In diesem Fall greifen die Erleichterungsregeln für juristische Personen, die in einem inländischen Handelsregister eingetragen sind (vgl. Rdn. 167).

Ist lediglich die deutsche Zweigstelle der Limited im Handelsregister eingetragen, handelt es sich bei der Limited weiterhin um eine ausländische juristische Person.

Die Legitimationsprüfung

Die Limited selbst kann sich dann durch die Vorlage des Handelsregisterauszuges (ggf. über die Zweigniederlassung) legitimieren. Die zur Vertretung der Limited bestellten Personen sind dann ebenfalls aus dem deutschen Handelsregister ersichtlich. Für diese Personen muss deshalb keine Legitimationsprüfung mehr durchgeführt werden. Sie müssen auch nicht in die Bevollmächtigtendatei aufgenommen werden (Nr. 7 j AEAO zu § 154 AO).

Erteilt die Limited einer natürlichen Person Kontovollmacht, die nicht im Handelsregister eingetragen ist, muss diese Person legitimiert und in die Bevollmächtigtendatei aufgenommen werden. Eine Legitimationsprüfung ist jedoch nicht erforderlich, wenn bereits fünf vertretungsberechtigte Personen der Limited im Handelsregister eingetragen sind bzw. bereits legitimationsgeprüft wurden. Ist eine Legitimationsprüfung nach den vorstehenden Grundsätzen nicht erforderlich, muss der Kontobevollmächtigte auch nicht in die Bevollmächtigtendatei aufgenommen werden.

Zur Legitimationsprüfung bei juristischen Personen des öffentlichen Rechts vgl. Rdn. 170 ff.

9.3 Kreditinstitute und Versicherungsunternehmen

Nach §§ 5 GwG und 25d KWG können Kreditinstitute vereinfachte Sorg-   **73**
faltspflichten anwenden, wenn die im Gesetz genannten förmlichen Bedingungen hierfür erfüllt sind und im konkreten Fall kein erhöhtes Risiko
vorliegt (siehe Rdn. 14).

Nach § 5 Abs. 2 Satz 1 GwG unterfallen insbesondere Kreditinstitute und
Versicherungen mit Sitz in einem Mitgliedstaat der EU (aktuell mit Ausnahme von Polen und Griechenland) oder mit Sitz in einem Drittstaat, die
dort gleichwertigen Anforderungen und einer gleichwertigen Aufsicht
unterliegen, ohne Weiteres den vereinfachten Sorgfaltspflichten (siehe
Rdn. 14).

Darüber hinaus müssen die Vertreter von Kreditinstituten und Versicherungsunternehmen nach Nr. 7i AEAO zu § 154 AO bei der Kontoeröffnung
für Kreditinstitute bzw. Versicherungsunternehmen nicht legitimationsgeprüft werden. Dem Wortlaut nach findet diese Ausnahmeregelung sowohl auf inländische wie auch auf ausländische Kreditinstitute bzw. Versicherungsunternehmen Anwendung. Aus steuerlicher Sicht erscheint es
sachgerecht, wenn Vertretern ausländischer Kreditinstitute und Versicherungsunternehmen die Erleichterungen nach Nr. 7i AEAO gewährt werden, wenn auch die geldwäscherechtlichen Anforderungen an die Anwendung vereinfachter Sorgfaltspflichten erfüllt sind (siehe Rdn. 14). Bei
den Vertretern dieser Institute muss bei der Kontoeröffnung somit keine
Legitimationsprüfung vorgenommen werden.

In allen anderen Fällen müssen die unter Rdn. 69 ff. aufgeführten Regelungen zur Legitimationsprüfung einer ausländischen juristischen Person
berücksichtigt werden.

Zusätzlich gelten nach § 25f Abs. 1 und 2 KWG verstärkte Sorgfaltspflichten bei der Abwicklung des Zahlungsverkehrs im Rahmen von Geschäftsbeziehungen zu Korrespondenzinstituten mit Sitz in einem Nicht-EU-
Staat.

Die erhöhten Sorgfaltspflichten bei Geschäftsbeziehungen und beim Zahlungsverkehr mit Korrespondenzbanken mit Sitz in Nicht-EU-Staaten um-

fassen insbesondere die Einholung von Informationen aus öffentlich zugänglichen Quellen über die Geschäftstätigkeit und Leitungsstruktur der Korrespondenzbank mit dem Ziel, deren Geschäftstätigkeit zu verstehen und das mit der Korrespondenzbankbeziehung verbundene Risiko bewerten zu können. Ferner sollen vor Begründung einer solchen Geschäftsbeziehung die jeweiligen Verantwortlichkeiten der beiden Institute in Bezug auf die Erfüllung der Sorgfaltspflichten festgelegt und dokumentiert werden. Darüber hinaus ist sicherzustellen, dass vor Begründung der Korrespondenzbankbeziehung die Zustimmung der übergeordneten Führungsebene eingeholt wird. Schließlich sind Maßnahmen gegen solche Korrespondenzbankbeziehungen zu ergreifen, die ihrerseits Kontobeziehungen für Bank-Mantelgesellschaften unterhalten oder Transaktionen über Durchlaufkonten unterhalten. Als Bank-Mantelgesellschaften bezeichnet man nicht angemessen beaufsichtigte Banken ohne physische Präsenz im nominellen Sitzland/Territorium, die keinem beaufsichtigten Bankkonzern angehören.

10 Sonderfälle

10.1 Kontoeröffnung über das Internet

74 Die in Deutschland für den Kunden verfügbare Leistungspalette im Bereich des Homebanking umfasst zurzeit noch nicht die Erstkontoeröffnung. Die Erstkontoeröffnung für einen Kunden ist daher gegenwärtig allein unter Verwendung der neuen Medien noch nicht möglich. Es zeichnet sich jedoch bereits ab, dass die Einführung digitaler Signaturen durch eine öffentlich-rechtliche Zertifizierungsstelle hier zu Veränderungen führen wird. Auf der Grundlage der gesetzlichen Regelungen im Signaturgesetz[1] und in der Signaturverordnung[2] können die neuen Verfahren zukünftig zur Durchführung einer Legitimationsprüfung nach § 154 AO und § 3 Abs. 1 Nr. 1 GwG eingesetzt werden. Dadurch wird es möglich sein, auch Erstkontoeröffnungen auf sichere Weise über das Internet durchzuführen. Die Bank wird zur Prüfung der persönlichen Daten des Kunden dabei auf die Daten des Neukunden bei der Zertifizierungsinstanz zurückgreifen, die bei der Erstellung der digitalen Signatur die persönlichen Daten des Kunden nach Maßgabe der Bestimmungen des § 154 AO und Regelungen des Geldwäschegesetzes (§ 3 Abs. 1 Nr. 1 GwG) feststellt. Hierzu sieht das Geldwäschegesetz in § 6 Abs. 2 Nr. 2 bereits heute ausdrücklich vor, dass auch eine Identifizierung von persönlich nicht an-

---

1   BGBl I vom 28. Juli 1997, S. 1870 ff.
2   BGBl I vom 27. Oktober 1997, S. 2498 ff.

wesenden Vertragspartnern möglich ist. In diesen Fällen soll die Überprüfung der Identität des Geschäftspartners entweder anhand eines geeigneten Ausweispapiers (siehe Rdn. 48 ff.), anhand einer beglaubigten Kopie eines solchen Dokument oder anhand einer qualifizierten elektronischen Signatur i. S. d. § 2 Nr. 3 des Signaturgesetzes erfolgen. Das Kreditinstut muss die Gültigkeit des Zertifikats, die Anzeige des Zertifikateanbieters gemäß § 4 Abs. 3 des Signaturgesetzes, die Unversehrtheit des Zertifikats und den Bezug des Zertifikats zu den signierten Daten prüfen. Darüber hinaus muss sichergestellt werden, dass die erste Transaktion unmittelbar von einem Konto auf den Namen des Vertragspartners erfolgt, das dem Anwendungsbereich der 3. EG-Geldwäscherichtlinie oder gleichwertiger Anforderungen unterfällt.

In der Bankpraxis spielt die Identifizierung mittels einer qualifizierten elektronische Signatur indes noch keine Rolle, da insbesondere bislang ungeklärt ist, wie „sichergestellt" werden kann, dass die erste Transaktion unmittelbar von einem Konto auf den Namen des Vertragspartners erfolgt. Der Einzug einer ersten Einzahlung mittels einer von dem Kreditinstitut veranlassten Lastschrift zu Lasten eines vom Vertragspartner benannten Kontos dürfte hierzu jedenfalls nicht ausreichen, weil die Zahlstelle nicht verpflichtet ist, einen Kontonummer-Namensabgleich bei Lastschrifteinlösung vorzunehmen.

Die Erstkontoeröffnung über das Internet ist somit in der Praxis bislang ausschließlich unter Einschaltung eines zuverlässigen Dritten möglich, der die persönliche Legitimationsprüfung für das kontoführende Kreditinstitut vornimmt (vgl. Rdn. 45 ff.).

Bei der Zweitkontoeröffnung gelten erleichterte Anforderungen (vgl. Rdn. 52 f.). Es ist in diesem Zusammenhang ausreichend, wenn durch die Verwendung einer persönlichen PIN/TAN-Nummer die persönlichen Daten des Handelnden festgestellt werden und das etwaige Vorliegen eines Treuhandverhältnisses geklärt wird. Lediglich bei Vorliegen eines Treuhandverhältnisses sind zudem im Anschluss Maßnahmen zur Überprüfung der Kundenangaben zu treffen (vgl. Rdn. 9). Eine Legitimationsprüfung ist in diesen Fällen zusätzlich nicht erforderlich, wenn der Handelnde bereits zuvor legitimationsgeprüft wurde. Ergänzend sollte jedoch eine Bestätigung der Kontoeröffnung an den Kontoinhaber erfolgen.

10.2 Telefonische Kontoeröffnung und Kontoeröffnung per Brief

75 Eine telefonische Erstkontoeröffnung ist weder nach § 3 Abs. 1 Nr. 1 GwG noch nach § 154 Abs. 2 AO möglich, da die erforderliche Gewissheit über die Person des Kontoinhabers über den ausschließlich telefonisch hergestellten Kontakt nicht erlangt werden kann. Hierzu ist vielmehr ein persönlicher Kontakt zu der das Konto eröffnenden Person erforderlich. Zur Zweitkontoeröffnung vgl. Rdn. 52 f.

Nach § 154 Abs. 2 AO muss sich das Kreditinstitut vor der Kontoeröffnung Gewissheit über die Person und Anschrift des Verfügungsberechtigten verschaffen und die entsprechenden Angaben auf dem Konto festhalten. Erscheint dieser nicht persönlich beim Kreditinstitut, erfolgt die Legitimationsprüfung entweder durch ein Korrespondenzinstitut oder durch einen zuverlässigen Dritten (z. B. durch einen Notar, siehe Rdn. 45 ff.).

Eine Kontoeröffnung auf brieflichem Wege ohne Durchführung einer Legitimationsprüfung erfüllt nicht die Voraussetzungen des § 154 Abs. 2 AO und des § 3 Abs. 1 Nr. 1 GwG. Bereits seit 1996 bietet die Deutsche Post AG die Identifizierung des Kontoinhabers per PostIdent-Service an (vgl. Rdn. 47). Durch den Einsatz dieses Verfahrens kann die Legitimationsprüfung auf dem Postwege erfolgen, ohne dass der Kunde die Geschäftsstelle des Kreditinstituts aufsuchen muss. Dabei werden die persönlichen Daten des zukünftigen Kontoinhabers anhand entsprechender Ausweispapiere durch Mitarbeiter der Deutschen Post AG überprüft.

Zur Zweitkontoeröffnung per Brief vgl. Rdn. 53.

10.3 Abtretung

76 Tritt der Kontoinhaber seine Guthabenforderung an einen Dritten ab (Abtretungsempfänger oder Zessionar), muss sich dieser bei der Bank legitimieren, da er durch die Abtretung Forderungsinhaber und damit zugleich Verfügungsberechtigter wird. Er muss in die Gläubigerdatei aufgenommen werden. Die Legitimationsprüfung muss spätestens vor einer Verfügung des Abtretungsempfängers über das Kontoguthaben bzw. vor der Umschreibung des Kontos erfolgen (§ 25e KWG). Da bei einer Sicherungsabtretung das Konto regelmäßig nicht auf den Abtretungsempfänger umgeschrieben wird und die Guthabenforderung nach § 39 Abs. 2 Nr. 1 Satz 2 AO weiterhin dem Abtretenden zuzurechnen ist, muss die Legitimationsprüfung für den Abtretungsempfänger erst nach Eintritt des Sicherungsfalles bzw. vor der ersten Verfügung durch den Abtretungsempfänger vorgenommen werden. Der Abtretungsempfänger muss auch erst nach der Durchführung der Legitimationsprüfung in die Gläubigerdatei aufgenommen werden.

Wird die Abtretung dem Kreditinstitut nicht angezeigt (sog. stille Abtretung), besteht für das Kreditinstitut keine Verpflichtung, eine Legitimationsprüfung beim neuen Gläubiger (Abtretungsempfänger) durchzuführen, vgl. Nr. 7 Satz 3 AEAO zu § 154 AO.

10.4 Verpfändung

Wird ein Kontoguthaben als Sicherheit verpfändet, muss sich der Pfandnehmer nach Nr. 7d AEAO zu § 154 AO nicht legitimieren. Dies gilt auch für Mietkautionskonten, bei denen die Kaution auf ein Konto des Mieters eingezahlt und danach an den Vermieter verpfändet wird (vgl. auch Rdn. 87). Daher entfällt in diesen Fällen auch die Eintragung in die Gläubiger- bzw. Bevollmächtigtendatei. **77**

10.5 Factoring

Beim Factoring werden die Kundenforderungen eines Unternehmers aus Warenlieferungen oder Dienstleistungen an einen Factor abgetreten, der dem Zedenten den Gegenwert entweder sofort oder bei Fälligkeit gutschreibt. Die Abtretung der Forderungen des Unternehmers gegen seine Abnehmer (Debitoren oder Drittschuldner) an den Factor erfolgt nach § 398 BGB im Rahmen eines Kaufgeschäfts, welches die Prüfung des Bestehens der Buchforderung und der Bonität des Schuldners (der Abnehmer) einschließt. **78**

Übernimmt der Factor (die Bank) zusätzlich zur Verwaltung und Finanzierungsleistung auch noch das Kreditrisiko, spricht man von echtem Factoring (oder Forfaitierung). Verbleibt das Risiko der Zahlungsfähigkeit der Abnehmer (Kreditrisiko) beim Unternehmer, spricht man von unechtem Factoring. Der Forderungsverkauf erfolgt in diesen Fällen unter der auflösenden Bedingung, dass der Abnehmer die Forderung innerhalb einer bestimmten Frist bezahlt. Alternativ behält sich der Factor beim Forderungskauf den Rücktritt vom Vertrag vor. Oder der Unternehmer übernimmt beim Forderungskauf durch den Factor eine Gewährleistung für die Zahlungsfähigkeit des Abnehmers. Bei der praktischen Abwicklung des Factoringvertrages ist danach zu unterscheiden, ob die Forderungsabtretung an den Factor dem Abnehmer des Unternehmers (Debitor oder Drittschuldner) angezeigt wird (offenes Factoring) oder nicht (verdecktes Factoring).

79   Der Factor tritt durch die Abtretung der Forderung in die Gläubigerstellung des Unternehmers ein. Die Forderung des Unternehmers wird durch die Abtretung zu einer Forderung des Factors. Der Factor steht nach der Abtretung der Forderung infolgedessen dem Unternehmer gleich, der nach der Ausführung einer Warenlieferung die entsprechende Warenforderung unter dem Namen des Warenempfängers verbucht. Die Verbuchung eines Außenstandes durch einen Kaufmann führt jedoch allein noch nicht zu einer Kontoeröffnung nach § 154 AO. Unabhängig davon, ob der Factor für den Unternehmer ein Konto nach § 154 AO führt, begründet der Factoring-Vertrag ganz regelmäßig eine dauerhafte Geschäftsbeziehung mit dem Unternehmer, die nach § 3 Abs. 2 Nr. 1 GwG die geldwäscherechtlichen Sorgfaltspflichten auslöst. Somit ist der Unternehmer als Vertragspartner zu identifizieren (siehe Rdn. 6), dessen PEP-Status festzustellen (siehe Rdn. 17) und der wirtschaftlich Berechtigte abzuklären (siehe Rdn. 8 ff.). Zusätzliche Informationen über den Zweck und die angestrebte Art der Geschäftsbeziehung (siehe Rdn. 7) dürften nur dann erforderlich sein, wenn der Factoring-Vertrag einen ungewöhnlichen bzw. nicht aus sich selbst ersichtlichen Hintergrund hat.

10.6   Leasing

80   Sowohl beim Operating-Leasing (Mietvertragscharakter) als auch beim Finanzierungsleasing (atypischer Mietvertrag, ggf. Teilzahlungskauf) führt der Leasinggeber nicht zwingend ein Konto i. S. d. § 154 Abs. 2 AO für die Leasingnehmer. Unabhängig davon, ob der Leasinggeber für den Leasingnehmer ein Konto nach § 154 AO führt, begründet der Leasing-Vertrag eine dauerhafte Geschäftsbeziehung mit dem Leasingnehmer, die nach § 3 Abs. 2 Nr. 1 GwG die geldwäscherechtlichen Sorgfaltspflichten auslöst. Somit ist der Leasingnehmer als Vertragspartner zu identifizieren (siehe Rdn. 6), dessen PEP-Status festzustellen (siehe Rdn. 17) und der wirtschaftlich Berechtigte abzuklären (siehe Rdn. 8 ff.). Zusätzliche Informationen über den Zweck und die angestrebte Art der Geschäftsbeziehung (siehe Rdn. 7) dürften nur dann erforderlich sein, wenn der Leasing-Vertrag einen ungewöhnlichen bzw. nicht aus sich selbst ersichtlichen Hintergrund hat.

Zum Ankauf von Leasingforderungen vgl. die Ausführungen zum Factoring unter Rdn. 78 f.

10.7   Treuhandkonto

81   Der Treuhänder verwaltet die erworbenen Vermögensgegenstände (das Treugut) im eigenen Namen, aber im Interesse des Treugebers. Zu diesem

Zweck eröffnet der Treuhänder im Regelfall ein **offenes Treuhandkonto** auf seinen Namen. Das Konto erhält die Zusatzbezeichnung „Treuhandkonto". Auf diesem Konto sollen lediglich solche Vermögenswerte verwaltet werden, die dem Treugeber zustehen. Gläubiger des Kontoguthabens ist ausschließlich der Treuhänder. Daher muss die kontoeröffnende Bank für den Treuhänder eine Legitimationsprüfung durchführen. Der Treuhänder ist in die Gläubigerdatei der Bank aufzunehmen. Nur er kann über dieses Konto verfügen. Wird das Treuhandkonto überzogen, kann sich das Kreditinstitut nur an den Treuhänder als Gläubiger halten.

Der Treuhänder geht in diesen Fällen die Geschäftsbeziehung mit der Absicht ein, die Leistungen und Produkte nicht im eigenen Interesse, sondern für die Interessen eines Dritten zu nutzen. Er handelt auf Veranlassung des Dritten und somit für einen wirtschaftlich Berechtigten, wenn dieser selbst eine natürliche Person ist oder eine natürliche Person unmittelbar oder mittelbar mehr als 25 Prozent der Eigentums- oder Stimmrechtsanteile an dem Treugeber kontrolliert (siehe Rdn. 11).

Eine Ausnahme bilden Insolvenzverwalterkonten. Weil dem Insolvenzschuldner im Insolvenzverfahren jegliche Einfussnahmemöglichkeiten auf die Verwaltung und Verwertung des von der Insolvenz betroffenen Vermögens kraft Gesetz entzogen sind, kann keine Veranlassung durch eine natürliche Person i. S. d. § 1 Abs. 6 GwG bei Insolvenzverwalterkonten vorliegen. Dementsprechend kann auch kein wirtschaftlich Berechtigter vorhanden sein.

Werden auf einem Konto Vermögenswerte verschiedener Personen verwaltet (z. B. auf einem Sammelkonto eines Vermögensverwalters), muss dem Kreditinstitut eine vollständige Liste der wirtschaftlich Berechtigten eingereicht werden und diese im Rahmen der bestehenden Möglichkeiten überprüft werden. Spätere Veränderungen müssen vom Kontoinhaber ebenfalls mitgeteilt und durch das Kreditinstitut überprüft werden. Ausnahmen bestehen allerdings z. B. für Mietkautionssammelkonten (siehe Rdn. 87), Grabpflege-Sammeltreuhandkonten (siehe Rdn. 98) und Gerichtsvollzieherkonten (siehe Rdn. 175).

Tritt eine nicht natürliche Person als Treuhänder auf, so reicht es aus, den Treugeber (bzw. eine hinter einer nicht natürlichen Person als Treugeber stehende natürliche Person) als wirtschaftlich Berechtigten zu erfassen.[1]

---

1 ZKA-Hinweise zur Geldwäschebekämpfung 2008, Tz 39.

Die hinter dem Treuhänder stehende natürliche Person muss dagegen in Bezug auf das Treuhandkonto nicht ermittelt und erfasst werden.

Zur Feststellung der Identität des wirtschaftlich Berechtigten sind der Nachname und mindestens ein Vorname zu erfassen. Weitere Identifizierungsmerkmale wie beispielsweise die Anschrift und das Geburtsdatum sind hingegen nur zu erheben, soweit dies mit Blick auf das im Einzelfall bestehende Geldwäsche- oder Terrorismusfinanzierungsrisiko angezeigt ist.

Zu den Anforderungen nach den US-Quellensteuervorschriften vgl. Rdn. 137. Die Anforderungen nach der Zinsinformationsverordnung vgl. unter Rdn. 26 f.

82   Das Kreditinstitut weiß, dass die Forderungen auf dem Treuhandkonto wirtschaftlich dem Treugeber zustehen. Deshalb hat das Kreditinstitut wegen persönlicher Forderungen gegen den Treuhänder, die nicht im Zusammenhang mit Vorgängen auf dem Treuhandkonto stehen, keine Aufrechnungsmöglichkeit, kein Zurückbehaltungsrecht und kein Pfandrecht an dem Treuhand-Kontoguthaben.

Die Pfändung durch Gläubiger des Treuhänders, kann der Treugeber durch Erhebung einer Drittwiderspruchsklage abwenden. Wird über das Vermögen des Treuhänders das Insolvenzverfahren eröffnet, hat der Treugeber ein Aussonderungsrecht.

Ein Treuhandkonto kann auch von einer Partei kraft Amtes eröffnet werden (z. B. durch den Nachlassverwalter, Testamentsvollstrecker, Insolvenzverwalter oder Zwangsverwalter, vgl. Rdn. 60).

83   Nicht in allen Fällen der Treuhand wird der Treuhänder Vollrechtsinhaber. Gelegentlich wird zwischen einem Treugeber und einem Treuhänder eine sog. Verwaltungs- oder Ermächtigungstreuhand vereinbart. In einem solchen Fall wird das Treugut nicht vom Treugeber auf den Treuhänder übertragen. Daher lautet das Konto auf den Namen des Treugebers, der alleiniger Gläubiger des Kontoguthabens ist. Der Treugeber muss sich in diesem Fall als Gläubiger gegenüber dem Kreditinstitut legitimieren. Er ist in die Gläubigerdatei des Kreditinstituts aufzunehmen. Zusätzlich ist der bevollmächtigte Treuhänder zu legitimieren und in die Bevollmächtigtendatei aufzunehmen. Ein „veranlassender" wirtschaftlich Berechtigter ist in diesen Fällen nicht vorhanden.

Bei einem verdeckten Treuhandkonto offenbart der Kontoinhaber gegenüber der Bank nicht, dass er auf dem Konto Vermögenswerte eines Dritten verwalten lässt. Die Bank kann ein solches Konto nicht als Treuhandkonto erkennen. Im Verhältnis zu ihr ist der Kontoinhaber der Vollrechtsinhaber. Entsprechend ist in diesen Fällen ein „veranlassender" wirtschaftlich Berechtigter nur in Ausnahmefällen durch die Bank feststellbar.

10.8 Anderkonto

Das Anderkonto ist eine Unterart des offenen Treuhandkontos, das nur **84** von bestimmten Berufsträgern eröffnet werden kann: Auf diesem Konto dürfen nur solche Werte verbucht werden, die nicht dem Kontoinhaber zustehen. Der Treuhänder eröffnet das Anderkonto auf seinen Namen. Er ist allein über das Anderkonto verfügungsberechtigt. Für ihn muss eine Legitimationsprüfung vorgenommen werden. Er muss in der Gläubigerdatei vermerkt werden.

Das Kreditinstitut muss das Anderkonto als solches bezeichnen. Es darf nur für Angehörige bestimmter Berufe eröffnet werden:

▷ Rechtsanwälte, Notare, Patentanwälte und Rechtsbeistände,

▷ Wirtschaftsprüfer, Steuerberater, Steuerbevollmächtigte, vereidigte Buchprüfer (auch in der Rechtsform einer Gesellschaft).

Gemäß § 3 Abs. 1 Nr. 3 GwG muss das Kreditinstitut grundsätzlich den wirtschaftlich Berechtigten abklären, also den Namen und gegebenenfalls weitere Identifikationsmerkmale des Treugebers nach den Angaben des Treuhänders aufzeichnen und diese im Rahmen seiner Möglichkeiten überprüfen.

Werden auf einem Konto Vermögenswerte verschiedener Personen verwaltet (Sammelanderkonto), muss dem Kreditinstitut eine vollständige Liste der wirtschaftlich Berechtigten eingereicht werden und diese im Rahmen der bestehenden Möglichkeiten überprüft werden. Spätere Veränderungen müssen vom Kontoinhaber ebenfalls mitgeteilt und durch das Kreditinstitut überprüft werden.

Werden auf dem Konto Vermögenswerte von nicht natürlichen Personen verwaltet, ist „durch diese hindurchzuschauen" und nach den Maßgaben für wirtschaftlich Berechtigte, die über ihre Stimmrechts- oder Eigentumsanteile die Kontrolle über die nicht natürliche Person ausüben, ein etwaiger wirtschaftlich Berechtigter abzuklären und gegebenenfalls zu identifizieren.

Tritt eine nicht natürliche Person (z. B. Wirtschaftsprüfungs-GmbH, -KGaA, -OHG, oder Partnerschaftsgesellschaft) als Anderkontoinhaberin auf, so reicht es aus, den Treugeber (bzw. eine hinter einer nicht natürlichen Person als Treugeber stehende natürliche Person) als wirtschaftlich Berechtigten zu erfassen.[1] Die hinter dem Anderkontoinhaber stehende natürliche Person muss dagegen in Bezug auf das Anderkonto nicht ermittelt und erfasst werden.

Ausgenommen von der Pflicht zur Abklärung des wirtschaftlich Berechtigten sind jedoch Anderkonten von Angehörigen rechtsberatender Berufe gemäß § 2 Abs. 1 Nr. 7 GwG (Rechtsanwälte, Kammerrechtsbeistände und registrierte Personen i. S. d. § 10 des Rechtsdienstleistungsgesetzes, Patentanwälte sowie Notare). Weil diese Berufsträger selbst Verpflichtete des GwG sind, können sie ein geringes Risiko darstellen. Bei Anderkonten, die von Angehörigen dieser Berufsgruppe geführt werden, ist es daher gem. § 5 Abs. 2 Nr. 3 GwG ausreichend, wenn sichergestellt ist, dass das Kreditinstitut auf Nachfrage Angaben zum wirtschaftlich Berechtigten erhält. Regelmäßig wird eine derartige Auskunftsverpflichtung seit Frühjahr 2009 durch die banküblichen Sonderbedingungen für das Führen von Anderkonten und Anderdepots gewährleistet. Die Privilegierung des § 5 Abs. 2 Nr. 3 GwG beschränkt sich allerdings auf die Abklärung des wirtschaftlich Berechtigten bei Anderkonten und erstreckt sich weder auf die sonstige Geschäftsbeziehung zu dem Berufsträger noch auf sonstige Sorgfaltspflichten.

85 Auch bei den Anderkonten steht dem Kreditinstitut kein Pfand-, Aufrechnungs- oder Zurückbehaltungsrecht für Forderungen zu, die nicht unmittelbar mit der Führung dieses Kontos im Zusammenhang stehen (vgl. Rdn. 82).

Nach den Richtlinien für die Berufsausübung der Rechtsanwälte, Notare, Wirtschaftsprüfer, Steuerberater und Steuerbevollmächtigten sind diese Personen bei der Behandlung der ihnen anvertrauten fremden Vermögenswerte zu besonderer Sorgfalt verpflichtet. Fremde Vermögenswerte haben sie von ihrem eigenen Vermögen getrennt zu halten. Sie müssen fremde Gelder oder Wertpapiere unverzüglich an den Empfangsberechtigten weiterleiten. Nur solange dies nicht möglich ist, sind die fremden Gelder oder Wertpapiere auf einem Anderkonto (Anderdepot) zu verwahren.

---

1   ZKA-Hinweise zur Geldwäschebekämpfung 2008, Tz 39.

Beim Anderdepot gelten die hier erläuterten Grundsätze entsprechend.

10.9   Nießbrauch

Unter Nießbrauch versteht man das unveräußerliche und unvererbliche **86**
Recht, die Nutzungen einer fremden Sache oder eines fremden Rechts zu
ziehen. Durch die Begründung des Nießbrauchs überträgt der Eigentümer
einer Sache das Recht zur Nutzung und zur Fruchtziehung an einen Dritten. Das Verfügungsrecht, also die rechtliche Verfügungsgewalt, verbleibt indes beim Eigentümer.

Für die Legitimations- und Identifikationspflichtenpflichten bezüglich des
Kontoinhabers nach § 154 AO und § 3 Abs. 1 Nr. 1 GwG stellt das Kreditinstitut lediglich auf die zivilrechtliche Gläubigerstellung aus dem Konto-/
Depotvertrag ab. Beim Nießbraucher ist eine Legitimationsprüfung somit
nicht durchzuführen.

Besteht an dem auf einem Konto bzw. Depot verwalteten Vermögenswert ein Nießbrauchsrecht eines Dritten, ist dieser auch nicht als „veranlassender" wirtschaftlich Berechtigter (siehe Rdn. 10) festzuhalten. Dies
gilt unabhängig davon, ob es sich um einen sog. Zuwendungsnießbrauch
vom Eigentümer an einen Dritten oder einen Vorbehaltsnießbrauch handelt (der Eigentümer überträgt einen Vermögensgegenstand auf einen
Dritten und behält sich dabei das Nutzungsrecht vor), denn das Eigentum
an dem auf Konto bzw. Depot verwalteten Vermögenswert verbleibt in
den Fällen des Nießbrauchs regelmäßig beim Gläubiger. Dieser ist als Eigentümer auch der „Veranlasser" der Konto- bzw. Depotverbindung.

Etwas anderes gilt lediglich, wenn das Konto bzw. Depot auf den Namen
des Nießbrauchers geführt wird. Weil in diesen Fällen der Vermögenswert
vom Nießbraucher treuhänderisch für den Eigentümer verwaltet wird, ist
der Eigentümer als „veranlassender" wirtschaftlich Berechtigter anzusehen (zum Treuhandkonto siehe Kapitel B. 10.7).

10.10   Mietkautionskonto

Eine weitere Sonderform des Treuhandkontos stellt das Mietkautions-   **87**
konto dar. Eine Mietkaution kann entweder auf einem Konto des Vermieters oder auf einem Konto des Mieters angelegt werden.

Der Gesetzgeber geht davon aus, dass der Vermieter den Kautionsbetrag
im Regelfall auf einem Sparkonto bei einem Kreditinstitut anlegt, also ein
Mietkautionskonto auf seinen Namen eröffnet. Dann ist der Vermieter

alleiniger Gläubiger des Sparguthabens. Für den Vermieter ist eine Legitimationsprüfung durchzuführen. Er muss in die Gläubigerdatei des Kreditinstituts aufgenommen werden.

Wirtschaftlicher Inhaber des Kautionsbetrages und der sich daraus ergebenden Zinsen ist der Mieter, der nach vertragsmäßiger Abwicklung des Mietverhältnisses den Kautionsbetrag zuzüglich inzwischen aufgelaufener Zinsen zurückerhält. Das Mietkautionskonto sollte als Treuhandkonto gekennzeichnet werden. Dadurch wird der Mieter bei Einzelvollstreckungs-Maßnahmen gegen den Vermieter oder bei der Vermieterinsolvenz geschützt.

Das Kreditinstitut hat auch bei diesem Treuhandkonto kein Aufrechnungs-, Pfand- oder Zurückbehaltungsrecht gegenüber dem Vermieter, wenn die Forderungen nicht unmittelbar im Zusammenhang mit der Führung des Mietkautionskontos entstanden sind.

Zur Feststellung der Identität des „veranlassenden" wirtschaftlich Berechtigten sind der Nachname und mindestens ein Vorname des Mieters zu erfassen (vgl. Rdn. 9).

Da die Missbrauchsgefahr in diesen Fällen als gering einzuschätzen ist, müssen die Daten des Mieters nicht in der gesonderten Datei der wirtschaftlich Berechtigten festgehalten werden. Die Daten der Mieter müssen auch nicht in die Kontendatei nach § 24c KWG aufgenommen werden.[1]. Es genügt, wenn der Name des Mieters auf dem Kontoeröffnungsvordruck festgehalten wird. Werden die Mietkautionsbeträge von verschiedenen Mietern auf einem Sammelkonto verwaltet, das auf den Namen des Vermieters geführt wird, müssen die wirtschaftlich Berechtigten nicht im Einzelnen festgestellt und festgehalten werden. Das Kreditinstitut sollte hierbei aber die Anzahl der Mieter bzw. der Wohneinheiten kennen, damit Missbrauchsmöglichkeiten ausgeschlossen werden können.

Wird auf dem Konto die Mietkaution einer nicht natürlichen Person verwaltet, erscheint es mit Blick auf das mit Mietkautionskonten einhergehende geringe Risiko vertretbar, lediglich den Namen/die Firma des Mieters aufzuzeichnen und von einer Abklärung der Stimmrechts- und Eigentumsanteile abzusehen. Der Name/die Firma der nicht natürlichen

---

1   Langweg in Fülbier, Aepfelbach, Langweg, Geldwäschegesetz, § 24c Rdn. 40

Person darf jedoch nicht in die Datei zum automatisierten Kontoabruf eingestellt werden, da dort nur natürliche Personen zu erfassen sind.

Da der Gesetzgeber nicht zwingend vorgeschrieben hat, dass das Miet- **88**
kautionskonto immer auf den Namen des Vermieters anzulegen ist, kann das Konto auch auf den Namen des Mieters errichtet werden. In diesem Fall ist der Mieter alleiniger Gläubiger des Kontoguthabens. Für ihn ist eine Legitimationsprüfung durchzuführen. Er ist in die Gläubigerdatei aufzunehmen. Räumt der Mieter dem Vermieter eine Verfügungsberechtigung ein, muss dieser als Bevollmächtigter ebenfalls legitimationsgeprüft werden. Seine Daten sind in die Bevollmächtigtendatei zu übernehmen.

Räumt der Mieter dem Vermieter ein ausschließliches Verfügungsrecht ein, kann er selbst über das Kontoguthaben nicht mehr verfügen. Rechtlich ist diese Vereinbarung als Bestellung eines Pfandrechts für den Vermieter an der Forderung des Mieters gegen die Bank zu werten. Nach Nr. 7d AEAO zu § 154 AO muss der Vermieter als Pfandnehmer in diesen Fällen nicht legitimationsgeprüft werden. Dies gilt auch dann, wenn der Mieter dem Vermieter das Sparbuch zur Verwahrung übergibt.

Wird das Mietkautionskonto auf den Namen des Mieters geführt, bleibt der Kontoinhaber steuerlicher Gläubiger der auf dem Konto erzielten Kapitalerträge, auch wenn er die Kontoforderung zur Sicherheit an den Vermieter abtritt bzw. verpfändet (§ 39 Abs. 2 Nr. 1 Satz 2 AO). Für das Kreditinstitut besteht dann die Möglichkeit, auf diesem Konto einen Freistellungsauftrag des Mieters zu berücksichtigen.

Da in diesen Fällen kein Treuhandverhältnis vorliegt, ist auch kein „veranlassender" wirtschaftlich Berechtigter vorhanden. Ist der Mieter allerdings keine natürliche Person, ist durch ihn „hindurchzuschauen" und nach den Maßgaben für wirtschaftlich Berechtigte, die über ihre Stimmrechts- oder Eigentumsanteile die Kontrolle über den Mieter ausüben, ein etwaiger wirtschaftlich Berechtigter abzuklären und gegebenenfalls zu identifizieren.

10.11 Avalkonten

Die Verbuchung der von der Bank eingegangenen Avalverpflichtungen **89**
erfolgt aus bankaufsichtsrechtlichen Gründen, da diese Eventualverbindlichkeiten als außerbilanzielle Risiken nach der Solvabilitätsverordnung mit haftendem Eigenkapital zu unterlegen sind. Das Kreditinstitut erfüllt durch die Aufzeichnung dieser Eventualverbindlichkeiten eine ihr oblie-

gende bankaufsichtsrechtliche Verpflichtung. Es führt hierdurch noch kein Konto für einen anderen i. S. d. § 154 Abs. 2 AO (vgl. Rdn. 37). Gleichwohl entstehen bereits die geldwäscherechtlichen Sorgfaltspflichten in vollem Umfang, da es sich um die Begründung einer auf Dauer angelegten Geschäftsbeziehung handelt. Insbesondere sind daher der Vertragspartner zu identifizieren und der wirtschaftlich Berechtigte abzuklären.

Wird die Bank aus der Übernahme des Avals in Anspruch genommen, verbucht sie den ihr aus der Vorleistung zustehenden Aufwendungsersatzanspruch auf dem laufenden Konto des „Avalkreditnehmers". Bei diesem Konto handelt es sich um ein Konto i. S. d. § 154 Abs. 2 AO, für das auch nach der Abgabenordnung eine Legitimationsprüfung durchzuführen ist. Demgegenüber weist das Avalkonto weder Ansprüche noch Verbindlichkeiten einer anderen Person aus (vgl. BMF-Schreiben vom 22. April 1996, abgedruckt im Anhang unter 2.5).

10.12 Wechseldiskont

90 Das Kreditinstitut vereinbart mit dem Kunden einen bestimmten Höchstbetrag, bis zu dem er Wechsel zum Diskont einreichen kann. Dieses sog. Einreicherobligo wird vom Kreditinstitut überwacht. Hierdurch hält das Kreditinstitut fest, ob die dem einzelnen Kunden eingeräumte Grenze eingehalten wird. Ein Konto wird für den Kunden hierdurch noch nicht geführt. Auch werden keine gesonderten geldwäscherechtlichen Sorgfaltspflichten durch die Vereinbarung eines Wechseldiskontes ausgelöst, da dies keine eigenständige Geschäftsbeziehung darstellt, sondern lediglich eine Zusatzvereinbarung zum Kontokorrent. Der Kunde wird über die Höhe der von ihm insgesamt eingereichten Wechsel nicht informiert. Ihm wird auch hierüber keine Abrechnung erteilt. Allein die Gutschrift der diskontierten Gegenwerte erfolgt auf dem laufenden Konto des Kunden, für das eine Legitimationsprüfung durchgeführt wird.

10.13 Geschäftsguthaben

91 Mit dem Erwerb der Mitgliedschaft bei einer eingetragenen Genossenschaft – eG – ist die Verpflichtung verbunden, das für das einzelne Mitglied in der Satzung der Genossenschaft vorgeschriebene Geschäftsguthaben einzuzahlen. Ob es sich bei dem von der eG für das einzelne Mitglied geführten Geschäftsguthabenkonto um ein Konto i. S. d. § 154 AO handelt, erscheint zweifelhaft, da die eG hierdurch ihren gesetzlichen Pflichten nachkommt (nach Handelsrecht und Bankaufsichtsrecht). Dieses Konto wird somit nicht aufgrund einer mit dem Mitglied getroffenen einzelvertraglichen Regelung geführt (vgl. Rdn. 37 f.). Das Geschäftsgut-habenkonto basiert vielmehr auf der gesellschaftsrechtlichen Stellung des Mitglieds, die durch die Eintragung in die Mitgliederliste bereits ausrei-chend dokumentiert ist. Aus dem gleichen Grund werden auch geldwä-scherechtliche Sorgfaltspflichten durch die Mitgliedschaft nicht ausgelöst. In der Praxis wirkt sich die Frage in der Regel nicht aus, da das neue Mitglied regelmäßig bereits ein Konto bei der eG eröffnet hat oder im Zusammenhang mit dem Erwerb der Mitgliedschaft eröffnet. Hierbei wird die bei der Kontoeröffnung erforderliche Legitimationsprüfung durchgeführt.

10.14 Kreditkarten

Kreditkarten können ganz verschieden ausgestaltet werden. Als wich-tigste Variante lassen sich die „Charge-Card" und die „Credit-Card im en-geren Sinne" unterscheiden. Bei der **Charge-Card** werden die mit der Kre-ditkarte getätigten Umsätze beim Kreditkartenunternehmen oder beim kartenemittierenden Kreditinstitut gesammelt. Zu den vereinbarten Stichtagen (z. B. monatlich) werden dem Karteninhaber Sammelrechnun-gen übersandt und die angefallenen Beträge im Lastschriftverkehr vom Girokonto des Kunden eingezogen. In Deutschland ist die MasterCard grundsätzlich als Charge-Card ausgestaltet, da dem Kunden bereits auf seinem Girokonto Überziehungskredite eingeräumt werden. **92**

Ist eine Kreditkarte als Charge-Card ausgestaltet, so führt ihre Benutzung im Ergebnis dazu, dass Zahlungsverkehrsumsätze auf einem anderem Konto, dem Girokonto des Karteninhabers, ausgeführt werden. Das Kre-ditkartenunternehmen sammelt zunächst die einzelnen Umsätze und rechnet zu bestimmten Zeitpunkten (in der Regel monatlich) mit dem Kunden hieruber ab. Ein Konto i. S. d. § 154 AO wird beim Kreditkarten-unternehmen hierbei nicht errichtet. Nach der Definition des Reichsfi-nanzhofs ist ein Konto i. S. d. § 154 AO die für einen Kunden im Rahmen einer laufenden Geschäftsverbindung geführte Rechnung, in der Zu- und Abgänge der Vermögensgegenstände erfasst werden (RFHE, 24, 203, 205). Die durch das Kreditkartenunternehmen abgerechneten Zahlungs-umsätze schlagen sich im Ergebnis erst auf dem Girokonto des Kunden nieder. Die Rechnungsführung des Kreditkartenunternehmens bezieht sich infolgedessen noch nicht auf konkrete Zu- und Abgänge von Vermö-gensgegenständen des Kunden. Sie bereitet diese erst vor. Zu einem Ab-gang von Vermögensgegenständen kommt es erst, wenn das Kreditkar-tenunternehmen den errechneten Gesamtbetrag zum vereinbarten Zeitpunkt vom Girokonto des Kunden einzieht. Im Ergebnis zeigt sich, dass das Kreditkartenunternehmen noch kein Konto i. S. d. § 154 AO für **93** den Kunden führt, sondern dass allein das Girokonto, von dem zum Abrechnungstermin der Gesamtbetrag eingezogen wird, ein Konto im Sinne dieser Vorschrift darstellt.[1]

Allerdings stellt das Geldwäschegesetz in § 3 Abs. 2 nunmehr ausschließlich auf das Vorhandensein einer Geschäftsbeziehung ab und beschränkt die Sorgfaltspflichten nicht mehr auf Konten nach § 154 AO. Nach § 1 Abs. 3 GwG ist eine Geschäftsbeziehung i. S. d. Geldwäschegesetzes jede geschäftliche oder berufliche Beziehung, die unmittelbar in Verbindung mit den geschäftlichen oder beruflichen Aktivitäten der Verpflichteten unterhalten wird, und bei der beim Zustandekommen des Kontakts davon ausgegangen wird, dass sie von gewisser Dauer sein wird. Als Geschäftsbeziehung löst somit auch die Ausstellung einer Charge-Card die geldwäscherechtlichen Sorgfaltspflichten aus.

Da jedoch sämtliche durch den Einsatz der Karte getätigten Umsätze in den errechneten Gesamtbetrag eingehen, der zum vereinbarten Termin vom Girokonto des Kunden eingezogen wird, schlagen sich im Ergebnis alle Kartenumsätze auf dem Girokonto des Kunden nieder, bei dem bereits eine Legitimationsprüfung stattgefunden hat. Das Kreditinstitut, bei dem das Girokonto geführt wird, kann somit in aller Regel gem. § 4 Abs. 2 GwG von einer Identifizierung des Vertragspartners absehen, da diese bereits im Zusammenhang mit dem Girokonto erfolgt ist.

Wenn der Inhaber einer Kreditkarte eine Partnerkarte ausstellen lässt, ermöglicht er es dem Partner, durch die Benutzung der Karte Umsätze zu tätigen. Da aber beim Kreditkartenunternehmen kein Konto i. S. d. § 154 AO geführt wird (s. o.), braucht das emittierende Kreditkartenunternehmen auch beim Inhaber der Partnerkarte keine Legitimationsprüfung vorzunehmen.

94 Auch das kartenemittierende Kreditinstitut muss beim Inhaber der Partnerkarte keine Legitimationsprüfung vornehmen. Zwar kann der Partner durch den Einsatz der Karte Umsätze auf dem Girokonto des Erstkarteninhabers ausführen. Er steht aber wirtschaftlich nicht anders da, als ein Dritter, den der Kontoinhaber ermächtigt, per Lastschrifteinzug Umsätze auf seinem Konto zu bewirken. Da nach Nr. 7g AEAO zu § 154 AO der Inhaber einer Verfügungsbefugnis im Lastschriftverfahren nicht legitimationsge-

---

1 Das BMF hat mit Schreiben vom 15. Januar 2003 – B 7 – WK 5023 – 26/03 bestätigt, dass die bei diesen Konten gespeicherten Daten nicht in die Datei nach § 24c KWG einzustellen sind (Consbruch/Fischer, KWG, Nr. 11.80c).

prüft werden muss, ist auch beim Inhaber einer Partnerkarte keine Legitimationsprüfung durchzuführen.

Ebenso bestehen keine geldwäscherechtlichen Obliegenheiten hinsichtlich des insoweit verfügungsberechtigten Partnerkarteninhabers.

Bei einer sog. Firmenkarte ist zu unterscheiden: Teilweise werden die Kreditkartenumsätze vom Konto des Mitarbeiters eingezogen, dann wird auch mit dem Mitarbeiter der Kreditkartenvertrag – innerhalb einer Rahmenvereinbarung mit dem Arbeitgeber – geschlossen. Vertragspartner und damit zu Identifizierender ist in diesen Fällen der Mitarbeiter, als „veranlassender" wirtschaftlich Berechtigter (Treuhandverhältnis) ist der Arbeitgeber anzusehen, soweit es sich um eine natürliche Person handelt. Ist der Arbeitgeber keine natürliche Person, ist durch ihn „hindurchzuschauen" und nach den Maßgaben für wirtschaftlich Berechtigte, die über ihre Stimmrechts- oder Eigentumsanteile die Kontrolle über den Arbeitgeber ausüben, ein etwaiger wirtschaftlich Berechtigter abzuklären und gegebenenfalls zu identifizieren.

Teilweise wird für den Mitarbeiter lediglich eine „Partnerkarte" über das Kreditkartenkonto des Arbeitgebers ausgegeben. Dies entspricht – wie bereits oben ausgeführt – in der Sache einer Verfügungsbefugnis im Lastschriftverfahren, die nicht legitimationsgeprüft werden muss und hinsichtlich der keine geldwäscherechtlichen Obliegenheiten zu beachten sind.

Bei der **Credit-Card** im engeren Sinne kann der Kunde mit dem Kontoführer des Kreditkartenkontos vereinbaren, dass zu den festgelegten Stichtagen nur Teilbeträge des aufgelaufenen Gesamtbetrags zurückzuzahlen sind. Meist kann der Kunde auch vorab Einzahlungen auf ein Kreditkartenkonto leisten und dieses Konto auf Guthabenbasis führen. In diesem Fall werden positive Salden, die nach Verrechnung mit den eingehenden Belastungen verbleiben, verzinst. Diese Ausgestaltungsvariante ist beispielsweise bei VISA-Karten wählbar, wenn das Kreditkartenkonto von einem Kreditinstitut geführt wird. **95**

Das bei der Credit-Card beim Kreditkartenunternehmen geführte Kreditkartenkonto ist vergleichbar einem Kontokorrentkonto mit der Möglichkeit der Ansammlung von Guthaben. Hier sind für den Inhaber der Kreditkarte (= Inhaber des Kreditkartenkontos) bereits vom Kreditkartenunternehmen eine Legitimationsprüfung vorzunehmen und die geldwäscherechtlichen Sorgfaltspflichten zu beachten.

Wenn für ein solches Kreditkartenkonto Partnerkarten ausgegeben werden, erhält der Partner im Ergebnis Verfügungsmacht über dieses Konto. Da für den Inhaber des Kontos eine Legitimationsprüfung vorzunehmen ist, muss sie auch für alle weiteren Verfügungsberechtigten vorgenommen werden.

10.15 Konsortialkredit

96 Bei einem offenen Konsortialkredit treten alle am Konsortium beteiligten Konsorten in direkte Vertragsbeziehungen zum Kreditnehmer. Infolgedessen muss auch jeder Konsorte, der im eigenen Namen einen Kredit gewährt, für den Kreditnehmer eine Legitimationsprüfung durchführen.

Besteht lediglich ein stilles Konsortialverhältnis, schließt der geschäftsführende Konsorte im eigenen Namen einen Kreditvertrag mit dem Kreditnehmer für gemeinsame Rechnung aller Konsorten. Nur der nach außen in Erscheinung tretende Konsorte begründet mit dem Kreditnehmer eine Geschäftsbeziehung. Er muss folglich eine Legitimationsprüfung beim Kreditnehmer durchführen.

Die am Konsortium lediglich unterbeteiligte Bank tritt im Rahmen eines stillen Konsortialkredits demgegenüber nicht mit dem Darlehensnehmer in Kontakt. Nach der Definition des Reichsfinanzhofs ist ein Konto i. S. d. § 154 AO die für einen Kunden im Rahmen einer laufenden Geschäftsverbindung geführte Rechnung (RFHE 24, 203, 205). Diese Voraussetzungen liegen beim stillen Konsortialkredit im Verhältnis der lediglich unterbeteiligten Bank zum Kreditnehmer nicht vor. Die unterbeteiligte Bank unterhält hierbei keinen direkten Geschäftskontakt zum Kreditnehmer. Sie begründet daher auch keine laufende Geschäftsverbindung zum Kreditnehmer. Die ihr aus dem Konsortialgeschäft obliegenden Verpflichtungen und zustehenden Rechte ergeben sich allein aus dem Konsortialvertrag mit den anderen am Konsortium beteiligten Kreditinstituten. Bereits hieraus ergibt sich, dass die unterbeteiligte Bank kein Konto i. S. d. § 154 AO für den Kreditnehmer führt. Die Kontoführung erfolgt ausschließlich für eigene Zwecke des unterbeteiligten Kreditinstituts und nicht für einen Kunden im Rahmen einer laufenden Geschäftsverbindung. Die unterbeteiligte Bank muss daher beim Kreditnehmer weder eine eigenständige Legitimationsprüfung durchführen noch die geldwäscherechtlichen Sorgfaltspflichten beachten. Dies gilt auch dann, wenn der Konsortialführer im Ausland und die unterbeteiligte Bank im Inland ansässig ist. Die Pflichten nach der AO sind im Ergebnis immer nur von dem im Inland ansässigen Konsortialführer einzuhalten.

Das gleiche gilt bei einem verdeckten Metakreditverhältnis für das Kreditinstitut, das keine vertraglichen Beziehungen zum Endkreditnehmer begründet.

Führt der Konsortialführer für die am Konsortium beteiligten Kreditinstitute Konten, auf denen die anteiligen Provisionen gutgeschrieben werden bzw. die Verbindlichkeiten der beteiligten Konsorten festgehalten werden, muss für diese eine Legitimationsprüfung durchgeführt werden, bei der jedoch ganz regelmäßig lediglich die vereinfachten Sorgfaltspflichten nach § 5 Abs. 2 Satz 1 GwG zur Anwendung kommen (siehe hierzu Rdn. 14).

10.16 Sparbuch-Schließfach

Nach § 154 Abs. 2 AO haben sich die Kreditinstitute auch bei der Überlassung von Schließfächern Gewissheit über Person und Anschrift des Verfügungsberechtigten zu verschaffen sowie sicherzustellen, dass sie jederzeit darüber Auskunft geben können, über welche Schließfächer eine Person verfügungsberechtigt ist. **97**

Diese gesetzliche Regelung erfasst nicht die Sparbuch-Schließfächer. Nach den Bedingungen für die Vermietung von Sparbuch-Schließfächern werden die Fächer ausschließlich zur Aufbewahrung von Sparbüchern vermietet. Schließfächer fallen jedoch nur insoweit unter § 154 AO, als sie nach der vom Überlassenden vorgenommenen Zweckbestimmung zur Aufbewahrung von Wertsachen gedacht sind.[1] Andernfalls bestünden gegen die anonymen Schließfächer auf Bahnhöfen und in Flughäfen steuerrechtliche Bedenken. Zu den Wertsachen rechnen Geld, Wertpapiere und Kostbarkeiten. Sparbücher fallen nicht hierunter, denn sie sind keine Wertpapiere. Die Sparbuch-Schließfächer sind somit nach ihrer Zweckbestimmung nicht zur Aufbewahrung von Wertsachen bestimmt. Allerdings stellt auch der Abschluss eines Sparbuch-Schließfach-Mietvertrages die Begründung einer Geschäftsbeziehung nach § 1 Abs. 3 GwG dar, sodass die geldwäscherechtlichen Sorgfaltspflichten zu beachten sind. Insbesondere sind daher der Vertragspartner zu identifizieren und der wirtschaftlich Berechtigte abzuklären, wobei jedoch nach § 4 Abs. 2 GwG auf die Feststellungen bei Eröffnung des Sparkontos verwiesen werden kann.

10.17 Grabpflegekonto

Manche Kunden machen sich schon zu Lebzeiten Gedanken über die Pflege ihres späteren Grabes. Legt ein Erblasser auf einem separaten **98**

---

1   Vgl. Trzaskalik in Hübschmann/Hepp/Spitaler, § 154 AO, Tz 4.

Konto für die späteren Grabpflegekosten Geld an, geht die Guthabenforderung bei seinem Tod auf den Alleinerben bzw. auf die anderen Erben über (§ 1922 Abs. 1 BGB). Dies gilt auch dann, wenn der Erblasser zu seinen Lebzeiten verfügt, dass das Guthaben und die künftigen Zinsen ausschließlich für die Grabpflege zu verwenden sind.

Alternativ hierzu besteht die Möglichkeit, ein Grabpflegekonto als eigenes Zweckvermögen i. S. d. § 1 Abs. 1 Nr. 5 KStG zu errichten. Als Zweckvermögen bezeichnet man eine Vermögensmasse, die gegenüber dem sonstigen Vermögen eines Steuerpflichtigen tatsächlich verselbstständigt ist, um einen bestimmten Zweck zu erfüllen. Das Zweckvermögen fällt nicht in die Erbmasse. Die Finanzverwaltung erkennt ein eigenes Zweckvermögen an, wenn bei der Errichtung eines Kontos (z. B. in Form eines Sparkontos) bei einem Kreditinstitut ein Auftrag an das Kreditinstitut erteilt wird,

▷ die spätere ordnungsgemäße Erfüllung des Grabpflegevertrages durch die beauftragte Gärtnerei zu überwachen,

▷ unter bestimmten Voraussetzungen gegebenenfalls eine andere Gärtnerei mit der Grabpflege zu beauftragen und

▷ die entsprechenden Rechnungen des mit der Grabpflege betreuten Unternehmens zulasten des Kontos (Sparguthabens) zu begleichen.

Hierdurch wird eine Zugriffsmöglichkeit der Erben auf dieses Vermögen ausgeschlossen. Weder der Grabpflegevertrag noch der Sparvertrag können von ihnen widerrufen werden.

Lautet das Grabpflegekonto auf den Namen des Zweckvermögens (z. B. Grabpflegekonto Emil Baldus), können sowohl das mit seiner Führung beauftragte Kreditinstitut wie auch der Erbe oder ein Testamentsvollstrecker wirksam einen Freistellungsauftrag nach § 44a Abs. 2 Nr. 1 EStG für anfallende Zinserträge über 801 Euro stellen. Unter diesen Voraussetzungen kann auf Antrag der o. a. Personen gegebenenfalls auch die Erteilung einer NV-Bescheinigung (§ 44a Abs. 2 Nr. 2 EStG) durch das für die Besteuerung des Kreditinstitutes örtlich zuständige Finanzamt in Betracht kommen. Dem Zweckvermögen selbst steht nach § 24 KStG ein Freibetrag in Höhe von 5.000 Euro zu. Nur wenn die Zinseinkünfte des Zweckvermögens diesen Betrag übersteigen, entsteht eine Körperschaftsteuerpflicht. Halten sich die Zinseinkünfte innerhalb dieses Rahmens, kann das Zweckvermögen auf Antrag eine Nichtveranlagungsbescheinigung erhalten.

Bei der Errichtung eines Kontos für ein Zweckvermögen sind zunächst die die Kontoerrichtung beantragende natürliche Person zu legitimieren und die geldwäscherechtlichen Sorgfaltspflichten zu beachten. Zusätzlich sollte der Grabpflegevertrag vorgelegt werden. Während das Zweckvermögen in die Gläubigerdatei aufzunehmen ist, ist die kontoerrichtende natürliche Person als „veranlassender" wirtschaftlich Berechtigter festzuhalten.

Darüber hinaus schließen Gärtnereien Grabpflegeverträge mit ihren Kunden, die die spätere Pflege ihres Grabes noch zu Lebzeiten regeln wollen. Der für die spätere Grabpflege vereinbarte Preis kann entweder direkt von der Gärtnerei steuerwirksam vereinnahmt werden oder von der Gärtnerei bis zum Tod des Kunden treuhänderisch verwahrt werden. Letztere Alternative hat für die Gärtnerei den Vorteil, dass der Preis erst zum Zeitpunkt des Todes des Kunden vereinnahmt und versteuert wird. Für den Kunden ist dagegen vorteilhaft, dass der bereits gezahlte Preis für die Grabpflege bis zu seinem Tod als Treuhandvermögen insolvenzfest ist. Hierzu wird die Gärtnerei regelmäßig ein Sammeltreuhandkonto für die Gesamtheit ihrer noch lebenden Grabpflegekunden eröffnen. Wegen des geringen Risikos, das mit dieser Art von Konten einhergeht, können diese gemäß einer Absprache zwischen der Kreditwirtschaft und der BaFin analog Mietkautionskonten geführt werden. D. h. die wirtschaftlich Berechtigten müssen nicht im Einzelnen festgestellt und festgehalten werden. Das Kreditinstitut muss hierbei aber die ungefähre Anzahl der Grabpflegeverträge kennen, damit Missbrauchsmöglichkeiten ausgeschlossen werden können. Entsprechend ist auch eine Einstellung der wirtschaftlich Berechtigten in die Datei zum automatisierten Kontoabruf nach § 24c KWG nicht erforderlich. Gleiches gilt für Bestattungs-Treuhandkonten.

10.18 Spendenkonto

Unproblematisch ist in der Praxis die Einrichtung eines Spendenkontos auf den Namen einer steuerbefreiten als gemeinnützig anerkannten öffentlich-rechtlichen (einschließlich Anstalten und Stiftungen des öffentlichen Rechts) oder privatrechtlichen Körperschaft (eingetragene Vereine und rechtsfähige Stiftungen, nicht rechtsfähige Vereine und nicht rechtsfähige Stiftungen und sonstige Zweckvermögen des privaten Rechts). **99**

Soll die Einrichtung eines Spendenkontos aufgrund der Initiative eines Kunden auf eine natürliche Person erfolgen, sind verschiedene Gesichtspunkte zu beachten. **100**

Beispiel:

Nach dem Tod eines Kunden soll ein Spendenkonto eingerichtet werden um Geldspenden zu sammeln, die anschließend i. S. d. Verstorbenen an eine gemeinnützige Einrichtung weitergeleitet werden sollen. Kontonummer und Bankleitzahl des Kontos werden in der Todesanzeige veröffentlicht.

Das Konto darf nicht auf den Namen des Verstorbenen errichtet werden. Es muss somit ein Konto auf den Namen einer anderen Person z. B. mit dem Zusatz „Spendenkonto XY" eröffnet werden. Der Kontoinhaber verpflichtet sich gegenüber den Spendern, die eingezahlten Beträge an die begünstigte Organisation weiterzuleiten. Durch die lediglich schuldrechtliche Verpflichtung des Kontoinhabers, die Beträge an die gemeinnützige Einrichtung weiterzuleiten, entsteht kein Treuhandverhältnis. Daher muss auch kein „veranlassender" wirtschaftlich Berechtigter abgeklärt werden. Schwierigkeiten können sich in diesem Fall ergeben, wenn beabsichtigt ist, den Spendern den steuerlichen Vorschriften entsprechende Spendenquittungen zukommen zu lassen. Denn die begünstigte Organisation kann nach der Überweisung des auf dem Konto angesammelten Gesamtbetrages nicht erkennen, welcher Betrag auf welchen Spender entfällt. Der Kontoinhaber könnte zwar parallel mit der Überweisung eine Liste der Spender mit den darauf entfallenden Einzahlungen an die begünstigte Organisation weiter leiten. Ob diese die Bescheinigungen ausstellen wird, ist durchaus nicht sichergestellt, da sie selbst nicht überprüfen kann, ob die Angaben zutreffen, sie aber im Falle einer grob fahrlässig fehlerhaft ausgestellten Spendenbescheinigung für den Steuerschaden haftet, § 10 b Abs. 4 Satz 2 und 3 EStG. Sie kann die jeweiligen Einzahler unzweifelhaft aber nur dann identifizieren, wenn sie die Spenden auf direktem Wege von den jeweiligen Spendern erhält.

Es empfiehlt sich in diesen Fällen deshalb bereits in der Todesanzeige die letztbegünstigte Organisation mit den entsprechenden Kontendaten zu benennen und um eine Direktüberweisung zu bitten. Der Name des Verstorbenen kann in der Überweisung als Zusatzangabe angegeben werden. So lässt sich im Nachhinein regelmäßig auch in Erfahrung bringen, welcher Betrag durch den Spendenaufruf insgesamt erlöst wurde.

101   Steht zum Todeszeitpunkt noch nicht genau fest, welcher Organisation der Spendenbetrag zugewendet werden soll, wird es schwierig. Benennt die Todesanzeige ein Konto, das auf den Verstorbenen oder einen Angehörigen lautet und enthält sie darüber hinaus den Hinweis, dass die eingehenden Spenden an gemeinnützige Organisationen weiter geleitet werden, liegt keine Zuwendung an eine bestimmte Organisation, sondern an die Erben des Verstorbenen vor. Diese ist zwar mit der Auflage verbunden, das Geld an eine gemeinnützige Organisation weiter zu leiten. Eine Spende der Einzahler an eine bestimmte Organisation setzt je-

doch die zielgerichtete freigebige Zuwendung an einen steuerlich begünstigten Empfänger voraus.

Beispiel:

Ein in Not geratener Mitbürger wird von seinen Nachbarn u. a. in der
Weise unterstützt, dass diese an die Öffentlichkeit gehen und um Spenden bitten. Diese Spenden sollen auf ein neu eingerichtetes Konto einer
Person überwiesen werden, die zu der Spendenaktion aufruft, und
dann sachgerecht zugunsten des Bedürftigen verwendet werden.

Das in solchen Fällen früher übliche sog. Durchlaufspendenverfahren
wurde abgeschafft. Dabei wurden die Spenden zunächst an eine juristische Person des öffentlichen Rechts (im Regelfall eine Gemeinde) oder
eine kirchliche juristische Person des öffentlichen Rechts geleitet. Regelmäßig wurde an die Gemeinde mit der Auflage der Weiterreichung der
Spende gespendet. Die Gemeinde musste sodann die Spendenbescheinigung erstellen. Dieses Verfahren steht seit dem 1. Januar 2000 nicht mehr
zur Verfügung.

Bei der vorstehend geschilderten Vorgehensweise wird ein steuerlicher
Spendenabzug bei den Spendern somit nicht zu erreichen sein. Dies wäre
nur sichergestellt, wenn die Spender an eine zur Ausstellung von Steuer-
bescheinigungen berechtigte gemeinnützige Institution überweisen würden. Es empfiehlt sich somit in diesen Fällen vor dem Spendenaufruf mit
einer gemeinnützigen Organisation Kontakt auszunehmen, damit sichergestellt werden kann, dass die Spenden direkt an diese geleistet werden.

Bei derartigen Spendenkonten liegt folglich kein Treuhandverhältnis und
damit auch kein „veranlassender" wirtschaftlich Berechtigter vor.

Das Kontoguthaben selbst könnte allerdings als Zweckvermögen eingestuft werden. Dabei handelt es sich um ein von einer natürlichen oder
juristischen Person auf eine andere natürliche oder juristische Person zu
Eigentum übertragenes Vermögen (vergleichbar einer Stiftung), das zu
einem vorbestimmten Zweck verwendet werden muss. Das Zweckvermögen ist mit seinen Einkünften zwar nach § 1 Abs. 1 Nr. 5 KStG selbst steuerpflichtig. Es ist nach § 5 Abs. 1 Nr. 9 KStG allerdings von der Körperschaftsteuer befreit, wenn es nach der tatsächlichen Geschäftsführung
unmittelbar gemeinnützigen, mildtätigen oder kirchlichen Zwecken
dient. Zu den mildtätigen Zwecken gehört auch die Unterstützung von
Personen, die aufgrund ihres körperlichen, geistigen oder seelischen Zu-
standes auf die Hilfe anderer Personen angewiesen sind und deren Be-
züge bestimmte Grenzwerte nicht übersteigen, § 53 Satz 1 Nr. 2 AO.

In diesen Fällen ist das Zweckvermögen in die Gläubigerdatei aufzunehmen und die kontoerrichtende natürliche Person als „veranlassender" wirtschaftlich Berechtigter festzuhalten.

11 Die Legitimationsprüfung bei Kontoeröffnungen vor dem 1. Januar 1992 bzw. vor dem Inkrafttreten des GwG

102 Vor Inkrafttreten des Geldwäschegesetzes war ausschließlich § 154 AO für die Legitimation der Kunden bei Kontoeröffnungen maßgebend. Daher kann nach dem Inkrafttreten des Geldwäschegesetzes gemäß § 4 Abs. 2 GwG auf eine erneute Identifizierung verzichtet werden, wenn die Legitimationsprüfung bei einer Kontoeröffnung vor dem 29. November 1993 (Inkrafttreten des Geldwäschegesetzes) nach früheren, ausschließlich auf dem Recht der Abgabenordnung basierenden Kriterien vorgenommen wurde. Danach bestand keine Pflicht zur Identifizierung anhand eines Ausweisdokuments, wenn in anderer Weise Gewissheit über die Person des Auftretenden, z. B. über die Feststellung, der Kunde sei „persönlich bekannt" bestand. Nach Meinung der Bankenaufsicht ist der Verweis auf eine Legitimationsprüfung nach § 154 AO jedoch nur für diejenigen Altkunden eines Kreditinstituts ausreichend, die nach dem Inkrafttreten des Geldwäschegesetzes kein weiteres Konto eröffnet haben. Für „Alt"-Konten – d. h. für Konten, die vor dem Inkrafttreten des Geldwäschegesetzes eröffnet worden sind – ist eine „Nachidentifizierung" somit nicht erforderlich.[1] Auch im Rahmen der mit dem Geldwäschebekämpfungsergänzungsgesetz im Jahr 2008 eingeführten Aktualisierungsverpflichtung ist eine „Nachidentifizierung" anhand eines Ausweispapieres in den geschilderten Altfällen nicht erforderlich, wohl aber die Überprüfung der Aktualität der Kundendaten in angemessenem zeitlichen Abstand nach § 3 Abs. 1 Nr. 4 GwG (siehe Rdn. 19). Vor dem 1. Januar 1992 wurde eine Legitimationsprüfung regelmäßig ausschließlich für den Kontoinhaber (Gläubiger), nicht aber bei den gesetzlichen Vertretern und den Kontobevollmächtigten durchgeführt. Im einem koordinierten Ländererlass vom 8. Oktober 1991 vertritt die Finanzverwaltung die Auffassung, dass auch die gesetzlichen Vertreter des Kontoinhabers und die Bevollmächtigten legitimationsgeprüft werden müssen. Ihre persönlichen Daten müssen auch in die Bevollmächtigtendatei aufgenom-

---

1 Vgl. Langweg in Fülbier/Aepfelbach/Langweg, GwG, 5. Aufl. 2006, § 7, Rz 3.

men werden. Soweit diese Vertretungsbefugnisse jedoch bereits vor dem 1. Januar 1992 begründet wurden, muss die Legitimationsprüfung nicht nachgeholt werden. Der Name der Vertreter muss auch nicht nachträglich in die Bevollmächtigtendatei aufgenommen werden. Dies gilt auch in den Fällen, in denen die Person verstirbt, die ursprünglich die Kontovollmacht erteilt hat. Denn die Vollmacht gilt nach den §§ 168, 672 BGB über den Tod des Vollmachtgebers hinaus, soweit nicht etwas anderes bestimmt ist.

Zu den Anforderungen bei der US-Quellensteuer vgl. Rdn. 122.

War eine vor dem 1. Januar 1992 erteilte Kontovollmacht auf ein bestimmtes Konto beschränkt, und wird nach diesem Tag eine neue Kontovollmacht für ein anderes Konto erteilt, muss sich der Kontobevollmächtigte nunmehr legitimieren.

12 Die Dokumentation der Legitimationsprüfung/Identifizierung

Nach § 154 Abs. 2 Satz 1 AO muss das Kreditinstitut die Angaben über die Person und Anschrift der Verfügungsberechtigten „in geeigneter Form, bei Konten auf dem Konto festhalten". Anonyme Konten dürfen nach dieser Vorschrift somit in Deutschland nicht geführt werden. Festzuhalten sind bei natürlichen Personen der vollständige Name, das Geburtsdatum, die Anschrift sowie die Angaben zum vorgelegten Legitimationspapier (Art und Nummer des Ausweises, ausstellende Behörde, vgl. auch § 4 Abs. 3 Nr. 1 und § 8 Abs. 1 Satz 2 GwG, die zusätzlich die Feststellung des Geburtsortes und der Staatsangehörigkeit vorschreiben). Der Geburtsname des Kontoinhabers bzw. des Bevollmächtigten braucht nicht aufgenommen zu werden; das Festhalten dieser Personalien kann jedoch zur weiteren Identifizierung zweckmäßig sein.

103

Nach Nr. 5 AEAO zu § 154 AO sind die Angaben auf dem Kontostammblatt festzuhalten. Das Kontostammblatt steht hierbei stellvertretend für alle Kontoeröffnungsunterlagen. Die Vorschrift will sicherstellen, dass die Beantwortung von Auskunftsersuchen der Finanzverwaltung sichergestellt ist. Wird die Kontoeröffnung über EDV erfasst, genügt es den Anforderungen nach AO und GwG, wenn auf dem Kontoeröffnungsantrag bzw. der Unterschriftskartei lediglich der Name vermerkt wird und die weiteren Identifikationsmerkmale in einer Datenbank gespeichert werden, wo sie jederzeit abrufbar sind.

Zu den Anforderungen an die nach § 24c KWG in die Datei zum automatisierten Kontoabruf einzustellenden Daten siehe Rdn. 22.

Die Anfertigung einer Kopie des vorgelegten Legitimationspapiers ist nicht erforderlich (zu den insoweit strengeren Anforderungen für die US-Quellensteuer vgl. Rdn. 122).

104 Wird bei der Kontoeröffnung (bzw. Bevollmächtigung) auf eine umfassende Legitimationsprüfung verzichtet, weil bei derselben kontoführenden Stelle bereits ein anderes Konto (oder eine Vollmacht) existiert, muss bei dem neuen Konto bzw. den betreffenden Unterlagen ein Hinweis auf das erste Konto (die erste Bevollmächtigung) angebracht werden (vgl. Rdn. 52). Bei Auflösung des ersten Kontos sind die Identifikationsmerkmale auf das zweite bzw. weitere Konto zu übertragen (Nr. 5 Satz 4 AEAO zu § 154 AO). Ausreichend ist es auch, wenn das Institut aufgrund anderer Unterlagen in der Lage ist, die durchgeführte Legitimation zu belegen.

An welcher Stelle sich das Konto bzw. Kontostammblatt im obigen Sinne befindet, bleibt der Organisation des Kreditinstituts überlassen. Es wird gesetzlich lediglich bestimmt, dass die Angaben „auf dem Konto" festzuhalten sind, hingegen wird nicht der Ort fixiert, an dem die betreffenden Unterlagen aufbewahrt werden müssen. Kontostammblätter können daher beispielsweise auch im Sekretariat oder in der Personalabteilung geführt bzw. aufbewahrt werden.

Zur Feststellung der wirtschaftlich Berechtigten vgl. Rdn. 8 ff.

13 Die Auskunftsbereitschaft (Gläubiger- und Bevollmächtigtendatei)

105 Nach § 154 Abs. 2 AO müssen die Kreditinstitute in der Lage sein, jederzeit Auskunft darüber zu geben, über welche Konten oder Schließfächer eine Person verfügungsberechtigt ist. Diese Anforderungen werden erfüllt, wenn das Kreditinstitut auf Nachfrage alle Konten nennen kann, über die eine Person als Gläubiger, gesetzlicher Vertreter oder Bevollmächtigter des Kontoinhabers verfügungsbefugt ist. Umgekehrt müssen die Kreditinstitute auch in der Lage sein, alle Verfügungsberechtigten eines bestimmten Kontos zu nennen.

Nach Nr. 6 AEAO zu § 154 AO soll das Kreditinstitut ein besonderes alphabetisches Namensverzeichnis führen. Zahlreiche Kreditinstitute führen zwei getrennte Verzeichnisse, **106**

▷ ein Verzeichnis für die Gläubiger der Kontoguthaben (Gläubigerdatei),

▷ ein Verzeichnis der gesetzlichen Vertreter des Gläubigers sowie der Bevollmächtigten (Bevollmächtigtendatei).

Es spricht nichts dagegen, wenn diese Dateien in einer Datei zusammengefasst werden. Dabei muss aber sichergestellt sein, dass sich aus der Datei ergibt, wer Gläubiger eines Kontoguthabens ist und wer lediglich als gesetzlicher Vertreter oder Bevollmächtigter verfügungsbefugt ist.

Eines derartigen Verzeichnisses bedarf es nicht, wenn das Kreditinstitut auf andere Weise sicherstellt, dass es die gewünschten Auskünfte geben kann. In das Namensverzeichnis müssen daher lediglich die Namen der Verfügungsberechtigten und die Konten und Schließfächer, auf die sich die Verfügungsbefugnis bezieht, aufgenommen werden, wenn bezüglich der anderen erforderlichen Daten (Geburtsdaten und Anschriften) auf die Angaben beim Konto zurückgegriffen werden kann. Es reicht auch aus, wenn bei der Eröffnung des Erstkontos durch einen Kunden seine persönlichen Daten und seine Anschrift festgehalten werden. Dabei kann diesem Kunden eine Stammnummer zugeteilt werden, aus der sich bei der Eröffnung von weiteren Konten die Kontonummer ableitet. Bei der Eröffnung eines Zweit- oder weiteren Kontos werden dann nicht nochmals die Personalien und die Anschrift des Kunden festgehalten, weil diese bereits gespeichert sind. Diese Art der Kontoführung ist daher im Ergebnis zeitsparender[1]. **107**

Die Legitimationsdaten müssen auch nach Beendigung der Geschäftsbeziehung zu einem Kunden bzw. bei Erlöschen einer Kontovollmacht noch 6 Jahre abrufbar sein (Nr. 6 AEAO zu § 154 AO). Diese Frist beginnt am Ende des Kalenderjahrs zu laufen, in dem das Konto gekündigt wird bzw. die gesetzliche Vertretungsmacht oder eine erteilte Kontovollmacht erlöschen. Diese Aufbewahrungsfrist nach AEAO geht der lediglich fünfjährigen nach § 8 Abs. 3 GwG vor. **108**

---

1   Erlass der Finanzbehörde der Freien und Hansestadt Bremen vom 24. September 1984, abgedruckt im Anhang unter 2.9.

14 Die Folgen eines Verstoßes gegen die Legitimationspflichten/ Identifizierungspflichten nach AO und GwG

109 Nach § 17 Abs. 1 GwG handelt ordnungswidrig, wer z. B. vorsätzlich oder leichtfertig eine Identifizierung des Vertragspartners nicht vornimmt oder erhobene Angaben oder eingeholte Informationen nicht, nicht richtig oder nicht vollständig aufzeichnet. Dies kann mit einer Geldbuße bis zu 100.000 Euro geahndet werden. Nach § 17 Abs. 2 GwG handelt ebenfalls ordnungswidrig, wer beispielsweise das Vorhandensein eines wirtschaftlich Berechtigten nicht abklärt oder den Namen eines wirtschaftlich Berechtigten nicht erhebt. Dies kann mit einer Geldbuße bis zu 50.000 Euro geahndet werden.

Verletzt ein Kreditinstitut seine Verpflichtung aus der Abgabenordnung, bei der Eröffnung eines Kontos eine Legitimationsprüfung für den Verfügungsberechtigten durchzuführen, führt dies allein noch nicht zu einer Haftung oder Ahndung wegen einer Ordnungswidrigkeit (Nr. 10 AEAO zu § 154 AO). Ggf. kann der Mitarbeiter hierdurch jedoch eine Steuergefährdung nach § 379 Abs. 1 Nr. 2 AO begehen, wenn er das Konto grob fahrlässig eröffnet, ohne zuvor eine Legitimationsprüfung durchzuführen. Unterlässt er die Legitimationsprüfung vorsätzlich, kann im Einzelfall eine Beihilfe zur Steuerhinterziehung vorliegen, die nach § 370 AO strafbar ist. Durch die Verletzung der Verpflichtung nach § 154 Abs. 2 AO kann sich das Kreditinstitut weiterhin schadensersatzpflichtig machen, wenn beispielsweise das Konto auf einen falschen Namen eröffnet wird und hierdurch ein Schaden entsteht (RGZ, Bd. 152, 262).

Stellt der Betriebsprüfer fest, dass die Vorschrift des § 154 Abs. 2 AO nicht beachtet wurde, schaltet er die für Straf- und Bußgeldsachen zuständige Stelle ein. Weigert sich ein Kreditinstitut, die Anforderungen des § 154 Abs. 2 AO zu erfüllen, kann das Finanzamt die Erfüllung dieser Verpflichtung nach § 328 AO mit Zwangsmittel erzwingen (Zwangsgeld, unmittelbarer Zwang).

Zu den Rechtsfolgen eines Verstoßes gegen die Kontenwahrheit nach § 154 Abs. 1 AO (vgl. Rdn. 3 f.).

Schließlich ist auch die vorsätzliche oder fahrlässige Missachtung der Vorgaben zum automatisierten Abruf von Kontoinformationen nach § 24c KWG gem. § 56 Abs. 3 Nrn. 7a und 7b KWG mit bis zu 150.000 Euro bußgeldbewehrt.

C. Die Verbuchung auf einem CpD-Konto

Nach Tz 3 Satz 3 des Einführungserlasses zu § 154 AO ist die Abwicklung von Geschäftsvorfällen über sog. CpD-Konten verboten, wenn der Name des Beteiligten bekannt ist oder unschwer ermittelt werden kann und für ihn bereits ein entsprechendes Konto geführt wird. Durch diese Regelung soll sichergestellt werden, dass möglichst alle kundenbezogenen Geschäftsvorfälle auch über Kundenkonten gebucht werden. Die von § 154 AO angestrebte Auskunftsbereitschaft der Bank über Vermögenswerte ihrer Kunden kann nur auf diese Weise durchgesetzt werden. **110**

1 Das CpD-Konto

Eine gesetzliche Definition des Kontos pro Diverse (CpD-Konto) existiert nicht. Auch die einschlägigen Verwaltungsvorschriften umschreiben diesen banktechnischen Begriff nicht näher. Das CpD-Konto ist ein Sammelkonto, das dazu dient, bestimmte Geschäftsvorfälle für andere Personen als das Kreditinstitut zu verbuchen. Es handelt sich dennoch nicht um ein Kundenkonto, sondern um ein Konto der Bank. Auf dem CpD-Konto werden einmal Geschäftsvorfälle verbucht, die einer bestimmten Person nicht zugeordnet werden können, z. B. weil der Empfänger eines Überweisungsbetrages wegen einer unleserlichen Namensangabe oder einer falschen Kontonummer nicht ermittelt werden kann. Darüber hinaus werden dort auch Geschäftsvorfälle verbucht, für die es an einem entsprechenden Konto des Kunden fehlt, das nach seiner Funktion der Abwicklung des betreffenden Geschäftsvorfalles dienen kann. **111**

> **Beispiel:**
> Der Kunde reicht seiner Bank einen Verrechnungsscheck zum Einzug ein. Er unterhält bei dieser Bank lediglich ein Sparkonto. Das Sparkonto ist kein zur Verbuchung dieses Geschäftsvorfalles geeignetes Konto. Denn es ist nach den zugrunde liegenden vertraglichen Bedingungen kein Konto, das laufende Geschäftsvorfälle aufnimmt. Die Verbuchung

des Einzugsbetrages kann infolgedessen nicht auf dem Sparkonto erfolgen. Die Verbuchung über ein CpD-Konto ist zulässig.

Eine Legitimationsprüfung wird bei der Verbuchung eines Geschäftsvorfalles über ein CpD-Konto für den Kunden nicht durchgeführt. Das Kreditinstitut ist in diesen Fällen daher nicht in gleichem Maße auskunftsbereit, wie dies bei der Verbuchung über ein legitimationsgeprüftes Konto der Fall ist. Deshalb sind Buchungen über ein CpD-Konto nur zulässig, wenn entweder der Name des Beteiligten nicht bekannt ist oder für ihn kein entsprechendes Konto geführt wird.

Von den CpD-Konten sind die betriebsinternen Verrechnungskonten des Kreditinstituts zu unterscheiden. Hierauf werden zur rechnungsmäßigen Abstimmung mit Niederlassungen und Zweigstellen des eigenen Instituts Geschäftsvorfälle des Kunden verbucht (z. B. Bareinzahlungen, Zahlscheinaufträge). Da diese Geschäftsvorfälle im Anschluss hieran auf einem legitimationsgeprüften Kundenkonto verbucht werden, sind die Institute jederzeit in der Lage, Auskunft darüber zu geben, wem der auf dem Zwischenkonto verbuchte Vermögenswert zuzurechnen ist. Das Zwischenkonto ist in diesem Fall ein als Sammelkonto geführtes Unterkonto zu den legitimationsgeprüften Zielkonten. Ein Verstoß gegen Tz 3 Satz 3 des Einführungserlasses zu § 154 AO liegt deshalb in diesen Fällen nicht vor.

2 Das entsprechende Konto

112 Ein entsprechendes Konto i. S. d. Nr. 3 Satz 3 AEAO zu § 154 AO ist ein Konto, das seiner Funktion nach geeignet ist, der Abwicklung des betreffenden Geschäftsvorfalls zu dienen. Für Zahlungsvorgänge (z. B. Scheckeinreichungen oder Überweisungen) sind daher nur Girokonten oder dazugehörende Unterkonten „entsprechende Konten", nicht jedoch Spar- und Termingeldkonten. Ein Girokonto ist auch dann ein für die oben aufgeführten Geschäftsvorfälle entsprechendes Konto, wenn es als Oder-Konto geführt wird. Ein eingehender Überweisungsbetrag muss somit auf einem Oder-Konto auch dann gutgeschrieben werden, wenn der Überweisungsträger nur einen der Kontoinhaber als Empfänger nennt.

Bei Wertpapiergeschäften sind die Depot- und die dazugehörigen Unterkonten die für die Verbuchung der Wertpapiergeschäfte entsprechenden Konten.

Buchungen auf CpD-Konten sind daher z. B. in folgenden Fällen zulässig: **113**

▷ Im Zeitpunkt der Verbuchung kann der Name des Begünstigten nicht oder nur schwer ermittelt werden. Ein solcher Fall liegt z. B. vor, wenn die Namensangabe auf einem Überweisungsträger unleserlich ist oder der Kontoinhaber im Rahmen einer Kontoumschreibung gewechselt hat.

▷ Es fehlt für die Verbuchung eines Zahlungsverkehrsumsatzes an einem entsprechenden Kundenkonto. Geht ein Überweisungsbetrag für einen Kunden ein und bestehen für diesen Kunden nur Spar- und Termingeldkonten, fehlt es für die Verbuchung des Überweisungsbetrages an einem entsprechenden Konto des Kunden.

Die Spitzenverbände des Kreditgewerbes haben sich im Jahr 1977 auf Auslegungsgrundsätze zur Handhabung der Buchungen auf CpD-Konten geeinigt. Die Einzelheiten sind in der nachfolgenden Übersicht dargestellt. Die verschiedenen Fallgruppen werden in der gemeinsamen Stellungnahme der kreditwirtschaftlichen Spitzenverbände erläutert, die im Anhang unter 3.2 abgedruckt ist.

Die Verbuchung von Geschäftsvorfällen auf einem CpD-Konto kommt nur   **114**
in folgenden Fällen in Betracht:

▷ Der Kunde unterhält kein entsprechendes Konto/Depot:
  – Einzug von Schecks in fremder Währung bei Abrechnung in fremder Währung, wenn der Kunde kein entsprechendes Währungskonto unterhält;

  – Ankauf von Wertpapieren (kein Tafelgeschäft – Rückgabe zum Inkasso), wenn der Kunde zwar über ein Depotkonto, nicht aber über ein laufendes Geldkonto verfügt;

  – Verkauf von Wertpapieren (kein Tafelgeschäft – Wertpapiere müssen erst beschafft werden), wenn der Kunde zwar über ein laufendes Geldkonto, nicht aber über ein Depotkonto verfügt, die Buchung des Entgelts erfolgt auf den laufenden Kundenkonto;

  – Einlösung eines Zinsscheines zum Inkasso für einen Kunden, der nicht über ein laufendes Geldkonto verfügt;

  – Barauszahlung von Zins- oder Dividendengutschriften, wenn der Kunde beim auszahlenden Institut nicht über ein laufendes Geldkonto verfügt.

▷ Der Name bzw. die Kontonummer des Begünstigten/Beteiligten ist nicht bekannt oder lässt sich nur schwer ermitteln.

115 Die Verbuchung über Bestands-, Erfolgs- bzw. Betriebsverrechnungskonten des Kreditinstituts ist in folgenden Fällen zulässig:

▷ Ankauf von Schecks (auch Reiseschecks) im Tafelgeschäft, die auf fremde Banken gezogen sind;

▷ (Bar-)Überweisung an einen Dritten gegen Bareinzahlung (z. B. Stromgeld, Lebensversicherungs-Beiträge, Bausparkassen-Beiträge, Auslandsüberweisungen);

▷ Ankauf von Wertpapieren im Tafelgeschäft (einschließlich Einlösungen)[1];

▷ Ankauf von Sorten, Münzen, Medaillen, Edelmetallen im Tafelgeschäft; auf dem Beleg müssen nach § 143 AO immer Name und Anschrift des Verkäufers, Bezeichnung und Preis der Ware und Ankaufsdatum festgehalten werden;

▷ Verkauf von Sorten, Münzen, Medaillen, Edelmetallen im Tafelgeschäft[2];

▷ Verkauf von Münzen, Medaillen, Edelmetallen im Tafelgeschäft[3].

Alle anderen Geschäftsvorfälle müssen über das Kundenkonto, -depot abgewickelt werden.

3 Kontrollmitteilungen über Buchungen auf dem CpD-Konto

116 Kreditinstituten ist häufig nicht klar, wieweit sie im Rahmen einer Betriebsprüfung Einsicht in die ihre Kunden betreffenden Aufzeichnungen gewähren müssen. Dass eine Außenprüfung bei einem Kreditinstitut nicht zum Anlass genommen werden darf, zielgerichtet Guthabenkonten oder Depots festzustellen bzw. abzuschreiben, ergibt sich schon aus dem Wortlaut des § 30a AO (abgedruckt im Anhang unter 1.1). Die Vorschrift

---

1 Aufzeichnungspflicht nach § 34 Abs. 1 WpHG, vgl. Rdn. 38. Unterhält der Kunde ein zur Abwicklung des Geschäfts geeignetes Konto/Depot, geht die Rechtsprechung des BFH davon aus, dass die Abwicklung als Tafelgeschäft den Anfangsverdacht für das Vorliegen einer Steuerstraftat begründet. Deshalb wird ein hinreichender Anlass für eine Kontrollmitteilung z. B. im Rahmen einer Betriebsprüfung bejaht (BFH vom 15. Juni 2001, BStBl 2001 II 624, vom 2. August 2001, BStBl 2001 II 665).

2 Bei einem Verkauf an gewerbliche Unternehmer sind nach § 144 AO Name und Anschrift des Käufers, Bezeichnung und Preis der Ware und Verkaufsdatum auf dem Beleg festzuhalten.

3 Bei einem Verkauf an gewerbliche Unternehmer sind nach § 144 AO Name und Anschrift des Käufers, Bezeichnung und Preis der Ware und Verkaufsdatum auf dem Beleg festzuhalten.

schränkt § 194 Abs. 3 AO ein, der die Auswertung von Feststellungen über die Verhältnisse Dritter anlässlich einer Außenprüfung grundsätzlich für zulässig erklärt. Die Ausschreibung von Kontrollmitteilungen soll nach § 30a Abs. 3 Satz 2 AO bei legitimationsgeprüften Konten unterbleiben. Voraussetzung ist daher, dass bei der Errichtung dieser Konten eine Legitimationsprüfung nach § 154 Abs. 2 AO vorgenommen wurde. Andere Konten, bei deren Errichtung keine Legitimationsprüfung vorgenommen wurde, insbesondere CpD-Konten, aber auch andere betriebsinterne Konten, können dagegen überprüft werden, wenn die Überprüfung für die Durchführung der Außenprüfung beim Kreditinstitut erforderlich ist. Anlässlich der Überprüfung können dann auch Kontrollmitteilungen geschrieben werden. Für das Kreditinstitut wie für den Betriebsprüfer ist es deshalb wichtig zu wissen, ob es sich bei einem Konto um ein legitimationsgeprüftes Konto handelt. Denn dieses steht im Rahmen der Außenprüfung nicht als Quelle für Kontrollmitteilungen zur Verfügung. CpD-Konten können dagegen zur Fertigung von Kontrollmitteilungen herangezogen werden, wenn die Voraussetzungen des § 194 Abs. 1 und 3 AO (abgedruckt im Anhang unter 1.1) vorliegen.

In der Bankpraxis sollten CpD-Vorgänge nicht mit anderen Geschäftsvorfällen vermengt werden. Werden z. B. über ein betriebsinternes Konto neben kundenbezogenen Buchungen (Bareinzahlung auf ein Festgeldkonto) auch CpD-Vorgänge verbucht, kann dies im Rahmen der Betriebsprüfung zu unliebsamen Diskussionen führen. Der Betriebsprüfer könnte sich auf den Standpunkt stellen, dass es sich bei diesem Konto insgesamt um ein CpD-Konto handelt und deshalb über alle dort verbuchten Geschäftsvorfälle auch Kontrollmitteilungen geschrieben werden können. Eine solche Auffassung würde jedoch dem Sinn und Zweck des § 30a AO nicht ausreichend Rechnung tragen. Nach dieser Vorschrift sind alle Geschäftsvorfälle, die über ein legitimationsgeprüftes Konto gebucht werden, von der Kontrollmitteilung ausgeschlossen. Entscheidend ist dabei, dass der Buchungsvorgang eine Verbindung zu einem personenbezogenen Konto aufweist. Stellt der Betriebsprüfer bei der Überprüfung eines Geschäftsvorfalles fest, dass dieser auf der einen Seite der Buchungskette über ein legitimationsgeprüftes Konto gebucht wurde, greift der Schutzzweck des § 30a AO ein[1]. Eine Kontrollmitteilung ist dann nur unter besonderen Voraussetzungen zulässig. Solche Diskussionen lassen sich vermeiden, wenn sämtliche CpD-Vorfälle ausschließlich über ein speziell hierfür eingerichtetes Konto verbucht werden.

117

---

1   Vgl. Tischbein, WM 1996, S. 1949 f.; a. A. BFH vom 9. Dezember 2008, VII R 47/07.

4 Folgen eines Verstoßes gegen den CpD-Erlass

118 Verbucht ein Kreditinstitut einen Geschäftsvorfall über ein CpD-Konto, obwohl ein entsprechendes Kundenkonto besteht, führt dies allein noch nicht zu einer Haftung oder Ahndung wegen einer Ordnungswidrigkeit. Gegebenenfalls kann der Mitarbeiter jedoch eine Steuergefährdung nach § 379 Abs. 1 Nr. 2 AO begehen, wenn die Buchung bewusst über das CpD-Konto erfolgte, um eine Anonymisierung des Geschäftsvorfalles zu erreichen. Im Einzelfall kann auch eine Beihilfe zur Steuerhinterziehung vorliegen, die nach § 370 AO strafbar ist.

Stellt der Betriebsprüfer fest, dass die Vorschrift des § 154 Abs. 2 AO nicht beachtet wurde, schaltet er die für Straf- und Bußgeldsachen zuständige Stelle ein (Nr. 10 AEAO zu § 154 AO, vgl. auch Rdn. 118).

D. Einzelfragen

Nachfolgend werden die in der Praxis am häufigsten vorkommenden Fallgestaltungen der Kontoeröffnung dargestellt. Dabei werden die bei der Legitimationsprüfung nach der Abgabenordnung, nach dem Geldwäschegesetz sowie nach dem KWG zu beachtenden Anforderungen nach einem einheitlichen Schema erarbeitet.

119

1 Das Konto der natürlichen Person

Bei der Kontoeröffnung für natürliche Personen muss unterschieden werden, ob die Kontoeröffnung durch den Kontoinhaber selbst, seine(n) gesetzlichen Vertreter oder einen Bevollmächtigten erfolgt.

120

1.1 Kontoeröffnung für eine natürliche Person

Kontoinhaber

Die natürliche Person, z. B. Hans Mustermann.

121

Verfügungsberechtigte(r)

Der Kontoinhaber Hans Mustermann. Wird eine Kontovollmacht (auch Vorsorgevollmacht) für einen Dritten erteilt, ist auch der Dritte verfügungsberechtigt.

Legitimationsprüfung/Identifizierung

Beim Kontoinhaber erforderlich. Wird eine Kontovollmacht erteilt, muss auch der Bevollmächtigte legitimationsgeprüft/identifiziert werden.

Wirtschaftlich Berechtigter

Das Kreditinstitut muss abklären, ob der Kontoinhaber für einen wirtschaftlich Berechtigten handelt. Ist dies der Fall, muss er nach Maßgabe des § 4 Abs. 5 GwG identifiziert werden.

Somit ist zunächst zu klären, ob die auf dem Konto zu verwaltenden Vermögenswerte dem Kontoinhaber oder einem Dritten als veranlassendem Treugeber zuzurechnen sind. Erklärt der Kunde, dass er die Geschäftsbeziehung nicht auf Veranlassung eines Dritten (d. h. im Interesse eines Dritten), insbesondere nicht als Treuhänder, eingeht und liegen keine Auffälligkeiten bzw. Hinweise vor, sind keine weiteren Maßnahmen erforderlich.

Erklärt der Kunde, das Konto solle auf Veranlassung einer anderen natürlichen Person, insbesondere als Treuhandkonto geführt werden, ist deren Name (mindestens ein Vorname) und gegebenenfalls weitere Identifikationsmerkmale aufzuzeichnen. In diesen Fällen sind zur Verifizierung die Angaben des Kunden – ggf. unter Hinzuziehung von (Kopien von) Dokumenten (soweit vorhanden) auf Widersprüche hin zu bewerten. Werden auf dem Konto Vermögenswerte von nicht natürlichen Personen verwaltet, ist „durch diese hindurchzuschauen" und nach den Maßgaben für wirtschaftlich Berechtigte, die über ihre Stimmrechts- oder Eigentumsanteile die Kontrolle über diese nicht natürliche Person ausüben, ein etwaiger wirtschaftlich Berechtigter abzuklären und gegebenenfalls zu identifizieren.

Die Verifizierung von wirtschaftlich Berechtigten erfolgt anhand von risikoangemessenen Maßnahmen z. B. durch die Einsichtnahme in Treuhandverträge oder -abreden, Register, Kopien von Registerauszügen, Recherchen im Telefonbuch, Internet oder sonstigen Quellen.

Wegen ausführlicherer Ausführungen zum wirtschaftlich Berechtigten siehe Rdn. 8 ff.

Zweck der Geschäftsbeziehung

Soweit sich der Zweck und die angestrebte Art der Kontoverbindung nicht bereits aus der Kontoart selbst ergibt, hat das Kreditinstitut hierzu Angaben des Kunden einzuholen (siehe Rdn. 7)

Politisch exponierte Personen

Zur Abklärung des PEP-Status siehe Rdn. 17.

Dokumentation

Der Kontoinhaber ist in die Gläubigerdatei aufzunehmen. Ein eventuell bestellter Kontobevollmächtigter ist in die Bevollmächtigtendatei aufzunehmen. Eventuell vorhandene wirtschaftlich Berechtigte sind zu erfassen.

Kontendatei nach § 24c KWG
Vgl. Rdn. 22.

Hinweise

Wird das Konto für mehrere Personen eröffnet, liegt ein Gemeinschafts- **122**
konto vor (z. B. bei Ehegatten, Partnern einer eingetragenen Lebensge-
meinschaft). Unabhängig davon, ob es als Und- bzw. Oder-Konto eröffnet
wird, lautet es auf die Namen aller Kontoinhaber. Dann muss auch für
sämtliche Kontoinhaber eine Legitimationsprüfung/Identifizierung
durchgeführt werden. Alle Kontoinhaber müssen in das Gläubigerverzeichnis aufgenommen werden. Während beim Oder-Konto jeder Kontoinhaber zur alleinigen Verfügung über das Konto berechtigt ist, können
bei einem Und-Konto die Kontoinhaber nur gemeinschaftlich verfügen.
Dies sollte auf dem Konto durch entsprechende Hinweise „Verfügung:
einzeln" (beim Oder-Konto) bzw. „Verfügung: gemeinschaftlich" bei einem Und-Konto vermerkt werden.

Wird die Eröffnung eines Gemeinschaftskontos (z. B. für Ehegatten) beantragt, kann aber zunächst nur bei einer Person eine Legitimationsprü-
fung/Identifizierung vorgenommen werden, sollte das Konto zunächst als
Einzelkonto eröffnet werden. Die Umschreibung in ein Gemeinschaftskonto kann erfolgen, wenn die Legitimationsprüfung/Identifzierung bei
den anderen „Kontoinhabern" abgeschlossen ist.

Mit einer Vorsorgevollmacht können natürliche Personen eine andere
Person bevollmächtigen, ihre Angelegenheit zu besorgen, wenn sie zu
einem späteren Zeitpunkt dazu selbst nicht mehr in der Lage sein sollten.
Vorsorgevollmachten sind Vollmachten im Sinne der §§ 164 ff. BGB. Es
gelten somit die allgemeinen Regeln für Bankvollmachten. Die Kreditwirtschaft hat mit dem Justizministerium einen einheitlich verwendeten
Text für die Erteilung einer Vorsorgevollmacht erarbeitet, der auch auf
der Internetseite des Bundesjustizministeriums abgerufen werden kann
(www.bmj.bund.de; Menüpunkt „Ratgeber und Broschüren", „Betreuungsrecht"). Die erteilte Vorsorgevollmacht wird im Außenverhältnis gegenüber der Bank ab dem Zeitpunkt der Erteilung unbedingt und unbe-
fristet gültig. Beschränkungen der Verfügungsmöglichkeiten müssen im
Innenverhältnis zwischen dem Vollmachtgeber und dem Bevollmächtigten sichergestellt werden. Der Bevollmächtigte muss wie ein Kontobevollmächtigter als Verfügungsberechtigter legitimiert werden.

Wird für den Vollmachtgeber ein Betreuer bestellt, muss der im Rahmen
einer Vorsorgevollmacht Bevollmächtigte das Vormundschaftsgericht

über die Existenz der Vorsorgevollmacht informieren (§ 1901a Satz 2 BGB). Erfährt die Bank von der Bestellung eines Betreuers, muss sie mit dem Vormundschaftsgericht Rücksprache halten, damit die Vertretungsbefugnisse geklärt werden.

Zur Kontoeröffnung für einen Ausländer vgl. Rdn. 54 ff.

US-Quellensteuer

Nach den US-Quellensteuerbestimmungen muss eine Legitimationsprüfung (Identifizierung) bei natürlichen Personen immer anhand eines amtlichen Ausweises (Personalausweis oder Reisepass) erfolgen. Auf die Vorlage eines amtlichen Ausweispapiers kann auch dann nicht verzichtet werden, wenn der Kontoerrichter dem Kreditinstitut persönlich bekannt ist. Wurde ein Kontoinhaber in der Vergangenheit mit dem Merkmal „persönlich bekannt" legitimationsgeprüft, muss nach den Regelungen zur US-Quellensteuer eine Legitimationsprüfung unter Vorlage eines amtlichen Ausweispapiers nachgeholt werden. Von dem bei der Legitimationsprüfung vorgelegten Ausweispapier muss für alle Kontoeröffnungen ab dem 1. Januar 2001 eine Fotokopie in den Unterlagen des Kreditinstituts verwahrt werden, vgl. auch Rdn. 122.

Bei einer Zweitkontoeröffnung muss keine neue Kopie angefertigt werden. Es gelten die gleichen Erleichterungen wie bei einer Zweitkontoeröffnung nach § 154 AO, vgl. Rdn. 52 f.

Alternativ kann die erforderliche Dokumentation durch das Formular W-8BEN (abgedruckt im Anhang unter 3.12) erfolgen. Dieses ist jedoch nur drei Jahre gültig und muss somit im Gegensatz zu der Legitimationsprüfung nach drei Jahren neu angefordert werden. Hat ein Kunde seinen Wohnsitz in einem Land, das nicht mit dem Land übereinstimmt, das den bei der Legitimation/Identifizierung vorgelegten Personalausweis/Pass ausgestellt hat, muss die Dokumentation immer durch das Formular W-8BEN erfolgen. US-Kunden (mit US-Staatsangehörigkeit, Wohnsitz oder Steuerpflicht in den USA) müssen anhand des Formulars W-9 (abgedruckt im Anhang unter 3.12) dokumentiert werden.

1.2 Kontoeröffnung durch beschränkt Geschäftsfähige (Minderjährige)

Kontoinhaber

Der Minderjährige.   **123**

Verfügungsberechtigte(r)

Die gesetzlichen Vertreter (Eltern) des Minderjährigen. Der Minderjährige ist geschäftsunfähig, wenn er das siebte Lebensjahr noch nicht vollendet hat (§ 104 Nr. 1 BGB). Nach Vollendung des siebten Lebensjahres ist er beschränkt geschäftsfähig (§ 106 BGB). Aufgrund der fehlenden vollen Geschäftsfähigkeit kann der Minderjährige nicht selbst aktiv am Rechtsverkehr teilnehmen. Der Minderjährige bedarf vielmehr grundsätzlich der Mitwirkung seines gesetzlichen Vertreters.

Ausnahmsweise ist der Minderjährige selbst verfügungsberechtigt

▷ wenn er vom gesetzlichen Vertreter zusammen mit der vormundschaftlichen Genehmigung zum selbstständigen Betrieb eines Erwerbsgeschäftes ermächtigt ist (§ 112 BGB) oder

▷ wenn er vom gesetzlichen Vertreter ermächtigt wurde, ein Dienstverhältnis (nicht ein Ausbildungsverhältnis) einzugehen.

In diesen Fällen kann der Minderjährige selbstständig die Kontoeröffnung (z. B. eines Girokontos) beantragen. Andernfalls kann der Minderjährige nur über das Konto verfügen, wenn seine Eltern zustimmen.

Verheiratete Eltern: Gesetzlicher Vertreter eines Minderjährigen sind im Regelfall die Eltern. Die Eltern haben die Pflicht und das Recht, für das minderjährige Kind zu sorgen (elterliche Sorge gemäß § 1626 Abs. 1 BGB). Die Eltern vertreten das Kind gemeinschaftlich (§ 1629 Abs. 1 BGB). Zum Nachweis der gemeinsamen gesetzlichen Vertretungsbefugnis wird sich die Bank das Familienstammbuch vorlegen lassen. Im Einzelfall kann auch die Vorlage der Geburtsurkunde genügen, wenn daraus hervorgeht, dass die Eltern verheiratet sind.

Nicht verheiratete Eltern: Auch die nicht miteinander verheirateten Eltern können das Kind gemeinsam vertreten, wenn sie erklären, dass sie die Sorge gemeinsam übernehmen wollen (Sorgeerklärungen gemäß § 1626a Abs. 1 Nr. 1 BGB). Die Sorgeerklärungen müssen durch das Jugendamt oder einen Notar öffentlich beurkundet werden (§ 1626d Abs. 1 BGB). Zum Nachweis der gemeinsamen gesetzlichen Vertretungsbefugnis wird sich die Bank in diesem Fall die Sorgeerklärung vorlegen lassen und als Kopie zu ihren Unterlagen nehmen.

Heiraten die Eltern einander später, steht ihnen auch ohne Sorgeerklärungen die elterliche Sorge gemeinsam zu (§ 1626a Abs. 1 Nr. 2 BGB). Zum Nachweis der gemeinsamen gesetzlichen Vertretungsbefugnis wird sich die Bank in diesem Fall die Heiratsurkunde und die Geburtsurkunde vorlegen lassen.

Alleinerziehende Mutter: Wurden keine Sorgeerklärungen abgegeben, hat die Mutter das alleinige Vertretungsrecht (§ 1626a Abs. 2 BGB). Die alleinige Vertretungsbefugnis kann in diesem Fall nur durch eine „Auskunft über die Nichtabgabe von Sorgeerklärungen" (sog. Negativbescheinigung nach § 58a SGB VIII) des Jugendamtes nachgewiesen werden. Darin bestätigt das Jugendamt, dass keine gemeinsamen Sorgeerklärungen abgegeben wurden.

Alleinerziehender Elternteil: Eine Übertragung der Alleinsorge auf ein Elternteil – z. B. nach einer Trennung – erfolgt auf Antrag eines Elternteils (§ 1671 Abs. 1 BGB) durch eine Entscheidung des Familiengerichts. Die Bank wird sich die Alleinvertretungsbefugnis durch die gerichtliche Entscheidung nachweisen lassen. Eine Kopie sollte zu den Unterlagen genommen werden.

Getrennt lebende Eltern: Selbst wenn die Eltern dauernd getrennt leben und ihnen schon bisher die gemeinsame Vertretung zustand – also auch bei nicht miteinander verheirateten Eltern, sofern sie die Sorgeerklärungen abgegeben haben –, bleibt es dabei, wenn keine anderweitige Entscheidung des Familiengerichts getroffen wird. Auch eine spätere Scheidung der Eltern ändert grundsätzlich nichts an der gemeinsamen Vertretungsbefugnis, allerdings kann das Familiengericht eine andere Regelung treffen. Die Bank sollte sich eine von der gemeinsamen Vertretungsbefugnis abweichende gerichtliche Entscheidung vorlegen lassen. Eine Kopie sollte in den Bankunterlagen verbleiben.

Überlebender Elternteil: Lebt nur noch ein Elternteil des Kindes, ist dieser allein vertretungsberechtigt (§ 1680 Abs. 1 BGB). Die Bank wird sich dies durch Vorlage der Sterbeurkunde des verstorbenen Elternteils nachweisen lassen. Eine Kopie sollte zu den Unterlagen genommen werden.

Versterben beider Eltern: Sind beide Eltern verstorben, erhält das Kind einen Vormund als gesetzlichen Vertreter (§ 1773 Abs. 1 BGB).

Legitimationsprüfung/Identifizierung

Beim Kontoinhaber erforderlich (vgl. Rdn. 125). Zu den gesetzlichen Vertretern vgl. Rdn. 125.

Wirtschaftlich Berechtigter

Das Kreditinstitut muss abklären, ob der Kontoinhaber für einen wirtschaftlich Berechtigten handelt. Ist dies der Fall, muss er nach Maßgabe des § 4 Abs. 5 GwG identifiziert werden.

Somit ist zunächst mit dem Kunden bzw. seinen gesetzlichen Vertretern zu klären, ob die auf dem Konto zu verwaltenden Vermögenswerte dem Kontoinhaber oder einem Dritten als veranlassendem Treugeber zuzurechnen sind. Erklärt der Kunde bzw. erklären seine gesetzlichen Vertreter, dass er die Geschäftsbeziehung nicht auf Veranlassung eines Dritten (d. h. im Interesse eines Dritten), insbesondere nicht als Treuhänder, eingeht und liegen keine Auffälligkeiten bzw. Hinweise vor, sind keine weiteren Maßnahmen erforderlich.

Erklärt der Kunde bzw. erklären seine gesetzlichen Vertreter, das Konto solle auf Veranlassung einer anderen natürlichen Person, insbesondere als Treuhandkonto geführt werden, sind deren Name (mindestens ein Vorname) und gegebenenfalls weitere Identifikationsmerkmale aufzuzeichnen. In diesen Fällen sind zur Verifizierung die Angaben des Kunden – ggf. unter Hinzuziehung von (Kopien von) Dokumenten (soweit vorhanden) auf Widersprüche hin zu bewerten. Werden auf dem Konto Vermögenswerte von nicht natürlichen Personen verwaltet, ist „durch diese hindurchzuschauen" und nach den Maßgaben für wirtschaftlich Berechtigte, die über ihre Stimmrechts- oder Eigentumsanteile die Kontrolle über diese nicht natürliche Person ausüben, ein etwaiger wirtschaftlich Berechtigter abzuklären und gegebenenfalls zu identifizieren.

Die Verifizierung von wirtschaftlich Berechtigten erfolgt anhand von risikoangemessenen Maßnahmen z. B. durch die Einsichtnahme in Treuhandverträge- oder -abreden, Register, Kopien von Registerauszügen, Recherchen im Telefonbuch, Internet oder sonstigen Quellen.

Wegen ausführlicher Ausführungen zum wirtschaftlich Berechtigten siehe Rdn. 8 ff.

Dokumentation

Der Minderjährige ist in die Gläubigerdatei aufzunehmen. Zu den gesetzlichen Vertretern vgl. Rdn. 125. Ein eventuell vorhandener wirtschaftlich

Berechtigter ist zu erfassen. Das Konto und die genannten Personen sind in der Datei zum automatisierten Kontoabruf zu hinterlegen.

Kontendatei nach § 24c KWG
Vgl. Rdn. 125.

Hinweise

124 Minderjährige können zwar Träger von Rechten sein. Sie sind jedoch regelmäßig nicht in der Lage, im rechtsgeschäftlichen Verkehr selbstständig Rechtsgeschäfte abzuschließen. Hierzu ist die gesetzliche Vertretung, d. h. die Einwilligung (vorherige Zustimmung) oder Genehmigung (nachträgliche Zustimmung) des gesetzlichen Vertreters erforderlich. Ein ohne diese Zustimmung des gesetzlichen Vertreters geschlossener Vertrag ist schwebend unwirksam. Das Bundesaufsichtsamt für das Kreditwesen hat am 22. März 1995 zum Thema „Bankgeschäfte mit Minderjährigen" eine Verlautbarung veröffentlicht.

US-Quellensteuer
Vgl. Rdn. 122.

1.3 Kontoeröffnung für beschränkt Geschäftsfähige/Geschäftsunfähige (Minderjährige)

Kontoinhaber

125 Der Minderjährige.

Verfügungsberechtigte(r)
Der/die gesetzliche(n) Vertreter, im Regelfall der Vater und die Mutter gemeinsam. Nach Auffassung der Finanzverwaltung gehören beide zum Kreis der Verfügungsberechtigten. Die Eltern können einen Elternteil (oder auch einen Dritten) dazu bevollmächtigen, das Kind allein gegenüber der Bank zu vertreten. Zur Vertretungsberechtigung der Eltern für das Kind vgl. Rdn. 123.

Legitimationsprüfung/Identifizierung
Beim Kontoinhaber erforderlich. Geeignete Legitimationspapiere sind bei Minderjährigen der Kinderausweis, der Kinderreisepass (ersetzt seit 1. Januar 2006 als Lichtbildausweis den Kinderausweis), die Geburtsurkunde, die Geburtsbescheinigung oder die Abstammungsurkunde als erweiterte Geburtsurkunde. Sie enthält auch Angaben über die nach der Geburtsbe-

urkundung eventuell eingetretenen Änderungen etwa bei der Namensführung des Kindes, ggf. auch die Adoption.

Die Eltern müssen sich als gesetzliche Vertreter ebenso wie ein Bevollmächtigter Dritter legitimieren. Auf die Legitimationsprüfung der Eltern kann jedoch verzichtet werden, wenn die Voraussetzungen der gesetzlichen Vertretung bei der Kontoeröffnung durch eine amtliche Urkunde (Geburtsurkunde oder Familienstammbuch, Geburtsbescheinigung) nachgewiesen werden (Nr. 7a AEAO zu § 154 AO). Dies gilt auch dann, wenn ein bevollmächtigter Elternteil die Kontoeröffnung allein vornimmt. Bevollmächtigt ein Elternteil den anderen dazu, die Kontoeröffnung für den Minderjährigen zugleich in seinem Namen vorzunehmen, erfolgt die Kontoeröffnung durch einen Ehegatten in Ausübung der gesetzlichen Vertretungsmacht (als gesetzlicher Vertreter für den Minderjährigen). Die Bevollmächtigung muss sich das Kreditinstitut nachweisen lassen.

Die Legitimationsprüfung des minderjährigen Kindes kann auch anhand der Eintragung eines Kindes unter 16 Jahren im Reisepass der Eltern (mit oder ohne Lichtbild) vorgenommen werden.

Nicht verheiratete Eltern: Zur Vertretungsbefugnis vgl. Rdn. 123. Eine Legitimationsprüfung muss bei den Eltern nicht durchgeführt werden, soweit sie eine Geburtsurkunde des Kindes vorlegen, in der sie als Eltern des Kindes aufgeführt sind.

Legitimationsprüfung bei Alleinvertretungsrecht eines Elternteils: Haben die nicht miteinander verheirateten Eltern keine gemeinsame Sorgeerklärung abgegeben, vertritt die Mutter ihr Kind allein (§ 1626a Abs. 2 BGB). Sie muss in diesem Fall eine Negativbescheinigung nach § 58a SGB VIII vorlegen (vgl. Rdn. 123). Legt sie eine Geburtsurkunde des Kindes vor, greift die Erleichterung nach Nr. 7a AEAO. Eine Legitimationsprüfung muss bei der Mutter dann nicht durchgeführt werden.

Ist ein Elternteil des Kindes vorverstorben, ist der überlebende Elternteil nach § 1680 Abs. 1 BGB allein vertretungsberechtigt. Dies wird durch Vorlage einer Sterbeurkunde des verstorbenen Elternteils nachgewiesen. In diesem Fall ist beim Alleinvertretungsberechtigten eine Legitimationsprüfung nicht vorgeschrieben, wenn die Kontoeröffnung unter Vorlage einer Geburtsurkunde des Kindes beantragt wird und er in dieser Urkunde als Elternteil aufgeführt wird.

Wirtschaftlich Berechtigter

Das Kreditinstitut muss abklären, ob der Kontoinhaber für einen wirtschaftlich Berechtigten handelt. Ist dies der Fall, muss er nach Maßgabe des § 4 Abs. 5 GwG identifiziert werden.

Somit ist zunächst zu klären, ob die auf dem Konto zu verwaltenden Vermögenswerte dem Kontoinhaber oder einem Dritten als veranlassendem Treugeber zuzurechnen sind. Erklären die Eltern (oder der durch die Eltern bevollmächtigte Dritte), dass die Geschäftsbeziehung nicht auf Veranlassung einer anderen Person als dem kontoinhabenden Kind, insbesondere nicht treuhänderisch, eingegangen wird und liegen keine Auffälligkeiten bzw. Hinweise vor, sind keine weiteren Maßnahmen erforderlich. Die Eltern handeln als gesetzliche Vertreter für und im Namen des Kindes. Das Kind muss daher nicht als wirtschaftlich Berechtigter festgehalten werden, wenn ihm die auf dem Konto verwalteten Vermögenswerte wirtschaftlich zugeordnet werden können.

Erklären die Eltern, das Konto solle auf Veranlassung einer anderen natürlichen Person als dem Kind, insbesondere als Treuhandkonto geführt werden, sind deren Name (mindestens ein Vorname) und gegebenenfalls weitere Identifikationsmerkmale aufzuzeichnen. In diesen Fällen sind zur Verifizierung die Angaben der Eltern – ggf. unter Hinzuziehung von (Kopien von) Dokumenten (soweit vorhanden) auf Widersprüche hin zu bewerten. Werden auf dem Konto Vermögenswerte von nicht natürlichen Personen verwaltet, ist „durch diese hindurchzuschauen" und nach den Maßgaben für wirtschaftlich Berechtigte, die über ihre Stimmrechts- oder Eigentumsanteile die Kontrolle über diese nicht natürliche Person ausüben, ein etwaiger wirtschaftlich Berechtigter abzuklären und gegebenenfalls zu identifizieren.

Die Verifizierung von wirtschaftlich Berechtigten erfolgt anhand von risikoangemessenen Maßnahmen z. B. durch die Einsichtnahme in Treuhandverträge oder -abreden, Register, Kopien von Registerauszügen, Recherchen im Telefonbuch, Internet oder sonstigen Quellen.

Wegen ausführlicherer Ausführungen zum wirtschaftlich Berechtigten siehe Rdn. 8 ff.

Zweck der Geschäftsbeziehung

Soweit sich der Zweck und die angestrebte Art der Kontoverbindung nicht bereits aus der Kontoart selbst ergibt, hat das Kreditinstitut hierzu Angaben des Kunden einzuholen (siehe Rdn. 7).

Politisch exponierte Personen

Zur Abklärung des PEP-Status siehe Rdn. 17 ff.

Dokumentation

Der minderjährige Kontoinhaber ist in die Gläubigerdatei aufzunehmen.

Ein bevollmächtigter Dritter ist ebenfalls in die Bevollmächtigtendatei aufzunehmen. Die Eltern müssen als gesetzliche Vertreter in die Bevollmächtigtendatei aufgenommen werden. Hiervon kann abgesehen werden, wenn die Voraussetzungen für die gesetzliche Vertretung durch Familienstammbuch bzw. Geburtsurkunde nachgewiesen werden (Nr. 7a AEAO).

Kontendatei nach § 24c KWG

Trotz der Ausnahmeregelung der Nr. 7a AEAO zu § 154 AO sind auch die Daten der vertretungsberechtigten Eltern in die Kontendatei einzustellen. Dies gilt für alle Konten, die nach dem 1. April 2003 neu eröffnet wurden. Eine Nacherfassung der Verfügungsberechtigten ist bei den vor diesem Datum eröffneten Konten nicht erforderlich (BMF-Schreiben vom 25. März 2003 – VII B7 – WK 5023 – 190/03). Allgemein zur Kontendatei vgl. Rdn. 22.

Hinweise

Die Namen der gesetzlichen Vertreter müssen festgehalten werden. Die **126**
Bank wird sich aus zivilrechtlichen Beweisgründen bei der Kontoeröffnung in der Regel den Personalausweis der auftretenden Eltern vorlegen lassen. Wird der Minderjährige volljährig, endet die gesetzliche Vertretungsmacht der Eltern. Eine neue Legitimationsprüfung muss beim Kontoinhaber (dem früheren Minderjährigen) deshalb nicht durchgeführt werden. Das Kreditinstitut sollte jedoch eine Unterschriftsprobe einholen. Sollen die Eltern weiterhin verfügungsberechtigt sein, muss ihnen der Kontoinhaber eine Kontovollmacht erteilen. In diesem Fall ist eine Legitimationsprüfung der Eltern und die Eintragung in die Bevollmächtigtendatei nachzuholen.

Zur Kontoeröffnung durch den Minderjährigen selbst vgl. Rdn. 123.

US-Quellensteuer

Die Legitimationsprüfung muss für Zwecke der US-Quellensteuer anhand eines amtlichen Personalausweises erfolgen. Alternativ kann die Dokumentation durch ein Formular W-8BEN (abgedruckt im Anhang unter 3.12) erfolgen, vgl. Rdn. 122.

1.4 Kontoeröffnung auf den Namen eines Dritten

127 Beispiel:

Kontoeröffnung für das Enkelkind durch den Großvater

Kontoinhaber

Der Dritte (z. B. das Enkelkind) wird Kontoinhaber.

Verfügungsberechtigte(r)

Wird der Dritte sofort im Zeitpunkt der Kontoeröffnung Gläubiger der Kontoforderung, ist er allein verfügungsberechtigt. Behält sich der Kontoerrichter (= Antragsteller der Kontoeröffnung) das Gläubigerrecht und die Verfügungsbefugnis vor, ist er allein verfügungsberechtigt.

Legitimationsprüfung/Identifizierung

Soll der Dritte (im o. a. Beispiel das Enkelkind) sofort bei der Kontoerrichtung Gläubiger der Einlagenforderung werden, müssen der Kontoerrichter (im o. a. Beispiel der Großvater) und der Dritte (im o.a. Beispiel das Enkelkind), beim Minderjährigen zusätzlich auch die gesetzlichen Vertreter, einer Legitimationsprüfung/Identifizierung unterzogen werden.

Soll der Dritte erst später Gläubiger der Einlagenforderung werden (Beispiel: Vertrag zugunsten Dritter auf den Todesfall), muss zunächst nur die kontoeröffnende Person legitimationsgeprüft/identifiziert werden. Für den Dritten genügt ein Existenznachweis z. B. durch die Vorlage einer Kopie eines Ausweispapiers (vgl. Nr. 2 der AEAO zu § 154 AO, vgl. Rdn. 63). Die Legitimationsprüfung/Identifizierung muss jedoch später nachgeholt werden, wenn der Dritte Gläubiger wird. Ist dieser bereits aus einem anderen Grund legitimiert, muss er spätestens zu diesem Zeitpunkt über die Kontoeröffnung informiert werden.

Wirtschaftlich Berechtigter

Das Kreditinstitut muss abklären, ob der Kontoinhaber für einen wirtschaftlich Berechtigten handelt. Ist dies der Fall, muss er nach Maßgabe des § 4 Abs. 5 GwG identifiziert werden.

Somit ist zunächst zu klären, ob die auf dem Konto zu verwaltenden Vermögenswerte dem Kontoinhaber oder einem Dritten als veranlassendem Treugeber zuzurechnen sind. Wird der Dritte sofort bei der Kontoerrichtung Gläubiger, ist wie unter Rdn. 125 beschrieben zu verfahren. Soll der Dritte erst später Gläubiger werden, ist mit dem Kontoerrichter zu klären, ob die Geschäftsbeziehung nicht auf Veranlassung einer anderen Person als ihm, insbesondere nicht treuhänderisch für eine weitere Person eingegangen wird. Liegen keine Auffälligkeiten bzw. Hinweise vor, sind keine weiteren Maßnahmen erforderlich. Der Dritte (das Enkelkind) ist in diesen Fällen jedenfalls nicht wirtschaftlicher Berechtigter, da ihm die Vermögenswerte noch nicht zustehen.

Erklärt der Kontoerrichter jedoch, das Konto solle auf Veranlassung einer weiteren natürlichen Person, insbesondere als Treuhandkonto geführt werden, sind deren Name (mindestens ein Vorname) und gegebenenfalls weitere Identifikationsmerkmale aufzuzeichnen. In diesen Fällen sind zur Verifizierung die Angaben des Kontoerrichters – ggf. unter Hinzuziehung von (Kopien von) Dokumenten (soweit vorhanden) auf Widersprüche hin zu bewerten. Werden auf dem Konto Vermögenswerte von nicht natürlichen Personen verwaltet, ist „durch diese hindurchzuschauen" und nach den Maßgaben für wirtschaftlich Berechtigte, die über ihre Stimmrechts- oder Eigentumsanteile die Kontrolle über diese nicht natürliche Person ausüben, ein etwaiger wirtschaftlich Berechtigter abzuklären und gegebenenfalls zu identifizieren.

Die Verifizierung von wirtschaftlich Berechtigten erfolgt anhand von risikoangemessenen Maßnahmen z. B. durch die Einsichtnahme in Treuhandverträge oder -abreden, Register, Kopien von Registerauszügen, Recherchen im Telefonbuch, Internet oder sonstigen Quellen.

Wegen ausführlicherer Ausführungen zum wirtschaftlich Berechtigten siehe Rdn. 8 ff.

Zweck der Geschäftsbeziehung

Soweit sich der Zweck und die angestrebte Art der Kontoverbindung nicht bereits aus der Kontoart selbst ergibt, hat das Kreditinstitut hierzu Angaben des Kunden einzuholen (siehe Rdn. 7).

Politisch exponierte Personen

Zur Abklärung des PEP-Status siehe Rdn. 17.

Dokumentation

Der Kontoinhaber (der Dritte) ist in die Gläubigerdatei aufzunehmen. Behält sich der Antragsteller die Gläubigerstellung vor, muss er in die Gläubigerdatei aufgenommen werden. Zusätzlich muss in diesem Fall festgehalten werden, auf welche Weise die Existenz des Dritten nachgewiesen wurde. Die Aufnahme des Kontoinhabers (im o. a. Beispiel des Enkels) in die Gläubigerdatei erfolgt dann erst zu einem späteren Zeitpunkt, wenn er Gläubiger wird (im o. a. Beispiel mit Eintritt der Bedingung).

Kontendatei nach § 24c KWG

Wird der Minderjährige legitimationsgeprüft, z. B. weil er sofort über das Konto verfügen können soll, müssen auch die Daten der vertretungsberechtigten Eltern in die Kontendatei eingestellt werden, vgl. Rdn. 125. Allgemein zur Kontendatei vgl. Rdn. 22.

Hinweise

128 Die mit der Zuwendung verbundene Schenkung muss vom Enkelkind auch angenommen werden. Das Enkelkind kann das Schenkungsangebot erst annehmen, wenn es davon Kenntnis hat. Informiert der Schenker (im o. a. Beispiel der Großvater) den Enkel nicht über die Schenkung, kann die Schenkung bei Eintritt des Todesfalls von den Erben bis zu dem Zeitpunkt noch widerrufen werden, zu dem das Enkelkind Kenntnis von der Schenkung erhält und diese annimmt. Die Bank sollte daher das Enkelkind in einem solchen Fall unverzüglich nach dem Tod des Schenkers über die Schenkung informieren, damit das mit der Kontoeröffnung vom Schenker verfolgte Ziel auch tatsächlich erreicht wird und sich damit der Wunsch des Kontoerrichters erfüllt.

Der Dritte erwirbt das Gläubigerrecht ohne sein Zutun. Er kann es jedoch nach § 333 BGB zurückweisen. Dann gilt es rückwirkend zum Zeitpunkt der Kontoeröffnung als nicht erworben. Der Kontoerrichter (Antragsteller) ist dann von Anfang an Gläubiger der Forderung. Das Zurückweisungsrecht des Dritten entfällt, wenn er das Recht ausdrücklich oder durch schlüssiges Verhalten angenommen hat. Das Kreditinstitut sollte daher dem Dritten in dem Zeitpunkt, in dem er Gläubiger der Einlagenforderung werden soll, die Kontoeröffnung auf seinen Namen schriftlich anzeigen. Gleichzeitig sollte er aufgefordert werden, sich mit dem Kreditinstitut in Verbindung zu setzen, damit die erforderliche Legitimationsprüfung durchgeführt werden kann. Zur Fernidentifizierung vgl. Rdn. 45 ff.

Praxistipp

In der Praxis kommt es bei Kontoeröffnungen, bei denen das Enkelkind erst später Kontogläubiger werden soll, ohne dass ein Vertrag zugunsten Dritter zusätzlich abgeschlossen wird, nach dem Tod des Großvaters häufig zu juristischen Auseinandersetzungen zwischen den Erben, dem Enkelkind und unter Umständen auch der Bank. Aus Gründen der Rechtssicherheit sollte daher in diesen Fällen auf den Abschluss eines Vertrages zugunsten Dritter mit dem Enkelkind als Begünstigtem hingewirkt werden. Damit besteht die Möglichkeit, die Rechtsverhältnisse umfassend und dem Willen des Großvaters entsprechend zu regeln und damit Auseinandersetzungen vorzubeugen.

US-Quellensteuer
Vgl. Rdn. 122.

1.5   Kontoeröffnung bei Vormundschaft

Ein Minderjähriger erhält einen Vormund,   **129**

▷ wenn er nicht unter elterlicher Gewalt steht, weil beispielsweise beide Eltern verstorben sind oder ihnen die elterliche Gewalt entzogen worden ist,

▷ wenn die elterliche Gewalt ruht und die Eltern den Minderjährigen deshalb nicht vertreten dürfen (Beispiel: Beide Eltern sind minderjährig oder bei nichtehelichen Kindern minderjähriger Mutter (§ 1673 Abs. 2 BGB).

Der Vormund wird vom Familiengericht bestellt.

Kontoinhaber
Das Konto wird auf den Namen des Mündels eröffnet.

Verfügungsberechtigte(r)
Der Vormund handelt als gesetzlicher Vertreter des minderjährigen Mündels (§ 1793 BGB).

Legitimationsprüfung/Identifizierung
Die Legitimationsprüfung/Identifizierung ist beim Mündel als Kontoinhaber durchzuführen. Verfügt das Mündel nicht über ein ordnungsgemäßes Legitimationspapier (vgl. Rdn. 50 f.) muss der Vormund dieses zunächst beantragen, bevor eine ordnungsgemäße Legitimationsprüfung/Identifizierung durchgeführt werden kann. Nur in Ausnahmefällen reicht die Vorlage der Bestallungsurkunde zusammen mit einer aktuellen Meldebescheinigung der für das Mündel zuständigen Meldebehörde aus, um die Legitimationsprüfung/Identifizierung beim Mündel durchzuführen. Dies gilt z. B. in solchen Fällen, in denen sich das Mündel weigert, einen Ausweis zu beantragen oder seinen Ausweis nicht an den Vormund heraus-

gibt (vgl. Kampermann, Betreuungsrecht und Vorsorgevollmacht in der Bankpraxis, 2. Auflage 2010, Rdn. 304).

Eine Legitimationsprüfung des Vormunds ist nach Ziffer 7b AEAO zu § 154 AO nicht erforderlich.

Wirtschaftlich Berechtigter

Das Kreditinstitut muss abklären, ob der Kontoinhaber für einen wirtschaftlich Berechtigten handelt. Ist dies der Fall, muss er nach Maßgabe des § 4 Abs. 5 GwG identifiziert werden.

Somit ist zunächst zu klären, ob die auf dem Konto zu verwaltenden Vermögenswerte dem Mündel oder einem Dritten als veranlassendem Treugeber zuzurechnen sind. Erklärt der Vormund, dass die Geschäftsbeziehung nicht auf Veranlassung einer anderen Person als dem kontoinhabenden Mündel, insbesondere nicht treuhänderisch, eingegangen wird und liegen keine Auffälligkeiten bzw. Hinweise vor, sind keine weiteren Maßnahmen erforderlich. Der Vormund handelt als gesetzlicher Vertreter für und im Namen des Mündels. Das Mündel muss daher nicht als wirtschaftlich Berechtigter festgehalten werden, wenn ihm die auf dem Konto verwalteten Vermögenswerte wirtschaftlich zugeordnet werden können.

Erklärt der Vormund, das Konto solle auf Veranlassung einer anderen natürlichen Person als dem Mündel, insbesondere als Treuhandkonto geführt werden, sind deren Name (mindestens ein Vorname) und gegebenenfalls weitere Identifikationsmerkmale aufzuzeichnen. In diesen Fällen sind zur Verifizierung die Angaben des Vormunds – ggf. unter Hinzuziehung von (Kopien von) Dokumenten (soweit vorhanden) auf Widersprüche hin zu bewerten. Werden auf dem Konto Vermögenswerte von nicht natürlichen Personen verwaltet, ist „durch diese hindurchzuschauen" und nach den Maßgaben für wirtschaftlich Berechtigte, die über ihre Stimmrechts- oder Eigentumsanteile die Kontrolle über diese nicht natürliche Person ausüben, ein etwaiger wirtschaftlich Berechtigter abzuklären und gegebenenfalls zu identifizieren.

Die Verifizierung von wirtschaftlich Berechtigten erfolgt anhand von risikoangemessenen Maßnahmen z. B. durch die Einsichtnahme in Treuhandverträge oder -abreden, Register, Kopien von Registerauszügen, Recherchen im Telefonbuch, Internet oder sonstigen Quellen.

Wegen ausführlicher Ausführungen zum wirtschaftlich Berechtigten siehe Rdn. 8 ff.

Zweck der Geschäftsbeziehung

Soweit sich der Zweck und die angestrebte Art der Kontoverbindung nicht bereits aus der Kontoart selbst ergibt, hat das Kreditinstitut hierzu Angaben des Kunden einzuholen (siehe Rdn. 7).

Politisch exponierte Personen

Zur Abklärung des PEP-Status siehe Rdn. 17.

Dokumentation

Das Mündel ist in die Gläubigerdatei aufzunehmen. Weiterhin sollte das Konto im internen System der Bank als Mündelkonto gekennzeichnet werden. Der Vormund muss nicht in die Bevollmächtigtendatei aufgenommen werden.

Kontendatei nach § 24c KWG

Wegen der Ausnahmeregelung in Ziffer 7b AEAO zu § 154 AO ist eine Einstellung des Vormunds nicht erforderlich. Allgemein zur Kontendatei vgl. Rdn. 22.

Hinweise

130

Die Personalien des Vormunds sollten festgehalten werden, da er als Vertreter des Mündels handelt. Eine Kopie der Bestallungsurkunde des Vormunds (gerichtliches Zeugnis über die erfolgte Bestellung) sollte zu den Kontoeröffnungsunterlagen genommen werden. Die Bank sollte beim Vormundschaftsgericht (Amtsgericht) nachfragen, ob die Angaben in der Bestallungsurkunde (noch) zutreffen. Denn die Bestallungsurkunde dokumentiert lediglich die Anordnung der Vormundschaft. Die Bank kann sich nicht auf deren Inhalt berufen, wenn die Vormundschaft nicht wirksam angeordnet wurde bzw. bereits wieder beendet ist.

Die Vormundschaft über Minderjährige endet mit der Volljährigkeit des Mündels. Tritt nach diesem Zeitpunkt ein Vormund weiterhin unter Vorlage der Bestallungsurkunde als Vertreter des Mündels auf, werden Dritte nicht geschützt. Die Bank trifft deshalb in diesen Fällen eine besondere Sorgfaltspflicht. Sie muss auch anhand der ihr bekannten Umstände (z. B. das Alter des Mündels) prüfen, ob die Vormundschaft nicht bereits beendet ist (z. B. weil das Mündel zwischenzeitlich volljährig ist).

US-Quellensteuer

Vgl. Rdn. 122.

1.6 Kontoeröffnung bei einem Pflegschaftsverhältnis

131 Die Pflegschaft wird wie die Vormundschaft zum Schutz fürsorgebedürftiger Menschen durch das Vormundschaftsgericht (Amtsgericht) angeordnet. Im Unterschied zur Vormundschaft beschränkt sich die Pflegschaft auf die Besorgung einzelner Angelegenheiten, die der Pflegling oder sein gesetzlicher Vertreter (Vormund oder Eltern) aus tatsächlichen oder rechtlichen Gründen nicht wahrnehmen können, z. B. wenn die Eltern oder der Vormund (durch längere Krankheit) an der Vertretung des Kindes gehindert sind (Ergänzungspflegschaft). Die Pflegschaft wird auch angeordnet, wenn der Aufenthaltsort eines Volljährigen unbekannt ist und für seine Vermögensangelegenheiten ein Pfleger erforderlich wird (Abwesenheitspfleger). Daneben gibt es noch die Pflegschaft für ein noch nicht geborenes Kind, die Pflegschaft für an einer Angelegenheit unbekannte Beteiligte (z. B. einen noch nicht geborenen Nacherben), die Pflegschaft für die Verwaltung und die Verwendung eines durch öffentliche Sammlung erbrachten Vermögens sowie die Nachlasspflegschaft zur Ermittlung des unbekannten Erben bzw. bis zur Annahme der Erbschaft. Der Umfang der Befugnisse des Pflegers richtet sich nach dem Inhalt des Bestellungsbeschlusses. Ist die Bestellung nicht beschränkt, so ist anzunehmen, dass der Pfleger für die Besorgung sämtlicher Vermögensangelegenheiten der gesetzliche Vertreter des Abwesenden ist.

Die Bestallungsurkunde umschreibt den Wirkungskreis des Pflegers.

Kontoinhaber

Der Pflegling.

Verfügungsberechtigte(r)

Der Pfleger als gesetzlicher Vertreter des Pfleglings (§§ 1915, 1793 BGB). Ist der Pflegling geschäftsfähig, ist er neben dem Pfleger selbstständig verfügungsberechtigt.

Legitimationsprüfung/Identifizierung

Die Legitimationsprüfung ist beim Pflegling als Kontoinhaber durchzuführen. Verfügt der Pflegling nicht über ein gültiges Legitimationspapier (vgl. Rdn. 50 f.), muss der Pfleger dies zunächst beantragen, bevor eine ordnungsgemäße Legitimationsprüfung durchgeführt werden kann. Zu den abgelaufenen Personalausweisen vgl. Rdn. 49.

Nur in Ausnahmefällen reicht die Vorlage der Bestallungsurkunde zusammen mit einer aktuellen Meldebescheinigung der für den Pflegling zuständigen Meldebehörde aus, um die Legitimationsprüfung beim Pflegling durchzuführen. Dies gilt z. B. in solchen Fällen, in denen sich der Pflegling weigert, einen Ausweis zu beantragen oder seinen Ausweis nicht an den Pfleger herausgibt[1].

Bei der Abwesenheitspflegschaft ist der Aufenthaltsort des Pfleglings in der Regel unbekannt. Bis dieser bekannt ist und damit auch eine Legitimationsprüfung durchgeführt werden kann, muss auf die in der Bestallungsurkunde enthaltenen Angaben vertraut werden.

Der Pfleger muss als gesetzlicher Vertreter nach Nr. 7b AEAO zu § 154 AO nicht legitimationsgeprüft werden, wenn die Pflegschaft durch die gerichtliche Bestallungsurkunde nachgewiesen wird.

Wirtschaftlich Berechtigter

Das Kreditinstitut muss abklären, ob der Kontoinhaber für einen wirtschaftlich Berechtigten handelt. Ist dies der Fall, muss er nach Maßgabe des § 4 Abs. 5 GwG identifiziert werden.

Somit ist zunächst zu klären, ob die auf dem Konto zu verwaltenden Vermögenswerte dem Pflegling oder einem Dritten als veranlassendem Treugeber zuzurechnen sind. Erklärt der Pfleger, dass die Geschäftsbeziehung nicht auf Veranlassung einer anderen Person als dem kontoinhabenden Pflegling, insbesondere nicht treuhänderisch, eingegangen wird und liegen keine Auffälligkeiten bzw. Hinweise vor, sind keine weiteren Maßnahmen erforderlich. Der Pfleger handelt als gesetzlicher Vertreter für und im Namen des Pfleglings. Der Pflegling muss daher nicht als wirtschaftlich Berechtigter festgehalten werden, wenn ihm die auf dem Konto verwalteten Vermögenswerte wirtschaftlich zugeordnet werden können.

Erklärt der Pfleger, das Konto solle auf Veranlassung einer anderen natürlichen Person als dem Pflegling, insbesondere als Treuhandkonto geführt werden, sind deren Name (mindestens ein Vorname) und gegebenenfalls

---

1   Vgl. Kampermann, Betreuungsrecht und Vorsorgevollmacht in der Bankpraxis, 2. Auflage 2010, Rdn. 304.

weitere Identifikationsmerkmale aufzuzeichnen. In diesen Fällen sind zur Verifizierung die Angaben des Pflegers – ggf. unter Hinzuziehung von (Kopien von) Dokumenten (soweit vorhanden) auf Widersprüche hin zu bewerten. Werden auf dem Konto Vermögenswerte von nicht natürlichen Personen verwaltet, ist „durch diese hindurchzuschauen" und nach den Maßgaben für wirtschaftlich Berechtigte, die über ihre Stimmrechts- oder Eigentumsanteile die Kontrolle über diese nicht natürliche Person ausüben, ein etwaiger wirtschaftlich Berechtigter abzuklären und gegebenenfalls zu identifizieren.

Die Verifizierung von wirtschaftlich Berechtigten erfolgt anhand von risikoangemessenen Maßnahmen z. B. durch die Einsichtnahme in Treuhandverträge oder -abreden, Register, Kopien von Registerauszügen, Recherchen im Telefonbuch, Internet oder sonstigen Quellen.

Wegen ausführlicher Ausführungen zum wirtschaftlich Berechtigten siehe Rdn. 8 ff.

Zweck der Geschäftsbeziehung
Soweit sich der Zweck und die angestrebte Art der Kontoverbindung nicht bereits aus der Kontoart selbst ergibt, hat das Kreditinstitut hierzu Angaben des Kunden einzuholen (siehe Rdn. 7).

Politisch exponierte Personen
Zur Abklärung des PEP-Status siehe Rdn. 17.

Dokumentation
Der Pflegling ist in die Gläubigerdatei aufzunehmen. Das Konto ist im internen System der Bank als Pfleglingskonto zu kennzeichnen. Der Pfleger muss nicht in die Bevollmächtigtendatei aufgenommen werden.

Kontendatei nach § 24c KWG
Wegen der Ausnahmeregelung in Ziffer 7b AEAO zu § 154 AO ist eine Einstellung des Pflegers nicht erforderlich. Allgemein zur Kontendatei vgl. Rdn. 22.

Hinweise
132 Die Personalien des Pflegers werden in den Kontoeröffnungsunterlagen festgehalten. Weiterhin wird seine vom Familiengericht (Amtsgericht) verfügte Bestallungsurkunde zu den Akten genommen. Da der gute Glaube der Bank nicht geschützt wird, wenn entgegen dem Inhalt der

Bestallungsurkunde die Pflegschaft nicht wirksam angeordnet wurde oder bereits wieder beendet ist, sollte die Bank bei der Kontoerrichtung und aus gegebenem Anlass auch später beim Familiengericht (Amtsgericht) nachfragen, ob das Pflegschaftsverhältnis (noch) besteht.

In den Fällen der (vorläufigen Pflegschaft) nach dem Kinder- und Jugendhilfegesetz reicht zum Nachweis der bestehenden Pflegschaft auch der Bescheid des zuständigen Jugendamtes aus. Die Bescheinigung eines rechtsfähigen Vereins sollte als Nachweis nur dann akzeptiert werden, wenn ergänzend die vom Landesjugendamt erteilte Erlaubnis für den rechtsfähigen Verein vorgelegt wird, eine Pflegschaft zu übernehmen (§ 54 Abs. 1 des Kinder- und Jugendhilfegesetzes).

In einem Nachlassfall und bei angeordneter Pflegschaft kommen bei einer Kontoeröffnung folgende Alternativen in Betracht:

▷ Eröffnung auf den Pflegling,

▷ Eröffnung auf den Pfleger als Treuhandkonto für den Pflegling,

▷ Eröffnung auf das Amtsgericht, das die Nachlasspflegschaft angeordnet hat.

Die letzte Alternative kommt in den Fällen in Betracht, in denen der Pfleger ablehnt, das Konto auf seinen Namen als Treuhandkonto für den Pflegling einzurichten. In diesem Fall wäre die Bank als Vermögensverwalter berechtigt, sich der Verwahrverpflichtung durch Hinterlegung des Vermögens beim Amtsgericht zu entziehen. Diese Hinterlegung führt aber zu der Verwaltung auf einem Konto für das Amtsgericht. Es ist deshalb nicht ausgeschlossen, dass der Rechtspfleger, bei entsprechender Kontaktaufnahme durch den Pfleger zustimmt, dass das Konto für die Verwaltung der Pflegschaft auf den Namen des Amtsgerichts eröffnet wird.

Die Kontoeröffnung auf einen Erblasser oder die namentlich nicht bekannten Erben kommt nicht in Betracht, da es sich hierbei nicht um eine existierende natürliche Person handelt bzw. die erforderliche Legitimationsprüfung des Kontoinhabers nicht durchgeführt werden kann.

US-Quellensteuer

Vgl. Rdn. 122.

1.7 Kontoeröffnung bei einem Betreuungsverhältnis

133 Ein Betreuer wird bestellt, wenn ein Volljähriger aufgrund einer psychischen Krankheit oder einer körperlichen, geistigen oder seelischen Behinderung ganz oder teilweise nicht in der Lage ist, seine Angelegenheiten zu besorgen. Das Betreuungsgericht (Amtsgericht) bestellt den Betreuer für einen bestimmten Aufgabenkreis (z. B. die Vermögenssorge oder die Aufenthaltsbestimmung).

Ein Betreuer kann über die Forderungen des betreuten Kunden gegen die Bank sowie über dessen Wertpapiere grundsätzlich nur mit Genehmigung des Betreuungsgerichts verfügen.

Von dieser Regel gibt es jedoch Ausnahmen:

Falls der Betreuer, Vater, Mutter, Ehegatte, Tochter oder Sohn des Betreuten oder ein Behördenbetreuer ist, braucht er für eine Verfügung über das Konto des Betreuten keine Genehmigung des Betreuungsgerichts. Es kommt nicht darauf an, ob es sich um Mündelgeld oder um ein Konto zur Bestreitung der laufenden Ausgaben handelt. Es kommt auch nicht darauf an, wie hoch der Kontostand oder der Betrag ist, über den verfügt werden soll. Diese Privilegierung gilt jedoch nur solange, wie sich eine Verfügung nicht als objektiv missbräuchlich darstellt. Eine Abverfügung zu eigenen Gunsten des Betreuers ist somit ausgeschlossen. Sie ist nur mit Genehmigung des Betreuungsgerichts möglich.

Gehört ein Betreuer nicht zu dem oben aufgeführten privilegierten Personenkreis (z. B. Onkel, Schwester, Rechtsanwalt), kann er nach (§ 1813 Abs. 1 BGB) nur dann ohne Genehmigung des Betreuungsgerichts über das Konto verfügen, wenn das Konto des Betreuten ein **Giro- oder Kontokorrentkonto** ist[1].

Unabhängig von der Person des Betreuers, vom Kontostand und von der Höhe des Betrages, über den verfügt werden soll, ist eine Genehmigung des Betreuungsgerichts immer erforderlich, wenn der Betreute verpflichtet werden soll,

▷ über eine angefallene Erbschaft oder

▷ über sein Vermögen im Ganzen zu verfügen (§ 1822 Nr. 1 BGB).

---

1 Vgl. Kampermann, Betreuungsrecht und Vorsorgevollmacht in der Bankpraxis, 2. Auflage 2010, Rdn. 450.

Der Betreute kann grundsätzlich weiterhin neben dem Betreuer rechtlich selbstständig handeln und über seine bei der Bank unterhaltenen Vermögenswerte verfügen. Die Wirksamkeit seiner Erklärungen beurteilt sich – wie bei allen anderen Kunden auch – alleine danach, ob er deren Bedeutung und Tragweite einsehen und sein Handeln danach ausrichten kann. Ergeben sich Hinweise auf eine Einschränkung der Geschäftsfähigkeit (z. B. zeitweise offenkundige Verwirrtheit), sollte eine Verfügung nicht ausgeführt und stattdessen der Betreuer um entsprechende Unterstützung gebeten werden.

Ordnet das Gericht nach § 1903 BGB einen sog. Einwilligungsvorbehalt an, kann der Kunde über seine Vermögenswerte bei der Bank nur noch mit Einwilligung eines Betreuers verfügen. Der Einwilligungsvorbehalt wird im Betreuerausweis vermerkt und ist Indiz für eine zumindest eingeschränkte Geschäftsfähigkeit des Betreuten.

Mit dem Tod des Betreuten erlischt die Betreuung automatisch. Der Betreuer verliert dadurch seine Verfügungsmöglichkeit.

Die Betreuung wird in der Regel nicht befristet angeordnet. Nach § 294 Abs. 3 FamFG (Gesetz über das Verfahren in Familiensachen und in den Angelegenheiten der freiwilligen Gerichtsbarkeit) muss die Entscheidung des Gerichts über die Bestellung eines Betreuers den Zeitpunkt enthalten, zu dem das Gericht spätestens über die Aufhebung oder Verlängerung der Maßnahme zu entscheiden hat. Dieser Zeitpunkt darf höchstens sieben Jahre nach Erlass der Entscheidung liegen.

Aus dieser gesetzlichen Anforderung folgt keine Befristung der Betreuerbestellung. Die Bestellung eines Betreuers bleibt auch dann rechtswirksam, wenn der Zeitpunkt verstrichen ist, zu dem das Gericht spätestens über die Aufhebung oder Verlängerung der Betreuung hätte entscheiden müssen. In der Praxis empfiehlt es sich, nach Ablauf dieser Frist beim Betreuer oder beim Gericht nachzufragen, ob über die Verlängerung der Betreuungsmaßnahme entschieden wurde.

Die Betreuung endet, wenn sie nicht verlängert wird oder wenn sie vom Gericht durch einen Beschluss nach § 1908d BGB aufgehoben wird.

Die Einrichtung eines Gemeinschaftskontos für Betreuer und Betreuten ist rechtlich nicht möglich, da eine strikte Trennung zwischen dem Vermögen des Betreuers und dem Vermögen des Betreuten gewährleistet sein muss.

Einzelfragen

Kontoinhaber
Der Betreute.

Verfügungsberechtigte(r)
Der Betreuer als gesetzlicher Vertreter des Betreuten (§ 1902 BGB). Der Betreute ist neben dem Betreuer verfügungsberechtigt, soweit er nicht im Einzelfall in seiner Geschäftsfähigkeit beschränkt oder geschäftsunfähig ist.

Legitimationsprüfung/Identifizierung
Die Legitimationsprüfung ist beim Betreuten durchzuführen. Verfügt der Betreute nicht über ein ordnungsgemäßes Ausweispapier (vgl. Rdn. 50 f.), muss der Betreuer dies zuvor beantragen, bevor eine ordnungsgemäße Legitimationsprüfung/Identifzierung durchgeführt werden kann. Nur in Ausnahmefällen reicht die Vorlage des Betreuerausweises zusammen mit einer aktuellen Meldebescheinigung der für den Betreuten zuständigen Meldebehörde aus, um die Legitimationsprüfung/Identifizierung beim Betreuten durchzuführen. Dies gilt z. B. in solchen Fällen, in denen sich der Betreute weigert, einen Ausweis zu beantragen oder seinen Ausweis nicht an den Betreuer herausgibt (vgl. Kampermann, Betreuungsrecht und Vorsorgevollmacht in der Bankpraxis, 2. Auflage 2010, Rdn. 304).

Nach Auffassung des BAKred ist es in Fällen, in denen dem Betreuten nicht zugemutet werden kann, sich anhand eines Ausweises vom Kreditinstitut identifizieren zu lassen, ausnahmsweise zulässig, von den gesetzlichen Anforderungen abzuweichen. Eine solche Ausnahme wird immer vorliegen, wenn es der betreuten Person wegen Gebrechlichkeit, hohen Alters etc. nicht mehr zugemutet werden kann, die Ausstellung eines neuen Personalausweises oder Reisepasses zu beantragen.[1]

Der Betreuer muss nach Nr. 7b AEAO zu § 154 AO nicht legitimationsgeprüft werden.

Erteilt der Betreuer einer anderen Person Vollmacht über das Konto des Betreuten (als Vertreter des Betreuers oder als Vertreter des Betreuten), muss der Bevollmächtigte legitimationsgeprüft werden.

---

1   BAKred-Schreiben vom 19. Februar 1998 – I 5 – B –400.

Wirtschaftlich Berechtigter

Das Kreditinstitut muss abklären, ob der Kontoinhaber für einen wirtschaftlich Berechtigten handelt. Ist dies der Fall, muss er nach Maßgabe des § 4 Abs. 5 GwG identifiziert werden.

Somit ist zunächst zu klären, ob die auf dem Konto zu verwaltenden Vermögenswerte dem Betreuten oder einem Dritten als veranlassendem Treugeber zuzurechnen sind. Erklärt der Betreuer, dass die Geschäftsbeziehung nicht auf Veranlassung einer anderen Person als dem kontoinhabenden Betreuten, insbesondere nicht treuhänderisch, eingegangen wird und liegen keine Auffälligkeiten bzw. Hinweise vor, sind keine weiteren Maßnahmen erforderlich. Der Betreuer handelt als gesetzlicher Vertreter für und im Namen des Betreuten. Der Betreute muss daher nicht als wirtschaftlich Berechtigter festgehalten werden, wenn ihm die auf dem Konto verwalteten Vermögenswerte wirtschaftlich zugeordnet werden können.

Erklärt der Betreuer, das Konto solle auf Veranlassung einer anderen natürlichen Person als dem Betreuten, insbesondere als Treuhandkonto geführt werden, sind deren Name (mindestens ein Vorname) und gegebenenfalls weitere Identifikationsmerkmale aufzuzeichnen. In diesen Fällen sind zur Verifizierung die Angaben des Betreuers – ggf. unter Hinzuziehung von (Kopien von) Dokumenten (soweit vorhanden) auf Widersprüche hin zu bewerten. Werden auf dem Konto Vermögenswerte von nicht natürlichen Personen verwaltet, ist „durch diese hindurchzuschauen" und nach den Maßgaben für wirtschaftlich Berechtigte, die über ihre Stimmrechts- oder Eigentumsanteile die Kontrolle über diese nicht natürliche Person ausüben, ein etwaiger wirtschaftlich Berechtigter abzuklären und gegebenenfalls zu identifizieren.

Die Verifizierung von wirtschaftlich Berechtigten erfolgt anhand von risikoangemessenen Maßnahmen z. B. durch die Einsichtnahme in Treuhandverträge oder -abreden, Register, Kopien von Registerauszügen, Recherchen im Telefonbuch, Internet oder sonstigen Quellen.

Wegen ausführlicherer Ausführungen zum wirtschaftlich Berechtigten siehe Rdn. 8 ff.

Zweck der Geschäftsbeziehung

Soweit sich der Zweck und die angestrebte Art der Kontoverbindung nicht bereits aus der Kontoart selbst ergibt, hat das Kreditinstitut hierzu Angaben des Kunden einzuholen (siehe Rdn. 7).

Politisch exponierte Personen

Zur Abklärung des PEP-Status siehe Rdn. 17.

Dokumentation

Der Betreute ist in die Gläubigerdatei aufzunehmen. Das Konto ist im internen System der Bank als Betreuungskonto zu kennzeichnen. Der Betreuer muss nicht in die Bevollmächtigtendatei aufgenommen werden.

Kontendatei nach § 24c KWG

Wegen der Ausnahmeregelung in Ziffer 7b AEAO zu § 154 AO ist eine Einstellung des Betreuers nicht erforderlich. Allgemein zur Kontendatei vgl. Rdn. 22.

Hinweise

134 Die Personalien des Betreuers sollten zusammen mit der Bestallungsurkunde zu den Kontounterlagen genommen werden. Aus dieser Urkunde ist ersichtlich, für welchen Aufgabenkreis der Betreuer bestellt worden ist. Nach den Angaben im Betreuerausweis, muss ihm insbesondere die Vermögensfürsorge als Aufgabenkreis zugewiesen sein. Andernfalls ist der Betreuer der Bank gegenüber nicht vertretungsbefugt. Das Betreuungsgericht kann in der Bestallungsurkunde anordnen, dass der rechtsfähige Betreute für Willenserklärungen, die den Aufgabenbereich des Betreuers betreffen, dessen Einwilligung bedarf (Einwilligungsvorbehalt). Der Betreute steht in diesen Fällen einem beschränkt Geschäftsfähigen gleich. Verträge ohne Einwilligung des Betreuers sind folglich schwebend unwirksam, einseitige Rechtsgeschäfte sind unwirksam.

Mit Ausnahme der Giro- und Kontokorrentkonten sind Konten und Depots mit einem Sperrvermerk zu versehen. Verfügungen sind danach grundsätzlich nur mit Genehmigung des Betreuungsgerichts zulässig, wenn nicht eine der oben unter Rdn. 133 aufgeführten Ausnahmen vorliegt.

In seltenen Fällen wird die Betreuung mehreren Betreuern übertragen. Diese können nach § 1899 Abs. 3 BGB nur gemeinschaftlich verfügen, wenn vom Betreuungsgericht nichts anderes angeordnet wird. Im Betreuerausweis sollten in diesen Fällen alle Betreuer aufgeführt werden.

Hat der Betreute vor der Bestellung eines Betreuers eine Vorsorgevollmacht erteilt, muss der durch die Vorsorgevollmacht Bevollmächtigte das

Betreuungsgericht über die Existenz der Vorsorgevollmacht informieren (§ 1901a Satz 2 BGB).

Ist die Bestellung des Betreuers befristet, wird dies im Ausweis des Betreuers vermerkt. Die Bank sollte sich die Befristung in den Kontounterlagen notieren. Nach Ablauf der Frist sollte sie durch eine Nachfrage beim Betreuungsgericht klären, ob das Betreuungsverhältnis noch besteht und wer als Betreuer bestellt ist. (vgl. auch Rdn. 133).

Die Bestallungsurkunde des Betreuers entfaltet keine Rechtswirkung. Sie begründet keinen Rechtsschein für die Wirksamkeit der Bestellung des Betreuers oder für das Fortbestehen des Betreuungsverhältnisses. Es besteht daher immer die Gefahr, dass der Betreuer nicht mehr verfügungsbefugt ist, denn sein Amt endet auch dann, wenn er die Bestallungsurkunde (Betreuerausweis) nicht an das Betreuungsgericht zurückgibt. Gewissheit darüber, ob das Betreuungsverhältnis in dem vom Betreuer behaupteten Umfang (noch) besteht, kann sich die Bank nur durch eine Rückfrage beim Betreuungsgericht verschaffen.

US-Quellensteuer
Vgl. Rdn. 7 und 98.

1.8 Konto der Einzelfirma

Die Firma ist der Name des Kaufmanns, unter dem er seine Geschäfte **135** betreibt (§ 17 Abs. 1 HGB). Der Kaufmann erwirbt unter dem Firmennamen Rechte und geht Verbindlichkeiten ein. Daher kann auf den Namen der Firma des Kaufmanns auch ein Konto eröffnet werden. Jede Firma eines Kaufmanns muss zur Eintragung in das Handelsregister angemeldet werden, § 29 HGB.

Kontoinhaber
Der Kaufmann. Sein Name ergibt sich aus dem Handelsregister.

Verfügungsberechtigte(r)
Der Kaufmann als Inhaber der Firma bzw. die vom Einzelunternehmen bestellten Vertreter (Prokuristen und Handlungsbevollmächtigte).

Legitimationsprüfung/Identifizierung
Der Einzelkaufmann legitimiert sich durch die Vorlage des Handelsregisterauszuges. Eine Legitimationsprüfung muss bei ihm ebenso wenig durchgeführt werden wie bei den im Handelsregister eingetragenen Pro-

kuristen (Nr. 7j AEAO zu § 154 AO). Der Prokurist muss deshalb auch nicht in die Bevollmächtigtendatei aufgenommen werden. Werden weitere Kontovollmachten erteilt bzw. Vertreter bestellt, muss bei diesen eine Legitimationsprüfung durchgeführt werden. Ihre Namen müssen in die Bevollmächtigtendatei aufgenommen werden. Auf die Legitimationsprüfung kann bei den zusätzlichen Vertretern nur dann verzichtet werden, wenn zusammen mit dem Einzelunternehmer bereits fünf Personen (Prokuristen etc.) im Handelsregister eingetragen oder für diese bereits eine Legitimationsprüfung durchgeführt wurde (vgl. Rdn. 68).

Beispiel:
Ein Einzelunternehmer hat vier Personen eine Kontovollmacht über das Konto der Einzelfirma erteilt. Für alle vier Vertreter wurde bereits eine Legitimationsprüfung durchgeführt. Erhält ein fünfter Vertreter Kontovollmacht, muss für diesen keine Legitimationsprüfung mehr durchgeführt werden, da bereits fünf Personen im Handelsregister eingetragen (der Einzelunternehmer) bzw. legitimationsgeprüft wurden.

Wirtschaftlich Berechtigter

Das Kreditinstitut muss abklären, ob der Kontoinhaber für einen wirtschaftlich Berechtigten handelt. Ist dies der Fall, muss er nach Maßgabe des § 4 Abs. 5 GwG identifiziert werden.

Somit ist zunächst zu klären, ob die auf dem Konto zu verwaltenden Vermögenswerte dem Kaufmann als Kontoinhaber oder einem Dritten als veranlassendem Treugeber zuzurechnen sind. Erklärt der Kaufmann, dass er die Geschäftsbeziehung nicht auf Veranlassung eines Dritten (d. h. im Interesse eines Dritten), insbesondere nicht als Treuhänder, eingeht und liegen keine Auffälligkeiten bzw. Hinweise vor, ist der Kaufmann als wirtschaftlich Berechtigter zu erfassen, denn er übt die hundertprozentige Kontrolle über die Firma aus. Die separate Erfassung des Kaufmanns als wirtschaftlich Berechtigter erscheint jedoch entbehrlich, wenn der Kaufmann unter seinem vollständigen Namen (inklusive aller Vornamen), wie er sich aus seinem Ausweispapier ergibt, und ohne Zusätze (wie „e. K.", „Nachf." oder „Metzgerei") firmiert.

Erklärt der Kaufmann, das Konto solle auf Veranlassung einer anderen natürlichen Person, insbesondere als Treuhandkonto geführt werden, ist deren Name (mindestens ein Vorname) und gegebenenfalls weitere Identifikationsmerkmale aufzuzeichnen. In diesen Fällen sind zur Verifizierung die Angaben des Kaufmanns – ggf. unter Hinzuziehung von (Kopien von) Dokumenten (soweit vorhanden) auf Widersprüche hin zu bewerten. Werden auf dem Konto Vermögenswerte von nicht natürlichen Personen verwaltet, ist „durch diese hindurchzuschauen" und nach den Maßgaben für wirtschaftlich Berechtigte, die über ihre Stimmrechts- oder Eigentumsanteile die Kontrolle über diese nicht natürliche Person ausüben, ein etwaiger wirtschaftlich Berechtigter abzuklären und gegebenenfalls zu identifizieren. Wird das Konto auf Veranlassung einer anderen Person geführt, so reicht es aus, diese Person (bzw. eine hinter einer nicht natürlichen Person als Veranlasser stehende natürliche Person) als wirtschaftlich Berechtigten zu erfassen. Die hinter der Einzelfirma stehende natürliche Person (also der Kaufmann) muss dagegen in Bezug auf das Treuhandkonto nicht erfasst werden.

Die Verifizierung von wirtschaftlich Berechtigten erfolgt anhand von risikoangemessenen Maßnahmen z. B. durch die Einsichtnahme in Treuhandverträge oder -abreden, Register, Kopien von Registerauszügen, Recherchen im Telefonbuch, Internet oder sonstigen Quellen. Die Verifizierung des Kaufmanns als wirtschaftlich Berechtigter kann insbesondere anhand der Handelsregistereintragung erfolgen.

Wegen ausführlicherer Ausführungen zum wirtschaftlich Berechtigten siehe Rdn. 8 ff.

Zweck der Geschäftsbeziehung

Soweit sich der Zweck und die angestrebte Art der Kontoverbindung nicht bereits aus der Kontoart selbst ergibt, hat das Kreditinstitut hierzu Angaben des Kunden einzuholen (siehe Rdn. 7).

Dokumentation

Der Kaufmann ist in die Gläubigerdatei aufzunehmen. In die Bevollmächtigtendatei müssen nur solche Vertretungsberechtigte aufgenommen werden, für die nach den oben dargelegten Grundsätzen eine Legitimationsprüfung durchzuführen ist.

Kontendatei nach § 24c KWG

Vgl. Rdn. 22.

US-Quellensteuer

Vgl. Rdn. 122.

2 Das Konto der Personenmehrheit

2.1 Konto eines losen Personenzusammenschlusses

136 Schließen sich verschiedene Personen zusammen, stellt sich die Frage, ob auf den Namen der Personenmehrheit ein Konto eröffnet werden kann. Es ist zu differenzieren zwischen losen Personenzusammenschlüssen, Gemeinschaften, Vereinen und Gesellschaften.

Viele Personengruppen erfüllen weder die Wesensmerkmale eines Vereins noch die Merkmale einer BGB-Gesellschaft. Zu diesen Gruppen gehören z. B. Schulklassen, Elternbeiräte, Freundeskreise (z. B. Angehörige einer Jahrgangsstufe), Jugendgruppen, Kameradschaftskassen, Belegschaftskassen, Betriebsratskassen, Stammtischrunden, Wohngemeinschaften sowie solche Sportgruppen und Sparclubs, die sich nicht als Verein organisieren. Diese Gruppen sind selbst nicht rechtsfähig. Eine Kontoeröffnung auf ihren Namen scheidet somit aus. In diesen Fällen kommt allein die Eröffnung eines offenen Treuhandkontos auf den Namen einer natürlichen Person in Betracht. Alternativ hierzu kann das Konto auch als Gemeinschaftskonto auf zwei oder mehrere natürliche Personen eröffnet werden (als Und- oder Oder-Konto).

Kontoinhaber

Ein Mitglied der Personengruppe. Ein Zusatz weist auf die Gruppe hin. Wegen der Vorgaben zum automatisierten Abruf von Kontoinformationen nach § 24c KWG darf dieser Zusatz jedoch nicht in die Namensfelder der EDV aufgenommen werden. Hierfür stehen in den Bankbetriebssystemen anderweitige Felder zur Verfügung, die nicht in die Kontoabrufdatei einfließen.

> **Beispiel:**
> Hans Mustermann wegen Kegelclub „Alle Neune"

Verfügungsberechtigte(r)

Verfügungsberechtigt ist allein die natürliche Person (der Treuhänder).

Legitimationsprüfung/Identifizierung

Der Kontoinhaber (Treuhänder) muss sich legitimieren.

Wirtschaftlich Berechtigter

Das Kreditinstitut muss abklären, ob der Kontoinhaber für einen wirtschaftlich Berechtigten handelt. Ist dies der Fall, muss er nach Maßgabe des § 4 Abs. 5 GwG identifiziert werden.

Die auf dem Konto verwalteten Vermögenswerte sind den Mitgliedern des Personenzusammenschlusses zuzurechnen. Der Kontoinhaber (Treuhänder) handelt somit auf Veranlassung des Personenzusammenschlusses. Durch den Personenzusammenschluss als nicht natürliche Person ist „hindurchzuschauen" und nach den Maßgaben für wirtschaftlich Berechtigte, die über ihre Stimmrechts- oder Eigentumsanteile die Kontrolle über diese nicht natürliche Person ausüben, ein etwaiger wirtschaftlich Berechtigter abzuklären und gegebenenfalls zu identifizieren.

Formal gesehen passen die gesetzlichen Vorgaben für wirtschaftlich Berechtigte von Gesellschaften, bei denen nach § 1 Abs. 6 GwG die Kontrollmöglichkeit unwiderlegbar vermutet wird, wenn unmittelbar oder mittelbar mehr als 25 Prozent der Eigentums- oder Stimmrechtsanteile kontrolliert werden, nicht auf Personenzusammenschlüsse. Bei diesen sind ganz regelmäßig weder Eigentumsverhältnisse noch Stimmrechte geregelt, noch handelt es sich um „Gesellschaften" im juristischen Sinne. Leider konnte hierzu jedoch noch keine abschließende Übereinkunft mit der BaFin getroffen werden. Daher sollte bis zu einer abschließenden Klärung mit der BaFin und soweit der Bank keine abweichenden Vereinbarungen zum Personenzusammenschluss bekannt sind pauschal die 25-Prozent-Regel angewandt werden: Bei Personenzusammenschlüssen mit weniger als vier Mitgliedern sind alle Mitglieder als wirtschaftlich Berechtigte zu erfassen, da sie mutmaßlich jeweils mehr als 25 Prozent der Eigentums- und Stimmrechte innehaben. Besteht der Personenzusammenschluss aus vier oder mehr Mitgliedern ist kein wirtschaftlich Berechtigter ersichtlich, da die Mitglieder hier jeweils maximal 25 Prozent der Eigentums- und Stimmrechte innehaben, also unter dem gesetzlichen Quorum bleiben.

Zur Verifizierung sind die Angaben des Kunden zumindest auf Widersprüche hin zu bewerten, wenn Unterlagen zum Treuhandverhältnis und/oder zum Personenzusammenschluss nicht verfügbar sind.

Wegen ausführlicherer Ausführungen zum wirtschaftlich Berechtigten siehe Rdn. 8 ff.

Zweck der Geschäftsbeziehung

Soweit sich der Zweck und die angestrebte Art der Kontoverbindung nicht bereits aus der Kontoart selbst ergibt, hat das Kreditinstitut hierzu Angaben des Kunden einzuholen (siehe Rdn. 7).

Politisch exponierte Personen

Zur Abklärung des PEP-Status des Treuhänders siehe Rdn. 17.

Dokumentation

Der Treuhänder ist in die Gläubigerdatei aufzunehmen.

Kontendatei nach § 24c KWG

Vgl. Rdn. 22.

Hinweise

137 Besteht die Personenvereinigung aus mindestens 7 Mitgliedern, kann die Bank bei dem nach den o. a. Grundsätzen errichteten Konto vom KapSt-Abzug Abstand nehmen, wenn

▷ die Kapitalerträge den Betrag von 10 Euro, vervielfältigt mit der Anzahl der Mitglieder, höchstens aber 300 Euro im Jahr nicht übersteigen. Beide Grenzen beziehen sich auf das jeweilige Kalenderjahr;

▷ das Konto neben dem Namen des Kontoinhabers einen Zusatz enthält, der auf den Personenzusammenschluss hinweist (z. B. Sparclub XX, Klassenkonto der Realschule YY, Klasse 5 A) – dieser Zusatz darf jedoch nicht in die Namensfelder des Bankbetriebssystems aufgenommen werden,

▷ der Kontoinhaber der Bank die Änderung der Anzahl der Mitglieder zu Beginn eines Kalenderjahres mitteilt. Das Kreditinstitut muss diese Erklärung aufbewahren;

▷ es sich bei dem Personenzusammenschluss nicht um eine Grundstücksgemeinschaft, Erbengemeinschaft, Wohnungseigentümergemeinschaft oder um einen Zusammenschluss von Mietern zur gemeinschaftlichen Verwaltung der Mietkaution handelt (vgl. BMF vom 27. April 2009, IV C 1 – S 2252/08/10003, abgedruckt im Anhang unter 2.4).

Das Kreditinstitut weiß, dass es sich bei diesem Konto um ein Treuhandkonto handelt, es kennt jedoch nicht die Treugeber. Fällt bei einem Kapitalertrag KapSt an, kann die Steuerbescheinigung nicht auf den Namen der Treugeber ausgestellt werden. Die Steuerbescheinigung wird auf den

Namen des Treuhänders ausgestellt und mit dem Zusatz „Treuhand-konto" versehen.

Liegen bei einem Personenzusammenschluss im Einzelfall alle Merkmale vor, die bei einem nicht rechtsfähigen Verein vorliegen müssen, kommt die Eröffnung eines Kontos für den nicht rechtsfähigen Verein in Betracht (vgl. Rdn. 143).

Bei der Kontoführung für eine Freiwillige Feuerwehr ist danach zu unter-scheiden, ob es sich bei der Personengruppe "Feuerwehr" um

▷ einen losen Personenzusammenschluss,

▷ eine BGB-Gesellschaft (vgl. Rdn. 148),

▷ die Einrichtung der Gemeinde (vgl. Rdn. 171) oder

▷ einen Förderverein (rechtsfähig oder nicht rechtsfähig, vgl. Rdn. 143, 157)

handelt.

Welche der vorstehenden Alternativen im Einzelfall einschlägig ist, eine Frage des Einzelfalles. Es bestehen insbesondere verschiedene landes-rechtliche Regelungen (Feuerwehrgesetze), in denen festgelegt ist, dass Gelder, die der Freiwilligen Feuerwehr zuzurechnen sind, grundsätzlich als Sondervermögen der Gemeinde angelegt werden müssen. Davon zu unterscheiden ist die von den Mitgliedern der Freiwilligen Feuerwehr ggf. initiierte Anlage privater Gelder "gezahlter Auslagenersatz" etc. Bei die-ser Anlage handelt es sich in der Regel um das Konto eines losen Perso-nenzusammenschlusses.

US-Quellensteuer

Nach US-Quellensteuerrecht muss jedes Mitglied der Personenmehrheit anhand eines amtlichen Personaldokuments legitimationsgeprüft wer-den. Alternativ können die einzelnen Kontoinhaber anhand des Formu-lars W-8BEN (abgedruckt im Anhang unter 3.12) legitimiert werden. Die Dokumentation durch dieses Formular muss jedoch nach drei Jahren er-neuert werden, vgl. Rdn. 122.

Treuhänder werden nach den US-Quellensteuervorschriften als Zwischen-verwahrer behandelt und müssen anhand eines eigenen Formulars, W-8IMY (abgedruckt im Anhang unter 3.12), dokumentiert werden. Für jeden (dahinter stehenden) wirtschaftlich Berechtigten der Erträge (Treu-geber) ist die Abgabe eines ordnungsgemäß ausgefüllten Formulars

W-8BEN (abgedruckt im Anhang unter 3.12) oder eine Legitimationsprüfung anhand eines amtlichen Personalausweisdokuments – einschließlich Anfertigung einer Kopie – erforderlich.

2.2 Konto der Gemeinschaft

138 Sind mehrere Personen Inhaber eines Rechts und haben sie sich darüber hinaus nicht zu einem bestimmten Zweck zusammengeschlossen, handelt es sich um eine Rechtsgemeinschaft i. S. d. § 741 BGB. Neben der Miteigentümergemeinschaft gehören dazu auch die Miterbengemeinschaft, die eheliche Gütergemeinschaft und die Lebenspartnerschaft nach dem Gesetz zur Beendigung der Diskriminierung gleichgeschlechtlicher Gemeinschaften vom 16. Februar 2001 (BGBl I S. 266). Die Begründung einer Gemeinschaft kann durch Gesetz, durch Rechtsgeschäft oder durch Vertrag erfolgen. Die Gemeinschaft ist selbst nicht Träger des Rechts. Das Recht steht vielmehr den Teilhabern der Gemeinschaft gemeinschaftlich – in der Regel – zu gleichen Anteilen zu (Bruchteilsgemeinschaft, § 742 BGB).

Kontoinhaber

Alle Gemeinschafter sind in ihrer Gesamtheit Kontoinhaber.

> **Beispiel:**
> Die Miterbengemeinschaft Meier, Müller, Schulze richtet zur Verwaltung des ererbten Mietobjekts ein Gemeinschaftskonto ein. Alle drei Miterben sind Kontoinhaber.

Alternativ kann ein offenes Treuhandkonto auf den Namen eines Gemeinschafters oder eines Verwalters des Gemeinschaftsvermögens eröffnet werden (vgl. hierzu Rdn. 81).

Verfügungsberechtigte(r)

Grundsätzlich steht die Verwaltung in Bezug auf den Gemeinschaftsgegenstand allen Teilhabern gemeinschaftlich zu (§ 744 Abs. 1 BGB). Eine abweichende Vereinbarung ist jedoch durch Mehrheitsbeschluss möglich.

Legitimationsprüfung/Identifizierung

Für alle Teilhaber der Gemeinschaft muss eine Legitimationsprüfung/Identifizierung durchgeführt werden.

Für die Erbengemeinschaft hat das BAKred mit Schreiben vom 25. November 1999 (Z5-B402) bestätigt, dass wegen der geringen Gefahrträchtigkeit und praktischen Geldwäscherelevanz aus geldwäscherechtlicher Sicht keine Notwendigkeit für eine dokumentenmäßige Identifizierung jedes einzelnen Miterben besteht. Begründet wird dies damit, dass alle Mitglieder der Erbengemeinschaft eindeutig aus dem Erbschein hervorgehen und bis zur Auseinandersetzung ohnehin nur die Gemeinschaft insgesamt über den Nachlass verfügen kann.

Wird ein offenes Treuhandkonto eröffnet, muss der Treuhänder legitimationsgeprüft werden.

Wirtschaftlich Berechtigter

Das Kreditinstitut muss abklären, ob der Kontoinhaber für einen wirtschaftlich Berechtigten handelt. Ist dies der Fall, muss er nach Maßgabe des § 4 Abs. 5 GwG identifiziert werden.

Wird das Konto auf alle Gemeinschafter als Kontoinhaber eröffnet, ist zunächst zu klären, ob die auf dem Konto zu verwaltenden Vermögenswerte der Gemeinschaft der Kontoinhaber oder einem Dritten als veranlassendem Treugeber zuzurechnen sind. Erklären die Kontoinhaber, dass sie die Geschäftsbeziehung nicht auf Veranlassung eines Dritten (d. h. im Interesse eines Dritten), insbesondere nicht als Treuhänder, eingehen und liegen keine Auffälligkeiten bzw. Hinweise vor, sind keine weiteren Maßnahmen erforderlich.

Erklären sie, das Konto solle auf Veranlassung einer anderen natürlichen Person, insbesondere als Treuhandkonto geführt werden, ist deren Name (mindestens ein Vorname) und gegebenenfalls weitere Identifikationsmerkmale aufzuzeichnen. In diesen Fällen sind zur Verifizierung die Angaben des Kunden ggf. unter Hinzuziehung von (Kopien von) Dokumenten (soweit vorhanden) auf Widersprüche hin zu bewerten. Werden auf dem Konto Vermögenswerte von nicht natürlichen Personen verwaltet, ist „durch diese hindurchzuschauen" und nach den Maßgaben für wirtschaftlich Berechtigte, die über ihre Stimmrechts- oder Eigentumsanteile die Kontrolle über diese nicht natürliche Person ausüben, ein etwaiger wirtschaftlich Berechtigter abzuklären und gegebenenfalls zu identifizieren.

Wird das Konto als Treuhandkonto für die Gemeinschaft eröffnet, sind die auf dem Konto verwalteten Vermögenswerte den Mitgliedern der Gemeinschaft zuzurechnen. Der Kontoinhaber (Treuhänder) handelt somit auf Veranlassung der Gemeinschaft. Durch die Gemeinschaft als nicht natürliche Person ist „hindurchzuschauen" und nach den Maßgaben für wirtschaftlich Berechtigte, die über ihre Stimmrechts- oder Eigentumsanteile die Kontrolle über diese nicht natürliche Person ausüben, ein etwaiger wirtschaftlich Berechtigter abzuklären und gegebenenfalls zu identifizieren. Somit sind diejenigen natürlichen Personen, die mehr als 25 Prozent der (Eigentums-)Anteile halten, mit angemessenen Mitteln festzustellen.

Zur Verifizierung sind die Angaben des Kunden zumindest auf Widersprüche hin zu bewerten, wenn Unterlagen zum Treuhandverhältnis und/oder zur Gemeinschaft nicht verfügbar sind.

Wegen ausführlicherer Ausführungen zum wirtschaftlich Berechtigten siehe Rdn. 8 ff.

Zweck der Geschäftsbeziehung

Soweit sich der Zweck und die angestrebte Art der Kontoverbindung nicht bereits aus der Kontoart selbst ergibt, hat das Kreditinstitut hierzu Angaben des Kunden einzuholen (siehe Rdn. 7).

Politisch exponierte Personen

Wird das Konto als Treuhandkonto einer natürlichen Person geführt, ist deren PEP-Status abzuklären, siehe Rdn. 17.

Dokumentation

Die Gemeinschafter müssen in die Gläubigerdatei aufgenommen werden. Wird ein Treuhandkonto eröffnet, muss der Treuhänder in die Gläubigerdatei aufgenommen werden.

Kontendatei nach § 24c KWG

Vgl. Rdn. 22.

Hinweise

139 Ist die Rechtsnachfolge eines Erblassers geklärt, muss das Konto des Verstorbenen auf die Erbengemeinschaft oder auf einen Erben (nach der Auseinandersetzung der Erbengemeinschaft bzw. bei Alleinerbschaft) umgeschrieben werden. Zu diesem Zeitpunkt muss ebenfalls die Legitimationsprüfung/Identifizierung der/des Rechtsnachfolgers vorgenommen werden. Bis zu diesem Zeitpunkt wird die Bank das Konto als sog. Nachlasskonto fortführen. Es wird als solches bezeichnet, z. B. „Nachlasskonto Heinz Schmitz".

Zu der Wohnungseigentümergemeinschaft vgl. Rdn. 140.

US-Quellensteuer
Vgl. Rdn. 137.

2.3 Konto der Wohnungseigentümergemeinschaft

Die Wohnungseigentümergemeinschaft – WEG – ist in ihrer Struktur nach **140**
den Regelungen des Wohnungseigentumsgesetzes den Vereinen angenä-
hert. Die WEG hat eine Satzung, eine Miteigentümerversammlung (Organ der WEG) und einen von dieser Versammlung zu bestellenden Verwalter sowie ein Vermögen. Sie ist selbst nach § 10 Abs. 6 WEG
(teil-)rechtsfähig. Die BAFin hält die Kontoführung auf den Namen der
WEG für zulässig, da die steuerlichen Verhältnisse durch einen Blick in
das Grundbuch zweifelsfrei geklärt werden können.

Kontoinhaber
Die Wohnungseigentümergemeinschaft.

Alternativ kann ein offenes Treuhandkonto auf den Namen des Verwal-
ters eingerichtet werden, wenn ein entsprechender Beschluss der WEG
vorliegt. Als zusätzliche Bezeichnung wird in diesen Fällen der Name der
WEG festgehalten. Wegen der Vorgaben zum automatisierten Abruf von
Kontoinformationen nach § 24c KWG darf dieser Zusatz jedoch nicht in
die Namensfelder der EDV aufgenommen werden. Hierfür stehen in den
Bankbetriebssystemen anderweitige Felder zur Verfügung, die nicht in die
Kontoabrufdatei einfließen.

Verfügungsberechtigte(r)
Regelmäßig vertritt der Verwalter die Eigentümergemeinschaft (§ 27
Wohnungseigentümergesetz). In Ausnahmefällen erteilt die Miteigentü-
mergemeinschaft zusätzlich einem Mitglied Kontovollmacht.

Legitimationsprüfung/Identifizierung
Wird das Konto auf den Namen der WEG eröffnet, muss sich die WEG
durch die Vorlage eines Protokolls der Miteigentümerversammlung legitimieren. Das Protokoll zeigt, dass die WEG tatsächlich existiert. Zusätzlich
muss sich der verfügungsberechtigte Verwalter legitimieren. Seine Ver-
tretungsvollmacht ergibt sich aus dem Protokoll der Miteigentümerversammlung, in der er bestellt wurde. In Einzelfällen enthält bereits die
Teilungserklärung des Notarvertrages die Bestellung. Wird von der Woh-

nungseigentümergemeinschaft zusätzlich zum Verwalter ein weiterer Kontobevollmächtigter bestellt, muss er legitimationsgeprüft werden.

Die Erfassung sämtlicher Miteigentümer oder die Vorlage von Miteigentümerlisten durch den Verwalter ist nicht erforderlich. Die BaFin ist insofern von ihrer früher vertretenen Auffassung abgerückt.

Wird ein offenes Treuhandkonto auf den Namen des Verwalters der WEG eröffnet, muss der Verwalter legitimationsgeprüft werden.

Wirtschaftlich Berechtigter

Das Kreditinstitut muss abklären, ob der Kontoinhaber für einen wirtschaftlich Berechtigten handelt. Ist dies der Fall, muss er nach Maßgabe des § 4 Abs. 5 GwG identifiziert werden.

Wird das Konto auf die WEG als Kontoinhaberin eröffnet, ist zunächst zu klären, ob die auf dem Konto zu verwaltenden Vermögenswerte der WEG oder einem Dritten als veranlassendem Treugeber zuzurechnen sind. Erklärt die WEG, dass sie die Geschäftsbeziehung nicht auf Veranlassung eines Dritten (d. h. im Interesse eines Dritten), insbesondere nicht als Treuhänder, eingeht und liegen keine Auffälligkeiten bzw. Hinweise vor, sind lediglich die wirtschaftlich Berechtigten der WEG festzustellen. Hierfür ist durch die WEG als nicht natürliche Person „hindurchzuschauen" und nach den Maßgaben für wirtschaftlich Berechtigte, die über ihre Stimmrechts- oder Eigentumsanteile die Kontrolle über diese nicht natürliche Person ausüben, ein etwaiger wirtschaftlich Berechtigter abzuklären und gegebenenfalls zu identifizieren. Somit sind diejenigen natürlichen Personen, die mehr als 25 Prozent der (Eigentums-)Anteile halten, mit angemessenen Mitteln festzustellen. Wegen des geringen Risikos, das mit Wohnungseigentümergemeinschaften einhergeht, kann anstelle der konkreten Ermittlung der Eigentumsanteile, die 25 Prozent übersteigen, auch eine Eigentümerliste vom Verwalter hereingenommen werden. Dabei soll der Verwalter verpflichtet werden, Veränderungen der Liste der Bank unaufgefordert anzuzeigen. Wird so verfahren, muss kein wirtschaftlich Berechtigter der WEG festgestellt werden.[1] Mit Blick auf die durch das Grundbuch gewährleistete Transparenz der Eigentumsverhältnisse und das geringe Risiko wäre allerdings eine generelle Ausnahmeregelung hinsichtlich der Abklärung des wirtschaftlich Berechtigten angemessen und wünschenswert. Allerdings besteht hierzu noch keine Absprache mit der BaFin.

---

1   ZKA-Hinweise zur Geldwäschebekämpfung 2008, Tz 34.

Erklärt sie, das Konto solle auf Veranlassung einer anderen natürlichen Person, insbesondere als Treuhandkonto geführt werden, ist deren Name (mindestens ein Vorname) und gegebenenfalls weitere Identifikationsmerkmale aufzuzeichnen. In diesen Fällen sind zur Verifizierung die Angaben des Kunden – ggf. unter Hinzuziehung von (Kopien von) Dokumenten (soweit vorhanden) auf Widersprüche hin zu bewerten. Werden auf dem Konto Vermögenswerte von nicht natürlichen Personen verwaltet, ist „durch diese hindurchzuschauen" und nach den Maßgaben für wirtschaftlich Berechtigte, die über ihre Stimmrechts- oder Eigentumsanteile die Kontrolle über diese nicht natürliche Person ausüben, ein etwaiger wirtschaftlich Berechtigter abzuklären und gegebenenfalls zu identifizieren.

Wird das Konto als Treuhandkonto für die WEG eröffnet, sind die auf dem Konto verwalteten Vermögenswerte der Gemeinschaft zuzurechnen. Der Kontoinhaber (Treuhänder) handelt somit auf Veranlassung der WEG. Durch die WEG als nicht natürliche Person ist „hindurchzuschauen" und nach den Maßgaben für wirtschaftlich Berechtigte, die über ihre Stimmrechts- oder Eigentumsanteile die Kontrolle über diese nicht natürliche Person ausüben, ein etwaiger wirtschaftlich Berechtigter wie oben beschrieben abzuklären und gegebenenfalls zu identifizieren.

Soweit nicht eine Eigentümerliste vom Verwalter hereingenommen wird, erfolgt die Verifizierung von wirtschaftlich Berechtigten anhand von risikoangemessenen Maßnahmen z. B. durch die Einsichtnahme in Treuhandverträge oder -abreden, Register, Kopien von Registerauszügen, Recherchen im Telefonbuch, Internet oder sonstigen Quellen. Die Verifizierung von Wohnungseigentümern als wirtschaftlich Berechtigte kann insbesondere anhand der Grundbucheintragung erfolgen.

Wegen ausführlicherer Ausführungen zum wirtschaftlich Berechtigten siehe Rdn. 8 ff.

Zweck der Geschäftsbeziehung

Soweit sich der Zweck und die angestrebte Art der Kontoverbindung nicht bereits aus der Kontoart selbst ergibt, hat das Kreditinstitut hierzu Angaben des Kunden einzuholen (siehe Rdn. 7).

Politisch exponierte Personen

Wird das Konto als Treuhandkonto einer natürlichen Person geführt, ist deren PEP-Status abzuklären, siehe Rdn. 17.

Dokumentation

Wird das Konto auf den Namen der WEG errichtet, muss diese in die Gläubigerdatei aufgenommen werden. Ein verfügungsberechtigter Miteigentümer bzw. ein bevollmächtigter Dritter (der Verwalter) muss in die Bevollmächtigtendatei aufgenommen werden.

Wird ein offenes Treuhandkonto auf den Namen des Treuhänders errichtet, ist der Treuhänder in die Gläubigerdatei aufzunehmen.

Kontendatei nach § 24c KWG

Lässt sich die Bank eine Eigentümerliste vom Verwalter vorlegen, um auf die Ermittlung etwaiger wirtschaftlich Berechtigter verzichten zu können, müssen die Eigentümer auch nicht in die Datei zum automatisierten Kontoabruf eingetragen werden. Allgemein zur Kontodatei vgl. Rdn. 22.

Hinweise

141 Die Bank sollte sich den Verwaltervertrag vorlegen lassen.

Existieren zwischen den Miteigentümern besondere Vereinbarungen über die Vertretungsbefugnis, sollten diese – wenn möglich – zu den Kontounterlagen genommen werden. Dies gilt auch für eine dem Verwalter durch die WEG erteilte Ermächtigung, die zur Verwaltung erforderlichen Gelder auf ein auf den Namen des Verwalters geführtes Treuhandkonto einzuzahlen. In jedem Fall sollte der Beschluss, in dem bestimmt wird, wer neben dem Verwalter über das Konto der WEG verfügungsberechtigt ist, zu den Kontounterlagen genommen werden.

Räumt das Kreditinstitut der WEG auf dem für sie geführten Konto eine Kreditlinie ein, sollte sie sich einen entsprechenden Beschluss der WEG vorlegen lassen, um eine gesamtschuldnerische Haftung der hinter der WEG stehenden Miteigentümer zu begründen.

142 Die oben dargestellte Möglichkeit der Kontoeröffnung auf den Namen einer WEG lässt sich auf andere Rechtsgemeinschaften i. S. d. § 741 BGB (z. B. Erbengemeinschaft, Grundstücksgemeinschaft etc.) nicht übertragen (vgl. Rdn. 140). Zu Sparclubs, Schulklassen vgl. Rdn. 136.

Der BGH hat durch Beschluss vom 2. Juni 2005 – VZB 32/05 – entschieden, dass auch die WEG neben der GbR teilrechtsfähig ist. Der BGH ging in seiner Entscheidung davon aus, dass für die WEG ein Gemeinschaftskonto geführt wird. Auswirkungen auf die vorstehend geschilderte Praxis ergeben sich daher aus dieser Entscheidung noch nicht.

US-Quellensteuer

Die Hinweise unter Rdn. 149 gelten entsprechend. Bei Treuhandkonten vgl. Rdn. 137.

2.4 Konto des nicht rechtsfähigen Vereins

Ein Zusammenschluss mehrerer Personen zur Erreichung eines gemeinsa- **143** men Zwecks ist ein nicht rechtsfähiger Verein, wenn er eine Satzung hat, einen eigenen Namen besitzt und unabhängig vom wechselnden Bestand seiner Mitglieder fortbesteht. Weiterhin muss er einen für die Gesamtheit der Mitglieder handelnden Vorstand haben (vgl. BMF-Schreiben vom 22. Dezember 2009, Rz 282, abgedruckt im Anhang unter 2.4).[1]

> **Beispiel:**
> Der nicht im Vereinsregister eingetragene Männergesangverein XY richtet zur Verwaltung seiner Mitgliederbeiträge ein Konto auf seinen Namen ein.

Kontoinhaber

Der nicht rechtsfähige Verein.

Alternativ kann das Konto als offenes Treuhandkonto auf den Namen eines Mitglieds des Vereins oder einen Vertreter eröffnet werden. Als zusätzliche Bezeichnung wird in diesen Fällen der Name des nicht eingetragenen Vereins festgehalten. Wegen der Vorgaben zum automatisierten Abruf von Kontoinformationen nach § 24c KWG darf dieser Zusatz jedoch nicht in die Namensfelder der EDV aufgenommen werden. Hierfür stehen in den Bankbetriebssystemen anderweitige Felder zur Verfügung, die nicht in die Kontoabrufdatei einfließen.

Verfügungsberechtigte(r)

Aus der Satzung des Vereins oder aus einem Mitgliederbeschluss ergibt sich, welche Personen den Verein vertreten. In der Regel wird der nicht rechtsfähige Verein durch ein oder mehrere Vorstandsmitglied(er) vertreten.

Legitimationsprüfung/Identifizierung

Wird das Konto auf den Namen des nicht rechtsfähigen Vereins eröffnet, muss sich das Kreditinstitut vergewissern, dass es sich bei dem Personen-

---

1   Für weitere Informationen zur Rechtsform des nicht rechtsfähigen Vereins vgl. auch Ohlmeyer/Gördel, Das Kreditgeschäft der Kreditgenossenschaften, Kapitel 14.4.5.

zusammenschluss auch tatsächlich um einen Verein handelt und dass dieser auch existiert. Es muss sich daher die Satzung sowie das Protokoll über die Mitgliederversammlung (einschließlich Anwesenheitsliste) vorlegen lassen, in der die Satzung von den Mitgliedern beschlossen wurde. Diese Unterlagen sollten zu den Kontoeröffnungsunterlagen genommen werden. Die Person, die das Konto eröffnet, muss sich legitimieren. Zusätzlich ist eine Legitimationsprüfung für die Personen durchzuführen, die nach der Satzung bzw. dem Mitgliederbeschluss über das Konto verfügen können. Soweit der tatsächliche Vereinszweck in Bezug auf Geldwäsche oder Terrorismusfinanzierung kein erhöhtes Risiko erkennen läßt, ist die Erfassung sämtlicher Vereinsmitglieder oder die Vorlage von Mitgliederlisten nicht erforderlich.

Wird das Konto als Treuhandkonto eröffnet, muss der Kontoinhaber (Treuhänder) legitimationsgeprüft werden.

Wirtschaftlich Berechtigter

Das Kreditinstitut muss abklären, ob der Kontoinhaber für einen wirtschaftlich Berechtigten handelt. Ist dies der Fall, muss er nach Maßgabe des § 4 Abs. 5 GwG identifiziert werden.

Wird das Konto auf den Verein als Kontoinhaber eröffnet, ist zunächst zu klären, ob die auf dem Konto zu verwaltenden Vermögenswerte dem Verein oder einem Dritten als veranlassendem Treugeber zuzurechnen sind. Erklärt der Verein, dass er die Geschäftsbeziehung nicht auf Veranlassung eines Dritten (d. h. im Interesse eines Dritten), insbesondere nicht als Treuhänder, eingeht und liegen keine Auffälligkeiten bzw. Hinweise vor, sind lediglich die wirtschaftlich Berechtigten des Vereins festzustellen (hierzu siehe unten).

Erklärt der Verein, das Konto solle auf Veranlassung einer anderen natürlichen Person, insbesondere als Treuhandkonto geführt werden, ist deren Name (mindestens ein Vorname) und gegebenenfalls weitere Identifikationsmerkmale aufzuzeichnen. In diesen Fällen sind zur Verifizierung die Angaben der Vereins – ggf. unter Hinzuziehung von (Kopien von) Dokumenten (soweit vorhanden) auf Widersprüche hin zu bewerten. Werden auf dem Konto Vermögenswerte von nicht natürlichen Personen verwaltet, ist „durch diese hindurchzuschauen" und nach den Maßgaben für wirtschaftlich Berechtigte, die über ihre Stimmrechts- oder Eigentumsanteile die Kontrolle über diese nicht natürliche Person ausüben, ein etwaiger wirtschaftlich Berechtigter abzuklären und gegebenenfalls zu identifizieren. Wird das Konto auf Veranlassung einer anderen Person geführt, so reicht es aus, diese Person (bzw. eine hinter einer nicht natürlichen Person als Veranlasser stehende natürliche Person) als wirtschaftlich Berechtigten zu erfassen. Die wirtschaftlich Berechtigten des Vereins müssen dagegen in Bezug auf das Treuhandkonto nicht ermittelt und erfasst werden.

Wird das Konto als Treuhandkonto für den Verein eröffnet, sind die auf dem Konto verwalteten Vermögenswerte dem Verein zuzurechnen. Der Kontoinhaber (Treuhänder) handelt somit auf Veranlassung des Vereins. Durch den Verein als nicht natürliche Person ist „hindurchzuschauen" und nach den Maßgaben für wirtschaftlich Berechtigte, die über ihre Stimmrechts- oder Eigentumsanteile die Kontrolle über diese nicht natürliche Person ausüben, ein etwaiger wirtschaftlich Berechtigter abzuklären und gegebenenfalls zu identifizieren.

Formal gesehen passen die gesetzlichen Vorgaben für wirtschaftlich Berechtigte von Gesellschaften, bei denen nach § 1 Abs. 6 GwG die Kontrollmöglichkeit unwiderlegbar vermutet wird, wenn unmittelbar oder mittelbar mehr als 25 Prozent der Eigentums- oder Stimmrechtsanteile kontrolliert werden, nur teilweise auf Vereine, da bei diesen insbesondere keine Eigentumsanteile ersichtlich sind. Daher kann hier ausschließlich auf die Stimmrechtsverteilung abgestellt werden. Soweit die Vereinssatzung keine Mehrstimmrechte von Mitgliedern vorsieht, kann pauschal die 25-Prozent-Regel angewandt werden: Bei Vereinen mit weniger als vier Mitgliedern sind alle Mitglieder als wirtschaftlich Berechtigte zu erfassen, da sie jeweils mehr als 25 Prozent der Stimmrechte innehaben. Besteht der Verein aus vier oder mehr Mitgliedern ist kein wirtschaftlich Berechtigter ersichtlich, da die Mitglieder hier jeweils maximal 25 Prozent der Stimmrechte innehaben, also unter dem gesetzlichen Quorum bleiben. Sind also keine Mehrstimmrechte vorgesehen, sind diejenigen natürlichen Personen, die mehr als 25 Prozent der Stimmrechte innehaben, mit angemessenen Mitteln festzustellen.

Die Verifizierung von wirtschaftlich Berechtigten erfolgt anhand von risikoangemessenen Maßnahmen z. B. durch die Einsichtnahme in Treuhandverträge oder -abreden, Register, Kopien von Registerauszügen, Recherchen im Telefonbuch, Internet oder sonstigen Quellen. Die Verifizierung von Vereinsmitgliedern als wirtschaftlich Berechtigte kann insbesondere anhand der Vereinsatzung und Mitgliederlisten erfolgen.

Wegen ausführlicherer Ausführungen zum wirtschaftlich Berechtigten siehe Rdn. 8 ff.

Zweck der Geschäftsbeziehung

Soweit sich der Zweck und die angestrebte Art der Kontoverbindung nicht bereits aus der Kontoart selbst ergibt, hat das Kreditinstitut hierzu Angaben des Kunden einzuholen (siehe Rdn. 7).

Politisch exponierte Personen

Wird das Konto als Treuhandkonto einer natürlichen Person geführt, ist deren PEP-Status abzuklären, siehe Rdn. 17.

Dokumentation

Wird das Konto auf den Namen des nicht rechtsfähigen Vereins errichtet, muss dieser in die Gläubigerdatei aufgenommen werden. Das verfügungsberechtigte Mitglied bzw. der bevollmächtigte Vertreter ist in die Bevollmächtigtendatei aufzunehmen.

Wird ein offenes Treuhandkonto auf den Namen des Treuhänders errichtet, ist der Treuhänder in die Gläubigerdatei aufzunehmen.

Kontendatei nach § 24c KWG

Vgl. Rdn. 22.

Hinweise

144 Der steuerpflichtige nicht rechtsfähige Verein kann selbst einen Freistellungsauftrag bis zum Betrag von 801 Euro erteilen. Dieser darf jedoch nur auf Konten berücksichtigt werden, die auf den Namen des nicht eingetragenen Vereins eröffnet wurden (§ 44a Abs. 6 EStG). Wird das Konto als Treuhandkonto auf den Namen eines Vertreters eröffnet, darf ein Freistellungsauftrag des Vereins somit für die auf diesem Konto erzielten Einkünfte nicht berücksichtigt werden. Soweit sich aus der Satzung des nicht rechtsfähigen Vereins Hinweise darauf ergeben, dass es sich bei dem Verein um einen gemeinnützigen und damit steuerbefreiten Verein handelt, darf ein Freistellungsauftrag des Vereins nicht akzeptiert werden (vgl. BMF-Schreiben vom 22. Dezember 2009 – IV C 1 – S 2252/08/10004 , Tz 280). Der Verein muss dann einen Körperschaftsteuer-Freistellungsbescheid oder eine Nichtveranlagungsbescheinigung vorlegen, damit das Kreditinstitut vom KapSt-Abzug Abstand nehmen kann.

145 Die hier dargestellten Grundsätze gelten auch für Gewerkschaften, einzelne Arbeitgeberverbände, Wählervereinigungen, Studentenvereinigungen sowie politische Parteien, die zumeist als nicht rechtsfähige Vereine organisiert sind. Ihre regionalen Untergliederungen (z. B. Ortsverband,

Kreisgruppe, Kreisverband, Bezirksverband, Landesverband etc.) können selbstständig ein Konto auf ihren Namen errichten, wenn sie selbst die Merkmale eines nicht rechtsfähigen Vereins erfüllen. Voraussetzung ist hierfür, dass sie über eigene satzungsmäßige Organe (Vorstand, Mitgliederversammlung) verfügen und über diese nach außen im eigenen Namen auftreten. Weiterhin müssen sie eine eigene Kassenführung haben. Eine eigene Satzung ist jedoch nicht erforderlich (vgl. BMF-Schreiben vom 18. Oktober 1988, BStBl 1988 I 443, abgedruckt im Anhang unter 2.2. Ansonsten benötigen sie für eine Kontoeröffnung auf den Namen des nicht rechtsfähigen Vereins (der politischen Partei, Gewerkschaft etc.) die Zustimmung der zuständigen Organe.

Zu den Fraktionen des Bundestags, der Land- und Bezirkstage, der Gemeinde-, Stadt-, Bezirks- und Verbandsgemeinderäte vgl. Rdn. 173.

Hauberg-, Forst-, Laub- und Alpgenossenschaften, Kali-, Forst- oder Feldmarkinteressentenschaften, Gehöferschaften, Jahnschaften und ähnliche Realgemeinden sind Vereinigungen, in denen sich die Eigentümer von land- oder forstwirtschaftlichen Grundstücken zur gemeinsamen Nutzung dieser Grundstücke zusammengeschlossen haben. Früher überwog die Eigennutzung durch die Mitglieder. In neuerer Zeit ist es häufig so, dass die Vereinigung als solche Nutzungen zieht, indem sie Grundstücke verpachtet (zum Holzeinschlag, zum Abbau von Sand oder Kies, zur Gewinnung von Heu, zum Beweiden usw.). Fast immer bestehen diese Vereinigungen schon seit dem vorigen Jahrhundert oder seit einem noch längeren Zeitraum. Es sind keine Genossenschaften i. S. d. § 1 GenG, auch wenn sie den Namensbestandteil „...Genossenschaft" führen. **146**

Hat die Vereinigung eine Mitgliederversammlung, eine Satzung und einen für die Gesamtheit der Mitglieder handelnden Vorstand und soll sie nach dem Willen der Mitglieder unabhängig davon bestehen, ob neue Mitglieder dazukommen oder bisherige Mitglieder ausscheiden, liegen alle Merkmale eines nicht rechtsfähigen Vereins vor (so auch BFH vom 24. Juni 1966, BStBl 1966 III 579).

Zu Jagd- und Waldgenossenschaften vgl. Rdn. 163.

Neben den oben angesprochenen, nicht rechtsfähigen Vereinen können auch sonstige Zweckvermögen des privaten Rechts Kontoinhaber sein (z. B. die nicht rechtsfähige Stiftung, vgl. Rdn. 161). Dazu können unter bestimmten Voraussetzungen auch Grabpflegekonten zählen (vgl. Verfügung der OFD Köln vom 10. Juli 1995, abgedruckt im Anhang unter 2.12, **147** vgl. Rdn. 79). Zweckvermögen rechnen zu den Körperschaften i. S. d. § 1 Abs. 1 Nr. 5 KStG und können demzufolge einen eigenen Freistellungsauftrag erteilen (vgl. die Verfügung der OFD Köln vom 10. Juli 1995, a. a. O.). Voraussetzung für die Anwendung des Freistellungsauftrags ist gem. § 44a Abs. 4, Abs. 6 EStG jedoch, dass das Konto auf den Namen des Zweckvermögens lautet. Dass Zweckvermögen zivilrechtlich keine eigene Rechtspersönlichkeit haben, dürfte dem nicht entgegenstehen. Durch die Steuerpflicht gem. § 1 KStG besitzen Zweckvermögen eine Teilrechtsfähigkeit für steuerliche Zwecke, die angesichts der zitierten Vorschriften des EStG verstärkt worden ist. Da die Rechtsordnung Zweckvermögen – zumindest beschränkt für die Besteuerung – für befähigt ansieht, eigene Einkünfte zu erzielen, ist konsequenterweise auch die Befugnis zu bejahen, alle Voraussetzungen, die mit der steuerpflichtigen Einkunftserzielung zusammenhängen, in eigener Person zu verwirklichen (hier die Kontoerrichtung auf den Namen des Zweckvermögens). Es ist daher zulässig, das Konto auf den Namen des Zweckvermögens zu errichten. Für den Verwalter des Zweckvermögens ist als Verfügungsberechtigter eine Legitimationsprüfung durchzuführen. Die kontoerrichtende natürliche Person (bzw. eine hinter einer nicht natürlichen Person als Veranlasser stehende natürliche Person) ist als „veranlassender" wirtschaftlich Berechtigter festzuhalten.

Alternativ kann ein Treuhandkonto auf den Namen des Verwalters eröffnet werden (vgl. Rdn. 81). Für ihn muss dann ebenfalls eine Legitimationsprüfung durchgeführt werden. Bei der Kontobezeichnung ist darauf zu achten, dass das Konto auf den Namen der natürlichen Person angelegt wird. Zusatzbezeichnungen (wg. Kegelclub „Alle Neune") dürfen nicht in das Namensfeld für die Kontodaten nach § 24c KWG aufgenommen werden. Hierfür stehen in den Bankbetriebssystemen anderweitige Felder zur Verfügung, die nicht in die Kontoabrufdatei einfließen.

In der Praxis muss davon ausgegangen werden, dass die Haftung der Mitglieder des nicht rechtsfähigen Vereins auf ihre Anteile am Vereinsvermögen beschränkt ist.

Zu Investmentclubs vgl. Rdn. 149.

US-Quellensteuer

Der nicht rechtsfähige Verein ist nach US-Steuerrecht selbst Steuerobjekt. Die Regelungen zu den juristischen Personen gelten entsprechend, vgl. Rdn. 158. Die Dokumentation der Legitimationsprüfung kann durch das Formular W-8BEN erfolgen. Die erforderliche DBA-Erklärung zum Nachweis der Abkommensberechtigung für einen verminderten Quellensteuerabzug ist hierin bereits enthalten. Bei Treuhandkonten sind die Ausführungen unter Rdn. 137 zu beachten.

2.5 Konto der BGB-Gesellschaft

Die Gesellschaft bürgerlichen Rechts (BGB-Gesellschaft, § 705 ff. BGB) ist **148** der Zusammenschluss mehrerer Gesellschafter zur Verfolgung eines gemeinsamen Zwecks. Umstritten ist, ob die BGB-Gesellschaft selbst Träger von Rechten sein kann. Der Bundesgerichtshof hat der BGB-Gesellschaft in verschiedenen Urteilen das Recht zugesprochen, im eigenen Namen im Rechtsverkehr Rechte zu erwerben und Verpflichtungen einzugehen.[1] Hierzu wird man auch die Kontoeröffnung auf den Namen der BGB-Gesellschaft rechnen dürfen. Auch in der Gesetzesbegründung[2] zu § 1 Abs. 6 GwG wird von der Teilrechtsfähigkeit (Kontofähigkeit) der BGB-Gesellschaft ausgegangen. Folgerichtig halten auch das Bundesfinanzministerium und die BAFin nunmehr die Kontoeröffnung auf den Namen der BGB-Gesellschaft unter Einhaltung bestimmter Voraussetzungen zur Legitimationsprüfung/Identifizierung für zulässig.

Kontoinhaber

Die BGB-Gesellschaft.

Alternativ kann das Konto als offenes Treuhandkonto auf den Namen eines Mitglieds der BGB-Gesellschaft oder einen Vertreter eröffnet werden (vgl. Rdn. 81). Als zusätzliche Bezeichnung wird in diesem Fall der Name der Gesellschaft in die Kontounterlagen aufgenommen. Wegen der Vorgaben zum automatisierten Abruf von Kontoinformationen nach § 24c KWG darf dieser Zusatz jedoch nicht in die Namensfelder der EDV aufgenommen werden. Hierfür stehen in den Bankbetriebssystemen anderweitige Felder zur Verfügung, die nicht in die Kontoabrufdatei einfließen.

Beispiel:
Meier wegen Anwaltssozietät Meier und Schultze

---

1 Zum Erwerb der Mitgliedschaft in einer eG durch eine BGB-Gesellschaft vgl. NJW 1992, 499; Scheckfähigkeit ZIP 1997, 1496; Namensrecht NJW 1991, 499; GbR als Kommanditist einer KG vom 16. Juli 2001 – II ZB 23/00, NJW 2001, 3121; Rechts- und Parteifähigkeit einer GbR, BGH vom 29. Januar 2001 – II ZR 331/00, NJW 2001, 1056.
2 Bundestagsdrucksache 16/9038, S. 30.

Verfügungsberechtigte(r)

Grundsätzlich steht die Geschäftsführung allen Gesellschaftern gemeinsam zu (§ 709 Abs. 1 BGB). Durch Gesellschaftsvertrag bzw. Gesellschafterbeschluss kann jedoch die Geschäftsführung einem oder mehreren Gesellschaftern übertragen werden. Diese vertreten die BGB-Gesellschaft dann einzeln oder gemeinsam.

Werden die Vermögenswerte der BGB-Gesellschaft auf einem offenen Treuhandkonto durch eine Person verwaltet, ist diese Person als Kontoinhaber allein verfügungsbefugt.

Legitimationsprüfung/Identifizierung

Wird das Konto auf den Namen der BGB-Gesellschaft eröffnet, muss sich das Kreditinstitut vergewissern, dass es sich bei dem Personenzusammenschluss auch tatsächlich um eine BGB-Gesellschaft handelt. Das Kreditinstitut muss sich deshalb den Gesellschaftsvertrag vorlegen lassen. Hieraus sollten sich die vertretungsberechtigten Personen sowie die Haftungsverhältnisse ergeben. Die Person, die das Konto eröffnet, muss sich legitimieren. Zusätzlich ist eine Legitimationsprüfung der Personen durchzuführen, die nach dem Beschluss der Gesellschafter über das Konto verfügen können. Soweit der tatsächliche Gesellschaftszweck in Bezug auf Geldwäsche oder Terrorismusfinanzierung kein erhöhtes Risiko erkennen läßt, ist die Erfassung sämtlicher Mitglieder der BGB-Gesellschaft oder die Vorlage von Mitgliederlisten nicht erforderlich.

Wird das Konto als Treuhandkonto eröffnet, muss nur der Kontoinhaber (Treuhänder) legitimationsgeprüft werden.

Wirtschaftlich Berechtigter

Das Kreditinstitut muss abklären, ob der Kontoinhaber für einen wirtschaftlich Berechtigten handelt. Ist dies der Fall, muss er nach Maßgabe des § 4 Abs. 5 GwG identifiziert werden.

Wird das Konto auf die BGB-Gesellschaft als Kontoinhaberin eröffnet, ist zunächst zu klären, ob die auf dem Konto zu verwaltenden Vermögenswerte der BGB-Gesellschaft oder einem Dritten als veranlassendem Treugeber zuzurechnen sind. Erklärt die BGB-Gesellschaft, dass sie die Geschäftsbeziehung nicht auf Veranlassung eines Dritten (d. h. im Interesse eines Dritten), insbesondere nicht als Treuhänder, eingeht und liegen keine Auffälligkeiten bzw. Hinweise vor, sind lediglich die wirtschaftlich Berechtigten der BGB-Gesellschaft festzustellen (hierzu siehe unten).

Erklärt die BGB-Gesellschaft, das Konto solle auf Veranlassung einer anderen natürlichen Person, insbesondere als Treuhandkonto geführt werden, ist deren Name (mindestens ein Vorname) und gegebenenfalls weitere Identifikationsmerkmale aufzuzeichnen. In diesen Fällen sind zur Verifizierung die Angaben der BGB-Gesellschaft – ggf. unter Hinzuziehung von (Kopien von) Dokumenten (soweit vorhanden) auf Widersprüche hin zu bewerten. Werden auf dem Konto Vermögenswerte von nicht natürlichen Personen verwaltet, ist „durch diese hindurchzuschauen" und nach den Maßgaben für wirtschaftlich Berechtigte, die über ihre Stimmrechts- oder Eigentumsanteile die Kontrolle über diese nicht natürliche Person ausüben, ein etwaiger wirtschaftlich Berechtigter abzuklären und gegebenenfalls zu identifizieren. Wird das Konto auf Veranlassung einer anderen Person geführt, so reicht es aus, diese Person (bzw. eine hinter einer nicht natürlichen Person als Veranlasser stehende natürliche Person) als wirtschaftlich Berechtigten zu erfassen. Die wirtschaftlich Berechtigten der BGB-Gesellschaft müssen dagegen in Bezug auf das Treuhandkonto nicht ermittelt und erfasst werden.

Wird das Konto als Treuhandkonto für die BGB-Gesellschaft eröffnet, sind die auf dem Konto verwalteten Vermögenswerte der BGB-Gesellschaft zuzurechnen. Der Kontoinhaber (Treuhänder) handelt somit auf Veranlassung der BGB-Gesellschaft. Durch die BGB-Gesellschaft als nicht natürliche Person ist „hindurchzuschauen" und nach den Maßgaben für wirtschaftlich Berechtigte, die über ihre Stimmrechts- oder Eigentumsanteile die Kontrolle über diese nicht natürliche Person ausüben, ein etwaiger wirtschaftlich Berechtigter abzuklären und gegebenenfalls zu identifizieren. Somit sind diejenigen natürlichen Personen, die mehr als 25 Prozent der Eigentums- oder Stimmrechtsanteile halten, mit angemessenen Mitteln festzustellen.

Allerdings wird in der Gesetzesbegründung zu § 1 Abs. 6 GwG[1] darauf hingewiesen, dass BGB-Gesellschaften unter Umständen ein erhöhtes Risiko darstellen können und dass deswegen nicht ausschließlich auf den Schwellenwert von 25 Prozent bei der Feststellung ihrer Gesellschafter als wirtschaftlich Berechtigte abgestellt werden soll. Soweit jedoch nach institutseigener Risikobewertung kein besonderes Risiko feststellbar ist, kann grundsätzlich an der Schwellenwertregelung festgehalten werden.

Die Verifizierung von wirtschaftlich Berechtigten erfolgt anhand von risikoangemessenen Maßnahmen z. B. durch die Einsichtnahme in Treu-

---

1   Bundestagsdrucksache 16/9038, S. 30.

handverträge oder -abreden, Register, Kopien von Registerauszügen, Recherchen im Telefonbuch, Internet oder sonstigen Quellen. Die Verifizierung von Gesellschaftern einer BGB-Gesellschaft als wirtschaftlich Berechtigte kann insbesondere anhand des Gesellschaftsvertrags und der Gesellschafterliste erfolgen. Wird eine Gesellschafterliste zu den Kontounterlagen genommen, kann nach den ZKA-Hinweisen zur Geldwäschebekämpfung auf die gesonderte Abklärung und Erfassung der wirtschaftlich Berechtigten verzichtet werden.[1]Wegen ausführlicherer Ausführungen zum wirtschaftlich Berechtigten siehe Rdn. 8 ff.

Zweck der Geschäftsbeziehung
Soweit sich der Zweck und die angestrebte Art der Kontoverbindung nicht bereits aus der Kontoart selbst ergibt, hat das Kreditinstitut hierzu Angaben des Kunden einzuholen (siehe Rdn. 7).

Politisch exponierte Personen
Wird das Konto als Treuhandkonto einer natürlichen Person geführt, ist deren PEP-Status abzuklären, siehe Rdn. 17.

Dokumentation
Wird das Konto auf den Namen der BGB-Gesellschaft errichtet, muss die BGB-Gesellschaft selbst in die Gläubigerdatei aufgenommen werden. Die verfügungsberechtigten Gesellschafter bzw. ein bevollmächtigter Dritter sind in die Bevollmächtigtendatei aufzunehmen.

Wird ein offenes Treuhandkonto auf den Namen des Treuhänders errichtet, ist der Treuhänder in die Gläubigerdatei aufzunehmen.

Der Gesellschaftsvertrag ist zu den Kontounterlagen zu nehmen. Ferner sollte der Gesellschafterbeschluss, der bestimmt, wer über das Konto der BGB-Gesellschaft verfügungsberechtigt ist, zu den Kontounterlagen genommen werden. Auch die Namen und Adressen der nicht vertretungsberechtigten Mitglieder der Gesellschaft sollten nach Möglichkeit zu den Unterlagen genommen werden. Mögliche Regressansprüche lassen sich dann schneller realisieren.

Kontendatei nach § 24c KWG
Vgl. Rdn. 22.

---

1   ZKA-Hinweise zur Geldwäschebekämpfung 2008, Tz.33.

Hinweise

Die vorstehenden Ausführungen gelten auch für Investment-, Spar- oder **149** Effektenclubs, die regelmäßig als BGB-Gesellschaften geführt werden. Bei diesen Clubs handelt es sich nach dem BMF-Schreiben vom 22. Dezember 2009, IV C 1 – S 2252/08/10004, Tz 282 nur dann um einen nicht rechtsfähigen Verein, wenn die Personengruppe

▷ einen gemeinsamen Zweck verfolgt,

▷ einen Gesamtnamen führt,

▷ einen für die Gesamtheit der Mitglieder handelnden Vorstand hat und

▷ unabhängig davon bestehen soll, ob neue Mitglieder aufgenommen werden oder bisherige Mitglieder ausscheiden.

Die Vereinssatzung muss in diesem Fall bestimmen, dass der Verein auch dann fortbesteht, wenn ein Mitglied kündigt bzw. ausscheidet. Der entsprechende Wille der Mitglieder kann alternativ auch durch eine Regelung verdeutlicht werden, nach der ein ausscheidendes Mitglied nach Beendigung der Mitgliedschaft keinen Anspruch auf das Vereinsvermögen hat. Fehlt es an einer solchen Satzungsregelung, wird der erforderliche Nachweis, dass die Personenvereinigung unabhängig von einem Mitgliederwechsel weiter bestehen soll, nicht geführt. Es handelt sich dann um eine BGB-Gesellschaft.

Die Bundesanstalt für Finanzdienstleistungsaufsicht geht bei einem Investmentclub grundsätzlich von der Notwendigkeit einer bankenaufsichtsrechtlichen Genehmigung aus (§ 32 Abs. 1 Satz 1 KWG). Die BAFin hält eine Genehmigung unter bestimmten Bedingungen im Einzelfall nicht für erforderlich, wenn das vom Investmentclub verwaltete Vermögen nicht mehr als drei Portfolios umfasst bzw. das Gesamtvolumen von insgesamt 511.292 Euro nicht überschreitet. Die Geschäftsführung eines Investmentclubs kann danach ein Anlagevermögen bis zu einem Volumen von 511.292 Euro verwalten, ohne eine Erlaubnis als Finanzportfolioverwalter zu benötigen.

Die BAFin hat mit Schreiben vom 7. Juli 1999 – VII 4 – 71.51 (2515) mitgeteilt, dass sie von einer Erlaubnispflicht nach § 1 Abs. 1a Satz 2 Nr. 3 KWG auch dann nicht Abstand nimmt, wenn das Konto des Investmentclubs als Treuhandkonto auf den Namen eines Verwalters geführt wird.

Bislang vertraten das BMF und die BaFin die Auffassung, dass bei Gesellschaften bürgerlichen Rechts das Konto auf den Namen aller Gesellschafter zu eröffnen sei und alle Mitglieder der BGB-Gesellschaft zu legitimieren/identifizieren seien. Nunmehr akzeptieren BMF und BaFin Kontoeröffnungen auf Gesellschaften bürgerlichen Rechts, wenn die Gesellschaft anhand eines schriftlichen Gesellschaftsvertrages legitimiert wird. Soweit darüber hinaus der tatsächliche Geschäftszweck in Bezug auf Geldwäsche oder Terrorismusfinanzierung kein erhöhtes Risiko erkennen lässt, wird auch die Identifizierung lediglich der verfügungsberechtigten Personen als ausreichend angesehen. Die Erfassung sämtlicher Mitglieder oder die Vorlage von Mitgliederlisten der BGB-Gesellschaft ist dann nicht erforderlich. Es ist vorgesehen, die geänderte Auffassung von BMF und BaFin im Rahmen der Neuauflage der ZKA-Hinweise zur Geldwäschebekämpfung noch in 2011 zu veröffentlichen.

Liegt dagegen kein schriftlicher Gesellschaftsvertrag vor, sollte ein offenes Treuhandkonto auf den Namen eines Mitglieds der BGB-Gesellschaft oder auf einen Vertreter eröffnet werden (vgl. Rdn. 81).

US-Quellensteuer

Nach Auffassung der US-Steuerbehörden ist bei Gesellschaften bürgerlichen Rechts auf die dahinter stehenden natürlichen oder juristischen Personen abzustellen. Zur Feststellung der persönlichen Identität ist eine Legitimationsprüfung bei allen Mitgliedern der Personenvereinigung durchzuführen. Die bei der Legitimationsprüfung vorgelegten amtlichen Ausweise sind zu kopieren. Anstelle der Vorlage eines Personaldokumentes kann die Legitimationsprüfung für US-Quellensteuerzwecke auch durch Abgabe eines Formulars W-8BEN (abgedruckt im Anhang unter 3.12) vorgenommen werden.

Die juristische Person kann als Mitglied der GbR ebenfalls ein W-8BEN (abgedruckt im Anhang unter 3.12) bzw. ein W-9 bei US-Staatsangehörigen (abgedruckt im Anhang unter 3.12) einreichen, um das Dokumentationserfordernis nach US-Recht zu erfüllen.

Die Dokumentation durch das Formular W-8BEN bzw. W-9 muss – im Gegensatz zur Legitimationsprüfung anhand eines amtlichen Ausweisdokumentes bzw. bei juristischen Personen anhand eines Registerauszuges oder der Gründungsurkunde – nach drei Jahren erneut durchgeführt werden, vgl. Rdn. 158.

Zusätzlich zur Legitimation/Dokumentation jedes einzelnen Gesellschafters muss von der Personengesellschaft selbst ein Formular W-8IMY (abgedruckt im Anhang unter 3.12) angefordert werden. Bei Erträgniszahlungen muss die GbR dem Kreditinstitut die auf die einzelnen Gesellschafter entfallenden Anteile mitteilen.

Von der individuellen Legitimationsverpflichtung kann bei den Mitgliedern der Personengemeinschaft nur in zwei Ausnahmefällen abgesehen werden, in denen die Personenvereinigung einen Vertrag zur Erfüllung steuerlicher Pflichten abgeschlossen hat:

▷ Withholding foreign Partnership. Dies ist ein Vertrag mit den US-Finanzbehörden, bei der sich die Personenvereinigung selbst zum Einbehalt der US-Quellensteuer verpflichtet. Eine Meldung der Erträge der Gesellschafter ist in diesem Fall durch die depotführende Stelle (i. d. R. der QI) nicht erforderlich. Sie muss sich den Status der Personenvereinigung nachweisen lassen (durch WP-EIN, sog. Withholding Certificate).

▷ Private Arrangement zwischen der Personenvereinigung und dem zum Steuereinbehalt verpflichteten Qualified Intermediary – QI, bei der die Personenvereinigung die Dokumentation der Mitglieder/Gesellschafter übernimmt.

Bei Treuhandkonten vgl. Rdn. 137.

2.6 Konto der offenen Handelsgesellschaft – OHG

Die offene Handelsgesellschaft ist eine Gesellschaft, deren Zweck auf den Betrieb eines Handelsgewerbes unter gemeinschaftlicher Firma gerichtet ist und deren Gesellschafter den Gläubigern unmittelbar und unbeschränkt mit ihrem gesamten Vermögen haften (§ 105 Abs. 1 HGB).

150

Die OHG kann unter ihrem Namen (Firma) Rechte erwerben und Verbindlichkeiten eingehen. Sie entsteht in der Regel erst mit der Eintragung in das Handelsregister. Ausnahmsweise kann die OHG bereits vor der Eintragung in das Handelsregister rechtswirksam unter ihrem Namen handeln und infolgedessen auch ein Konto eröffnen. Voraussetzung ist hierfür jedoch, dass sie bereits vor der Eintragung ein Handelsgewerbe i. S. d. § 1 Abs. 2 HGB betreibt, das einen in kaufmännischer Weise eingerichteten Geschäftsbetrieb erfordert.

Betreibt sie kein Handelsgewerbe, handelt es sich vor der Eintragung in das Handelsregister um eine BGB-Gesellschaft. Das Konto kann dann zunächst entweder auf den Namen der BGB-Gesellschaft oder als offenes Treuhandkonto eröffnet werden (vgl. Rdn. 148). Eine Umschreibung auf den Namen der OHG ist erst nach der Eintragung in das Handelsregister möglich.[1]

Kontoinhaber

Die OHG.

Verfügungsberechtigte(r)

Ist im Gesellschaftsvertrag nichts Abweichendes vereinbart, wird die OHG von jedem Gesellschafter allein vertreten (§ 125 Abs. 1 HGB). Jeder Gesellschafter ist dann berechtigt, über das Konto der OHG zu verfügen. Wurden im Gesellschaftsvertrag abweichende Regelungen getroffen (z. B. ein Alleinvertretungsrecht eines Gesellschafters bzw. die Vertretung der Gesellschaft durch mehrere Gesellschafter oder gemeinsam mit einem Prokuristen), müssen diese zum Handelsregister angemeldet und eingetragen werden. Abweichende Vereinbarungen, die nicht im Handelsregister eingetragen sind, muss das Kreditinstitut nur gegen sich gelten lassen, wenn es davon Kenntnis hat.

Legitimationsprüfung/Identifizierung

Die OHG wird durch die Vorlage des Handelsregisterauszuges legitimiert. Wird das Konto durch eine natürliche Person eröffnet, die im Handelsregister aufgeführt ist, ist eine Legitimationsprüfung bei dieser Person nach Nr. 7j AEAO zu § 154 AO nicht erforderlich. Sie muss auch nicht in die Bevollmächtigtendatei aufgenommen werden. Auch bei den anderen im Handelsregister eingetragenen vertretungsberechtigten Gesellschaftern braucht eine Legitimationsprüfung nach dieser Vorschrift nicht durchgeführt werden. Sie müssen auch nicht in die Bevollmächtigtendatei aufgenommen werden.

Wird ein Kontobevollmächtigter bestellt, der nicht im Handelsregister eingetragen ist, muss er legitimiert und in die Bevollmächtigtendatei aufgenommen werden. Eine Legitimationsprüfung ist jedoch nicht erforderlich, wenn bereits fünf verfügungsberechtigte Personen in das Handelsregister eingetragen wurden. Sind weniger als fünf Vertreter im Handelsregister eingetragen, entfällt die Verpflichtung zur Legitimationsprüfung bei weiteren Vertretern nur dann, wenn zusätzlich zu den im Handelsregister eingetragenen Personen bereits weitere Vertreter der OHG legitimationsgeprüft und in die Bevollmächtigtendatei aufgenommen wurden, sodass insgesamt bereits fünf Vertreter im Handelsregister

---

1 Für weitere Informationen zur Rechtsform der OHG siehe auch Ohlmeyer/Gördel, Das Kreditgeschäft der Kreditgenossenschaften, Kapitel 14.4.1.

aufgeführt bzw. legitimationsgeprüft wurden. Weitere Kontobevollmächtigte müssen sich dann nicht mehr legitimieren bzw. in die Bevollmächtigtendatei aufgenommen werden (Nr. 7k AEAO zu § 154 AO, vgl. auch Rdn. 68).

Beispiel:
Scheidet ein Gesellschafter nach der Kontoeröffnung aus der Gesellschaft aus und reduziert sich hierdurch die Zahl der im Handelsregister eingetragenen bzw. legitimationsgeprüften Personen auf unter fünf, muss die Legitimationsprüfung bei einem noch nicht legitimationsgeprüften Vertreter nachgeholt werden, da nach der Ausnahmeregelung Nr. 7k AEAO zu § 154 AO erst ab einer gewissen Mindestzahl von geprüften Verfügungsbefugnissen ausgeschlossen werden kann, dass ein Vertreter der OHG das Konto für eigene Zwecke nutzt. Das Kreditinstitut hat ein Auswahlermessen, bei welchem Vertretungsberechtigten es nachträglich eine Legitimationsprüfung durchführt.

Wirtschaftlich Berechtigter

Das Kreditinstitut muss abklären, ob der Kontoinhaber für einen wirtschaftlich Berechtigten handelt. Ist dies der Fall, muss er nach Maßgabe des § 4 Abs. 5 GwG identifiziert werden.

Somit ist zunächst zu klären, ob die auf dem Konto zu verwaltenden Vermögenswerte der OHG als Kontoinhaberin oder einem Dritten als veranlassendem Treugeber zuzurechnen sind. Erklärt die OHG, dass sie die Geschäftsbeziehung nicht auf Veranlassung eines Dritten (d. h. im Interesse eines Dritten), insbesondere nicht als Treuhänderin, eingeht und liegen keine Auffälligkeiten bzw. Hinweise vor, sind lediglich die wirtschaftlich Berechtigten der OHG festzustellen. Hierfür ist durch die OHG als nicht natürliche Person „hindurchzuschauen" und nach den Maßgaben für wirtschaftlich Berechtigte, die über ihre Stimmrechts- oder Eigentumsanteile die Kontrolle über diese nicht natürliche Person ausüben, ein etwaiger wirtschaftlich Berechtigter abzuklären und gegebenenfalls zu identifizieren. Somit sind diejenigen natürlichen Personen, die mehr als 25 Prozent der Eigentums- oder Stimmrechtsanteile halten, mit angemessenen Mitteln festzustellen. Als kontrollierende wirtschaftlich Berechtigte kommen bei der OHG die Gesellschafter in Betracht.

Erklärt die OHG, das Konto solle auf Veranlassung einer anderen natürlichen Person, insbesondere als Treuhandkonto geführt werden, sind deren Name (mindestens ein Vorname) und gegebenenfalls weitere Identifikationsmerkmale aufzuzeichnen. In diesen Fällen sind zur Verifizierung die Angaben der OHG – ggf. unter Hinzuziehung von (Kopien von) Dokumenten (soweit vorhanden) auf Widersprüche hin zu bewerten. Werden auf dem Konto Vermögenswerte von nicht natürlichen Personen verwaltet, ist „durch diese hindurchzuschauen" und nach den Maßgaben für wirtschaftlich Berechtigte, die über ihre Stimmrechts- oder Eigentumsanteile die Kontrolle über diese nicht natürliche Person ausüben, ein etwaiger wirtschaftlich Berechtigter abzuklären und gegebenenfalls zu identifizieren. Wird das Konto auf Veranlassung einer anderen Person geführt, so reicht es aus, diese Person (bzw. eine hinter einer nicht natürlichen Person als Veranlasser stehende natürliche Person) als wirtschaftlich Berechtigten zu erfassen. Die wirtschaftlich Berechtigten der OHG müssen dagegen in Bezug auf das Treuhandkonto nicht ermittelt und erfasst werden.

Die Verifizierung von wirtschaftlich Berechtigten erfolgt anhand von risikoangemessenen Maßnahmen z. B. durch die Einsichtnahme in Treuhandverträge oder -abreden, Register, Kopien von Registerauszügen, Recherchen im Telefonbuch, Internet oder sonstigen Quellen. Die Verifizierung von Gesellschaftern einer OHG als wirtschaftlich Berechtigte kann insbesondere anhand des Gesellschaftsvertrages und des Handelsregisters erfolgen.

Wegen ausführlicherer Ausführungen zum wirtschaftlich Berechtigten siehe Rdn. 8 ff.

Zweck der Geschäftsbeziehung

Soweit sich der Zweck und die angestrebte Art der Kontoverbindung nicht bereits aus der Kontoart selbst ergibt, hat das Kreditinstitut hierzu Angaben des Kunden einzuholen (siehe Rdn. 7).

Dokumentation

Die OHG ist in die Gläubigerdatei aufzunehmen. Ist bei Vertretern der OHG nach den oben dargestellten Grundsätzen eine Legitimationsprüfung durchzuführen, sind sie in die Bevollmächtigtendatei aufzunehmen.

Kontendatei nach § 24c KWG

Vgl. Rdn. 22.

US-Quellensteuer

Nach Auffassung der US-Steuerbehörden ist zur Feststellung des wirtschaftlich Berechtigten auf die in der OHG zusammengeschlossenen Personen abzustellen. Die Legitimationsprüfung ist infolgedessen nach den

US-Quellensteuerbestimmungen bei allen Gesellschaftern durchzuführen. Alternativ kann auch ein Formular W-8BEN (abgedruckt im Anhang unter 3.12) für jeden Gesellschafter ausgefüllt werden. Die Regelungen zur GbR gelten entsprechend, vgl. Rdn. 7 und 149.

2.7 Konto der Kommanditgesellschaft – KG

Die Kommanditgesellschaft ist eine Gesellschaft, deren Zweck auf den Betrieb eines Handelsgewerbes unter gemeinschaftlicher Firma gerichtet ist. Mindestens ein Gesellschafter haftet den Gläubigern persönlich und unbeschränkt (Komplementär). Daneben gibt es mindestens einen Gesellschafter, der nur beschränkt auf seine Einlage haftet (Kommanditist).

151

Die KG kann unter ihrem Namen (Firma) Rechte erwerben und Verbindlichkeiten eingehen. Sie entsteht in der Regel erst mit der Eintragung in das Handelsregister. Ausnahmsweise kann die KG bereits vor der Eintragung in das Handelsregister rechtswirksam unter ihrem Namen handeln und infolgedessen auch ein Konto eröffnen. Das ist aber nur der Fall, wenn der Zweck der KG auf den Betrieb eines Handelsgewerbes i. S. d. § 1 Abs. 2 HGB gerichtet ist, das einen in kaufmännischer Weise eingerichteten Geschäftsbetrieb erfordert.

Betreibt die KG kein Handelsgewerbe, handelt es sich vor der Eintragung in das Handelsregister um eine BGB-Gesellschaft. Zur Kontoeröffnung in diesen Fällen vgl. Rdn. 148 f.[1]

Kontoinhaber

Die KG.

Verfügungsberechtigte(r)

Zur Vertretung der KG sind nur die persönlich haftenden Gesellschafter (Komplementäre) berechtigt. Ist im Gesellschaftsvertrag nichts Abweichendes vereinbart, wird die KG von jedem persönlich haftenden Gesellschafter allein vertreten. Die nur beschränkt haftenden Gesellschafter (Kommanditisten) dürfen nach § 170 HGB die KG nicht vertreten. Ihnen kann jedoch von der Gesellschaft Prokura, Handlungsvollmacht oder Einzelvollmacht erteilt werden. Die persönlich haftenden Gesellschafter bzw. Prokuristen der KG sind namentlich im Handelsregister aufgeführt.

---

1 Für weitere Informationen zur Rechtsform der KG siehe auch Ohlmeyer/Gördel, Das Kreditgeschäft der Kreditgenossenschaften, Kapitel 14.4.3.

Legitimationsprüfung/Identifizierung

Die KG wird durch die Vorlage eines aktuellen Handelsregisterauszuges legitimiert.

Der Kommanditist muss regelmäßig nicht legitimationsgeprüft werden, da er nicht zur Geschäftsführung befugt ist.

Wird das Konto durch eine natürliche Person eröffnet, die im Handelsregister als Komplementär oder sonst vertretungsberechtigte Person aufgeführt ist, ist eine Legitimationsprüfung bei diesem Vertreter der KG nach § 7j AEAO zu § 154 AO nicht erforderlich. Diese Personen müssen auch nicht in die Bevollmächtigtendatei aufgenommen werden. Wird einer natürlichen Person eine Kontovollmacht erteilt und ist diese Person nicht im Handelsregister eingetragen, muss sie legitimiert und in die Bevollmächtigtendatei aufgenommen werden. Eine Legitimationsprüfung ist jedoch nicht erforderlich, wenn bereits fünf vertretungsberechtigte Personen in das Handelsregister eingetragen wurden. Sind weniger als fünf Vertreter im Handelsregister eingetragen, entfällt die Verpflichtung zur Legitimationsprüfung nur dann, wenn zusätzlich zu den im Handelsregister eingetragenen Personen bereits weitere Vertreter der KG legitimationsgeprüft wurden, sodass insgesamt bereits fünf Vertreter entweder im Handelsregister aufgeführt oder bereits legitimationsgeprüft wurden. In diesem Fall müssen sich weitere Kontobevollmächtigte nicht mehr legitimieren und in die Bevollmächtigtendatei aufgenommen werden (Nr. 7k AEAO zu § 154 AO, vgl. Rdn. 68).

Wirtschaftlich Berechtigter

Das Kreditinstitut muss abklären, ob der Kontoinhaber für einen wirtschaftlich Berechtigten handelt. Ist dies der Fall, muss er nach Maßgabe des § 4 Abs. 5 GwG identifiziert werden.

Somit ist zunächst zu klären, ob die auf dem Konto zu verwaltenden Vermögenswerte der KG als Kontoinhaberin oder einem Dritten als veranlassendem Treugeber zuzurechnen sind. Erklärt die KG, dass sie die Geschäftsbeziehung nicht auf Veranlassung eines Dritten (d. h. im Interesse eines Dritten), insbesondere nicht als Treuhänderin, eingeht und liegen keine Auffälligkeiten bzw. Hinweise vor, sind lediglich die wirtschaftlich Berechtigten der KG festzustellen. Hierfür ist durch die KG als nicht natürliche Person „hindurchzuschauen" und nach den Maßgaben für wirtschaftlich Berechtigte, die über ihre Stimmrechts- oder Eigentumsanteile die Kontrolle über diese nicht natürliche Person ausüben, ein etwaiger wirtschaftlich Berechtigter abzuklären und gegebenenfalls zu identifizieren. Somit sind diejenigen natürlichen Personen, die mehr als 25 Prozent der Eigentums- oder Stimmrechtsanteile halten, mit angemessenen Mitteln festzustellen. Als kontrollierende wirtschaftlich Berechtigte kommen bei der KG die Kommanditisten und der Komplementär bzw. die hinter ihnen stehenden natürlichen Personen in Betracht.

Erklärt die KG, das Konto solle auf Veranlassung einer anderen natürlichen Person, insbesondere als Treuhandkonto geführt werden, ist deren Name (mindestens ein Vorname) und gegebenenfalls weitere Identifikationsmerkmale aufzuzeichnen. In diesen Fällen sind zur Verifizierung die Angaben der KG – ggf. unter Hinzuziehung von (Kopien von) Dokumenten (soweit vorhanden) auf Widersprüche hin zu bewerten. Werden auf dem Konto Vermögenswerte von nicht natürlichen Personen verwaltet, ist „durch diese hindurchzuschauen" und nach den Maßgaben für wirtschaftlich Berechtigte, die über ihre Stimmrechts- oder Eigentumsanteile die Kontrolle über diese nicht natürliche Person ausüben, ein etwaiger wirtschaftlich Berechtigter abzuklären und gegebenenfalls zu identifizieren. Wird das Konto auf Veranlassung einer anderen Person geführt, so reicht es aus, diese Person (bzw. eine hinter einer nicht natürlichen Person als Veranlasser stehende natürliche Person) als wirtschaftlich Berechtigten zu erfassen. Die wirtschaftlich Berechtigten der KG müssen dagegen in Bezug auf das Treuhandkonto nicht ermittelt und erfasst werden.

Die Verifizierung von wirtschaftlich Berechtigten erfolgt anhand von risikoangemessenen Maßnahmen z. B. durch die Einsichtnahme in Treuhandverträge oder -abreden, Register, Kopien von Registerauszügen, Recherchen im Telefonbuch, Internet oder sonstigen Quellen. Die Verifizierung von Gesellschaftern einer KG als wirtschaftlich Berechtigte kann insbesondere anhand des Gesellschaftsvertrages erfolgen. Über die Eigentumsstruktur der KG geben die darin enthaltenen Angaben zu den Pflichteinlagen Aufschluss. Auch besondere Ausgestaltungen der Stimmrechte können dem Gesellschaftsvertrag entnommen werden.

Wegen ausführlicherer Ausführungen zum wirtschaftlich Berechtigten siehe Rdn. 8 ff.

Zweck der Geschäftsbeziehung
Soweit sich der Zweck und die angestrebte Art der Kontoverbindung nicht bereits aus der Kontoart selbst ergibt, hat das Kreditinstitut hierzu Angaben des Kunden einzuholen (siehe Rdn. 7).

Dokumentation

Die KG ist in die Gläubigerdatei aufzunehmen. Nur solche Personen, bei denen nach den oben dargestellten Grundsätzen eine Legitimationsprüfung durchgeführt werden muss, sind in die Bevollmächtigtendatei aufzunehmen.

Kontendatei nach § 24c KWG

Vgl. Rdn. 22.

US-Quellensteuer

Die Ausführungen zu Rdn. 150 gelten entsprechend. Ist eine juristische Person Gesellschafterin der KG, gelten für diese die unter Rdn. 151 aufgeführten Anforderungen.

2.8 Konto der GmbH & Co. KG

152 Die GmbH & Co. KG ist eine Kommanditgesellschaft. Ihr persönlich haftender Gesellschafter (Komplementär) ist eine GmbH und somit eine Kapitalgesellschaft. Die Ausführungen zur KG gelten entsprechend (vgl. Rdn. 151).[1]

Kontoinhaber

Die GmbH & Co. KG.

Verfügungsberechtigte(r)

Die GmbH & Co. KG wird von der GmbH als persönlich haftendem Gesellschafter (Komplementär) vertreten. Für die GmbH & Co. KG handelt somit der zur Vertretung der GmbH Berechtigte, das ist in der Regel der Geschäftsführer der GmbH.

Legitimationsprüfung/Identifizierung

Die Legitimationsprüfung der GmbH & Co. KG erfolgt durch Vorlage des Handelsregisterauszuges der KG. Die Legitimationsprüfung des zur Geschäftsführung befugten GmbH-Geschäftsführers erfolgt durch die Vorlage des Handelsregisterauszuges der GmbH (Nr. 7j AEAO zu § 154 AO). Er muss daher nicht in die Bevollmächtigtendatei aufgenommen werden. Auch die vertretungsberechtigten Prokuristen der GmbH & Co. KG werden durch den vorgelegten Handelsregisterauszug der GmbH & Co. KG legitimiert. Sie müssen daher ebenfalls nicht in die Bevollmächtigtendatei

---

1 Für weitere Informationen zur Rechtsform der GmbH & Co. KG siehe auch Ohlmeyer/ Gördel, Das Kreditgeschäft der Kreditgenossenschaften, Kapitel 14.4.4.

aufgenommen werden. Wird ein Kontobevollmächtigter bestellt, der nicht im Handelsregister eingetragen ist, muss er legitimationsgeprüft werden. Eine Legitimationsprüfung ist nur dann nicht erforderlich, wenn bereits fünf Personen als vertretungsberechtigte Personen entweder in das Handelsregister eingetragen oder bereits einer Legitimationsprüfung unterzogen wurden (vg. Rdn. 68).

Wirtschaftlich Berechtigter

Das Kreditinstitut muss abklären, ob der Kontoinhaber für einen wirtschaftlich Berechtigten handelt. Ist dies der Fall, muss er nach Maßgabe des § 4 Abs. 5 GwG identifiziert werden.

Somit ist zunächst zu klären, ob die auf dem Konto zu verwaltenden Vermögenswerte der GmbH & Co. KG als Kontoinhaberin oder einem Dritten als veranlassendem Treugeber zuzurechnen sind. Erklärt die GmbH & Co. KG, dass sie die Geschäftsbeziehung nicht auf Veranlassung eines Dritten (d. h. im Interesse eines Dritten), insbesondere nicht als Treuhänderin, eingeht und liegen keine Auffälligkeiten bzw. Hinweise vor, sind lediglich die wirtschaftlich Berechtigten der GmbH & Co. KG festzustellen. Hierfür ist durch die GmbH & Co. KG als nicht natürliche Person „hindurchzuschauen" und nach den Maßgaben für wirtschaftlich Berechtigte, die über ihre Stimmrechts- oder Eigentumsanteile die Kontrolle über diese nicht natürliche Person ausüben, ein etwaiger wirtschaftlich Berechtigter abzuklären und gegebenenfalls zu identifizieren. Somit sind diejenigen natürlichen Personen, die mehr als 25 Prozent der Eigentums- oder Stimmrechtsanteile halten, mit angemessenen Mitteln festzustellen. Als kontrollierende wirtschaftlich Berechtigte kommen bei der GmbH & Co. KG die Kommanditisten sowie die Gesellschafter der GmbH bzw. die hinter ihnen stehenden natürlichen Personen in Betracht. Bei der GmbH & Co. KG als gesellschaftsrechtlicher „Sonderform" mit unterschiedlichen Gesellschaftern sollte berücksichtigt werden, dass der Komplementär wegen seiner gesellschaftsrechtlich dominanten Stellung als „Vollhafter" Kontrolle ausübt und deshalb beherrschende Gesellschafter der GmbH ebenfalls als wirtschaftlich Berechtigte in Betracht kommen, selbst wenn die Kapitalanteile der GmbH an der GmbH & Co. KG weniger als 25 Prozent betragen.[1]

Erklärt die GmbH & Co. KG, das Konto solle auf Veranlassung einer anderen natürlichen Person, insbesondere als Treuhandkonto geführt werden, ist deren Name (mindestens ein Vorname) und gegebenenfalls weitere

---

1   Vgl. ZKA-Hinweise 2008, Tz 27 a. E. (Fall 4).

Identifikationsmerkmale aufzuzeichnen. In diesen Fällen sind zur Verifizierung die Angaben der GmbH & Co. KG – ggf. unter Hinzuziehung von (Kopien von) Dokumenten (soweit vorhanden) auf Widersprüche hin zu bewerten. Werden auf dem Konto Vermögenswerte von nicht natürlichen Personen verwaltet, ist „durch diese hindurchzuschauen" und nach den Maßgaben für wirtschaftlich Berechtigte, die über ihre Stimmrechts- oder Eigentumsanteile die Kontrolle über diese nicht natürliche Person ausüben, ein etwaiger wirtschaftlich Berechtigter abzuklären und gegebenenfalls zu identifizieren. Wird das Konto auf Veranlassung einer anderen Person geführt, so reicht es aus, diese Person (bzw. eine hinter einer nicht natürlichen Person als Veranlasser stehende natürliche Person) als wirtschaftlich Berechtigten zu erfassen. Die wirtschaftlich Berechtigten der GmbH & Co. KG müssen dagegen in Bezug auf das Treuhandkonto nicht ermittelt und erfasst werden.

Die Verifizierung von wirtschaftlich Berechtigten erfolgt anhand von risikoangemessenen Maßnahmen z. B. durch die Einsichtnahme in Treuhandverträge oder -abreden, Register, Kopien von Registerauszügen, Recherchen im Telefonbuch, Internet oder sonstigen Quellen. Die Verifizierung von Gesellschaftern einer GmbH & Co. KG als wirtschaftlich Berechtigte kann insbesondere anhand des Gesellschaftsvertrages erfolgen. Über die Eigentumsstruktur der KG geben die darin enthaltenen Angaben zu den Pflichteinlagen Aufschluss. Auch besondere Ausgestaltungen der Stimmrechte können dem Gesellschaftsvertrag entnommen werden.

Wegen ausführlicherer Ausführungen zum wirtschaftlich Berechtigten siehe Rdn. 8 ff.

Zweck der Geschäftsbeziehung

Soweit sich der Zweck und die angestrebte Art der Kontoverbindung nicht bereits aus der Kontoart selbst ergibt, hat das Kreditinstitut hierzu Angaben des Kunden einzuholen (siehe Rdn. 7).

Dokumentation

Die GmbH & Co. KG wird in die Gläubigerdatei aufgenommen. Vertretungsberechtigte Personen, die nicht im Handelsregister eingetragen sind und bei denen nach der oben dargestellten Regelung eine Legitimationsprüfung durchgeführt werden muss, sind in die Bevollmächtigtendatei aufzunehmen.

Kontendatei nach § 24c KWG
Vgl. Rdn. 22.

US-Quellensteuer
Die Ausführungen zu Rdn. 150 gelten entsprechend. Für die GmbH greifen ergänzend die unter Rdn. 158 aufgeführten Regelungen.

2.9 Konto der Partnerschaftsgesellschaft

Durch das Partnerschaftsgesellschaftsgesetz vom 25. Juli 1994 können sich die Angehörigen der klassischen freien Berufe zur gemeinsamen Berufsausübung in einer Partnerschaft zusammenschließen. Diese neue Gesellschaftsform kennzeichnet eine Gesamthandsgemeinschaft (jedem Gesellschafter gehört zusammen mit den anderen das Gesellschaftsvermögen), die unter ihrem Namen Rechte erwerben und Verbindlichkeiten eingehen kann. Ihre Rechtsfähigkeit erwirbt sie durch die Eintragung in das Partnerschaftsregister. Der Name der Partnerschaft muss gem. § 2 Abs. 1 Partnerschaftsgesellschaftsgesetz den Namen mindestens eines Partners, den Zusatz „und Partner" oder „Partnerschaft" sowie die Berufsbezeichnungen sämtlicher in der Partnerschaft vertretenen (d. h. tatsächlich ausgeübten Berufe) enthalten.[1]

153

Kontoinhaber
Die Partnerschaftsgesellschaft.

Verfügungsberechtigte(r)
Die Partnerschaftsgesellschaft wird von den Partnern vertreten, und zwar im Zweifel von jedem Partner in Einzelvertretungsmacht. Soll ein Partner von der Vertretung ausgeschlossen sein oder sollen alle Partner die Partnerschaftsgesellschaft gemeinschaftlich vertreten (Gesamtvertretung), bedarf dies der Eintragung im Partnerschaftsregister.

Legitimationsprüfung/Identifizierung
Die Partnerschaftgesellschaft wird durch die Vorlage eines Auszuges aus dem Partnerschaftsregister legitimiert. Wird das Konto durch eine natürliche Person eröffnet, die im Partnerschaftsregister als Partner aufgeführt ist, ist eine Legitimationsprüfung bei dieser Person nach Nr. 7j AEAO zu § 154 AO nicht erforderlich. Sie muss auch nicht in die Bevollmächtigtendatei aufgenommen werden. Auch bei den anderen im Handelsregister

---

[1] Für weitere Informationen zur Rechtsform der Partnerschaftsgesellschaft siehe auch Ohlmeyer/Gördel, Das Kreditgeschäft der Kreditgenossenschaften, Kapitel 14.4.2.

eingetragenen vertretungsberechtigten Partnern braucht eine Legitimationsprüfung nach dieser Vorschrift nicht durchgeführt werden. Sie müssen auch nicht in die Bevollmächtigtendatei aufgenommen werden.

Wird ein Kontobevollmächtigter bestellt, der nicht im Partnerschaftsregister eingetragen ist, muss er legitimiert und in die Bevollmächtigtendatei aufgenommen werden. Eine Legitimationsprüfung ist jedoch nicht erforderlich, wenn bereits fünf verfügungsberechtigte Personen in das Partnerschaftsregister eingetragen wurden. Sind weniger als fünf Vertreter im Partnerschaftsregister eingetragen, entfällt die Verpflichtung zur Legitimationsprüfung bei weiteren Vertretern nur dann, wenn zusätzlich zu den im Partnerschaftsregister eingetragenen Personen bereits weitere Vertreter der Partnerschaftsgesellschaft legitimationsgeprüft wurden, sodass insgesamt bereits fünf Vertreter im Partnerschaftsregister aufgeführt bzw. legitimationsgeprüft wurden. Weitere Kontobevollmächtigte müssen sich dann nicht mehr legitimieren bzw. in die Bevollmächtigtendatei aufgenommen werden (Nr. 7k AEAO zu § 154 AO, vgl. Rdn. 68).

Wirtschaftlich Berechtigter

Das Kreditinstitut muss abklären, ob der Kontoinhaber für einen wirtschaftlich Berechtigten handelt. Ist dies der Fall, muss er nach Maßgabe des § 4 Abs. 5 GwG identifiziert werden.

Somit ist zunächst zu klären, ob die auf dem Konto zu verwaltenden Vermögenswerte der Partnerschaftsgesellschaft als Kontoinhaberin oder einem Dritten als veranlassendem Treugeber zuzurechnen sind. Erklärt die Partnerschaftsgesellschaft, dass sie die Geschäftsbeziehung nicht auf Veranlassung eines Dritten (d. h. im Interesse eines Dritten), insbesondere nicht als Treuhänderin, eingeht und liegen keine Auffälligkeiten bzw. Hinweise vor, sind lediglich die wirtschaftlich Berechtigten der Partnerschaftsgesellschaft festzustellen. Hierfür ist durch die Partnerschaftsgesellschaft als nicht natürliche Person „hindurchzuschauen" und nach den Maßgaben für wirtschaftlich Berechtigte, die über ihre Stimmrechts- oder Eigentumsanteile die Kontrolle über diese nicht natürliche Person ausüben, ein etwaiger wirtschaftlich Berechtigter abzuklären und gegebenenfalls zu identifizieren. Somit sind diejenigen natürlichen Personen, die mehr als 25 Prozent der Eigentums- oder Stimmrechtsanteile halten, mit angemessenen Mitteln festzustellen. Als kontrollierende wirtschaftlich Berechtigte kommen bei der Partnerschaftsgesellschaft die Partner in Betracht.

Erklärt die Partnerschaftsgesellschaft, das Konto solle auf Veranlassung einer anderen natürlichen Person, insbesondere als Treuhandkonto geführt werden, ist deren Name (mindestens ein Vorname) und gegebenenfalls weitere Identifikationsmerkmale aufzuzeichnen. In diesen Fällen sind zur Verifizierung die Angaben der Partnerschaftsgesellschaft – ggf. unter Hinzuziehung von (Kopien von) Dokumenten (soweit vorhanden) auf Widersprüche hin zu bewerten. Werden auf dem Konto Vermögenswerte von nicht natürlichen Personen verwaltet, ist „durch diese hindurchzuschauen" und nach den Maßgaben für wirtschaftlich Berechtigte, die über ihre Stimmrechts- oder Eigentumsanteile die Kontrolle über diese nicht natürliche Person ausüben, ein etwaiger wirtschaftlich Berechtigter abzuklären und gegebenenfalls zu identifizieren. Wird das Konto auf Veranlassung einer anderen Person geführt, so reicht es aus, diese Person (bzw. eine hinter einer nicht natürlichen Person als Veranlasser stehende natürliche Person) als wirtschaftlich Berechtigten zu erfassen. Die wirtschaftlich Berechtigten der Partnerschaftsgesellschaft müssen dagegen in Bezug auf das Treuhandkonto nicht ermittelt und erfasst werden.

Die Verifizierung von wirtschaftlich Berechtigten erfolgt anhand von risikoangemessenen Maßnahmen z. B. durch die Einsichtnahme in Treuhandverträge oder -abreden, Register, Kopien von Registerauszügen, Recherchen im Telefonbuch, Internet oder sonstigen Quellen. Die Verifizierung von Gesellschaftern einer Partnerschaftsgesellschaft als wirtschaftlich Berechtigte kann insbesondere anhand des Gesellschaftsvertrages und des Partnerschaftsregisters erfolgen.

Wegen ausführlicherer Ausführungen zum wirtschaftlich Berechtigten siehe Rdn. 8 ff.

Zweck der Geschäftsbeziehung

Soweit sich der Zweck und die angestrebte Art der Kontoverbindung nicht bereits aus der Kontoart selbst ergibt, hat das Kreditinstitut hierzu Angaben des Kunden einzuholen (siehe Rdn. 7).

Dokumentation

Die Partnerschaftsgesellschaft ist in die Gläubigerdatei aufzunehmen. Ist bei Vertretern der Partnerschaftsgesellschaft nach den oben dargestellten Grundsätzen eine Legitimationsprüfung durchzuführen, sind sie in die Bevollmächtigtendatei aufzunehmen.

Kontendatei nach § 24c KWG
Vgl. Rdn. 22.

Hinweise

154 Vor der Eintragung der Partnerschaftsgesellschaft im Partnerschaftsregister kann ein Konto nur nach den Grundsätzen der Kontoeröffnung für eine BGB-Gesellschaft eröffnet werden (vgl. Rdn. 148).

US-Quellensteuer
Die Ausführungen unter Rdn. 149 gelten entsprechend.

2.10   Konto der Reederei

155 Die Reederei ist eine besondere Gesellschaftsform, bei der sich verschiedene Miteigentümer eines Schiffes durch einen Vertrag zusammenschließen, um das Schiff für gemeinschaftliche Rechnung zu Erwerbszwecken in der Seefahrt einzusetzen (§ 489 HGB). Befindet sich das Schiff noch im Bau, handelt es sich um eine sog. Baureederei (§ 509 HGB). Die Anteile der Mitreeder am Reedereivermögen werden Parten genannt. Die Mitreeder haften persönlich für die Verbindlichkeiten der Reederei. Ihre Haftung ist jedoch der Höhe nach beschränkt. Sie haften nur bis zur Höhe ihres Anteils (in Prozent), der ihrer Beteiligung am Gesamtvermögen der Reederei entspricht (§ 507 Abs. 1 HGB). Wie bei der BGB-Gesellschaft kann man auch bei der Reederei davon ausgehen, dass auf ihren Namen ein Konto eröffnet werden kann (vgl. Rdn. 148).

Kontoinhaber
Die Reederei.

Alternativ kann das Konto als offenes Treuhandkonto auf den Namen eines Mitglieds der Reederei oder einen Vertreter eröffnet werden (vgl. Rdn. 81). Als zusätzliche Bezeichnung wird dann der Name der Reederei in den Kontounterlagen festgehalten. Wegen der Vorgaben zum automatisierten Abruf von Kontoinformationen nach § 24c KWG darf dieser Zusatz jedoch nicht in die Namensfelder der EDV aufgenommen werden. Hierfür stehen in den Bankbetriebssystemen anderweitige Felder zur Verfügung, die nicht in die Kontoabrufdatei einfließen.

Verfügungsberechtigte(r)
Die Reederei wird durch die Mitreeder gemeinsam vertreten. Regelmäßig wird jedoch ein Vertreter bestellt (Korrespondentreeder, Schiffsdirektor

oder Schiffsdisponent nach § 492 Abs. 1 HGB), der die Reederei nach außen hin im Rechtsverkehr vertritt (§ 493 Abs. 1 HGB).

Legitimationsprüfung/Identifizierung

Die Reederei wird selbst nicht ins Handelsregister eingetragen. Deshalb müssen grundsätzlich alle in der Reederei zusammengeschlossenen Personen (Reeder) legitimationsgeprüft werden. Nach den Grundsätzen der Legitimationsprüfung bei BGB-Gesellschaften muss es aber auch bei der Kontoeröffnung für eine Reederei ausreichen, wenn sich die Person legitimiert, die das Konto eröffnet (vgl. Rdn. 148). Zusätzlich ist eine Legitimationsprüfung der Personen durchzuführen, die nach dem zwischen den Reedern geschlossenen Vertrag oder nach einem entsprechenden Beschluss der Reeder über das Konto verfügen können. Die Existenz der Reederei muss sich das Kreditinstitut durch die Vorlage des Vertrages über die Errichtung der Reederei nachweisen lassen. Wird ein Korrespondentreeder bestellt, ist dieser als Vertreter der Reederei über das Konto verfügungsbefugt. Für ihn muss daher eine Legitimationsprüfung durchgeführt werden.

Wirtschaftlich Berechtigter

Das Kreditinstitut muss abklären, ob der Kontoinhaber für einen wirtschaftlich Berechtigten handelt. Ist dies der Fall, muss er nach Maßgabe des § 4 Abs. 5 GwG identifiziert werden.

Wird das Konto auf die Reederei als Kontoinhaberin eröffnet, ist zunächst zu klären, ob die auf dem Konto zu verwaltenden Vermögenswerte der Reederei oder einem Dritten als veranlassendem Treugeber zuzurechnen sind. Erklärt die Reederei, dass sie die Geschäftsbeziehung nicht auf Veranlassung eines Dritten (d. h. im Interesse eines Dritten), insbesondere nicht als Treuhänder, eingeht und liegen keine Auffälligkeiten bzw. Hinweise vor, sind lediglich die wirtschaftlich Berechtigten der Reederei festzustellen (hierzu siehe unten).

Erklärt die Reederei, das Konto solle auf Veranlassung einer anderen natürlichen Person, insbesondere als Treuhandkonto geführt werden, ist deren Name (mindestens ein Vorname) und gegebenenfalls weitere Identifikationsmerkmale aufzuzeichnen. In diesen Fällen sind zur Verifizierung die Angaben der Reederei – ggf. unter Hinzuziehung von (Kopien von) Dokumenten (soweit vorhanden) auf Widersprüche hin zu bewerten. Werden auf dem Konto Vermögenswerte von nicht natürlichen Personen verwaltet, ist „durch diese hindurchzuschauen" und nach den Maßgaben für wirtschaftlich Berechtigte, die über ihre Stimmrechts- oder Eigentumsanteile die Kontrolle über diese nicht natürliche Person ausüben, ein etwaiger wirtschaftlich Berechtigter abzuklären und gegebenenfalls zu identifizieren. Wird das Konto auf Veranlassung einer anderen Person geführt, so reicht es aus, diese Person (bzw. eine hinter einer nicht natürlichen Person als Veranlasser stehende natürliche Person) als wirtschaftlich Berechtigten zu erfassen. Die wirtschaftlich Berechtigten der Reederei müssen dagegen in Bezug auf das Treuhandkonto nicht ermittelt und erfasst werden.

Wird das Konto als Treuhandkonto für die Reederei eröffnet, sind die auf dem Konto verwalteten Vermögenswerte der Reederei zuzurechnen. Der Kontoinhaber (Treuhänder) handelt somit auf Veranlassung der Reederei. Durch die Reederei als nicht natürliche Person ist „hindurchzuschauen" und nach den Maßgaben für wirtschaftlich Berechtigte, die über ihre Stimmrechts- oder Eigentumsanteile die Kontrolle über diese nicht natürliche Person ausüben, ein etwaiger wirtschaftlich Berechtigter abzuklären und gegebenenfalls zu identifizieren. Somit sind diejenigen natürlichen Personen, die mehr als 25 Prozent der Eigentums- oder Stimmrechtsanteile halten, mit angemessenen Mitteln festzustellen. Als kontrollierende wirtschaftlich Berechtigte kommen bei der Reederei insbesondere die Mitreeder bzw. die hinter ihnen stehenden natürlichen Personen in Betracht

Die Verifizierung von wirtschaftlich Berechtigten erfolgt anhand von risikoangemessenen Maßnahmen z. B. durch die Einsichtnahme in Treuhandverträge oder -abreden, Register, Kopien von Registerauszügen, Recherchen im Telefonbuch, Internet oder sonstigen Quellen. Die Verifizierung von Gesellschaftern einer Reederei als wirtschaftlich Berechtigte kann insbesondere anhand des Gesellschaftsvertrags und der Gesellschafterliste erfolgen.

Wegen ausführlicherer Ausführungen zum wirtschaftlich Berechtigten siehe Rdn. 8 ff.

Zweck der Geschäftsbeziehung
Soweit sich der Zweck und die angestrebte Art der Kontoverbindung nicht bereits aus der Kontoart selbst ergibt, hat das Kreditinstitut hierzu Angaben des Kunden einzuholen (siehe Rdn. 7).

Dokumentation
Die Reederei ist in die Gläubigerdatei aufzunehmen. Die verfügungsberechtigten Reeder bzw. der Korrespondentreeder sind in die Bevollmäch-

tigtendatei aufzunehmen. Eine Kopie des Vertrages über die Errichtung der Reederei sollte zu den Kontounterlagen genommen werden.

Kontendatei nach § 24c KWG
Vgl. Rdn. 22.

US-Quellensteuer
Die Ausführungen unter Rdn. 149 gelten entsprechend. Bei Treuhandkonten vgl. Rdn. 137.

2.11 Konto der Europäischen wirtschaftlichen Interessenvereinigung

Die Europäische wirtschaftliche Interessenvereinigung (EWIV) soll die **156** grenzüberschreitende Zusammenarbeit gerade auch von kleineren und mittleren Unternehmen und von Angehörigen freier Berufe aus verschiedenen Mitgliedsstaaten der EU erleichtern und fördern. Die EWIV öffnet zusätzlich zu den nationalen Gesellschaftsformen eine neue Form für gemeinsame wirtschaftliche Aktivitäten, wie z. B. gemeinsamer Vertriebs- oder Einkaufsbüros. Bei der EWIV handelt es sich um eine europäische Unternehmensform. Sie entsteht nach dem Recht der EU. Rechtsgrundlage ist die Verordnung EWG Nr. 2137/85 des Rates vom 25. Juli 1985 über die Schaffung einer europäischen wirtschaftlichen Interessenvereinigung. Sie wird ergänzt durch das deutsche EWIV-Ausführungsgesetz vom 14. Juli 1988. Soweit in der Verordnung und in dem Ausführungsgesetz keine Regelungen getroffen sind, finden auf die EWIV die für eine OHG geltenden Vorschriften Anwendung.

Eine EWIV muss mindestens zwei Mitglieder haben. Als Mitglieder kommen juristische Personen des bürgerlichen und des öffentlichen Rechts, Personenhandelsgesellschaften sowie natürliche Personen, die eine gewerbliche, kaufmännische, handwerkliche oder freiberufliche Tätigkeit innerhalb der EU ausüben oder dort Dienstleistungen erbringen, in Betracht.

Die Mitglieder werden in das Handelsregister eingetragen. Eine EWIV kann nur gegründet werden, wenn ihre Mitglieder mindestens zwei verschiedenen Mitgliedstaaten der EU angehören. Die Gründung erfordert einen schriftlichen Gründungsvertrag sowie eine Eintragung in das Handelsregister. Die EWIV entsteht mit der Eintragung.

Die EWIV selbst darf keine Aktien oder Anteile an einem ihrer Mitglieds-unternehmen halten. Sie darf selbst auch nicht die Leitungs- oder Kon-trollmacht über die eigenen Tätigkeiten eines ihrer Mitglieder oder eines anderen Unternehmens ausüben.[1]

Kontoinhaber
Die EWIV.

Verfügungsberechtigte(r)
Eine EWIV wird durch einen oder mehrere Geschäftsführer vertreten (Art. 20 Abs. 1 EGVO). Die Geschäftsführer müssen nicht Mitglied der EWIV sein. Sie werden im Gründungsvertrag oder später durch Beschluss der Mitglieder bestellt und in das Handelsregister eingetragen. Hat eine EWIV mehrere Geschäftsführer, so ist jeder Geschäftsführer allein zur Ver-tretung berechtigt. Im Gründungsvertrag kann aber auch Gesamt- oder Gruppenvertretung vorgesehen werden; sie wird dann in das Handelsre-gister eingetragen.

Legitimationsprüfung/Identifizierung
Die EWIV wird durch Vorlage eines aktuellen Handelsregisterauszuges le-gitimiert.

Wird das Konto durch eine natürliche Person eröffnet, die im Handelsre-gister als Geschäftsführer aufgeführt ist, ist eine Legitimationsprüfung bei diesem Vertreter der EWIV nach § 7j AEAO zu § 154 AO nicht erfor-derlich. Er muss auch nicht in die Bevollmächtigtendatei aufgenommen werden. Wird einer natürlichen Person eine Kontovollmacht erteilt und ist diese Person nicht im Handelsregister eingetragen, muss sie legitimiert und in die Bevollmächtigtendatei aufgenommen werden. Eine Legitimati-onsprüfung ist jedoch nicht erforderlich, wenn bereits fünf vertretungs-berechtigte Personen in das Handelsregister eingetragen wurden. Sind weniger als fünf Vertreter im Handelsregister eingetragen, entfällt die Verpflichtung zur Legitimationsprüfung nur dann, wenn zusätzlich zu den im Handelsregister eingetragenen Personen bereits weitere Vertreter der EWIV legitimationsgeprüft wurden, sodass insgesamt bereits fünf Vertreter entweder im Handelsregister aufgeführt oder bereits legitimati-onsgeprüft wurden. In diesem Fall müssen sich weitere Kontobevollmäch-tigte nicht mehr legitimieren und in die Bevollmächtigtendatei aufge-nommen werden (Nr. 7k AEAO zu § 154 AO, vgl. auch Rdn. 68).

---

1 Für weitere Informationen zur Rechtsform der EWIV siehe auch Ohlmeyer/Gördel, Das Kreditgeschäft der Kreditgenossenschaften, Kapitel 14.4.7.

Wirtschaftlich Berechtigter

Das Kreditinstitut muss abklären, ob der Kontoinhaber für einen wirtschaftlich Berechtigten handelt. Ist dies der Fall, muss er nach Maßgabe des § 4 Abs. 5 GwG identifiziert werden.

Somit ist zunächst zu klären, ob die auf dem Konto zu verwaltenden Vermögenswerte der EWIV als Kontoinhaberin oder einem Dritten als veranlassendem Treugeber zuzurechnen sind. Erklärt die EWIV, dass sie die Geschäftsbeziehung nicht auf Veranlassung eines Dritten (d. h. im Interesse eines Dritten), insbesondere nicht als Treuhänderin, eingeht und liegen keine Auffälligkeiten bzw. Hinweise vor, sind lediglich die wirtschaftlich Berechtigten der EWIV festzustellen. Hierfür ist durch die EWIV als nicht natürliche Person ist „hindurchzuschauen" und nach den Maßgaben für wirtschaftlich Berechtigte, die über ihre Stimmrechts- oder Eigentumsanteile die Kontrolle über diese nicht natürliche Person ausüben, ein etwaiger wirtschaftlich Berechtigter abzuklären und gegebenenfalls zu identifizieren. Somit sind diejenigen natürlichen Personen, die mehr als 25 Prozent der Eigentums- oder Stimmrechtsanteile halten, mit angemessenen Mitteln festzustellen. Als kontrollierende wirtschaftlich Berechtigte kommen bei der EWIV die Mitglieder bzw. die hinter ihnen stehenden natürlichen Personen in Betracht.

Erklärt die EWIV, das Konto solle auf Veranlassung einer anderen natürlichen Person, insbesondere als Treuhandkonto geführt werden, ist deren Name (mindestens ein Vorname) und gegebenenfalls weitere Identifikationsmerkmale aufzuzeichnen. In diesen Fällen sind zur Verifizierung die Angaben der EWIV – ggf. unter Hinzuziehung von (Kopien von) Dokumenten (soweit vorhanden) auf Widersprüche hin zu bewerten. Werden auf dem Konto Vermögenswerte von nicht natürlichen Personen verwaltet, ist „durch diese hindurchzuschauen" und nach den Maßgaben für wirtschaftlich Berechtigte, die über ihre Stimmrechts- oder Eigentumsanteile die Kontrolle über diese nicht natürliche Person ausüben, ein etwaiger wirtschaftlich Berechtigter abzuklären und gegebenenfalls zu identifizieren. Wird das Konto auf Veranlassung einer anderen Person geführt, so reicht es aus, diese Person (bzw. eine hinter einer nicht natürlichen Person als Veranlasser stehende natürliche Person) als wirtschaftlich Berechtigten zu erfassen. Die wirtschaftlich Berechtigten der EWIV müssen dagegen in Bezug auf das Treuhandkonto nicht ermittelt und erfasst werden.

Die Verifizierung von wirtschaftlich Berechtigten erfolgt anhand von risikoangemessenen Maßnahmen z. B. durch die Einsichtnahme in Treuhandverträge oder -abreden, Register, Kopien von Registerauszügen, Recherchen im Telefonbuch, Internet oder sonstigen Quellen. Die Verifizierung von Mitgliedern einer EWIV als wirtschaftlich Berechtigter kann insbesondere anhand des Gründungsvertrages und des Handelsregisters erfolgen.

Wegen ausführlicherer Ausführungen zum wirtschaftlich Berechtigten siehe Rdn. 8 ff.

Zweck der Geschäftsbeziehung

Soweit sich der Zweck und die angestrebte Art der Kontoverbindung nicht bereits aus der Kontoart selbst ergibt, hat das Kreditinstitut hierzu Angaben des Kunden einzuholen (siehe Rdn. 7).

Dokumentation

Die EWIV ist in die Gläubigerdatei aufzunehmen. Nur solche Personen, bei denen nach den oben dargestellten Grundsätzen eine Legitimationsprüfung durchgeführt werden muss, sind in die Bevollmächtigtendatei aufzunehmen.

Kontendatei nach § 24c KWG

Vgl. Rdn. 22.

US-Quellensteuer

Die Regelungen für die OHG gelten für die EWIV entsprechend, vgl. Rdn. 150.

3 Das Konto der juristischen Person des Privatrechts

3.1 Konto des eingetragenen Vereins

157 Eine juristische Person des Privatrechts ist ein Zusammenschluss mehrerer Personen zu einem bestimmten Zweck, der unabhängig davon bestehen soll, ob neue Mitglieder aufgenommen werden oder bisherige Mitglieder ausscheiden. Daneben zählen auch die Zweckvermögen (z. B. die Stiftung) zu den juristischen Personen des Privatrechts. Die juristische Person ist selbst Träger von Rechten und Pflichten.

Der rechtsfähige Verein hat einen eigenen Namen und eine Satzung. Er besteht unabhängig von einem Wechsel im Mitgliederbestand. Ist der

Vereinszweck nicht auf einen wirtschaftlichen Geschäftsbetrieb gerichtet (sog. Idealverein), erlangt der Verein seine Rechtsfähigkeit durch die Eintragung ins Vereinsregister. Handelt der Verein mit einer wirtschaftlichen Zielsetzung (sog. wirtschaftlicher Verein), erlangt er die Rechtsfähigkeit durch staatliche Verleihung (§ 22 BGB) und wird in das Handelsregister eingetragen.[1]

Kontoinhaber
Der eingetragene Verein.

Verfügungsberechtigte(r)
Der Vorstand als Vertreter des Vereins.

Aus der Satzung des Vereins ergibt sich, ob ein Vorstandsmitglied allein den Verein vertritt oder ob alle Vorstandsmitglieder nur gemeinschaftlich zur Vertretung des Vereins ermächtigt sind. Gegebenenfalls kann nach der Satzung auch eine weitere Person (z. B. der Schatzmeister) über das Konto des Vereins allein oder zusammen mit einem Vorstandsmitglied verfügen.

Legitimationsprüfung/Identifizierung
Der eingetragene (Ideal-)Verein wird durch die Vorlage eines Auszuges aus dem Vereinsregister legitimiert. Die zur Vertretung des Vereins berufenen Vorstandsmitglieder sind hierin ebenfalls aufgeführt. Eine Legitimationsprüfung muss bei diesen nicht durchgeführt werden; sie müssen auch nicht in die Bevollmächtigtendatei aufgenommen werden (Nr. 7j AEAO zu § 154 AO).

Wird für das Konto des Vereins eine Kontovollmacht für einen Bevollmächtigten erteilt, der nicht im Vereinsregister als Vertreter des Vereins eingetragen ist, muss er legitimiert werden. Er muss daneben auch in die Bevollmächtigtendatei aufgenommen werden. Eine Legitimationsprüfung ist jedoch nicht erforderlich, wenn bereits fünf vertretungsberechtigte Personen in das Handelsregister eingetragen sind bzw. einer Legitimationsprüfung unterzogen wurden (vgl. Rdn. 68). Muss nach diesen Grundsätzen eine Legitimationsprüfung nicht durchgeführt werden, ist auch kein Eintrag in der Bevollmächtigtendatei erforderlich.

---

[1] Für weitere Informationen zur Rechtsform des eingetragenen Vereins siehe auch Ohlmeyer/Gördel, Das Kreditgeschäft der Kreditgenossenschaften, Kapitel 14.3.4.

Ein wirtschaftlicher Verein wird durch die Vorlage der Urkunde über die staatliche Verleihung der Rechtsfähigkeit bzw. den Handelsregisterauszug legitimiert. Die Vertreter des wirtschaftlichen Vereins müssen einer Legitimationsprüfung unterzogen werden. Sie müssen auch in die Bevollmächtigtendatei aufgenommen werden.

Wirtschaftlich Berechtigter

Das Kreditinstitut muss abklären, ob der Kontoinhaber für einen wirtschaftlich Berechtigten handelt. Ist dies der Fall, muss er nach Maßgabe des § 4 Abs. 5 GwG identifiziert werden.

Somit ist zunächst zu klären, ob die auf dem Konto zu verwaltenden Vermögenswerte dem Verein oder einem Dritten als veranlassendem Treugeber zuzurechnen sind. Erklärt der Verein, dass er die Geschäftsbeziehung nicht auf Veranlassung eines Dritten (d. h. im Interesse eines Dritten), insbesondere nicht als Treuhänder, eingeht und liegen keine Auffälligkeiten bzw. Hinweise vor, sind lediglich die wirtschaftlich Berechtigten des Vereins festzustellen. Hierfür ist durch den Verein als nicht natürliche Person „hindurchzuschauen" und nach den Maßgaben für wirtschaftlich Berechtigte, die über ihre Stimmrechts- oder Eigentumsanteile die Kontrolle über diese nicht natürliche Person ausüben, ein etwaiger wirtschaftlich Berechtigter abzuklären und gegebenenfalls zu identifizieren. Als kontrollierende wirtschaftlich Berechtigte kommen beim Verein die Mitglieder bzw. die hinter ihnen stehenden natürlichen Personen in Betracht. Formal gesehen passen die gesetzlichen Vorgaben für wirtschaftlich Berechtigte von Gesellschaften, bei denen nach § 1 Abs. 6 GwG die Kontrollmöglichkeit unwiderlegbar vermutet wird, wenn unmittelbar oder mittelbar mehr als 25 Prozent der Eigentums- oder Stimmrechtsanteile kontrolliert werden, jedoch nur teilweise auf Vereine, da bei diesen insbesondere keine Eigentumsanteile ersichtlich sind. Daher kann hier ausschließlich auf die Stimmrechtsverteilung abgestellt werden. Soweit die Vereinssatzung keine Mehrstimmrechte von Mitgliedern vorsieht und der Verein nur natürliche Personen als Mitglieder hat, kann pauschal die 25-Prozent-Regel angewendet werden: Bei Vereinen mit weniger als vier Mitgliedern sind alle Mitglieder als wirtschaftlich Berechtigte zu erfassen, da sie jeweils mehr als 25 Prozent der Stimmrechte innehaben. Besteht der Verein aus vier oder mehr Mitgliedern ist kein wirtschaftlich Berechtigter ersichtlich, da die Mitglieder hier jeweils maximal 25 Prozent der Stimmrechte innehaben, also unter dem gesetzlichen Quorum bleiben. Sind also keine Mehrstimmrechte vorgesehen, sind diejenigen natürlichen Personen, die mehr als 25 Prozent der Stimmrechte innehaben, mit angemessenen Mitteln festzustellen.

Erklärt der Verein, das Konto solle auf Veranlassung einer anderen natürlichen Person, insbesondere als Treuhandkonto geführt werden, sind deren Name (mindestens ein Vorname) und gegebenenfalls weitere Identifikationsmerkmale aufzuzeichnen. In diesen Fällen sind zur Verifizierung die Angaben der Vereins – ggf. unter Hinzuziehung von (Kopien von) Dokumenten (soweit vorhanden) auf Widersprüche hin zu bewerten. Werden auf dem Konto Vermögenswerte von nicht natürlichen Personen verwaltet, ist „durch diese hindurchzuschauen" und nach den Maßgaben für wirtschaftlich Berechtigte, die über ihre Stimmrechts- oder Eigentumsanteile die Kontrolle über diese nicht natürliche Person ausüben, ein etwaiger wirtschaftlich Berechtigter abzuklären und gegebenenfalls zu identifizieren. Wird das Konto auf Veranlassung einer anderen Person geführt, so reicht es aus, diese Person (bzw. eine hinter einer nicht natürlichen Person als Veranlasser stehende natürliche Person) als wirtschaftlich Berechtigten zu erfassen. Die wirtschaftlich Berechtigten des Vereins müssen dagegen in Bezug auf das Treuhandkonto nicht ermittelt und erfasst werden.

Die Verifizierung von wirtschaftlich Berechtigten erfolgt anhand von risikoangemessenen Maßnahmen z. B. durch die Einsichtnahme in Treuhandverträge oder -abreden, Register, Kopien von Registerauszügen, Recherchen im Telefonbuch, Internet oder sonstigen Quellen. Die Verifizierung von Vereinsmitgliedern als wirtschaftlich Berechtigte kann insbesondere anhand der Vereinsatzung und Mitgliederlisten erfolgen.

Wegen ausführlicherer Ausführungen zum wirtschaftlich Berechtigten siehe Rdn. 8 ff.

Zweck der Geschäftsbeziehung

Soweit sich der Zweck und die angestrebte Art der Kontoverbindung nicht bereits aus der Kontoart selbst ergibt, hat das Kreditinstitut hierzu Angaben des Kunden einzuholen (siehe Rdn. 7).

Dokumentation

Der Verein ist in die Gläubigerdatei aufzunehmen. Vertretungsberechtigte Personen, die nicht im Vereinsregister eingetragen sind und bei denen nach den oben dargestellten Grundsätzen eine Legitimationsprüfung durchzuführen ist, sind in die Bevollmächtigtendatei aufzunehmen.

Kontendatei nach § 24c KWG

Vgl. Rdn. 22.

Hinweise

158 Soll für den Verein bereits vor seiner Eintragung im Vereins- bzw. Handelsregister ein Konto eröffnet werden, ist wie folgt zu differenzieren:

Vor der Verabschiedung der Vereinssatzung kann ein Konto nur nach den Grundsätzen der Kontoeröffnung für eine BGB-Gesellschaft eröffnet werden (vgl. Rdn. 148). Nach der Verabschiedung der Satzung kann bereits auf den Namen des Vereins mit dem Zusatz „in Gründung – i. G." ein Konto eröffnet werden. Die nach der Satzung vertretungsberechtigten Personen müssen sich dann legitimieren und werden auch in die Bevollmächtigtendatei aufgenommen. Der Zusatz „i. G." kann dann nach der Eintragung gelöscht werden. Das Kreditinstitut muss sich jedoch zuvor den Registerauszug vorlegen lassen.

Der steuerpflichtige eingetragene Verein kann selbst einen Freistellungsauftrag bis zum Betrag von 801 Euro erteilen. Dieser darf jedoch nur auf Konten berücksichtigt werden, die auf den Namen des eingetragenen Vereins eröffnet werden (§ 44a Abs. 6 EStG). Ergeben sich aus der Satzung des Vereins Hinweise darauf, dass es sich bei dem Verein um einen gemeinnützigen und damit steuerbefreiten Verein handelt, darf ein Freistellungsauftrag des Vereins nicht entgegengenommen werden (vgl. BMF-Schreiben vom 22. Dezember 2009 – IV C 1 – S 2252/08/10004, Rz 280). Gemeinnützige Vereine müssen einen Körperschaftsteuer-Freistellungsbescheid oder eine Nichtveranlagungsbescheinigung vorlegen, damit das Kreditinstitut vom KapSt-Abzug absehen kann.

Die vorstehend für den eingetragenen Verein dargestellten Grundsätze müssen auch bei der Kontoeröffnung für einen Versicherungsverein auf Gegenseitigkeit – VVaG – (z. B. eine Sterbekasse in der Rechtsform einer VVaG) beachtet werden. Der VVaG erlangt seine Rechtsfähigkeit bereits vor der Eintragung im Handelsregister durch die staatliche Zulassung zum Geschäftsbetrieb (§ 15 des Gesetzes über die Beaufsichtigung privater Versicherungsunternehmen). Er wird als rechtsfähiger Verein durch den Vorstand vertreten. Ein kleiner VVaG ist nach § 53 Abs. 1 des Versicherungsaufsichtsgesetzes – VAG – von der Verpflichtung zur Eintragung in das Handelsregister befreit. Es handelt sich bei diesem Verein dennoch um einen rechtsfähigen Verein.

Der VVaG wird entweder durch die Vorlage eines Handelsregisterauszugs oder durch die Vorlage der Satzung zusammen mit der aufsichtsrechtlichen Genehmigung der Satzung nach § 15 VAG legitimiert. Nach Nr. 7i AEAO zu § 154 AO (abgedruckt im Anhang unter 2.1) müssen die Vertreter von Versicherungsunternehmen bei der Kontoeröffnung nicht legitimationsgeprüft werden. Ihre Namen müssen nicht in die Datei der Vertretungsberechtigten (Gläubiger- oder Bevollmächtigtendatei) eingestellt werden. Nach § 1 i. V. m. § 7 Abs. 1 VAG gehört der Versicherungsverein auf Gegenseitigkeit zu den Versicherungsunternehmen.

Vor der Zulassung zum Geschäftsbetrieb ist der VVaG ein nicht rechtsfähiger Verein. Zur Kontoeröffnung auf den Namen eines nicht rechtsfähigen Vereins (vgl. Rdn. 143).

Die Regelungen für den rechtsfähigen Verein finden auch Anwendung auf die Vereinigungen der Freimaurer (Logen bzw. Großlogen), die regelmäßig als eingetragene Vereine organisiert sind.

US-Quellensteuer

Inländische juristische Personen können sich auch zukünftig durch die Vorlage eines Auszuges aus dem Handelsregister legitimieren. Von dieser Unterlage muss eine Kopie in den Akten des Kreditinstituts verbleiben.

Die als Vertreter der juristischen Person handelnden natürlichen Personen sind nach den Grundsätzen der Legitimationsprüfung bei natürlichen Personen zu prüfen, vgl. Rdn. 122.

Ausländische juristische Personen müssen für Zwecke der US-Quellensteuer eine beglaubigte Kopie der Gründungsurkunde (Gründungsurkunde, Konzessionsvertrag, Stiftungsurkunde, Statut oder Gesellschaftsvertrag) vorlegen. Diese Dokumentation sollte auch bei bereits bestehenden Geschäftsbeziehungen nachgereicht werden. Eine (beglaubigte) Kopie dieser Unterlage muss für Kontoeröffnungen seit dem 1. Januar 2001 vorgehalten werden. Alternativ hierzu kann die juristische Person auch durch die Abgabe des Formulars W-8BEN (abgedruckt im Anhang unter 3.12) legitimiert werden. Diese Erklärung ist jedoch nach jeweils drei Jahren zu erneuern.

Zusätzlich muss noch eine Erklärung zur Berechtigung von Vergünstigungen nach dem bestehenden Doppelbesteuerungsabkommen mit den USA (Artikel 28) hereingenommen werden (abgedruckt im Anhang unter 3.12). Erfolgt die Dokumentation der juristischen Person durch das Formular W-8BEN, ist die erforderliche DBA-Erklärung bereits hierin enthalten.

3.2 Konto der privaten Stiftung

159 Eine Stiftung ist eine unabhängig von Personen bestehende Organisation. Sie ist zur Erreichung des bei ihrer Errichtung bestimmten Zwecks mit einem Vermögen ausgestattet (sog. Zweckvermögen).

Ist eine Stiftung öffentlich-rechtlich organisiert, handelt es sich um eine öffentlich-rechtliche Stiftung. Diese entsteht in der Regel durch Gesetz (vgl. Rdn. 170).

Für die Kontoeröffnung muss zwischen der rechtsfähigen Stiftung und der nicht rechtsfähigen Stiftung unterschieden werden.[1]

3.2.1 Die rechtsfähige Stiftung

160 Die Stiftung erlangt ihre Rechtsfähigkeit durch staatliche Anerkennung (§ 80 BGB). Die Anerkennung erfolgt durch die nach Landesrecht zuständige Behörde (z. B. Bezirksregierung, Regierungspräsident, Staatsministerium, Senat).

Kontoinhaber

Das Konto kann auf den Namen der Stiftung errichtet werden.

Verfügungsberechtigte(r)

Die Stiftung wird durch ihren Vorstand vertreten (§ 27, 86 BGB). In der Satzung kann die Vertretung auf ein Vorstandsmitglied übertragen werden. Die nach der Satzung zur Vertretung berechtigten Vorstandsmitglieder können auf den Namen der Stiftung ein Konto eröffnen und darüber verfügen. Die durch die Stiftung begünstigten Personen sind in der Regel nicht zur Vertretung der Stiftung befugt.

Legitimationsprüfung/Identifizierung

Die Existenz der Stiftung muss durch die Stiftungsurkunde und die staatliche Anerkennung nachgewiesen werden. Die vertretungsberechtigten Vorstandsmitglieder und ein eventuell von diesen bestellter Vertreter müssen sich legitimieren.

---

1 Für weitere Informationen zur Rechtsform der Stiftung siehe auch Ohlmeyer/Gördel, Das Kreditgeschäft der Kreditgenossenschaften, Kapitel 14.3.5.

In den Bundesländern werden Stiftungsverzeichnisse geführt. Die Stiftungsverzeichnisse enthalten Angaben über den Namen der Stiftung, Sitz, Zweck, Vertretungsbefugnisse bzw. Verwaltungsorgane. Die Legitimationsprüfung kann in diesen Fällen durch eine Bestätigung der zuständigen Behörde über die Eintragung im Stiftungsverzeichnis erfolgen. Das Stiftungsverzeichnis entspricht in seinem Bestand einem öffentlichen Register. Deshalb brauchen die sich hierin eingetragenen Vertreter nicht zu legitimieren (vgl. § 7j AEAO zu § 154 AO). Sie müssen auch nicht in die Bevollmächtigtendatei aufgenommen werden. Auf einen Eintrag in ein im Internet verfügbares Stiftungsregister wird das Kreditinstitut seine Prüfung nicht beschränken können. Es fehlt in diesem Fall an der Gewissheit der behördlichen Bestätigung.

Wirtschaftlich Berechtigter

Das Kreditinstitut muss abklären, ob der Kontoinhaber für einen wirtschaftlich Berechtigten handelt. Ist dies der Fall, muss er nach Maßgabe des § 4 Abs. 5 GwG identifiziert werden.

Somit ist zunächst zu klären, ob die auf dem Konto zu verwaltenden Vermögenswerte der Stiftung als Kontoinhaberin oder einem Dritten als veranlassendem Treugeber zuzurechnen sind. Erklärt die Stiftung, dass sie die Geschäftsbeziehung nicht auf Veranlassung eines Dritten (d. h. im Interesse eines Dritten), insbesondere nicht als Treuhänderin, eingeht und liegen keine Auffälligkeiten bzw. Hinweise vor, sind lediglich die wirtschaftlich Berechtigten der Stiftung festzustellen. Hierfür ist durch die Stiftung als nicht natürliche Person ist „hindurchzuschauen" und nach den Maßgaben für wirtschaftlich Berechtigte von fremdnützigen Gestaltungen wie Treuhandgestaltungen einschließlich Trusts, Stiftungen und vergleichbaren Rechtsgestaltungen ein etwaiger wirtschaftlich Berechtigter abzuklären und gegebenenfalls zu identifizieren. Somit sind diejenigen natürlichen Personen, die 25 Prozent oder mehr des Vermögens kontrollieren oder als Begünstigte von 25 Prozent oder mehr des verwalteten Vermögens bestimmt worden sind mit angemessenen Mitteln festzustellen.

Eine „Kontrolle" von 25 Prozent des Vermögens kommt jedoch bei einer Stiftung nach deutschem Recht nicht in Betracht, da die Mitglieder der Stiftungsorgane lediglich als solche – und damit vergleichbar der Geschäftsführung einer Gesellschaft – handeln und es keinen kontrollierenden Anteilseigner gibt. Bei Stiftungen deutschen Rechts erübrigt sich folglich eine hierauf gerichtete Prüfung. Dagegen ist bei ausländischen

Stiftungen abzuklären, ob eine derartige „Kontrolle" durch eine natürliche Person ausgeübt wird.

Eigentlich kann auch eine Begünstigtenstellung von 25 Prozent bei Stiftungen nach deutschem Recht nicht vorliegen, da diese dem Substanzerhaltungsgebot unterliegen, wonach Aufwendungen ausschließlich aus dem Ertrag, nicht jedoch zu Lasten des Stiftungsvermögens zu erfolgen haben. Leider konnte hierzu jedoch noch keine abschließende Übereinkunft mit der BaFin getroffen werden. Dort geht man wohl[1] davon aus, dass in diesem Zusammenhang auch Begünstigte über lediglich 25 Prozent des Ertrages aus dem Stiftungsvermögen zu erfassen sind. Bis zu einer abschließenden Klärung mit der BaFin sollte daher entsprechend verfahren werden

Ist eine begünstigte Person noch nicht bestimmt worden, ist nach § 1 Abs. 6 Nr. 2 c GwG die Gruppe von natürlichen Personen, zu deren Gunsten das Vermögen hauptsächlich verwaltet wird, als wirtschaftlich Berechtigter zu dokumentieren (z. B. Abiturienten der x-Schule). Erklärt die Stiftung, das Konto solle auf Veranlassung einer anderen natürlichen Person, insbesondere als Treuhandkonto geführt werden, ist deren Name (mindestens ein Vorname) und gegebenenfalls weitere Identifikationsmerkmale aufzuzeichnen. In diesen Fällen sind zur Verifizierung die Angaben der Stiftung – ggf. unter Hinzuziehung von (Kopien von) Dokumenten (soweit vorhanden) auf Widersprüche hin zu bewerten. Werden auf dem Konto Vermögenswerte von nicht natürlichen Personen verwaltet, ist „durch diese hindurchzuschauen" und nach den Maßgaben für wirtschaftlich Berechtigte, die über ihre Stimmrechts- oder Eigentumsanteile die Kontrolle über diese nicht natürliche Person ausüben, ein etwaiger wirtschaftlich Berechtigter abzuklären und gegebenenfalls zu identifizieren. Wird das Konto auf Veranlassung einer anderen Person geführt, so reicht es aus, diese Person (bzw. eine hinter einer nicht natürlichen Person als Veranlasser stehende natürliche Person) als wirtschaftlich Berechtigten zu erfassen. Die wirtschaftlich Berechtigten der Stiftung müssen dagegen in Bezug auf das Treuhandkonto nicht ermittelt und erfasst werden.

Die Verifizierung von wirtschaftlich Berechtigten erfolgt anhand von risikoangemessenen Maßnahmen z. B. durch die Einsichtnahme in Treuhandverträge oder -abreden, Register, Kopien von Registerauszügen, Recherchen im Telefonbuch, Internet oder sonstigen Quellen. Die Verifi-

---

1   So in Ackmann/Reder, Geldwäscheprävention in Kreditinstituten nach Umsetzung der Dritten EG-Geldwäscherichtlinie, WM 2009, S. 158, 162 f.

zierung von Begünstigten einer Stiftung als wirtschaftlich Berechtigter kann insbesondere anhand der Stiftungssatzung und erfolgen.

Wegen ausführlicherer Ausführungen zum wirtschaftlich Berechtigten siehe Rdn. 8 ff.

Zweck der Geschäftsbeziehung

Soweit sich der Zweck und die angestrebte Art der Kontoverbindung nicht bereits aus der Kontoart selbst ergibt, hat das Kreditinstitut hierzu Angaben des Kunden einzuholen (siehe Rdn. 7).

Dokumentation

Die Stiftung ist in die Gläubigerdatei aufzunehmen. Die vertretungsberechtigten Vorstandsmitglieder und eventuell bestellte weitere Vertreter sind in die Bevollmächtigtendatei aufzunehmen, sofern sie nicht in einem Stiftungsverzeichnis aufgeführt werden.

Kontendatei nach § 24c KWG

Vgl. Rdn. 22.

3.2.2 Die nicht rechtsfähige Stiftung

Bei der nicht rechtsfähigen Stiftung handelt es sich um ein von einer natürlichen oder juristischen Person auf eine andere natürliche oder juristische Person zu Eigentum übertragenes Vermögen, das zu einem vom Stifter vorher festgelegten Zweck verwendet werden muss. In der Regel handelt es sich hierbei um Vermögen, das einer bereits bestehenden juristischen Person (z. B. Staat, Stadt, Landkreis oder Universität) übertragen wird. Das Vermögen geht zwar in das Eigentum der empfangenden Person über. Es ist jedoch als Sondervermögen von dem übrigen Vermögen getrennt zu halten. In der Regel wird daher auf die mit der Stiftungsverwaltung betraute natürliche oder juristische Person ein Treuhandkonto eröffnet (vgl. hierzu Rdn. 81).

161

Soll für das Stiftungsvermögen als Zweckvermögen ein eigener Freistellungsauftrag erteilt oder eine Nichtveranlagungsbescheinigung berücksichtigt werden, muss das Konto auf den Namen der nicht rechtsfähigen Stiftung eröffnet werden. Denn nach § 44a Abs. 4 in Verbindung mit Abs. 6 EStG kann der Freistellungsauftrag bzw. die NV-Bescheinigung des Zweckvermögens nur bei solchen Konten berücksichtigt werden, die auf den Namen des Zweckvermögens eröffnet werden (vgl. auch die gemeinsamen Erläuterungen der kreditwirtschaftlichen Spitzenverbände zur Legitimationsprüfung nach § 154 Abs. 2 AO, Punkt III 1.2 b, abgedruckt im Anhang unter 3.1). Die Existenz der nicht rechtsfähigen Stiftung muss vom Antragsteller durch einen Nachweis über den Stiftungsakt (letztwillige Verfügung des Stifters oder Schenkungsvertrag) belegt werden. In jedem Fall ist dabei auch für den Verwalter eine Legitimationsprüfung/ Identifizierung durchzuführen. Er ist in der Bevollmächtigtendatei zu führen.

Die Finanzverwaltung prüft derzeit, ob die Freistellung der Erträge aus dem Stiftungsvermögen vom KapSt-Abzug bei Vorliegen eines Freistellungsauftrages/einer NV-Bescheinigung auch erfolgen kann, wenn das Vermögen auf einem Treuhandkonto verwaltet wird – Ausnahme von § 44a Abs. 6 EStG. Sollte diese Möglichkeit zukünftig bestehen, sollte das Konto als Treuhandkonto auf den Namen des Treuhänders (offenes Treuhandkonto) eröffnet werden.

Zur Kontoeröffnung für eine Stiftung nach öffentlichem Recht (vgl. Rdn. 170).

US-Quellensteuer

Die Ausführungen unter Rdn. 158 gelten entsprechend. Die rechtsfähige Stiftung kann durch einen Auszug aus dem Stiftungsregister legitimiert werden. Die nicht rechtsfähige Stiftung gilt ebenfalls als eigenes Steuersubjekt. Die Regelungen der Rdn. 149 sind in diesem Feld zu beachten.

Bei Treuhandkonten sind die unter Rdn. 137 aufgeführten Regelungen zu beachten.

3.3 Konto der eingetragenen Genossenschaft

162 Genossenschaften sind Gesellschaften, die das Ziel verfolgen, den Erwerb oder die Wirtschaft ihrer Mitglieder durch einen gemeinschaftlichen Geschäftsbetrieb zu fördern (§ 1 GenG). Sie betreiben kein eigenes Handelsgewerbe, sondern werden zur wirtschaftlichen Förderung ihrer Mitglieder (Genossen) tätig.

Die eingetragene Genossenschaft – eG – entsteht mit der Eintragung in das Genossenschaftsregister. Hierdurch erwirbt die Genossenschaft zugleich die Rechtsfähigkeit.

Kontoinhaber

Die eG.

Verfügungsberechtigte(r)

Die eG wird durch ihren Vorstand vertreten, der aus mindestens zwei Personen bestehen muss. Die eG kann darüber hinaus Prokura erteilen. Die Vorstände und Prokuristen sind im Genossenschaftsregister eingetragen. Die Vorstandsmitglieder vertreten die Genossenschaft gemeinsam, soweit in der Satzung nichts anderes bestimmt ist. Gelegentlich sieht die Satzung die Einzelvertretung durch ein Vorstandsmitglied oder die gemeinsame Vertretung durch ein Vorstandsmitglied und einen Prokuristen vor. Wird zusätzlich an andere Personen eine Handlungsvollmacht oder Einzelvollmacht erteilt, muss dies dem Kreditinstitut angezeigt werden.

Legitimationsprüfung/Identifizierung

Die eG legitimiert sich durch die Vorlage des Auszuges aus dem Genossenschaftsregister. Die Vorstände und Prokuristen werden ebenfalls durch die Vorlage des Registerauszuges legitimiert. Eine zusätzliche Legitimationsprüfung ist bei diesen Personen nicht erforderlich, Nr. 7j AEAO zu § 154 AO. Sie müssen auch nicht in die Bevollmächtigtendatei aufgenommen werden. Eventuell bestellte zusätzliche Vertreter (z. B. Handlungsbevollmächtigte) müssen sich legitimieren und in die Bevollmächtigtendatei aufgenommen werden. Eine Legitimationsprüfung ist jedoch nicht erforderlich, wenn bereits fünf verfügungsberechtigte Personen in das Genossenschaftsregister eingetragen wurden. Sind weniger als fünf Vertreter im Genossenschaftsregister eingetragen, entfällt die Verpflichtung zur Legitimationsprüfung bei weiteren Vertretern nur dann, wenn zusätzlich zu den im Genossenschaftsregister eingetragenen Personen bereits weitere Vertreter der eG legitimationsgeprüft wurden, sodass insgesamt bereits fünf Vertreter im Genossenschaftsregister aufgeführt bzw. legitimationsgeprüft wurden. Weitere Kontobevollmächtigte müssen sich dann nicht mehr legitimieren bzw. in die Bevollmächtigtendatei aufgenommen werden (Nr. 7k AEAO zu § 154 AO, vgl. Rdn. 68).

Wirtschaftlich Berechtigter

Das Kreditinstitut muss abklären, ob der Kontoinhaber für einen wirtschaftlich Berechtigten handelt. Ist dies der Fall, muss er nach Maßgabe des § 4 Abs. 5 GwG identifiziert werden.

Somit ist zunächst zu klären, ob die auf dem Konto zu verwaltenden Vermögenswerte der Genossenschaft oder einem Dritten als veranlassendem Treugeber zuzurechnen sind. Erklärt die Genossenschaft, dass er die Geschäftsbeziehung nicht auf Veranlassung eines Dritten (d. h. im Interesse eines Dritten), insbesondere nicht als Treuhänder, eingeht und liegen keine Auffälligkeiten bzw. Hinweise vor, sind lediglich die wirtschaftlich Berechtigten der Genossenschaft festzustellen. Hierfür ist durch die Genossenschaft als nicht natürliche Person „hindurchzuschauen" und nach den Maßgaben für wirtschaftlich Berechtigte, die über ihre Stimmrechts- oder Eigentumsanteile die Kontrolle über diese nicht natürliche Person ausüben, ein etwaiger wirtschaftlich Berechtigter abzuklären und gegebenenfalls zu identifizieren. Als kontrollierende wirtschaftlich Berechtigte kommen bei der Genossenschaft die Mitglieder bzw. die hinter ihnen stehenden natürlichen Personen in Betracht.

Formal gesehen passen die gesetzlichen Vorgaben für wirtschaftlich Berechtigte von Gesellschaften, bei denen nach § 1 Abs. 6 GwG die Kontrollmöglichkeit unwiderlegbar vermutet wird, wenn unmittelbar oder mittelbar mehr als 25 Prozent der Eigentums- oder Stimmrechtsanteile kontrolliert werden, jedoch nur teilweise auf Genossenschaften, da bei diesen insbesondere keine Eigentumsanteile ersichtlich sind. Daher kann hier ausschließlich auf die Stimmrechtsverteilung abgestellt werden. Soweit die Satzung keine Mehrstimmrechte von Mitgliedern vorsieht und die Genossenschaft nur natürliche Personen als Mitglieder hat, kann pauschal die 25-Prozent-Regel angewandt werden: Bei Genossenschaften mit weniger als vier Mitgliedern sind alle Mitglieder als wirtschaftlich Berechtigte zu erfassen, da sie jeweils mehr als 25 Prozent der Stimmrechte innehaben. Besteht die Genossenschaft aus vier oder mehr Mitgliedern ist kein wirtschaftlich Berechtigter ersichtlich, da die Mitglieder hier jeweils maximal 25 Prozent der Stimmrechte innehaben, also unter dem gesetzlichen Quorum bleiben. Sind also keine Mehrstimmrechte vorgesehen, sind diejenigen natürlichen Personen, die mehr als 25 Prozent der Stimmrechte innehaben, mit angemessenen Mitteln festzustellen. Sieht die Satzung dagegen Mehrstimmrechte vor, können kontrollierende wirtschaftlich Berechtigte nur bei Genossenschaften mit maximal neun Mitgliedern vorliegen, denn nach § 43 Abs. 3 GenG können keinem Mitglied mehr als drei Stimmen gewährt werden.

Erklärt die Genossenschaft, das Konto solle auf Veranlassung einer anderen natürlichen Person, insbesondere als Treuhandkonto geführt werden, ist deren Name (mindestens ein Vorname) und gegebenenfalls weitere Identifikationsmerkmale aufzuzeichnen. In diesen Fällen sind zur Verifizierung die Angaben der Genossenschaft – ggf. unter Hinzuziehung von (Kopien von) Dokumenten (soweit vorhanden) auf Widersprüche hin zu bewerten. Werden auf dem Konto Vermögenswerte von nicht natürlichen Personen verwaltet, ist „durch diese hindurchzuschauen" und nach den Maßgaben für wirtschaftlich Berechtigte, die über ihre Stimmrechts- oder Eigentumsanteile die Kontrolle über diese nicht natürliche Person ausüben, ein etwaiger wirtschaftlich Berechtigter abzuklären und gegebenenfalls zu identifizieren. Wird das Konto auf Veranlassung einer anderen Person geführt, so reicht es aus, diese Person (bzw. eine hinter einer nicht natürlichen Person als Veranlasser stehende natürliche Person) als wirtschaftlich Berechtigten zu erfassen. Die wirtschaftlich Berechtigten der Genossenschaft müssen dagegen in Bezug auf das Treuhandkonto nicht ermittelt und erfasst werden.

Die Verifizierung von wirtschaftlich Berechtigten erfolgt anhand von risikoangemessenen Maßnahmen z. B. durch die Einsichtnahme in Treuhandverträge oder -abreden, Register, Kopien von Registerauszügen, Recherchen im Telefonbuch, Internet oder sonstigen Quellen. Die Verifizierung von Mitgliedern als wirtschaftlich Berechtigte kann insbesondere anhand der Satzung und Mitgliederlisten erfolgen.

Wegen ausführlicherer Ausführungen zum wirtschaftlich Berechtigten siehe Rdn. 8 ff.

Zweck der Geschäftsbeziehung

Soweit sich der Zweck und die angestrebte Art der Kontoverbindung nicht bereits aus der Kontoart selbst ergibt, hat das Kreditinstitut hierzu Angaben des Kunden einzuholen (siehe Rdn. 7).

Dokumentation

Die eG ist in die Gläubigerdatei aufzunehmen.

Vertretungsberechtigte Personen, die nicht im Genossenschaftsregister eingetragen sind und bei denen nach den oben dargestellten Grundsätzen eine Legitimationsprüfung durchzuführen ist, müssen in die Bevollmächtigtendatei aufgenommen werden.

Kontendatei nach § 24c KWG

Vgl. Rdn. 22.

Hinweise

Soll für die eG bereits vor der Eintragung im Genossenschaftsregister ein **163** Konto eröffnet werden, ist wie folgt zu differenzieren:

▷ Vor der Verabschiedung der Satzung durch die Mitgliederversammlung kann ein Konto nur nach den Grundsätzen der Kontoeröffnung für eine BGB-Gesellschaft eröffnet werden (vgl. Rdn. 148).

▷ Nach der Verabschiedung der Satzung kann bereits ein Konto auf den Namen der eG mit dem Zusatz „in Gründung – i. G" eröffnet werden. Die nach der Satzung vertretungsberechtigten Personen müssen sich dann legitimieren und werden in die Bevollmächtigtendatei aufgenommen. Nach der Eintragung der eG im Genossenschaftsregister kann der Zusatz „i. G." gelöscht werden. Das Kreditinstitut muss sich zuvor jedoch einen aktuellen Auszug aus dem Genossenschaftsregister vorlegen lassen.

Zu Hauberg-, Forst-, Laub- und Alpgenossenschaften vgl. Rdn. 146.

Zu Jagd- und Waldgenossenschaften vgl. Rdn. 172.

Ab dem 18. August 2006 kann eine Europäische Genossenschaft gegründet werden. Die SCE (Societas Cooperativa Europaea) stellt eine eigene Rechtspersönlichkeit dar.

Der Europäischen Genossenschaft stehen zwei verschiedene Organisationsformen zur Verfügung. Sie kann sich wie die Genossenschaft nach deutschem Recht mit einem Aufsichtsrat und einem Vorstand als Organe organisieren (sog. dualistisches System). In diesem Fall wird die Genossenschaft durch den Vorstand vertreten. Die vorstehenden Ausführungen zur Legitimationsprüfung gelten entsprechend.

Entscheidet sich die Genossenschaft dazu, lediglich ein Verwaltungsorgan zu installieren (sog. monistisches System), leitet dieses die Europäische Genossenschaft. Die Verwaltungsratsmitglieder werden im Handelsregister eingetragen. Zur laufenden Geschäftsführung werden vom Verwaltungsrat geschäftsführende Direktoren bestellt. Diese vertreten die Europäische Genossenschaft gerichtlich und außergerichtlich. Sie werden ebenfalls im Handelsregister eingetragen. Erfolgt die Eintragung bei einem deutschen Genossenschaftsregister, gelten die Ausführungen zur Legitimationsprüfung für die inländische Genossenschaft entsprechend. Ist die Europäische Genossenschaft lediglich in einem ausländischen Genossenschaftsregister eingetragen, gelten die Ausführungen über die Kontoeröffnung für eine ausländische Gesellschaft (Rdn. 69 ff.) entsprechend. Zur Abklärung des wirtschaftlich Berechtigten gelten die obigen Ausführungen zur eingetragenen Genossenschaft entsprechend, allerdings treffen für die Europäische Genossenschaft die genannten Einschränkungen für Mehrstimmrechte nicht zu. Diese variieren je nach Sitzland und entsprechen auch für in Deutschland ansässige Europäische Genossenschaften nicht den aufgeführten Regelungen. Es ist daher bei der Europäischen Genossenschaft immer im Einzelfall zu prüfen, ob ein Mitglied unmittelbar oder mehr als 25 Prozent der Eigentums- oder Stimmrechte kontrollieren kann.

US-Quellensteuer

Die Ausführungen unter Rdn. 158 gelten entsprechend.

3.4 Konto der AG

Die Aktiengesellschaft ist eine Gesellschaft mit eigener Rechtspersönlich-   **164**
keit, bei der die Gesellschafter an dem in Aktien zerlegten Grundkapital
beteiligt sind. Sie ist selbst Träger von Rechten und Pflichten. Ihre Rechtsfähigkeit erlangt sie durch die Eintragung im Handelsregister.[1]

Kontoinhaber

Die AG.

Verfügungsberechtigte(r)

Die AG wird im Rechtsverkehr durch ihren Vorstand vertreten. Der Umfang seiner Vertretungsbefugnis ergibt sich aus dem Handelsregister. Besteht der Vorstand aus mehreren Personen, vertreten diese die AG gemeinsam, soweit sich aus dem Handelsregister nicht etwas anderes ergibt. Hat die AG einer natürlichen Person Prokura erteilt, ist dies ebenfalls aus dem Handelsregister ersichtlich. Dagegen sind Handlungsvollmachten bzw. Einzelvollmachten dem Kreditinstitut anzuzeigen.

Legitimationsprüfung/Identifizierung

Die AG wird durch die Vorlage des Handelsregisterauszuges legitimiert. Dies ermöglicht gleichzeitig die Prüfung, ob vereinfachte Sorgfaltspflichten angewendet werden dürfen, und den Nachweis über das Vorliegen der Voraussetzungen für deren Anwendung (vgl. Rdn. 14). Die zur Vertretung der AG berufenen Vorstandsmitglieder können ebenfalls dem Handelsregisterauszug entnommen werden. Eine Legitimationsprüfung muss bei diesen nicht durchgeführt werden; sie müssen auch nicht in die Bevollmächtigtendatei aufgenommen werden (Nr. 7j AEAO zu § 154 AO).

Wird ein Kontobevollmächtigter bestellt, der nicht als Vertreter der AG im Handelsregister eingetragen ist, muss er legitimiert und in die Bevollmächtigtendatei aufgenommen werden. Eine Legitimationsprüfung ist jedoch nicht erforderlich, wenn bereits fünf vertretungsberechtigte

---

1   Für weitere Informationen zur Rechtsform der AG siehe auch Ohlmeyer/Gördel, Das Kreditgeschäft der Kreditgenossenschaften, Kapitel 14.3.1.

Personen in das Handelsregister eingetragen sind bzw. einer Legitimationsprüfung unterzogen wurden (vgl. Rdn. 68). Ist danach eine Legitimationsprüfung nicht erforderlich, muss auch kein Eintrag in die Bevollmächtigtendatei erfolgen.

Wirtschaftlich Berechtigter

Das Kreditinstitut muss abklären, ob der Kontoinhaber für einen wirtschaftlich Berechtigten handelt. Ist dies der Fall, muss er nach Maßgabe des § 4 Abs. 5 GwG identifiziert werden.

Von der Feststellung des wirtschaftlich Berechtigten kann nach § 5 Abs. 2 Nr. 2 GwG bei börsennotierten Gesellschaften, deren Wertpapiere zum Handel auf einem organisierten Markt i. S. d. § 2 Abs. 5 WpHG in einem oder mehreren Mitgliedsstaaten der EU zugelassen sind, abgesehen werden (vereinfachte Sorgfaltspflichten, siehe auch Rdn. 14). Darunter fallen börsennotierte Unternehmen und deren konzernangehörige Tochtergesellschaften, sofern deren Wertpapiere zum Handel auf einem geregelten Markt der Richtlinie 2004/39/EG zugelassen sind. Die „geregelten Märkte" im Sinne der Richtlinie 2004/39/EG sind in der „Übersicht über die geregelten Märkte und einzelstaatliche Rechtsvorschriften zur Umsetzung der entsprechenden Anforderungen der Wertpapierdienstleistungsrichtlinie (2008/C 57/11)" aufgeführt.[1] Darüber hinaus gilt diese Ausnahme für börsennotierte Gesellschaften aus Drittstaaten, die Transparenzanforderungen im Hinblick auf Stimmrechtsanteile unterliegen, die denjenigen des Gemeinschaftsrechts gleichwertig sind. Derzeit erfüllen organisierte Märkte aus den im Anhang unter 3.13 genannten Ländern nach Auffassung von BMF und BaFin die gemeinschaftsrechtlichen Transparenzanforderungen.

Ist die Anwendung der vereinfachten Sorgfaltspflichten nicht zulässig, ist zunächst zu klären, ob die auf dem Konto zu verwaltenden Vermögenswerte der AG als Kontoinhaberin oder einem Dritten als veranlassendem Treugeber zuzurechnen sind. Erklärt die AG, dass sie die Geschäftsbeziehung nicht auf Veranlassung eines Dritten (d. h. im Interesse eines Dritten), insbesondere nicht als Treuhänderin, eingeht und liegen keine Auffälligkeiten bzw. Hinweise vor, sind lediglich die wirtschaftlich Berechtigten der AG festzustellen. Hierfür ist durch die AG als nicht natürliche Person „hindurchzuschauen" und nach den Maßgaben für wirtschaftlich Berechtigte, die über ihre Stimmrechts- oder Eigentumsanteile die Kontrolle über diese nicht natürliche Person ausüben, ein etwaiger

---

1 ABl. C 57 vom 1. März 2008, S. 21 ff., vgl. im Anhang unter 2.14.

wirtschaftlich Berechtigter abzuklären und gegebenenfalls zu identifizieren. Somit sind diejenigen natürlichen Personen, die mehr als 25 Prozent der Eigentums- oder Stimmrechtsanteile halten, mit angemessenen
Mitteln festzustellen. Als kontrollierende wirtschaftlich Berechtigte kommen bei der AG die Aktionäre bzw. die hinter ihnen stehenden natürlichen Personen in Betracht.

Erklärt die AG, das Konto solle auf Veranlassung einer anderen natürlichen Person, insbesondere als Treuhandkonto geführt werden, ist deren
Name (mindestens ein Vorname) und gegebenenfalls weitere Identifikationsmerkmale aufzuzeichnen. In diesen Fällen sind zur Verifizierung die
Angaben der AG – ggf. unter Hinzuziehung von (Kopien von) Dokumenten (soweit vorhanden) auf Widersprüche hin zu bewerten. Werden auf
dem Konto Vermögenswerte von nicht natürlichen Personen verwaltet,
ist „durch diese hindurchzuschauen" und nach den Maßgaben für wirtschaftlich Berechtigte, die über ihre Stimmrechts- oder Eigentumsanteile
die Kontrolle über diese nicht natürliche Person ausüben, ein etwaiger
wirtschaftlich Berechtigter abzuklären und gegebenenfalls zu identifizieren. Wird das Konto auf Veranlassung einer anderen Person geführt,
so reicht es aus, diese Person (bzw. eine hinter einer nicht natürlichen
Person als Veranlasser stehende natürliche Person) als wirtschaftlich Berechtigten zu erfassen. Die wirtschaftlich Berechtigten der AG müssen
dagegen in Bezug auf das Treuhandkonto nicht ermittelt und erfasst
werden.

Die Verifizierung von wirtschaftlich Berechtigten erfolgt anhand von risikoangemessenen Maßnahmen z. B. durch die Einsichtnahme in Treuhandverträge oder -abreden, Register, Kopien von Registerauszügen, Recherchen im Telefonbuch, Internet oder sonstigen Quellen. Die
Verifizierung von Aktionären einer AG als wirtschaftlich Berechtigte
kann – soweit die AG Namensaktien begibt – insbesondere anhand des
Aktienregisters erfolgen.

Wegen ausführlicher Ausführungen zum wirtschaftlich Berechtigten
siehe Rdn. 8 ff.

Zweck der Geschäftsbeziehung

Ist die Anwendung vereinfachter Sorgfaltspflichten zulässig, kann auch
auf die Einholung von Informationen zum Zweck der Geschäftsverbindung verzichtet werden.

Ist die Anwendung vereinfachter Sorgfaltspflichten nicht zulässig und ergibt sich der Zweck und die angestrebte Art der Kontoverbindung nicht bereits aus der Kontoart selbst, hat das Kreditinstitut hierzu Angaben des Kunden einzuholen (siehe Rdn. 7).

Dokumentation

Die AG ist in die Gläubigerdatei aufzunehmen.

Vertretungsberechtigte Personen, die nicht im Handelsregister eingetragen sind und bei denen nach den oben dargestellten Grundsätzen eine Legitimationsprüfung durchzuführen ist, sind in die Bevollmächtigtendatei aufzunehmen.

Kontendatei nach § 24c KWG

Vgl. Rdn. 22.

Hinweise

165 Möchte die AG bereits vor ihrer Eintragung im Handelsregister ein Konto eröffnen, ist wie folgt zu differenzieren:

▷ Vor dem Abschluss des Gesellschaftsvertrages kann das Konto nur nach den Grundsätzen der Kontoeröffnung für eine BGB-Gesellschaft eröffnet werden (vgl. Rdn. 148).

▷ Nach dem Abschluss des Gesellschaftsvertrages liegt eine Vorgesellschaft vor (BGH, WM 1978, 843). Ab diesem Zeitpunkt kann bereits auf den Namen der AG mit dem Zusatz „in Gründung" (i. G.) ein Konto eröffnet werden. Die Vertretungsberechtigten ergeben sich aus dem Gründungsvertrag. Sie müssen sich legitimieren und sind in die Bevollmächtigtendatei aufzunehmen. Der notariell beurkundete Gründungsvertrag sollte zu den Kontounterlagen genommen werden. Nach der Eintragung der AG im Handelsregister tritt diese in die Rechte der Vorgesellschaft (Vor-AG) ein. Der Zusatz „i. G." kann ab diesem Zeitpunkt gelöscht werden. Das Kreditinstitut muss sich vor der Umschreibung des Kontos auf die AG jedoch einen aktuellen Handelsregisterauszug vorlegen lassen.

US-Quellensteuer

Die Ausführungen unter Rdn. 158 gelten entsprechend.

3.5 Konto der Kommanditgesellschaft auf Aktien

166 Die Kommanditgesellschaft auf Aktien – KGaA – ist eine Gesellschaft, bei der mindestens ein Gesellschafter unbeschränkt persönlich haftet (Kom-

plementär). Die anderen Gesellschafter sind an dem in Aktien zerlegten Grundkapital beteiligt, ohne persönlich für die Verbindlichkeiten der Gesellschaft zu haften (Kommanditaktionäre, § 278 Abs. 1 AktG). Sie erlangt ihre Rechtsfähigkeit mit der Eintragung im Handelsregister.

Kontoinhaber
Die KGaA.

Verfügungsberechtigte(r)
Die KGaA wird durch den persönlich haftenden Gesellschafter vertreten. Er ist im Handelsregister namentlich aufgeführt. Auch ein eventuell bestellter Prokurist ist aus dem Handelsregisterauszug ersichtlich. Jeder persönlich haftende Gesellschafter ist grundsätzlich ermächtigt, die Gesellschaft allein zu vertreten. In der Satzung kann eine abweichende Regelung getroffen werden.

Legitimationsprüfung/Identifizierung
Die KGaA wird durch die Vorlage des Handelsregisterauszuges legitimiert. Auch der persönlich haftende Gesellschafter und die Prokuristen sind hieraus ersichtlich. Sie müssen daher nicht zusätzlich legitimiert und in die Bevollmächtigtendatei aufgenommen werden. Zusätzlich bestellte Handlungsbevollmächtigte/Einzelvertreter sind zu legitimieren. Ihre Daten sind in die Bevollmächtigtendatei aufzunehmen. Eine Ausnahme gilt dann, wenn bereits fünf Vertreter aus dem Handelsregister ersichtlich bzw. einer Legitimationsprüfung unterzogen wurden (vgl. Rdn. 52).

Wirtschaftlich Berechtigter
Das Kreditinstitut muss abklären, ob der Kontoinhaber für einen wirtschaftlich Berechtigten handelt. Ist dies der Fall, muss er nach Maßgabe des § 4 Abs. 5 GwG identifiziert werden.

Von der Feststellung des wirtschaftlich Berechtigten kann nach § 5 Abs. 2 Nr. 2 GwG bei börsennotierten Gesellschaften, deren Wertpapiere zum Handel auf einem organisierten Markt i. S. d. § 2 Abs. 5 WpHG in einem oder mehreren Mitgliedstaaten der EU zugelassen sind, abgesehen werden (vereinfachte Sorgfaltspflichten, siehe auch Rdn. 14). Darunter fallen börsennotierte Unternehmen und deren konzernangehörige Tochtergesellschaften, sofern deren Wertpapiere zum Handel auf einem geregelten Markt der Richtlinie 2004/39/EG zugelassen sind. Die „geregelten Märkte" im Sinne der Richtlinie 2004/39/EG sind in der „Übersicht über die geregelten Märkte und einzelstaatliche Rechtsvorschriften zur Umsetzung der entsprechenden Anforderungen der Wertpapierdienstleistungs-richtlinie (2008/C 57/11)" aufgeführt.[1] Darüber hinaus gilt diese Ausnahme für börsennotierte Gesellschaften aus Drittstaaten, die Trans-parenzanforderungen im Hinblick auf Stimmrechtsanteile unterliegen, die denjenigen des Gemeinschaftsrechts gleichwertig sind. Derzeit erfül-len organisierte Märkte aus den im Anhang unter 3.13 genannten Län-dern nach Auffassung von BMF und BaFin die gemeinschaftsrechtlichen Transparenzanforderungen.

Ist die Anwendung der vereinfachten Sorgfaltspflichten nicht zulässig, ist zunächst zu klären, ob die auf dem Konto zu verwaltenden Vermögens-werte der KGaA als Kontoinhaberin oder einem Dritten als veranlassen-dem Treugeber zuzurechnen sind. Erklärt die KGaA, dass sie die Ge-schäftsbeziehung nicht auf Veranlassung eines Dritten (d. h. im Interesse eines Dritten), insbesondere nicht als Treuhänderin, eingeht und liegen keine Auffälligkeiten bzw. Hinweise vor, sind lediglich die wirtschaftlich Berechtigten der KGaA festzustellen. Hierfür ist durch die KGaA als nicht natürliche Person „hindurchzuschauen" und nach den Maßgaben für wirtschaftlich Berechtigte, die über ihre Stimmrechts- oder Eigentumsan-teile die Kontrolle über diese nicht natürliche Person ausüben, ein etwai-ger wirtschaftlich Berechtigter abzuklären und gegebenenfalls zu identi-fizieren. Somit sind diejenigen natürlichen Personen, die mehr als 25 Prozent der Eigentums- oder Stimmrechtsanteile halten, mit angemes-senen Mitteln festzustellen. Als kontrollierende wirtschaftlich Berechtigte kommen bei der KGaA der Komplementär und die Kommanditaktionäre bzw. die hinter ihnen stehenden natürlichen Personen in Betracht.

Erklärt die KGaA, das Konto solle auf Veranlassung einer anderen natürli-chen Person, insbesondere als Treuhandkonto geführt werden, ist deren Name (mindestens ein Vorname) und gegebenenfalls weitere Identifika-tionsmerkmale aufzuzeichnen. In diesen Fällen sind zur Verifizierung die Angaben der KGaA – ggf. unter Hinzuziehung von (Kopien von) Doku-menten (soweit vorhanden) auf Widersprüche hin zu bewerten. Werden auf dem Konto Vermögenswerte von nicht natürlichen Personen verwal-tet, ist „durch diese hindurchzuschauen" und nach den Maßgaben für wirtschaftlich Berechtigte, die über ihre Stimmrechts- oder Eigentumsan-teile die Kontrolle über diese nicht natürliche Person ausüben, ein etwai-ger wirtschaftlich Berechtigter abzuklären und gegebenenfalls zu identi-fizieren. Wird das Konto auf Veranlassung einer anderen Person geführt, so reicht es aus, diese Person (bzw. eine hinter einer nicht natürlichen

---

1   ABl. C 57 vom 1. März 2008, S. 21 ff., siehe Anhang unter 2.14.

Person als Veranlasser stehende natürliche Person) als wirtschaftlich Berechtigten zu erfassen. Die wirtschaftlich Berechtigten der KGaA müssen dagegen in Bezug auf das Treuhandkonto nicht ermittelt und erfasst werden.

Die Verifizierung von wirtschaftlich Berechtigten erfolgt anhand von risikoangemessenen Maßnahmen z. B. durch die Einsichtnahme in Treuhandverträge oder -abreden, Register, Kopien von Registerauszügen, Recherchen im Telefonbuch, Internet oder sonstigen Quellen. Die Verifizierung von Kommanditaktionären einer KGaA als wirtschaftlich Berechtigte kann – soweit die KGaA Namensaktien begibt – insbesondere anhand des Aktienregisters erfolgen, der Komplementär ergibt sich aus dem Handelsregisterauszug.

Wegen ausführlicherer Ausführungen zum wirtschaftlich Berechtigten siehe Rdn. 8 ff.

Zweck der Geschäftsbeziehung
Ist die Anwendung vereinfachter Sorgfaltspflichten zulässig, kann auch auf die Einholung von Informationen zum Zweck der Geschäftsverbindung verzichtet werden.

Ist die Anwendung vereinfachter Sorgfaltspflichten nicht zulässig und ergibt sich der Zweck und die angestrebte Art der Kontoverbindung nicht bereits aus der Kontoart selbst, hat das Kreditinstitut hierzu Angaben des Kunden einzuholen (siehe Rdn. 7).

Dokumentation
Die KGaA ist in die Gläubigerdatei aufzunehmen. Soweit nach den oben dargestellten Grundsätzen einzelne Vertreter der KGaA legitimationsgeprüft werden müssen, sind sie in die Bevollmächtigtendatei aufzunehmen.

Kontendatei nach § 24c KWG
Vgl. Rdn. 22.

US-Quellensteuer
Die Ausführungen unter Rdn. 158 gelten entsprechend.

3.6 Konto der Gesellschaft mit beschränkter Haftung

167 Die Gesellschaft mit beschränkter Haftung – GmbH – ist eine Gesellschaft, bei der die Gesellschafter den Gläubigern der Gesellschaft für die Verbindlichkeiten der Gesellschaft nicht persönlich haften. Die GmbH entsteht als juristische Person mit der Eintragung im Handelsregister. Hierdurch erwirbt sie zugleich ihre Rechtsfähigkeit.[1]

Kontoinhaber

Die GmbH.

Verfügungsberechtigte(r)

Der bzw. die Geschäftsführer der GmbH. Sind mehrere Geschäftsführer bestellt, vertreten sie die GmbH gemeinsam, wenn nicht in der Satzung etwas anderes bestimmt wird. Die Geschäftsführer sowie ihre Vertretungsberechtigung kann aus dem Handelsregister entnommen werden, ebenso eine ggf. von der GmbH erteilte Prokura. Erteilt die GmbH einer natürlichen Person eine Handlungs- oder eine Einzelvollmacht, muss sie dies dem Kreditinstitut gegenüber anzeigen.

Legitimationsprüfung/Identifizierung

Die GmbH wird durch die Vorlage des Handelsregisterauszuges legitimiert. Die zur Vertretung der GmbH bestellten Geschäftsführer sind ebenso wie möglicherweise bestellte Prokuristen aus dem Handelsregister ersichtlich. Für diese Personen muss deshalb keine Legitimationsprüfung mehr durchgeführt werden. Sie müssen auch nicht in die Bevollmächtigtendatei aufgenommen werden (Nr. 7j AEAO zu § 154 AO).

Erteilt die GmbH einer natürlichen Person Kontovollmacht, die nicht im Handelsregister eingetragen ist, muss diese Person legitimiert und in die Bevollmächtigtendatei aufgenommen werden. Eine Legitimationsprüfung ist jedoch nicht erforderlich, wenn bereits fünf vertretungsberechtigte Personen der GmbH im Handelsregister eingetragen sind bzw. bereits legitimationsgeprüft wurden (vgl. Rdn. 68). Ist eine Legitimationsprüfung nach den vorstehenden Grundsätzen nicht erforderlich, muss der Kontobevollmächtigte auch nicht in die Bevollmächtigtendatei aufgenommen werden.

---

1 Für weitere Informationen zur Rechtsform der GmbH siehe auch Ohlmeyer/Gördel, Das Kreditgeschäft der Kreditgenossenschaften, Kapitel 14.3.3.

Wirtschaftlich Berechtigter

Das Kreditinstitut muss abklären, ob der Kontoinhaber für einen wirtschaftlich Berechtigten handelt. Ist dies der Fall, muss er nach Maßgabe des § 4 Abs. 5 GwG identifiziert werden.

Somit ist zunächst zu klären, ob die auf dem Konto zu verwaltenden Vermögenswerte der GmbH als Kontoinhaberin oder einem Dritten als veranlassendem Treugeber zuzurechnen sind. Erklärt die GmbH, dass sie die Geschäftsbeziehung nicht auf Veranlassung eines Dritten (d. h. im Interesse eines Dritten), insbesondere nicht als Treuhänderin, eingeht und liegen keine Auffälligkeiten bzw. Hinweise vor, sind lediglich die wirtschaftlich Berechtigten der GmbH festzustellen. Hierfür ist durch die GmbH als nicht natürliche Person „hindurchzuschauen" und nach den Maßgaben für wirtschaftlich Berechtigte, die über ihre Stimmrechts- oder Eigentumsanteile die Kontrolle über diese nicht natürliche Person ausüben, ein etwaiger wirtschaftlich Berechtigter abzuklären und gegebenenfalls zu identifizieren. Somit sind diejenigen natürlichen Personen, die mehr als 25 Prozent der Eigentums- oder Stimmrechtsanteile halten, mit angemessenen Mitteln festzustellen. Als kontrollierende wirtschaftlich Berechtigte kommen bei der GmbH die Gesellschafter bzw. die hinter ihnen stehenden natürlichen Personen in Betracht (siehe auch Beispiele in Rdn. 11).

Erklärt die GmbH, das Konto solle auf Veranlassung einer anderen natürlichen Person, insbesondere als Treuhandkonto geführt werden, ist deren Name (mindestens ein Vorname) und gegebenenfalls weitere Identifikationsmerkmale aufzuzeichnen. In diesen Fällen sind zur Verifizierung die Angaben der GmbH – ggf. unter Hinzuziehung von (Kopien von) Dokumenten (soweit vorhanden) auf Widersprüche hin zu bewerten. Werden auf dem Konto Vermögenswerte von nicht natürlichen Personen verwaltet, ist „durch diese hindurchzuschauen" und nach den Maßgaben für wirtschaftlich Berechtigte, die über ihre Stimmrechts- oder Eigentumsanteile die Kontrolle über diese nicht natürliche Person ausüben, ein etwaiger wirtschaftlich Berechtigter abzuklären und gegebenenfalls zu identifizieren. Wird das Konto auf Veranlassung einer anderen Person geführt, so reicht es aus, diese Person (bzw. eine hinter einer nicht natürlichen Person als Veranlasser stehende natürliche Person) als wirtschaftlich Berechtigten zu erfassen. Die wirtschaftlich Berechtigten der GmbH müssen dagegen in Bezug auf das Treuhandkonto nicht ermittelt und erfasst werden.

Die Verifizierung von wirtschaftlich Berechtigten erfolgt anhand von risikoangemessenen Maßnahmen z. B. durch die Einsichtnahme in Treuhandverträge oder -abreden, Register, Kopien von Registerauszügen, Recherchen im Telefonbuch, Internet oder sonstigen Quellen. Die Verifizierung von Gesellschaftern einer GmbH als wirtschaftlich Berechtigte kann insbesondere anhand des Gesellschaftsvertrages erfolgen.

Wegen ausführlicherer Ausführungen zum wirtschaftlich Berechtigten siehe Rdn. 8 ff.

Zweck der Geschäftsbeziehung

Soweit sich der Zweck und die angestrebte Art der Kontoverbindung nicht bereits aus der Kontoart selbst ergibt, hat das Kreditinstitut hierzu Angaben des Kunden einzuholen (siehe Rdn. 7).

Dokumentation

Die GmbH ist in die Gläubigerdatei aufzunehmen. Die über das Konto verfügungsberechtigten natürlichen Personen, die nicht im Handelsregister eingetragen sind und bei denen nach den oben dargelegten Grundsätzen eine Legitimationsprüfung erforderlich wird, sind in die Bevollmächtigtendatei aufzunehmen.

Kontendatei nach § 24c KWG

Vgl. Rdn. 22.

Hinweise

168 Die zivilrechtlich erforderliche Unterschriftsprüfung kann durch ein sog. Unterschriftenverzeichnis erfolgen. Für die Vorgesellschaft gelten die Ausführungen zur AG entsprechend (vgl. Rdn. 164).

Die Unternehmergesellschaft (haftungsbeschränkt) (kurz: UG haftungsbeschränkt), umgangssprachlich auch als Mini-GmbH ohne Stammkapital bezeichnet, wurde im Zuge der Reform des deutschen GmbH-Rechts durch das am 1. November 2008 in Kraft getretene Gesetz zur Modernisierung des GmbH-Rechts und zur Bekämpfung von Missbräuchen als existenzgründerfreundliche Variante der herkömmlichen GmbH eingeführt. Die in § 5a GmbHG geregelte UG (haftungsbeschränkt) stellt keine neue Rechtsform dar. Vielmehr handelt es sich um eine GmbH mit einem geringeren Stammkapital als dem für die gewöhnliche GmbH vorgeschriebenen Mindeststammkapital von 25.000 Euro und mit einem besonderen Rechtsformzusatz. Der deutsche Gesetzgeber hat die Unternehmergesellschaft in erster Linie eingeführt, um eine Alternative zu der in den letzten Jahren immer beliebteren Rechtsform der englischen Limited anbieten zu können.

Die Ausführungen zur Kontoeröffnung für eine GmbH gelten auch für die Unternehmergesellschaft.

Möchte die GmbH bereits vor ihrer Eintragung im Handelsregister ein Konto eröffnen, ist wie folgt zu differenzieren:

▷ Vor dem Abschluss des Gesellschaftsvertrages kann das Konto nur nach den Grundsätzen der Kontoeröffnung für eine BGB-Gesellschaft eröffnet werden (vgl. Rdn. 148).

▷ Nach dem Abschluss des Gesellschaftsvertrages liegt eine Vorgesellschaft vor. Ab diesem Zeitpunkt kann bereits auf den Namen der GmbH mit dem Zusatz „in Gründung" (i. G.) ein Konto eröffnet werden. Die Vertretungsberechtigten ergeben sich aus dem Gründungsvertrag. In der Gründungsphase bis zum Zeitpunkt der Eintragung haften die handelnden Geschäftsführer für die in der Gründungsphase entstehenden Verbindlichkeiten. Sie müssen sich legitimieren und sind in die Bevollmächtigtendatei aufzunehmen. Der notariell beurkundete Gründungsvertrag sollte zu den Kontounterlagen genommen werden. Nach der Eintragung der GmbH im Handelsregister tritt diese in die Rechte der Vorgesellschaft (Vor-GmbH) ein. Der Zusatz „i. G." kann ab diesem Zeitpunkt gelöscht werden. Das Kreditinstitut muss sich vor der Umschreibung des Kontos auf die GmbH jedoch einen aktuellen Handelsregisterauszug vorlegen lassen. Demnach trifft die Handelndenhaftung im Regelfall den in der Gründungsphase handelnden Geschäftsführer.

US-Quellensteuer
Die Ausführungen unter Rdn. 158 gelten entsprechend.

3.7 Konto der Europäischen (Aktien-)Gesellschaft (Societas Europaea)

Die Europäische Aktiengesellschaft – SE – soll es den Unternehmen erleichtern, sich europaweit einheitlich aufzustellen. Europaweit tätige Unternehmen können mit der SE grenzüberschreitend verschmelzen und sich dabei erstmals einer einzigen, flexibel einsetzbaren Rechtspersönlichkeit bedienen. Das gezeichnete Kapital der Gesellschaft muss mindestens 120.000 Euro betragen. Diese neue Rechtsform ist für alle Unternehmen

169

von Interesse, die ihren Sitz in verschiedenen Mitgliedstaaten der Europäischen Union haben oder über eine Tochtergesellschaft oder eine Zweigniederlassung in einem anderen Mitgliedstaat verfügen. Die SE ist wie eine Aktiengesellschaft eine Gesellschaft mit eigener Rechtspersönlichkeit. Sie ist selbst Träger von Rechten und Pflichten. Ihre Rechtsfähigkeit erlangt sie durch Eintragung im Handelsregister, wenn sie ihren Sitz in Deutschland nimmt.

Kontoinhaber

Die SE.

Verfügungsberechtigte(r)

Die Führung der täglichen Geschäfte erfolgt durch einen oder mehrere Direktoren. Alternativ dazu kann die Geschäftsführung wie bei der Aktiengesellschaft durch einen Vorstand erfolgen.

Die zur Vertretung berechtigten Personen sind im Handelsregister aufgeführt, wenn die SE ihren Sitz in Deutschland hat. Wird die SE mit Sitz im Ausland errichtet, erfolgt eine Eintragung im deutschen Handelsregister nur, wenn in Deutschland eine Niederlassung errichtet wird.

Legitimationsprüfung/Identifizierung

Die SE wird durch die Vorlage des Handelsregisterauszuges legitimiert. Die zur Vertretung der AG berufenen Vertreter können ebenfalls dem Handelsregisterauszug entnommen werden. Eine Legitimationsprüfung muss bei diesen nicht durchgeführt werden; sie müssen auch nicht in die Bevollmächtigtendatei aufgenommen werden (Nr. 7j AEAO zu § 154 AO).

Wird ein Kontobevollmächtigter bestellt, der nicht als Vertreter der SE im Handelsregister eingetragen ist, muss er legitimiert und in die Bevollmächtigtendatei aufgenommen werden. Eine Legitimationsprüfung ist jedoch nicht erforderlich, wenn bereits fünf vertretungsberechtigte Personen in das Handelsregister eingetragen sind bzw. einer Legitimationsprüfung unterzogen wurden (vgl. Rdn. 68). Ist danach eine Legitimationsprüfung nicht erforderlich, muss auch kein Eintrag in die Bevollmächtigtendatei erfolgen.

Ist die SE im Ausland ansässig und verfügt sie nicht über eine im Inland eingetragene Zweigniederlassung, muss die Legitimationsprüfung nach den Regeln der Legitimationsprüfung für eine im Ausland ansässige Gesellschaft erfolgen. Die SE muss deshalb zum Nachweis ihrer Rechtsfähigkeit den Gesellschaftsvertrag vorlegen.

Wirtschaftlich Berechtigter

Das Kreditinstitut muss abklären, ob der Kontoinhaber für einen wirtschaftlich Berechtigten handelt. Ist dies der Fall, muss er nach Maßgabe des § 4 Abs. 5 GwG identifiziert werden.

Von der Feststellung des wirtschaftlich Berechtigten kann nach § 5 Abs. 2 Nr. 2 GwG bei börsennotierten Gesellschaften, deren Wertpapiere zum Handel auf einem organisierten Markt i. S. d. § 2 Abs. 5 WpHG in einem oder mehreren Mitgliedsstaaten der EU zugelassen sind, abgesehen werden (vereinfachte Sorgfaltspflichten, siehe auch Rdn. 14). Darunter fallen börsennotierte Unternehmen und deren konzernangehörige Tochtergesellschaften, sofern deren Wertpapiere zum Handel auf einem geregelten Markt der Richtlinie 2004/39/EG zugelassen sind. Die „geregelten Märkte" im Sinne der Richtlinie 2004/39/EG sind in der „Übersicht über die geregelten Märkte und einzelstaatliche Rechtsvorschriften zur Umsetzung der entsprechenden Anforderungen der Wertpapierdienstleistungsrichtlinie (2008/C 57/11)" aufgeführt.[1]

Ist die Anwendung der vereinfachten Sorgfaltspflichten nicht zulässig, ist zunächst zu klären, ob die auf dem Konto zu verwaltenden Vermögenswerte der SE als Kontoinhaberin oder einem Dritten als veranlassendem Treugeber zuzurechnen sind. Erklärt die SE, dass sie die Geschäftsbeziehung nicht auf Veranlassung eines Dritten (d. h. im Interesse eines Dritten), insbesondere nicht als Treuhänderin, eingeht und liegen keine Auffälligkeiten bzw. Hinweise vor, sind lediglich die wirtschaftlich Berechtigten der SE festzustellen. Hierfür ist durch die SE als nicht natürliche Person ist „hindurchzuschauen" und nach den Maßgaben für wirtschaftlich Berechtigte, die über ihre Stimmrechts- oder Eigentumsanteile die Kontrolle über diese nicht natürliche Person ausüben, ein etwaiger wirtschaftlich Berechtigter abzuklären und gegebenenfalls zu identifizieren. Somit sind diejenigen natürlichen Personen, die mehr als 25 Prozent der Eigentums- oder Stimmrechtsanteile halten, mit angemessenen Mitteln festzustellen. Als kontrollierende wirtschaftlich Berechtigte kommen bei der SE die Aktionäre bzw. die hinter ihnen stehenden natürlichen Personen in Betracht.

---

1   ABl. C 57 vom 1. März 2008, S. 21 ff., siehe im Anhang unter 2.14.

Erklärt die SE, das Konto solle auf Veranlassung einer anderen natürlichen Person, insbesondere als Treuhandkonto geführt werden, ist deren Name (mindestens ein Vorname) und gegebenenfalls weitere Identifikationsmerkmale aufzuzeichnen. In diesen Fällen sind zur Verifizierung die Angaben der SE – ggf. unter Hinzuziehung von (Kopien von) Dokumenten (soweit vorhanden) auf Widersprüche hin zu bewerten. Werden auf dem Konto Vermögenswerte von nicht natürlichen Personen verwaltet, ist „durch diese hindurchzuschauen" und nach den Maßgaben für wirtschaftlich Berechtigte, die über ihre Stimmrechts- oder Eigentumsanteile die Kontrolle über diese nicht natürliche Person ausüben, ein etwaiger wirtschaftlich Berechtigter abzuklären und gegebenenfalls zu identifizieren. Wird das Konto auf Veranlassung einer anderen Person geführt, so reicht es aus, diese Person (bzw. eine hinter einer nicht natürlichen Person als Veranlasser stehende natürliche Person) als wirtschaftlich Berechtigten zu erfassen. Die wirtschaftlich Berechtigten der SE müssen dagegen in Bezug auf das Treuhandkonto nicht ermittelt und erfasst werden.

Die Verifizierung von wirtschaftlich Berechtigten erfolgt anhand von risikoangemessenen Maßnahmen z. B. durch die Einsichtnahme in Treuhandverträge oder -abreden, Register, Kopien von Registerauszügen, Recherchen im Telefonbuch, Internet oder sonstigen Quellen. Die Verifizierung von Aktionären einer SE als wirtschaftlich Berechtigte kann – soweit die SE Namensaktien begibt – insbesondere anhand des Aktienregisters erfolgen.

Wegen ausführlicherer Ausführungen zum wirtschaftlich Berechtigten siehe Rdn. 8 ff.

Zweck der Geschäftsbeziehung
Ist die Anwendung vereinfachter Sorgfaltspflichten zulässig, kann auch auf die Einholung von Informationen zum Zweck der Geschäftsverbindung verzichtet werden.

Ist die Anwendung vereinfachter Sorgfaltspflichten nicht zulässig und ergibt sich der Zweck und die angestrebte Art der Kontoverbindung nicht bereits aus der Kontoart selbst, hat das Kreditinstitut hierzu Angaben des Kunden einzuholen (siehe Rdn. 7).

Dokumentation
Die SE ist in die Gläubigerdatei aufzunehmen.

Verfügungsberechtigte Personen, die nicht im Handelsregister eingetragen sind und bei denen nach den oben dargestellten Grundsätzen eine Legitimationsprüfung durchzuführen ist, sind in die Bevollmächtigtendatei aufzunehmen.

Kontendatei nach § 24c KWG

Vgl. Rdn. 22.

US-Quellensteuer

Die Ausführungen unter Rdn. 158 gelten entsprechend.

4 Das Konto der juristischen Person des öffentlichen Rechts

Der Staat nimmt im Bereich der hoheitlichen Verwaltung durch juristische Personen des öffentlichen Rechts am Rechtsverkehr teil. Zu den juristischen Personen des öffentlichen Rechts gehören die Gebiets- und Personalkörperschaften, die Anstalten und die öffentlichen Stiftungen. Die juristische Person des öffentlichen Rechts kann Träger von Rechten und Pflichten sein. Die Rechtsfähigkeit wird im Einzelfall durch Gesetz, Satzung oder staatlichen Hoheitsakt begründet.   **170**

Gebietskörperschaften

Dazu gehören der Bund, die Länder, die Gemeinden und die Kreise.

Personalkörperschaften

Dazu gehören z. B. die Kammern (Industrie- und Handelskammern, Rechtsanwaltskammern, Notarkammern, Ärztekammern, Handwerkskammern, Wirtschaftsprüferkammern, Steuerberaterkammern, Kassenärztliche Vereinigungen), Innungen sowie die meisten Universitäten.

Anstalten

Zu den juristischen Personen des öffentlichen Rechts gehören darüber hinaus die selbstständigen Anstalten, z. B. die Deutsche Bundesbank, die Bundesanstalt für Arbeit, die Bundesversicherungsanstalt für Angestellte, die Landesversicherungsanstalten, die Berufsgenossenschaften, Sozialversicherungsträger (Ortskrankenkassen, Betriebskrankenkassen, Innungskrankenkassen, Landeskrankenkassen, Barmer Ersatzkasse, Deutsche Angestellten-Krankenkasse, Technikerkassen etc.) und die Rundfunkanstalten (z. B. das Zweite Deutsche Fernsehen oder der Bayerische Rundfunk).

Nicht zu den juristischen Personen des öffentlichen Rechts gehören die unselbstständigen Anstalten, dazu gehören Schulen, Krankenhäuser, Museen, Bibliotheken, Badeanstalten und Kindergärten, die in der Regel nicht als selbstständige Anstalten errichtet werden. Sie sind selbst nicht rechtsfähig (vgl. aber die Möglichkeiten der Kontoeröffnung für eine Behörde, Rdn. 174).

Auch die Stiftungen des öffentlichen Rechts nehmen Aufgaben der öffentlichen Verwaltung selbstständig war. Ihre Rechtsfähigkeit erlangen sie durch Verleihung aufgrund gesetzlicher Vorschriften. Zu den Stiftungen öffentlichen Rechts gehören z. B. das Hilfswerk für behinderte Kinder, die Heimkehrerstiftung und die Stiftung „Preußischer Kulturbesitz". Die Vertretungsberechtigung der für die Stiftung handelnden Organe (in der Regel der Vorstand) ergibt sich aus der Satzung. Die zur Beaufsichtigung der Stiftung zuständigen Stellen werden durch die einschlägigen Landes- bzw. Bundesgesetze bestimmt.

Für das Kreditinstitut ist die Kontoeröffnung für eine juristische Person des öffentlichen Rechts mit besonderen Schwierigkeiten verbunden. Denn bei vielen juristischen Personen des öffentlichen Rechts ist nicht ohne weiteres klar, wer sie vertritt. Außerdem lässt sich der Umfang der Vertretungsmacht oft nur aus einer Fülle von Gesetzen und Verordnungen entnehmen. Hinzu kommt, dass in der Regel nicht die in den gesetzlichen Bestimmungen benannten Vertreter selbst die Kontoeröffnung vornehmen, sondern zumeist Mitarbeiter nachgeordneter Dienststellen für diese tätig werden. Ihre Vertretungsberechtigung kann sich auch aus untergeordneten Vorschriften, z. B. aus einer Satzung ergeben. Weiterhin ist zu beachten, dass die Willenserklärung für eine juristische Person des öffentlichen Rechts oftmals formbedürftig ist (z. B. Dienstsiegel). Ohne Erkundigungen bei einer übergeordneten Stelle ist es daher dem Kreditinstitut oftmals nicht möglich festzustellen, ob die handelnde Person Vertretungsmacht für die Körperschaft besitzt. Das Kreditinstitut wird daher in vielen Fällen nicht ohne eine Auskunft der für die Beaufsichtigung der juristischen Person des öffentlichen Rechts zuständigen Behördenstelle auskommen. Durch eine Rückfrage bei dieser Behörde kann geklärt werden, ob die das Konto eröffnende Person zur Vertretung berechtigt ist.

Beispielhaft für die Errichtung eines Kontos für eine juristische Person des öffentlichen Rechts wird nachfolgend unter Rdn. 171 die Kontoeröffnung für eine Gemeinde dargestellt.

4.1 Konto der Gemeinde

Kontoinhaber

Die Gemeinde als juristische Person des öffentlichen Rechts.   **171**

Sie ist selbst kontofähig, da sie selbstständig Träger von Rechten und Pflichten sein kann.

Verfügungsberechtigte(r)

Im Regelfall ist nach den bestehenden Vorschriften zu unterscheiden zwischen dem Recht, ein Konto zu eröffnen und dem Recht, über das Konto zu verfügen. Beide Rechte sind regelmäßig getrennt geregelt. Die Person, die das Konto eröffnen darf (z. B. der Bürgermeister für die Gemeinde) darf nach den bestehenden Vorschriften (Gemeindeverordnung, Satzung der Gemeinde) regelmäßig nicht zugleich über das Konto verfügen. Die Personen, die über das Konto verfügen dürfen, dürfen regelmäßig an der Kontoeröffnung selbst nicht mitwirken. Das Kontoeröffnungsrecht und das Kontoverfügungsrecht stehen somit vielfach verschiedenen natürlichen Personen zu.

Regelmäßig dürfen Verfügungen über das Konto nur von zwei natürlichen Personen gemeinsam vorgenommen werden. Das Kreditinstitut sollte sich möglichst die entsprechenden Vorschriften, aus denen sich das Recht zur Kontoeröffnung und das Verfügungsrecht ergeben, vorlegen lassen. Die verfügungsberechtigten Personen müssen dem Kreditinstitut von der juristischen Person des öffentlichen Rechts (der Gemeinde) namentlich genannt werden. Dabei sind auch Unterschriftsproben zu übermitteln.

In Ausnahmefällen lassen die einschlägigen Rechtsvorschriften aber auch die Errichtung des Kontos und die Verfügung über das Konto **durch dieselbe Person** zu. So ist beispielsweise nach § 18 Abs. 2 der Verordnung des Innenministers über die Kassenführung der Gemeinden (Gemeindekassenverordnung – GemKVO) i. V. m. § 53 Abs. 2 der Gemeindeordnung Baden-Württemberg der Bürgermeister für die Errichtung und die Verwaltung der Gemeindekonten alleine zuständig. Er kann eine Vollmacht erteilen.

Legitimationsprüfung/Identifizierung

Auch für die Körperschaft des öffentlichen Rechts ist als Kontoinhaber eine Legitimationsprüfung durchzuführen. Hierdurch muss sich das Kreditinstitut Gewissheit über die Existenz der juristischen Person des öffentlichen Rechts verschaffen.

Bestehen für das Kreditinstitut Zweifel, ob die juristische Person des öffentlichen Rechts existiert, z. B. weil sie nach Kenntnis der Mitarbeiter des Kreditinstituts bisher noch nicht in Erscheinung getreten ist, muss die Existenz durch eine Nachfrage bei der zur Beaufsichtigung der juristischen Person des öffentlichen Rechts zuständigen Aufsichtsbehörde überprüft werden.

Zur Vermeidung von Missbräuchen ist es darüber hinaus erforderlich, dass die juristische Person des öffentlichen Rechts über die Kontoeröffnung unterrichtet wird. Das Kreditinstitut genügt den ihm nach § 154 Abs. 2 AO obliegenden Sorgfaltspflichten, wenn es eine schriftliche Bestätigung über die erfolgte Kontoeröffnung an die allgemeine Postadresse der juristischen Person des öffentlichen Rechts (z. B. der Gemeinde, nicht zu Händen der das Konto eröffnenden natürlichen Person) übersendet.

Nach Nr. 7h AEAO zu § 154 AO müssen sich die Vertreter der juristischen Person des öffentlichen Rechts nicht gegenüber dem Kreditinstitut legitimieren. Die Vertreter der Gemeinde müssen daher auch nicht in die Bevollmächtigtendatei aufgenommen werden.

Wirtschaftlich Berechtigter

Das Kreditinstitut muss abklären, ob der Kontoinhaber für einen wirtschaftlich Berechtigten handelt. Ist dies der Fall, muss er nach Maßgabe des § 4 Abs. 5 GwG identifiziert werden.

Somit ist zunächst zu klären, ob die auf dem Konto zu verwaltenden Vermögenswerte der Gemeinde als Kontoinhaberin oder einem Dritten als veranlassendem Treugeber zuzurechnen sind. Erklärt die Gemeinde, dass sie die Geschäftsbeziehung nicht auf Veranlassung eines Dritten (d. h. im Interesse eines Dritten), insbesondere nicht als Treuhänderin, eingeht und liegen keine Auffälligkeiten bzw. Hinweise vor, sind lediglich die wirtschaftlich Berechtigten der Gemeinde festzustellen. Hierfür ist durch die Gemeinde als nicht natürliche Person „hindurchzuschauen" und nach den Maßgaben für wirtschaftlich Berechtigte, die über ihre Stimmrechts- oder Eigentumsanteile die Kontrolle über diese nicht natürliche Person ausüben, ein etwaiger wirtschaftlich Berechtigter abzuklären und gegebenenfalls zu identifizieren. Somit sind diejenigen natürlichen Personen, die mehr als 25 Prozent der Eigentums- oder Stimmrechtsanteile halten, mit angemessenen Mitteln festzustellen.

Die Vorgaben des § 1 Abs. 6 S. 2 Nr. 1 GwG zu den zu kontrollierenden wirtschaftlich Berechtigten orientieren sich an den Gegebenheiten von „Gesellschaften" und passen nicht auf Körperschaften öffentlichen Rechts. Bei diesen kann im Ergebnis keine natürliche Person eine Kontrolle von mehr als 25 Prozent ausüben. Ein kontrollierender wirtschaftlich Berechtigter ist hier somit nicht vorhanden.

Wegen ausführlicherer Ausführungen zum wirtschaftlich Berechtigten siehe Rdn. 8 ff.

Zweck der Geschäftsbeziehung

Soweit sich der Zweck und die angestrebte Art der Kontoverbindung nicht bereits aus der Kontoart selbst ergibt, hat das Kreditinstitut hierzu Angaben des Kunden einzuholen (siehe Rdn. 7).

Dokumentation

Die Gemeinde ist als Körperschaft des öffentlichen Rechts in die Gläubigerdatei aufzunehmen. Die Vertreter der juristischen Person des öffentlichen Rechts müssen nicht in die Bevollmächtigtendatei aufgenommen werden (Nr. 7h AEAO zu § 154 AO). Dies gilt auch in den Fällen, in denen sich die Vertretungsberechtigung aus sog. untergesetzlichen Vorschriften (Verordnung oder Satzung) ergibt.

Kontendatei nach § 24c KWG

Vgl. Rdn. 22.

Hinweise

Nach den oben dargestellten Regelungen kann ein Konto auch auf eine **172** Jagdgenossenschaft bzw. Waldgenossenschaft errichtet werden, die ebenfalls Körperschaften des öffentlichen Rechts sind (vgl. das Schreiben des Bayerischen Staatsministeriums für Ernährung, Landwirtschaft und Forsten vom 5. Januar 1993, abgedruckt im Anhang unter 2.10 und den Erlass des Bayerischen Staatsministeriums für Finanzen vom 24. Februar 1993, abgedruckt im Anhang unter 2.11). Auch für Stiftungen des öffentlichen Rechts kann nach diesen Grundsätzen eine Kontoeröffnung erfolgen. Zu Realgemeinden vgl. Rdn. 146.

Die oben dargestellten Grundsätze gelten auch dann, wenn die juristische Person durch rechtlich nicht selbstständige Untergliederungen am Rechtsverkehr teilnimmt. Hierbei treten die juristischen Personen des öffentlichen Rechts im eigenen Namen im Rechtsverkehr auf. Die Kontoeröffnung muss in diesen Fällen auf den Namen der juristischen Person und nicht auf die Untergliederung erfolgen.

173 Auch die Bundestags-, Landtags-, Gemeinderats-, Stadtrats-, Bezirkstags- und Verbandsgemeinderatsfraktionen werden steuerlich wie juristische Personen des öffentlichen Rechts behandelt. Eine Kontoeröffnung kann nach den oben dargestellten Grundsätzen daher auch auf ihren Namen erfolgen (vgl. BMF-Schreiben vom 1. Dezember 1992, abgedruckt im Anhang unter 2.3).

US-Quellensteuer

Gebietskörperschaften (z. B. der Bund, die Länder und Gemeinden) und internationale Organisationen (z. B. das Internationale Rote Kreuz, die Vereinten Nationen etc.) können mit dem Formular W-8EXP (abgedruckt im Anhang unter 3.12) dokumentiert werden. Sonstige Körperschaften des öffentlichen Rechts (Kirchen, Stiftungen des öffentlichen Rechts etc.) können mit dem Formular W-8BEN legitimiert werden.

4.2 Konto der Behörde

174 Behörden sind Stellen, die Aufgaben der öffentlichen Verwaltung wahrnehmen. Öffentlich-rechtliche Rechtsträger werden durch diese mit rechtsverbindlicher Wirkung gegenüber Dritten tätig. Die Behörden sind zwar nicht selbst rechtsfähig, sondern handeln im Namen ihres Rechtsträgers (z. B. die Stadtkasse für die Stadt). Auf den Namen einer Behörde kann dennoch ein Konto eröffnet werden, wenn der hinter der Behörde stehende Rechtsträger (z. B. die Stadt Bonn) die Kontoeröffnung auf den Namen der Behörde (z. B. die Stadtkasse, die städtische Schule) genehmigt. Die Ermächtigung zur Kontoeröffnung kann auch in Rechtsvorschriften vorgesehen sein.

Kontoinhaber

Die zur Kontoeröffnung ermächtigte Behörde, z. B. die Städtische Feuerwehr, die Städtische Schule oder das Städtische Krankenhaus (soweit die Einrichtung nicht in privater Rechtsform, z. B. in der Rechtsform einer GmbH geführt wird).

Verfügungsberechtigte(r)

Wer zur Vertretung der Behörde ermächtigt ist, ergibt sich aus Gesetz, Rechtsverordnung oder Satzung. In der Regel ist das der Behördenleiter selbst (Minister, Regierungspräsident, Oberstadtdirektor, Bürgermeister etc.), daneben der ständige Vertreter sowie die übrigen zur Vertretung im Auftrag des Behördenleiters berufenen Beamten und Angestellten.

Wie bei der Eröffnung eines Kontos auf den Namen einer juristischen Person des öffentlichen Rechts (vgl. Rdn. 170, 171) steht das Recht zur Kontoeröffnung regelmäßig nicht derselben Person zu, die später auch über das Konto verfügen kann.

Legitimationsprüfung/Identifizierung

Das Kreditinstitut muss sich Gewissheit darüber verschaffen, dass sowohl die Behörde wie auch der Rechtsträger der Behörde existieren. Ergibt sich die Ermächtigung zur Kontoeröffnung aus Rechtsvorschriften, reicht eine schriftliche Bestätigung an die offizielle Adresse der Behörde (nicht zu Händen der Person, die das Konto eröffnet hat). Andernfalls sollte die Kontoeröffnung durch ein an die offizielle Adresse des Rechtsträgers gerichtetes Schreiben bestätigt werden. Hierdurch kann ausgeschlossen werden, dass eine zur Vertretung einer Behörde berechtigte natürliche Person das Recht zur Kontoeröffnung missbraucht. Ein Abdruck der entsprechenden Rechtsvorschriften (Gesetz, Verordnung, Satzung) sollte zu den Kontounterlagen genommen werden. Die Vertreter der Behörde müssen nach Nr. 7h AEAO zu § 154 AO selbst nicht legitimationsgeprüft werden. Ihre Namen müssen auch nicht in die Bevollmächtigtendatei aufgenommen werden.

Wirtschaftlich Berechtigter

Wegen ihres geringen Risikos können bei deutschen Behörden i. S. d. § 1 Abs. 4 des Verwaltungsverfahrensgesetzes und der entsprechenden Regelungen der Verwaltungsverfahrensgesetze der Bundesländer vereinfachte Sorgfaltspflichten angewandt werden. Nach § 1 Abs. 4 Verwaltungsverfahrensgesetz ist jede Stelle, die Aufgaben der öffentlichen Verwaltung wahrnimmt eine Behörde. Zu den Behörden zählen damit auch Gebietskörperschaften, Handwerkskammern, Universitäten, Rundfunkanstalten, sowie natürliche oder juristische Personen des Privatrechts, die mit der hoheitlichen Wahrnehmung bestimmter Verwaltungsaufgaben im eigenen Namen betraut sind (sog. Beliehene, wie Ingenieure der technischen Überwachungsvereine, Bezirksschornsteinfegermeister)[1]

Entsprechendes gilt in Bezug auf ausländische Behörden oder ausländische öffentliche Einrichtungen, die auf der Grundlage des Vertrags über die Europäische Union, der Verträge zur Gründung der Europäischen Ge-

---

1 Vgl. Schmitz in Stelkens/Bonk/Sachs, VwVfG, § 1 Rdn. 236-268.

meinschaften oder des Sekundarrechts der Gemeinschaften mit öffentlichen Aufgaben betraut sind, sofern deren Identität zweifelsfrei feststeht, ihre Tätigkeiten und Rechnungslegung transparent sind und eine Rechenschaftspflicht gegenüber einem Organ der Gemeinschaft oder gegenüber den Behörden eines Mitgliedstaats der Europäischen Union oder anderweitige Kontroll- und Überwachungsmaßnahmen zur Überprüfung der Tätigkeit bestehen.

Im Rahmen der vereinfachten Sorgfaltspflichten kann von der Feststellung des wirtschaftlich Berechtigten bei Behörden nach § 5 Abs. 2 Nr. 4 GwG abgesehen werden.

Wegen ausführlicherer Ausführungen zum wirtschaftlich Berechtigten siehe Rdn. 8 ff.

Zweck der Geschäftsbeziehung

Im Rahmen der vereinfachten Sorgfaltspflichten kann von der Feststellung des Geschäftszwecks abgesehen werden.

Dokumentation

Der Rechtsträger der Behörde ist in die Gläubigerdatei aufzunehmen (in o. a. Beispiel die Stadt Bonn). Zusätzlich kann die Behörde in die Gläubigerdatei aufgenommen werden.

Kontendatei nach § 24c KWG

Vgl. Rdn. 22.

Hinweise

175 Das Kreditinstitut sollte sich die Genehmigung zur Kontoeröffnung und eine Bestätigung der Verfügungsberechtigung des Kontobevollmächtigten vom zuständigen Rechtsträger der Behörde vorlegen lassen und eine Kopie davon zu den Akten nehmen.

Bei den Bundesvermögensämtern als Behörden zur Verwaltung des Bundesvermögens ist die regional zuständige Oberfinanzdirektion die hierfür zuständige Stelle (vgl. § 8 Abs. 2 und 5 des Gesetzes über die Finanzverwaltung).

Ergibt sich das Recht zur Kontoeröffnung bzw. die Verfügungsbefugnis aus untergeordneten Vorschriften, z. B. aus einer Verordnung oder aus einer Satzung, sollte ein Abdruck der entsprechenden Bestimmungen zu den Kontounterlagen genommen werden.

Nach den o. a. Grundsätzen kann auch ein Konto auf einen kommunalen Eigenbetrieb einer Gemeinde eröffnet werden, der nicht in der Rechtsform einer juristischen Person des privaten Rechts betrieben wird (z. B. ein Versorgungsunternehmen für Gas, Fernwärme, Wasser etc., Verkehrsbetrieb, Krankenhaus). Diese Eigenbetriebe sind als Betriebe gewerblicher Art selbstständige Steuersubjekte nach § 1 Abs. 1 Nr. 6 KStG.

Wollen Eltern auf einem Konto privat gesammelte Gelder zur Verbesserung der Sachmittelausstattung der Schule verwalten, kommt eine Kontoerrichtung auf den Namen der Schule nicht in Betracht, da es sich um private Mittel handelt, die nicht in den Schulhaushalt fließen. In diesem Fall empfiehlt sich die Eröffnung eines offenen Treuhandkontos auf eine natürliche Person mit einem Zusatz, z. B. „wg. Humboldt-Schule".

Die Grundsätze über die Eröffnung eines Kontos für eine Behörde finden auch Anwendung auf die Gerichtsvollzieher-Dienstkonten. Hierbei handelt es sich um Konten, die zur Abwicklung des dienstlichen Zahlungsverkehrs des Gerichtsvollziehers dienen. Die Einzelheiten der Kontoeröffnung sind in landesrechtlichen Regelungen (Verfügungen der Justizministerien) geregelt. Die Eröffnung eines Kontos ist regelmäßig vom Dienstvorgesetzten (in der Regel ein Richter) zu genehmigen.

US-Quellensteuer

Der Kontoinhaber ist mit dem Formular W-8EXP (abgedruckt im Anhang unter 3.12) zu dokumentieren.

4.3   Konto der kirchlichen Stellen bzw. Einrichtungen

In Deutschland haben einige Religionsgemeinschaften den Status einer Körperschaft des öffentlichen Rechts. Diese Rechtsstellung räumt ihnen Art. 140 GG i. V. m. Art. 137 Abs. 5 Satz 1 der Weimarer Reichsverfassung ein, soweit sie vor dem Inkrafttreten der Weimarer Reichsverfassung bereits Körperschaft des öffentlichen Rechts waren. Anderen Religionsgemeinschaften kann unter den Voraussetzungen des Art. 140 GG i. V. m. Art. 137 Abs. 5 Sätze 2 und 3 Weimarer Reichsverfassung diese Rechtsstellung auf Antrag eingeräumt worden sein. Davon zu trennen sind die privatrechtlich organisierten Religionsgemeinschaften.

176

Will eine kirchliche Stelle oder Einrichtung ein Konto eröffnen, muss das Kreditinstitut zunächst prüfen, ob es sich um eine rechtsfähige Einrichtung, z. B. eine Körperschaft oder Stiftung, die selbst Träger von Rechten und Pflichten sein kann oder lediglich um eine unselbstständige Untereinheit einer überörtlichen Einrichtung handelt (z. B. ein kirchlicher Kindergarten). Das Konto kann auf den Namen einer kirchlichen Stelle oder Einrichtung errichtet werden, wenn es sich um eine (kirchliche) juristische Person des öffentlichen Rechts handelt. Kirchliche Einrichtungen bedienen sich auch Rechtsformen des Privatrechts (z. B. eingetragener Verein, Stiftung des Privatrechts, gGmbH)

Zu den staatlich anerkannten kirchlichen juristischen Personen des öffentlichen Rechts (Körperschaften) gehören:

Die Evangelische Kirche in Deutschland (EKD), die evangelischen Landeskirchen, die Kirchengemeinden und ihre Verbände, die Evangelischen Freikirchen (die Evangelische-Methodistische Kirche, der Bund Evangelisch-Freikirchlicher Gemeinden in Deutschland, die Baptisten, der Bund Freier Evangelischer Gemeinden in Deutschland, die Evangelisch-Lutherische Freikirche, die Brüdergemeinde, die Mennoniten).

Die Katholische Kirche ist selbst nicht Körperschaft des öffentlichen Rechts. Vielmehr sind bestimmte Organisationseinheiten der katholischen Kirche Träger der Körperschaftsrechte. Körperschaften des öffentlichen Rechts sind die (Erz-)Diözesen, die bischöflichen Stühle (das Stellenvermögen des Bischofs), die Domkapitel, die Kirchengemeinden sowie der Verband der Diözesen Deutschlands und die Zusammenschlüsse von Kirchengemeinden. Auch einige Ordensgesellschaften und Klöster verfügen über diesen Rechtsstatus, vgl. Rdn. 177. Neben den Körperschaften des öffentlichen Rechts existieren zahlreiche kirchliche Stiftungen des öffentlichen Rechts. Diese Kirchenstiftungen sind teilweise als örtliche Kirchenstiftungen gegründet (sog. Ortskirchenstiftungen oder Pfründestiftung/Pfarrerbenefizien), teilweise dienen sie überörtlichen Zwecken und Aufgaben. Zu den Stiftungen des öffentlichen Rechts (vgl. Rdn. 170).

Daneben gibt es auch kirchliche Anstalten des öffentlichen Rechts. Hierzu zählt beispielsweise die Katholische Soldatenseelsorge als Vermögensträger im Bereich der Katholischen Militärselsorge

Bei den sonstigen Religionsgemeinschaften sind Körperschaften des öffentlichen Rechts: die Neuapostolische Kirche, das katholische Bistum der Alt-Katholiken in Deutschland, die Christengemeinschaft, die Israelische Kultusgemeinde und deren Verbände, die Freireligiösen Landesgemeinschaften, die Siebenten-Tags-Adventisten und die Zeugen Jehovas.

Demgegenüber kann ein Konto nicht errichtet werden für die rechtlich unselbstständigen kirchlichen Stellen, z. B. Friedhöfe und sonstige unselbstständige Untergliederungen der oben genannten öffentlich-rechtlichen Körperschaften.

Für die privatrechtlich organisierten Religionsgemeinschaften kann ein Konto nur nach den Grundsätzen der Kontoeröffnung für einen eingetragenen Verein (vgl. Rdn. 157) oder einen nicht rechtsfähigen Verein eröffnet werden (vgl. Rdn. 143). Hierzu gehören z. B., die griechisch-katholische Kirche sowie die Buddhisten.

177 Ob auf den Namen einer kirchlichen Stelle/Einrichtung ein Konto errichtet werden kann, bestimmt sich zunächst danach, ob die Stelle/Einrichtung rechtsfähig ist, d. h. selbst Träger von Rechten und Pflichten sein kann. Dies ergibt sich aus den einschlägigen Rechtsvorschriften (Gesetzen, Verordnungen, Satzungen). Hierin ist auch geregelt, wer die kirchliche Stelle/Einrichtung bei der Kontoeröffnung wirksam vertreten kann, wer im Verhältnis zum Kreditinstitut berechtigt ist, über das Konto zu verfügen und welche Formvorschriften (z. B. kirchliches Siegel) zu beachten sind.

Kirchliche Orden, ordensähnliche Gemeinschaften oder Kongregationen (z. B. ein Zusammenschluss mehrerer Klöster) können selbst eine Körperschaft des öffentlichen Rechts sein. Dieser Status kann durch eine Urkunde oder durch ein staatliches Anerkennungsschreiben bzw. Bestätigungsschreiben belegt werden. Die Vertretungsberechtigung ergibt sich entweder aus der Satzung der Körperschaft oder dem Eigenrecht des Instituts (z. B. Gesetz, Konstitution, Statut, etc.). Sie sind jedoch vielfach auch als eingetragener Verein oder als gemeinnützige GmbH organisiert. Die Rechtsfähigkeit kann dann nach den allgemeinen Regeln für diese Rechtsformen nachgewiesen werden.

In der Regel stehen dem Kreditinstitut die entsprechenden Rechtsvorschriften nicht zur Verfügung. Das Kreditinstitut kann folglich eine endgültige Klärung vielfach nur durch eine schriftliche Anfrage bei der zuständigen kirchlichen oder staatlichen Aufsichtsbehörde herbeiführen.

Beispielhaft wird nachfolgend die **Kontoeröffnung für eine Kirchengemeinde** dargestellt.

178 Die Kirchengemeinde ist als Körperschaft des öffentlichen Rechts Träger von Rechten und Pflichten und damit auch kontofähig. Sie kommt vor als

(Stadt-)Pfarrkirchengemeinde, Kuratie-, Expositur- und Filialkirchenge-meinde sowie als Gesamtkirchengemeinde.

Kontoinhaber

Die Kirchengemeinde.

Verfügungsberechtigte(r)

Nach den einschlägigen kirchenrechtlichen Vorschriften wird die Kirchen-gemeinde in der Regel von der örtlichen Kirchenverwaltung mit dem Pfarrer als dem Vorsitzenden des Kirchenvorstandes vertreten. Dabei muss zwischen der Kontoeröffnung und der Verfügung über das eröff-nete Konto unterschieden werden.

Die Kontoeröffnung auf den Namen der Kirchengemeinde wird in der Regel von der Kirchenverwaltung (Kirchenvorstand) beschlossen. Der Kontoeröffnungsantrag muss dann mit dem Dienstsiegel der Kirchenge-meinde versehen werden. Er ist nach den einschlägigen Bestimmungen regelmäßig vom Kirchenvorstand und einer bzw. mehreren anderen Per-sonen zu unterzeichnen.

Die Kontovollmacht wird durch die Kirchenverwaltung (Kirchenvorstand) einer oder zwei natürlichen Personen erteilt. Sind mehrere Personen über das Konto verfügungsberechtigt, verfügen sie in der Regel gemeinsam über das Konto.

Einzelne Personen sind daher im Regelfall allein nicht in der Lage, zu-gleich ein Konto auf den Namen einer Kirchengemeinde zu errichten und auch darüber zu verfügen. Hierdurch werden Missbrauchsmöglichkeiten ausgeschlossen. Das Kreditinstitut sollte sich – wenn möglich – die ent-sprechenden Rechtsvorschriften, in denen das Recht und die Form der Kontoeröffnung und die Vertretungsberechtigung über das Konto der Kirchengemeinde geregelt sind, besorgen bzw. vorlegen lassen. Im Ein-zelfall lassen sich verbleibende Unklarheiten durch eine Anfrage bei der kirchlichen Aufsichtsbehörde (Landeskirche, Erzbistum) klären.

Legitimationsprüfung/Identifizierung

Für die Kirchengemeinde ist als Kontoinhaber eine Legitimationsprüfung durchzuführen. Hierdurch muss sich das Kreditinstitut Gewissheit über die Existenz der Kirchengemeinde verschaffen. Ist dem Kreditinstitut die Kir-chengemeinde noch nicht bekannt, wird sich die Existenz im Einzelfall durch eine Kontaktaufnahme mit der kirchlichen Aufsichtsbehörde klären lassen. Zur Vermeidung von Missbräuchen ist es darüber hinaus erforderlich, dass die juristische Person des öffentlichen Rechts schriftlich über die Kontoeröffnung unterrichtet wird (schriftliche Bestätigung an die allgemeine Postadresse, vgl. Rdn. 171).

Ist dem Kreditinstitut die Kirchengemeinde bereits bekannt, werden die nach § 154 Abs. 2 AO vorgeschriebenen Sorgfaltspflichten eingehalten, wenn eine schriftliche Bestätigung der Kontoeröffnung an die allgemeine Postadresse der Kirchengemeinde (nicht zu Händen der das Konto eröffnenden natürlichen Person) übersandt wird.

Die mit einer Kontovollmacht ausgestatteten Vertreter der Kirchengemeinde müssen nach Nr. 7 h AEAO zu § 154 AO nicht legitimationsgeprüft werden. Sie müssen daher auch nicht in die Bevollmächtigtendatei aufgenommen werden.

Wirtschaftlich Berechtigter

Das Kreditinstitut muss abklären, ob der Kontoinhaber für einen wirtschaftlich Berechtigten handelt. Ist dies der Fall, muss er nach Maßgabe des § 4 Abs. 5 GwG identifiziert werden.

Somit ist zunächst zu klären, ob die auf dem Konto zu verwaltenden Vermögenswerte der Kirchengemeinde als Kontoinhaberin oder einem Dritten als veranlassendem Treugeber zuzurechnen sind. Erklärt die Kirchengemeinde, dass sie die Geschäftsbeziehung nicht auf Veranlassung eines Dritten (d. h. im Interesse eines Dritten), insbesondere nicht als Treuhänderin, eingeht und liegen keine Auffälligkeiten bzw. Hinweise vor, sind lediglich die wirtschaftlich Berechtigten der Kirchengemeinde festzustellen. Hierfür ist durch die Kirchengemeinde als nicht natürliche Person „hindurchzuschauen" und nach den Maßgaben für wirtschaftlich Berechtigte, die über ihre Stimmrechts- oder Eigentumsanteile die Kontrolle über diese nicht natürliche Person ausüben, ein etwaiger wirtschaftlich Berechtigter abzuklären und gegebenenfalls zu identifizieren. Somit sind diejenigen natürlichen Personen, die mehr als 25 Prozent der Eigentums- oder Stimmrechtsanteile halten, mit angemessenen Mitteln festzustellen.

Die Vorgaben des § 1 Abs. 6 S. 2 Nr. 1 GwG zu den zu kontrollierenden wirtschaftlich Berechtigten orientieren sich an den Gegebenheiten von „Gesellschaften" und passen nicht auf Körperschaften öffentlichen Rechts. Bei diesen kann im Ergebnis keine natürliche Person eine Kontrolle von mehr als 25 Prozent ausüben. Ein kontrollierender wirtschaftlich Berechtigter ist hier somit nicht vorhanden.

Wegen ausführlicherer Ausführungen zum wirtschaftlich Berechtigten siehe Rdn. 8 ff.

Zweck der Geschäftsbeziehung

Soweit sich der Zweck und die angestrebte Art der Kontoverbindung nicht bereits aus der Kontoart selbst ergibt, hat das Kreditinstitut hierzu Angaben des Kunden einzuholen (siehe Rdn. 7).

Dokumentation

Die Kirchengemeinde ist in die Gläubigerdatei aufzunehmen.

Die für die Kirchengemeinde handelnden vertretungsberechtigten Personen müssen nach Nr. 7 h AEAO zu § 154 AO nicht in die Bevollmächtigtendatei aufgenommen werden.

Kontendatei nach § 24c KWG

Vgl. Rdn. 22.

Hinweise

179   Die Kreditinstitute verlangen vielfach aus zivilrechtlichen Gründen zur Beweissicherung die Vorlage einer von der Kirchengemeinde mit Siegel beglaubigten Ausweiskopie von den Vertretungsberechtigten.

Die vorstehenden Ausführungen gelten auch für kirchliche Orden.

Religionsgemeinschaften, die nicht als Körperschaften des öffentlichen Rechts anerkannt sind, sind zumeist als eingetragene Vereine organisiert. Für die Kontoeröffnung greifen dann die Regelungen zur Kontoeröffnung für den eingetragenen Verein (vgl. Rdn. 157). Ist die entsprechende Personenvereinigung nicht eingetragen, kommt nur eine Kontoeröffnung auf den Namen eines nicht eingetragenen Vereins in Betracht (vgl. Rdn. 143).

US-Quellensteuer

Der Kontoinhaber ist mit dem Formular W-8BEN (abgedruckt im Anhang unter 3.12) zu dokumentieren.

Anhang

1 Rechtsgrundlagen

1.1 Abgabenordnung (Auszug)

§ 30a Schutz von Bankkunden

(1) Bei der Ermittlung des Sachverhalts (§ 88) haben die Finanzbehörden auf das Vertrauensverhältnis zwischen den Kreditinstituten und deren Kunden besonders Rücksicht zu nehmen.

(2) Die Finanzbehörden dürfen von den Kreditinstituten zum Zwecke der allgemeinen Überwachung die einmalige oder periodische Mitteilung von Konten bestimmter Art oder bestimmter Höhe nicht verlangen.

(3) [1]Die Guthabenkonten oder Depots, bei deren Errichtung eine Legitimationsprüfung nach § 154 Abs. 2 vorgenommen worden ist, dürfen anlässlich der Außenprüfung bei einem Kreditinstitut nicht zwecks Nachprüfung der ordnungsmäßigen Versteuerung festgestellt oder abgeschrieben werden. [2]Die Ausschreibung von Kontrollmitteilungen soll insoweit unterbleiben.

(4) In Vordrucken für Steuererklärungen soll die Angabe der Nummern von Konten und Depots, die der Steuerpflichtige bei Kreditinstituten unterhält, nicht verlangt werden, soweit nicht steuermindernde Ausgaben oder Vergünstigungen geltend gemacht werden oder die Abwicklung des Zahlungsverkehrs mit dem Finanzamt dies bedingt.

(5) Für Auskunftsersuchen an Kreditinstitute gilt § 93. [2]Ist die Person des Steuerpflichtigen bekannt und gegen ihn kein Verfahren wegen einer Steuerstraftat oder einer Steuerordnungswidrigkeit eingeleitet, soll auch im Verfahren nach § 208 Abs. 1 Satz 1 ein Kreditinstitut erst um Auskunft und Vorlage von Urkunden gebeten werden, wenn ein Auskunftsersuchen an den Steuerpflichtigen nicht zum Ziele führt oder keinen Erfolg verspricht.

§ 93 Auskunftspflicht der Beteiligten und anderer Personen

(1) [1]Die Beteiligten und andere Personen haben der Finanzbehörde die zur Feststellung eines für die Besteuerung erheblichen Sachverhaltes erforderlichen Auskünfte zu erteilen. [2]Dies gilt auch für nicht rechtsfähige Vereinigungen, Vermögensmassen, Behörden und Betriebe gewerblicher Art der Körperschaften des öffentlichen Rechts. [3]Andere Personen als die Beteiligten sollen erst dann zur Auskunft angehalten werden, wenn die Sachverhaltsaufklärung durch die Beteiligten nicht zum Ziele führt oder keinen Erfolg verspricht.

(2) [1]In dem Auskunftsersuchen ist anzugeben, worüber Auskünfte erteilt werden sollen und ob die Auskunft für die Besteuerung des Auskunftspflichtigen oder für die Besteuerung anderer Personen angefordert wird. [2]Auskunftsersuchen haben auf Verlangen des Auskunftspflichtigen schriftlich zu ergehen.

(3) [1]Die Auskünfte sind wahrheitsgemäß nach bestem Wissen und Gewissen zu erteilen. [2]Auskunftspflichtige, die nicht aus dem Gedächtnis Auskunft geben können, haben Bücher, Aufzeichnungen, Geschäftspapiere und andere Urkunden, die ihnen zur Verfügung stehen, einzusehen und, soweit nötig, Aufzeichnungen daraus zu entnehmen.

(4) [1]Der Auskunftspflichtige kann die Auskünfte schriftlich, mündlich oder fernmündlich erteilen. [2]Die Finanzbehörde kann verlangen, dass der Auskunftspflichtige schriftlich Auskunft erteilt, wenn dies sachdienlich ist.

(5) [1]Die Finanzbehörde kann anordnen, dass der Auskunftspflichtige eine mündliche Auskunft an Amtsstelle erteilt. [2]Hierzu ist sie insbesondere dann befugt, wenn trotz Aufforderung eine schriftliche Auskunft nicht erteilt worden ist oder eine schriftliche Auskunft nicht zu einer Klärung des Sachverhaltes geführt hat. [3]Absatz 2 Satz 1 gilt entsprechend.

(6) [1]Auf Antrag des Auskunftspflichtigen ist über die mündliche Auskunft an Amtsstelle eine Niederschrift aufzunehmen. [2]Die Niederschrift soll den Namen der anwesenden Personen, den Ort, den Tag und den wesentlichen Inhalt der Auskunft enthalten. [3]Sie soll von dem Amtsträger, dem die mündliche Auskunft erteilt wird, und dem Auskunftspflichtigen unterschrieben werden. [4]Den Beteiligten ist eine Abschrift der Niederschrift zu überlassen.

§ 154 Kontenwahrheit

(1) Niemand darf auf einen falschen oder erdichteten Namen für sich oder einen Dritten ein Konto errichten oder Buchungen vornehmen lassen, Wertsachen (Geld, Wertpapiere, Kostbarkeiten) in Verwahrung geben oder verpfänden oder sich ein Schließfach geben lassen.

(2) [1]Wer ein Konto führt, Wertsachen verwahrt oder als Pfand nimmt oder ein Schließfach überlässt, hat sich zuvor Gewissheit über die Person und Anschrift des Verfügungsberechtigten zu verschaffen und die entsprechenden Angaben in geeigneter Form, bei Konten auf dem Konto, festzuhalten. [2]Er hat sicherzustellen, dass er jederzeit Auskunft darüber geben kann, über welche Konten oder Schließfächer eine Person verfügungsberechtigt ist.

(3) Ist gegen Absatz 1 verstoßen worden, so dürfen Guthaben, Wertsachen und der Inhalt eines Schließfachs nur mit Zustimmung des für die Einkommen- und Körperschaftsteuer des Verfügungsberechtigten zuständigen Finanzamts herausgegeben werden.

§ 194 Sachlicher Umfang einer Außenprüfung

(1) [1]Die Außenprüfung dient der Ermittlung der steuerlichen Verhältnisse des Steuerpflichtigen. [2]Sie kann eine oder mehrere Steuerarten, einen oder mehrere Besteuerungszeiträume umfassen oder sich auf bestimmte Sachverhalte beschränken. [3]Die Außenprüfung bei einer Personengesellschaft umfasst die steuerlichen Verhältnisse der Gesellschafter insoweit, als diese Verhältnisse für die zu überprüfenden einheitlichen Feststellungen von Bedeutung sind. [4]Die steuerlichen Verhältnisse anderer Personen können insoweit geprüft werden, als der Steuerpflichtige verpflichtet war oder verpflichtet ist, für Rechnung dieser Personen Steuern zu entrichten oder Steuern einzubehalten und abzuführen; dies gilt auch dann, wenn etwaige Steuernachforderungen den anderen Personen gegenüber geltend zu machen sind.

(2) Die steuerlichen Verhältnisse von Gesellschaftern und Mitgliedern sowie von Mitgliedern der Überwachungsorgane können über die in Absatz 1 geregelten Fälle hinaus in die bei einer Gesellschaft durchzuführende Außenprüfung einbezogen werden, wenn dies im Einzelfall zweckmäßig ist.

(3) Werden anlässlich einer Außenprüfung Verhältnisse anderer als der in Absatz 1 genannten Personen festgestellt, so ist die Auswertung der Feststellun-

gen insoweit zulässig, als ihre Kenntnis für die Besteuerung dieser anderen Personen von Bedeutung ist oder die Feststellungen eine unerlaubte Hilfeleistung in Steuersachen betreffen.

§ 328 Zwangsmittel

(1) [1]Ein Verwaltungsakt, der auf Vornahme einer Handlung oder auf Duldung oder Unterlassung gerichtet ist, kann mit Zwangsmitteln (Zwangsgeld, Ersatzvornahme, unmittelbarer Zwang) durchgesetzt werden. [2]Für die Erzwingung von Sicherheiten gilt § 336. [3]Vollstreckungsbehörde ist die Behörde, die den Verwaltungsakt erlassen hat.

(2) [1]Es ist dasjenige Zwangsmittel zu bestimmen, durch das der Pflichtige und die Allgemeinheit am wenigsten beeinträchtigt werden. [2]Das Zwangsmittel muss in einem angemessenen Verhältnis zu seinem Zweck stehen.

§ 370 Steuerhinterziehung

(1) Mit Freiheitsstrafe bis zu 5 Jahren oder mit Geldstrafe wird bestraft, wer

1. den Finanzbehörden oder anderen Behörden über steuerlich erhebliche Tatsachen unrichtige oder unvollständige Angaben macht,
2. die Finanzbehörden pflichtwidrig über steuerlich erhebliche Tatsachen in Unkenntnis lässt oder
3. pflichtwidrig die Verwendung von Steuerzeichen oder Steuerstemplern unterlässt

und dadurch Steuern verkürzt oder für sich oder einen anderen nicht gerechtfertigte Steuervorteile erlangt.

(2) Der Versuch ist strafbar.

(3) [1]In besonders schweren Fällen ist die Strafe Freiheitsstrafe von sechs Monaten bis zu zehn Jahren. [2]Ein besonders schwerer Fall liegt in der Regel vor, wenn der Täter

1. in großem Ausmaß Steuern verkürzt oder nicht gerechtfertigte Steuervorteile erlangt,
2. seine Befugnisse oder seine Stellung als Amtsträger missbraucht,
3. die Mithilfe eines Amtsträgers ausnutzt, der seine Befugnisse oder seine Stellung missbraucht,
4. unter Verwendung nachgemachter oder verfälschter Belege fortgesetzt Steuern verkürzt oder nicht gerechtfertigte Steuervorteile erlangt oder
5. als Mitglied einer Bande, die sich zur fortgesetzten Begehung von Taten nach Absatz 1 verbunden hat, Umsatz- oder Verbrauchssteuern verkürzt oder nicht gerechtfertigte Umsatz- oder Verbrauchssteuervorteile erlangt.

(4) [1]Steuern sind namentlich dann verkürzt, wenn sie nicht, nicht in voller Höhe oder nicht rechtzeitig festgesetzt werden; dies gilt auch dann, wenn die Steuer vorläufig oder unter Vorbehalt der Nachprüfung festgesetzt wird oder eine Steueranmeldung einer Steuerfestsetzung unter Vorbehalt der Nachprüfung gleichsteht. [2]Steuervorteile sind auch Steuervergütungen; nicht gerechtfertigte Steuervorteile sind erlangt, soweit sie zu Unrecht gewährt oder belassen werden. [3]Die Voraussetzungen der Sätze 1 und 2 sind auch dann erfüllt, wenn die Steuer, auf die sich die Tat bezieht, aus anderen Gründen hätte ermäßigt oder der Steuervorteil aus anderen Gründen hätte beansprucht werden können.

(5) Die Tat kann auch hinsichtlich solcher Waren begangen werden, deren Einfuhr, Ausfuhr oder Durchfuhr verboten ist.

(6) [1]Die Absätze 1 bis 5 gelten auch dann, wenn sich die Tat auf Eingangsabgaben bezieht, die von einem anderen Mitgliedstaat der Europäischen Gemeinschaften verwaltet werden oder die einem Mitgliedstaat der Europäi-

schen Freihandelsassoziation oder einem mit dieser assoziierten Staat zustehen. [2]Das gleiche gilt, wenn sich die Tat auf Umsatzsteuern oder auf harmonisierte Verbrauchsteuern, für die in Artikel 3 Abs. 1 der Richtlinie 92/12/EWG des Rates vom 25. Februar 1992 (ABl. EG Nr. L 76 S. 1) genannten Waren bezieht, die von einem anderen Mitgliedstaat der Europäischen Gemeinschaften verwaltet werden. [3]Die in Satz 2 bezeichneten Taten werden nur verfolgt, wenn die Gegenseitigkeit zur Zeit der Tat verbürgt und dies in einer Rechtsverordnung nach Satz 4 festgestellt ist. [4]Das Bundesministerium der Finanzen wird ermächtigt, mit Zustimmung des Bundesrates in einer Rechtsverordnung festzustellen, im Hinblick auf welche Mitgliedstaaten der Europäischen Gemeinschaften Taten im Sinne des Satzes 2 wegen Verbürgung der Gegenseitigkeit zu verfolgen sind.

(7) Die Absätze 1 bis 6 gelten unabhängig von dem Recht des Tatortes auch für Taten, die außerhalb des Geltungsbereiches dieses Gesetzes begangen werden.

§ 379 Steuergefährdung

(1) Ordnungswidrig handelt, wer vorsätzlich oder leichtfertig

1. Belege ausstellt, die in tatsächlicher Hinsicht unrichtig sind,
2. Belege gegen Entgelt in den Verkehr bringt oder
3. nach Gesetz buchungs- oder aufzeichnungspflichtige Geschäfts-

vorfälle oder Betriebsvorgänge nicht oder in tatsächlicher Hinsicht unrichtig verbucht oder verbuchen lässt und dadurch ermöglicht, Steuern zu verkürzen oder nicht gerechtfertigte Steuervorteile zu erlangen. Satz 1 Nr. 1 gilt auch dann, wenn Eingangsabgaben verkürzt werden können, die von einem anderen Mitgliedstaat der Europäischen Gemeinschaften verwaltet werden oder die einem Staat zustehen, der für Waren aus den Europäischen Gemeinschaften aufgrund eines Assoziations- oder Präferenzabkommens eine Vorzugsbehandlung gewährt; § 370 Abs. 7 gilt entsprechend. Das gleiche gilt, wenn sich die Tat auf Umsatzsteuern bezieht, die von einem anderen Mitgliedstaat der Europäischen Gemeinschaften verwaltet werden.

(2) Ordnungswidrig handelt, wer vorsätzlich oder leichtfertig

1. der Mitteilungspflicht nach § 138 Abs. 2 nicht, nicht vollständig oder nicht rechtzeitig nachkommt,
2. die Pflicht zur Kontenwahrheit nach § 154 Abs. 1 verletzt.

(3) Ordnungswidrig handelt, wer vorsätzlich oder fahrlässig einer Auflage nach § 120 Abs. 2 Nr. 4 zuwiderhandelt, die einem Verwaltungsakt für Zwecke der besonderen Steueraufsicht (§§ 209 bis 217) beigefügt worden ist.

(4) Die Ordnungswidrigkeit kann mit einer Geldbuße bis zu 5.000 Euro geahndet werden, wenn die Handlung nicht nach § 378 geahndet werden kann.

1.2 Gesetz über das Aufspüren von Gewinnen aus schweren Straftaten (Geldwäschegesetz – GwG, Auszug)[1]

Abschnitt 1: Begriffsbestimmungen und Verpflichtete

§ 1 Begriffsbestimmungen

(1) Identifizieren im Sinne dieses Gesetzes besteht aus

1. der Feststellung der Identität durch Erheben von Angaben und
2. der Überprüfung der Identität.

(2) Terrorismusfinanzierung im Sinne dieses Gesetzes ist

1. die Bereitstellung oder Sammlung finanzieller Mittel in Kenntnis dessen, dass sie ganz oder teilweise dazu verwendet werden oder verwendet werden sollen,
   a) eine Tat nach § 129a, auch in Verbindung mit § 129b des Strafgesetzbuchs, oder
   b) eine andere der in Artikel 1 bis 3 des Rahmenbeschlusses 2002/475/ JI des Rates vom 13. Juni 2002 zur Terrorismusbekämpfung (ABl. EG Nr. L 164 S. 3) umschriebenen Straftaten
   zu begehen oder zu einer solchen Tat anzustiften oder Beihilfe zu leisten sowie
2. die Begehung einer Tat nach § 89a Abs. 1 in den Fällen des Abs. 2 Nr. 4 des Strafgesetzbuchs oder die Teilnahme an einer solchen Tat.

(3) Geschäftsbeziehung im Sinne dieses Gesetzes ist jede geschäftliche oder berufliche Beziehung, die unmittelbar in Verbindung mit den geschäftlichen oder beruflichen Aktivitäten der Verpflichteten unterhalten wird, und bei der beim Zustandekommen des Kontakts davon ausgegangen wird, dass sie von gewisser Dauer sein wird.

(4) Transaktion im Sinne dieses Gesetzes ist jede Handlung, die eine Geldbewegung oder eine sonstige Vermögensverschiebung bezweckt oder bewirkt.

(5) Dem Bargeld im Sinne dieses Gesetzes gleichgestellt ist elektronisches Geld im Sinne von § 1 Abs. 14 des Kreditwesengesetzes.

(6) Wirtschaftlich Berechtigter im Sinne dieses Gesetzes ist die natürliche Person, in deren Eigentum oder unter deren Kontrolle der Vertragspartner letztlich steht, oder die natürliche Person, auf deren Veranlassung eine Transaktion letztlich durchgeführt oder eine Geschäftsbeziehung letztlich begründet wird. Hierzu zählen insbesondere:

1. bei Gesellschaften, die nicht an einem organisierten Markt im Sinne des § 2 Abs. 5 des Wertpapierhandelsgesetzes notiert sind und keinen dem Gemeinschaftsrecht entsprechenden Transparenzanforderungen im Hinblick auf Stimmrechtsanteile oder gleichwertigen internationalen Standards unterliegen, jede natürliche Person, welche unmittelbar oder mittelbar mehr als 25 Prozent der Kapitalanteile hält oder mehr als

---

1 In der Fassung des Gesetzes zur Ergänzung der Bekämpfung der Geldwäsche und der Terrorismusfinanzierung – Geldwäschebekämpfungsergänzungsgesetz – (BGBl I vom 13. August 2008, zuletzt geändert durch Art. 4 Abs. 9 des Gesetzes vom 30. Juni 2009.

25 Prozent der Stimmrechte kontrolliert,

2. bei rechtsfähigen Stiftungen und Rechtsgestaltungen, mit denen treuhänderisch Vermögen verwaltet oder verteilt oder die Verwaltung oder Verteilung durch Dritte beauftragt wird, oder diesen vergleichbaren Rechtsformen,

a) jede natürliche Person, die 25 Prozent oder mehr des Vermögens kontrolliert,

b) jede natürliche Person, die als Begünstigte von 25 Prozent oder mehr des verwalteten Vermögens bestimmt worden ist,

c) die Gruppe von natürlichen Personen, zu deren Gunsten das Vermögen hauptsächlich verwaltet oder verteilt werden soll, sofern die natürliche Person, die Begünstigte des verwalteten Vermögens werden soll, noch nicht bestimmt ist.

(7) Das Bundesministerium des Innern kann im Einvernehmen mit dem Bundesministerium der Finanzen und dem Bundesministerium für Wirtschaft und Technologie durch Rechtsverordnung ohne Zustimmung des Bundesrates unter Beachtung der von der Kommission der Europäischen Union auf Grundlage des Artikels 40 Abs. 1 Buchstabe a der Richtlinie 2005/60/EG des Europäischen Parlaments und des Rates vom 26. Oktober 2005 zur Verhinderung der Nutzung des Finanzsystems zum Zwecke der Geldwäsche und der Terrorismusfinanzierung (ABl. EU Nr. L 309 S. 15) getroffenen Durchführungsmaßnahmen Konkretisierungen zu den vorstehenden Begriffsbestimmungen festlegen.

§ 2 Verpflichtete

(1) Verpflichtete im Sinne dieses Gesetzes sind, soweit sie in Ausübung ihres Geschäfts oder Berufs handeln,

1. Kreditinstitute im Sinne des § 1 Abs. 1 des Kreditwesengesetzes, mit Ausnahme der in § 2 Abs. 1 Nr. 3 bis 8 des Kreditwesengesetzes genannten Unternehmen, und im Inland gelegene Zweigstellen und Zweigniederlassungen von Kreditinstituten mit Sitz im Ausland,

2. Finanzdienstleistungsinstitute im Sinne des § 1 Abs. 1a des Kreditwesengesetzes, mit Ausnahme der in § 2 Abs. 6 Satz 1 Nr. 3 bis 12 und Abs. 10 des Kreditwesengesetzes genannten Unternehmen, und im Inland gelegene Zweigstellen und Zweigniederlassungen von Finanzdienstleistungsinstituten mit Sitz im Ausland,

2a. Zahlungsinstitute im Sinne des § 1 Abs. 1 Nr. 5 des Zahlungsdiensteaufsichtsgesetzes und im Inland gelegene Zweigstellen und Zweigniederlassungen von Zahlungsinstituten mit Sitz im Ausland,

3. Finanzunternehmen im Sinne des § 1 Abs. 3 des Kreditwesengesetzes, die nicht unter Nummer 1 oder Nummer 4 fallen und deren Haupttätigkeit einer der in § 1 Abs. 3 Satz 1 des Kreditwesengesetzes genannten Haupttätigkeiten oder einer Haupttätigkeit eines durch Rechtsverordnung nach § 1 Abs. 3 Satz 2 des Kreditwesengesetzes bezeichneten Unternehmens entspricht, und im Inland gelegene Zweigstellen und Zweigniederlassungen solcher Unternehmen mit Sitz im Ausland,

4. Versicherungsunternehmen, soweit sie Geschäfte betreiben, die unter die Richtlinie 2002/83/EG des Europäischen Parlaments und des Rates vom 5. November 2002 über Lebensversicherungen (ABl. EG Nr. L 345 S. 1) fallen, oder soweit sie Unfallversicherungsverträge mit Prämienrückgewähr anbieten, und im Inland gelegene

Niederlassungen solcher Unternehmen mit Sitz im Ausland,

5. Versicherungsvermittler im Sinne des § 59 des Versicherungsvertragsgesetzes, soweit sie Lebensversicherungen oder Dienstleistungen mit Anlagezweck vermitteln, mit Ausnahme der gemäß § 34d Abs. 3 oder Abs. 4 der Gewerbeordnung tätigen Versicherungsvermittler, und im Inland gelegene Niederlassungen entsprechender Versicherungsvermittler mit Sitz im Ausland,

6. Investmentaktiengesellschaften im Sinne des § 2 Abs. 5 des Investmentgesetzes und Kapitalanlagegesellschaften im Sinne des § 2 Abs. 6 des Investmentgesetzes und im Inland gelegene Niederlassungen solcher Gesellschaften mit Sitz im Ausland,

7. Rechtsanwälte, Kammerrechtsbeistände und registrierte Personen im Sinne des § 10 des Rechtsdienstleistungsgesetzes, Patentanwälte sowie Notare, wenn sie für ihren Mandanten an der Planung oder Durchführung von folgenden Geschäften mitwirken:
   a) Kauf und Verkauf von Immobilien oder Gewerbebetrieben,
   b) Verwaltung von Geld, Wertpapieren oder sonstigen Vermögenswerten,
   c) Eröffnung oder Verwaltung von Bank-, Spar- oder Wertpapierkonten,
   d) Beschaffung der zur Gründung, zum Betrieb oder zur Verwaltung von Gesellschaften erforderlichen Mittel,
   e) Gründung, Betrieb oder Verwaltung von Treuhandgesellschaften, Gesellschaften oder ähnlichen Strukturen,

   oder wenn sie im Namen und auf Rechnung des Mandanten Finanz-

oder Immobilientransaktionen durchführen,

8. Wirtschaftsprüfer, vereidigte Buchprüfer, Steuerberater und Steuerbevollmächtigte,

9. Dienstleister für Gesellschaften und Treuhandvermögen oder Treuhänder, die nicht den unter Nummer 7 oder Nummer 8 genannten Berufen angehören, wenn sie für Dritte eine der folgenden Dienstleistungen erbringen:
   a) Gründung einer juristischen Person oder Personengesellschaft,
   b) Ausübung der Leitungs- oder Geschäftsführungsfunktion einer juristischen Person oder einer Personengesellschaft, der Funktion eines Gesellschafters einer Personengesellschaft oder einer vergleichbaren Funktion,
   c) Bereitstellung eines Sitzes, einer Geschäfts-, Verwaltungs- oder Postadresse und anderer damit zusammenhängender Dienstleistungen für eine juristische Person, eine Personengesellschaft oder eine Rechtsgestaltung im Sinne von § 1 Abs. 6 Satz 2 Nr. 2,
   d) Ausübung der Funktion eines Treuhänders für eine Rechtsgestaltung im Sinne von § 1 Abs. 6 Satz 2 Nr. 2,
   e) Ausübung der Funktion eines nominellen Anteilseigners für eine andere Person, bei der es sich nicht um eine auf einem organisierten Markt notierte Gesellschaft im Sinne des § 2 Abs. 5 des Wertpapierhandelsgesetzes handelt, die dem Gemeinschaftsrecht entsprechenden Transparenzanforderungen im Hinblick auf Stimmrechtsanteile oder gleichwertigen inter-

nationalen Standards unterliegt,

f) Schaffung der Möglichkeit für eine andere Person, die in den Buchstaben b, d und e genannten Funktionen auszuüben,

10. Immobilienmakler,
11. Spielbanken,
12. Personen, die gewerblich mit Gütern handeln.

(2) Die Bundesministerien des Innern, der Finanzen und für Wirtschaft und Technologie können unter Beachtung der von der Kommission der Europäischen Union gemäß Artikel 40 Abs. 1 Buchstabe d der Richtlinie 2005/60/EG getroffenen Durchführungsmaßnahmen durch Rechtsverordnung ohne Zustimmung des Bundesrates im Rahmen ihrer jeweiligen Zuständigkeit für Verpflichtete im Sinne von Absatz 1 Nr. 1 bis 6, die eine Finanztätigkeit nur gelegentlich oder in sehr begrenztem Umfang ausüben und bei denen ein geringes Risiko der Geldwäsche oder der Terrorismusfinanzierung besteht, Ausnahmen von gesetzlichen Pflichten zur Verhinderung der Geldwäsche oder der Terrorismusfinanzierung vorsehen. Das Bundesministerium der Finanzen kann die ihm erteilte Ermächtigung durch Rechtsverordnung ohne Zustimmung des Bundesrates auf die Bundesanstalt für Finanzdienstleistungsaufsicht übertragen.

Abschnitt 2: Sorgfaltspflichten und interne Sicherungsmaßnahmen

§ 3 Allgemeine Sorgfaltspflichten

(1) Verpflichtete im Sinne von § 2 Abs. 1 haben in den in Absatz 2 genannten Fällen die nachfolgenden allgemeinen Sorgfaltspflichten zu erfüllen:

1. die Identifizierung des Vertragspartners nach Maßgabe des § 4 Abs. 3 und 4,
2. die Einholung von Informationen über den Zweck und die angestrebte Art der Geschäftsbeziehung, soweit sich diese im Einzelfall nicht bereits zweifelsfrei aus der Geschäftsbeziehung ergeben,
3. die Abklärung, ob der Vertragspartner für einen wirtschaftlich Berechtigten handelt, und, soweit dies der Fall ist, dessen Identifizierung nach Maßgabe des § 4 Abs. 5; dies schließt in Fällen, in denen der Vertragspartner keine natürliche Person ist, die Pflicht mit ein, die Eigentums- und Kontrollstruktur des Vertragspartners mit angemessenen Mitteln in Erfahrung zu bringen,
4. die kontinuierliche Überwachung der Geschäftsbeziehung, einschließlich der in ihrem Verlauf durchgeführten Transaktionen, um sicherzustellen, dass diese mit den beim Verpflichteten vorhandenen Informationen über den Vertragspartner und gegebenenfalls über den wirtschaftlich Berechtigten, deren Geschäftstätigkeit und Kundenprofil und soweit erforderlich mit den vorhandenen Informationen über die Herkunft ihrer Vermögenswerte übereinstimmen; die Verpflichteten haben im Rahmen der kontinuierlichen Überwachung sicherzustellen, dass die jeweiligen Dokumente, Daten oder Informationen in angemessenem zeitlichen Abstand aktualisiert werden.

(2) Die Sorgfaltspflichten nach Absatz 1 sind zu erfüllen:

1. im Falle der Begründung einer Geschäftsbeziehung,
2. im Falle der Durchführung einer außerhalb einer bestehenden Ge-

schäftsbeziehung anfallenden Transaktion im Wert von 15.000 Euro oder mehr; dies gilt auch, wenn mehrere Transaktionen durchgeführt werden, die zusammen einen Betrag im Wert von 15.000 Euro oder mehr ausmachen, sofern Anhaltspunkte dafür vorliegen, dass zwischen ihnen eine Verbindung besteht,

3. im Falle der Feststellung von Tatsachen, die darauf schließen lassen, dass eine Transaktion einer Tat nach § 261 des Strafgesetzbuches oder der Terrorismusfinanzierung dient, gedient hat oder im Falle ihrer Durchführung dienen würde, ungeachtet etwaiger in diesem Gesetz genannter Ausnahmeregelungen, Befreiungen und Schwellenbeträge,

4. im Falle von Zweifeln, ob die auf Grund von Bestimmungen dieses Gesetzes erhobenen Angaben zu der Identität des Vertragspartners oder des wirtschaftlich Berechtigten zutreffend sind.

Satz 1 Nr. 1 und 2 gilt nicht für Verpflichtete nach § 2 Abs. 1 Nr. 12. Unbeschadet des Satzes 1 Nr. 3 und 4 haben Verpflichtete nach § 2 Abs. 1 Nr. 12 bei der Annahme von Bargeld im Wert von 15.000 Euro oder mehr die Sorgfaltspflichten nach Absatz 1 zu erfüllen; Satz 1 Nr. 2 Halbsatz 2 gilt entsprechend.

(3) Unbeschadet des Absatzes 2 besteht für Verpflichtete im Sinne von § 2 Abs. 1 Nr. 11 die Pflicht zur Identifizierung von Kunden, die Spielmarken im Wert von 2.000 Euro oder mehr kaufen oder verkaufen. Der Identifizierungspflicht kann auch dadurch nachgekommen werden, dass die Kunden bereits beim Betreten der Spielbank identifiziert werden.

(4) Bei Erfüllung der Sorgfaltspflichten nach Absatz 1 haben die Verpflichteten den konkreten Umfang ihrer Maßnah-

men entsprechend dem Risiko des jeweiligen Vertragspartners, der jeweiligen Geschäftsbeziehung oder der jeweiligen Transaktion zu bestimmen. Verpflichtete müssen gegenüber den nach § 16 Abs. 2 zuständigen Behörden auf Verlangen darlegen können, dass der Umfang der von ihnen getroffenen Maßnahmen im Hinblick auf die Risiken der Geldwäsche und der Terrorismusfinanzierung als angemessen anzusehen ist.

(5) Versicherungsvermittler im Sinne von § 2 Abs. 1 Nr. 5, die für ein Versicherungsunternehmen im Sinne von § 2 Abs. 1 Nr. 4 Prämien einziehen, haben diesem Versicherungsunternehmen mitzuteilen, wenn Prämienzahlungen in bar erfolgen und den Betrag von 15.000 Euro innerhalb eines Kalenderjahres übersteigen.

(6) Kann der Verpflichtete die Sorgfaltspflichten nach Absatz 1 Nr. 1 bis 3 nicht erfüllen, darf die Geschäftsbeziehung nicht begründet oder fortgesetzt und keine Transaktion durchgeführt werden. Soweit eine Geschäftsbeziehung bereits besteht, ist diese vom Verpflichteten ungeachtet anderer gesetzlicher oder vertraglicher Bestimmungen durch Kündigung oder auf andere Weise zu beenden. Die Sätze 1 und 2 gelten nicht für Verpflichtete im Sinne von § 2 Abs. 1 Nr. 7 und 8, wenn der Vertragspartner eine Rechtsberatung oder Prozessvertretung erstrebt, es sei denn, der Verpflichtete weiß, dass der Vertragspartner die Rechtsberatung bewusst für den Zweck der Geldwäsche oder der Terrorismusfinanzierung in Anspruch nimmt.

§ 4 Durchführung der Identifizierung

(1) Verpflichtete haben Vertragspartner und soweit vorhanden wirtschaftlich Berechtigte bereits vor Begründung der Geschäftsbeziehung oder

Durchführung der Transaktion zu identifizieren. Die Identifizierung kann noch während der Begründung der Geschäftsbeziehung abgeschlossen werden, wenn dies erforderlich ist, um den normalen Geschäftsablauf nicht zu unterbrechen, und ein geringes Risiko der Geldwäsche oder der Terrorismusfinanzierung besteht.

(2) Von einer Identifizierung kann abgesehen werden, wenn der Verpflichtete den zu Identifizierenden bereits bei früherer Gelegenheit identifiziert und die dabei erhobenen Angaben aufgezeichnet hat, es sei denn, der Verpflichtete muss auf Grund der äußeren Umstände Zweifel hegen, dass die bei der früheren Identifizierung erhobenen Angaben weiterhin zutreffend sind.

(3) Zur Feststellung der Identität des Vertragspartners hat der Verpflichtete folgende Angaben zu erheben:

1. bei einer natürlichen Person: Name, Geburtsort, Geburtsdatum, Staatsangehörigkeit und Anschrift,
2. bei einer juristischen Person oder einer Personengesellschaft: Firma, Name oder Bezeichnung, Rechtsform, Registernummer soweit vorhanden, Anschrift des Sitzes oder der Hauptniederlassung und Namen der Mitglieder des Vertretungsorgans oder der gesetzlichen Vertreter; ist ein Mitglied des Vertretungsorgans oder der gesetzliche Vertreter eine juristische Person, so sind deren Firma, Name oder Bezeichnung, Rechtsform, Registernummer soweit vorhanden und Anschrift des Sitzes oder der Hauptniederlassung zu erheben.

(4) Zur Überprüfung der Identität des Vertragspartners hat sich der Verpflichtete anhand der nachfolgenden Dokumente zu vergewissern, dass die nach Absatz 3 erhobenen Angaben zu-

treffend sind, soweit sie in den Dokumenten enthalten sind:

1. bei natürlichen Personen vorbehaltlich der Regelung in § 6 Abs. 2 Nr. 2 anhand eines gültigen amtlichen Ausweises, der ein Lichtbild des Inhabers enthält und mit dem die Pass- und Ausweispflicht im Inland erfüllt wird, insbesondere anhand eines inländischen oder nach ausländerrechtlichen Bestimmungen anerkannten oder zugelassenen Passes, Personalausweises oder Pass- oder Ausweisersatzes,
2. bei juristischen Personen oder Personengesellschaften anhand eines Auszugs aus dem Handels- oder Genossenschaftsregister oder einem vergleichbaren amtlichen Register oder Verzeichnis, der Gründungsdokumente oder gleichwertiger beweiskräftiger Dokumente oder durch Einsichtnahme in die Register- oder Verzeichnisdaten.

Das Bundesministerium des Innern kann im Einvernehmen mit dem Bundesministerium der Finanzen durch Rechtsverordnung ohne Zustimmung des Bundesrates weitere Dokumente bestimmen, die zur Überprüfung der Identität geeignet sind.

(5) Bei einem wirtschaftlich Berechtigten hat der Verpflichtete zur Feststellung der Identität zumindest dessen Name und, soweit dies in Ansehung des im Einzelfall bestehenden Risikos der Geldwäsche oder der Terrorismusfinanzierung angemessen ist, weitere Identifizierungsmerkmale zu erheben. Zur Überprüfung der Identität des wirtschaftlich Berechtigten hat sich der Verpflichtete durch risikoangemessene Maßnahmen zu vergewissern, dass die nach Satz 1 erhobenen Angaben zutreffend sind.

(6) Der Vertragspartner hat dem Verpflichteten die zur Erfüllung der Pflichten gemäß den vorstehenden Absätzen

notwendigen Informationen und Unterlagen zur Verfügung zu stellen und sich im Laufe der Geschäftsbeziehung ergebende Änderungen unverzüglich anzuzeigen.

§ 5 Vereinfachte Sorgfaltspflichten

(1) Soweit die Voraussetzungen des § 6 nicht vorliegen, können Verpflichtete in den Fällen des § 3 Abs. 2 Satz 1 Nr. 1, 2 und 4 von der Erfüllung der Sorgfaltspflichten des § 3 Abs. 1 absehen, wenn das Risiko der Geldwäsche oder der Terrorismusfinanzierung nach Maßgabe von Absatz 2 gering ist. § 3 Abs. 4 Satz 2 findet entsprechende Anwendung.

(2) Ein geringes Risiko besteht vorbehaltlich von § 25d des Kreditwesengesetzes, auch in Verbindung mit § 6 Abs. 5 des Investmentgesetzes, und § 80e des Versicherungsaufsichtsgesetzes ausschließlich in folgenden Fällen:

1. bei Transaktionen von oder zugunsten von und bei Begründung von Geschäftsbeziehungen mit Verpflichteten im Sinne von § 2 Abs. 1 Nr. 1 bis 6; dies gilt auch, soweit es sich um ein Kredit- oder Finanzinstitut im Sinne der Richtlinie 2005/60/EG mit Sitz in einem Mitgliedstaat der Europäischen Union oder mit Sitz in einem Drittstaat handelt, das dort gleichwertigen Anforderungen und einer gleichwertigen Aufsicht unterliegt;

2. bei Transaktionen von oder zugunsten von und bei Begründung von Geschäftsbeziehungen mit börsennotierten Gesellschaften, deren Wertpapiere zum Handel auf einem organisierten Markt im Sinne des § 2 Abs. 5 des Wertpapierhandelsgesetzes in einem oder mehreren Mitgliedstaaten der Europäischen Union zugelassen sind, und mit börsennotierten Gesellschaften aus

Drittstaaten, die Transparenzanforderungen im Hinblick auf Stimmrechtsanteile unterliegen, die denjenigen des Gemeinschaftsrechts gleichwertig sind;

3. bei der Feststellung der Identität des wirtschaftlich Berechtigten bei Anderkonten von Verpflichteten im Sinne von § 2 Abs. 1 Nr. 7, sofern das kontoführende Institut vom Inhaber des Anderkontos die Angaben über die Identität des wirtschaftlich Berechtigten auf Anfrage erhalten kann; dies gilt auch für Anderkonten von Notaren oder anderen selbständigen Angehörigen von Rechtsberufen, die in Mitgliedstaaten der Europäischen Union ansässig sind, und für Anderkonten von Notaren oder anderen selbständigen Angehörigen von Rechtsberufen mit Sitz in Drittstaaten, sofern diese internationalen Standards entsprechenden Anforderungen bezüglich der Bekämpfung der Geldwäsche oder der Terrorismusfinanzierung und insoweit einer Aufsicht unterliegen;

4. bei Transaktionen von oder zugunsten von inländischen Behörden im Sinne des § 1 Abs. 4 des Verwaltungsverfahrensgesetzes und der entsprechenden Regelungen der Verwaltungsverfahrensgesetze der Länder und bei Begründung von Geschäftsbeziehungen mit diesen; Entsprechendes gilt in Bezug auf ausländische Behörden oder ausländische öffentliche Einrichtungen, die auf der Grundlage des Vertrags über die Europäische Union, der Verträge zur Gründung der Europäischen Gemeinschaften oder des Sekundärrechts der Gemeinschaften mit öffentlichen Aufgaben betraut sind, sofern deren Identität öffentlich nachprüfbar und transparent ist und zweifelsfrei feststeht, ihre Tätigkeiten und Rechnungslegung transparent sind und eine Rechenschaftspflicht gegenüber einem

Organ der Gemeinschaft oder gegenüber den Behörden eines Mitgliedstaats der Europäischen Union oder anderweitige Kontroll- und Überwachungsmaßnahmen zur Überprüfung der Tätigkeit bestehen. Für Verpflichtete im Sinne des § 2 Abs. 1 Nr. 3 gilt § 25d des Kreditwesengesetzes entsprechend.

(3) Die Absätze 1 und 2 finden keine Anwendung, wenn dem Verpflichteten im Hinblick auf eine konkrete Transaktion oder Geschäftsbeziehung Informationen vorliegen, die darauf schließen lassen, dass das Risiko der Geldwäsche oder der Terrorismusfinanzierung nicht gering ist.

(4) Das Bundesministerium des Innern kann im Einvernehmen mit dem Bundesministerium der Finanzen und dem Bundesministerium für Wirtschaft und Technologie durch Rechtsverordnung ohne Zustimmung des Bundesrates

1. zur Umsetzung der von der Kommission der Europäischen Union gemäß Artikel 40 Abs. 1 Buchstabe b der Richtlinie 2005/60/EG getroffenen Durchführungsmaßnahmen weitere Kriterien bestimmen, bei denen ein geringes Risiko der Geldwäsche oder der Terrorismusfinanzierung besteht,
2. eine Entscheidung der Kommission der Europäischen Union gemäß Artikel 40 Abs. 4 der Richtlinie 2005/60/EG in Bezug auf die in Artikel 12 dieser Richtlinie genannten Fälle umsetzen.

§ 6 Verstärkte Sorgfaltspflichten

(1) Soweit erhöhte Risiken bezüglich der Geldwäsche oder der Terrorismusfinanzierung bestehen können, haben Verpflichtete zusätzliche, dem erhöhten Risiko angemessene verstärkte Sorgfaltspflichten zu erfüllen. § 3

Abs. 4 Satz 2 und Abs. 6 findet entsprechende Anwendung.

(2) Insbesondere in folgenden Fällen ist von einem erhöhten Risiko auszugehen und sind die nachstehend jeweils aufgeführten verstärkten Sorgfaltspflichten zu erfüllen:

1. Ein Verpflichteter hat angemessene, risikoorientierte Verfahren anzuwenden, mit denen bestimmt werden kann, ob es sich bei dem Vertragspartner um eine nicht im Inland ansässige natürliche Person, die ein wichtiges öffentliches Amt ausübt oder ausgeübt hat, ein unmittelbares Familienmitglied dieser Person oder eine ihr bekanntermaßen nahe stehende Person im Sinne des Artikels 2 der Richtlinie 2006/70/EG der Kommission vom 1. August 2006 mit Durchführungsbestimmungen für die Richtlinie 2005/60/EG des Europäischen Parlaments und des Rates hinsichtlich der Begriffsbestimmung von „politisch exponierte Personen" und der Festlegung der technischen Kriterien für vereinfachte Sorgfaltspflichten sowie für die Befreiung in Fällen, in denen nur gelegentlich oder in sehr eingeschränktem Umfang Finanzgeschäfte getätigt werden (ABl. EU Nr. L 214 S. 29), handelt. Hierbei gelten öffentliche Ämter unterhalb der nationalen Ebene in der Regel nur dann als wichtig, wenn deren politische Bedeutung mit der ähnlicher Positionen auf nationaler Ebene vergleichbar ist. Eine Person, die seit mindestens einem Jahr kein wichtiges öffentliches Amt mehr ausübt, ist nicht mehr als politisch exponiert zu betrachten. Soweit ein Verpflichteter abklären muss, ob der Vertragspartner einer Person, die wichtige öffentliche Ämter ausübt, nahe steht, ist er hierzu nur insoweit verpflichtet, als diese Beziehung öffentlich bekannt ist oder der Verpflich-

tete Grund zur Annahme hat, dass eine derartige Beziehung besteht; er ist jedoch nicht verpflichtet, hierzu Nachforschungen anzustellen. Handelt es sich bei dem Vertragspartner um eine nicht im Inland ansässige politisch exponierte Person in diesem Sinne, so gilt Folgendes:

a) die Begründung einer Geschäftsbeziehung durch einen für den Verpflichteten Handelnden ist von der Zustimmung des diesem unmittelbar Vorgesetzten oder der ihm unmittelbar übergeordneten Führungsebene abhängig zu machen,

b) es sind angemessene Maßnahmen zu ergreifen, mit denen die Herkunft der Vermögenswerte bestimmt werden kann, die im Rahmen der Geschäftsbeziehung oder der Transaktion eingesetzt werden, und

c) die Geschäftsbeziehung ist einer verstärkten kontinuierlichen Überwachung zu unterziehen.

Der Vertragspartner hat dem Verpflichteten die für die Abklärung notwendigen Informationen zur Verfügung zu stellen und sich im Laufe der Geschäftsbeziehung ergebende Änderungen unverzüglich anzuzeigen.

2. Ist der Vertragspartner eine natürliche Person und zur Feststellung der Identität nicht persönlich anwesend, hat der Verpflichtete die Identität des Vertragspartners anhand eines Dokuments im Sinne des § 4 Abs. 4 Satz 1 Nr. 1, einer beglaubigten Kopie eines solchen Dokuments oder einer qualifizierten elektronischen Signatur im Sinne von § 2 Nr. 3 des Signaturgesetzes zu überprüfen und sicherzustellen, dass die erste Transaktion unmittelbar von einem Konto erfolgt, das auf den Namen des Vertragspartners bei einem unter die Richtlinie 2005/60/EG fallenden Kreditinstitut oder bei einem in einem Drittstaat ansässigen Kreditinstitut, für das Anforderungen gelten, die denen dieses Gesetzes gleichwertig sind, eröffnet worden ist. Im Falle der Überprüfung der Identität des Vertragspartners anhand einer qualifizierten elektronischen Signatur hat der Verpflichtete die Gültigkeit des Zertifikats, die Anzeige des Zertifizierungsdiensteanbieters gemäß § 4 Abs. 3 des Signaturgesetzes, die Unversehrtheit des Zertifikats und den Bezug des Zertifikats zu den signierten Daten zu prüfen.

(3) Das Bundesministerium des Innern kann im Einvernehmen mit dem Bundesministerium der Finanzen und dem Bundesministerium für Wirtschaft und Technologie ohne Zustimmung des Bundesrates durch Rechtsverordnung

1. in den in Absatz 2 genannten Fällen zusätzliche Maßnahmen bestimmen, die die Verpflichteten zu ergreifen haben, um dem erhöhten Risiko zu begegnen,

2. unter Beachtung der von der Kommission der Europäischen Union gemäß Artikel 40 Abs. 1 Buchstabe c der Richtlinie 2005/60/EG getroffenen Durchführungsbestimmungen und des Artikels 13 Abs. 6 dieser Richtlinie weitere Fälle benennen, in denen ein erhöhtes Risiko der Geldwäsche oder der Terrorismusfinanzierung besteht, und Maßnahmen festlegen, die die Verpflichteten zu ergreifen haben, um dem erhöhten Risiko zu begegnen.

§ 7 Ausführung durch Dritte

(1) Ein Verpflichteter kann zur Erfüllung der Sorgfaltspflichten nach § 3 Abs. 1 Nr. 1 bis 3 auf Dritte zurückgreifen. Die Verantwortung für die Erfüllung der Sorgfaltspflichten verbleibt bei dem Verpflichteten. Als Dritte im Sinne dieser Vorschrift gelten in den

Mitgliedstaaten der Europäischen Union ansässige Verpflichtete im Sinne des § 2 Abs. 1 Nr. 1, 4, 5, 7 und 8 sowie des § 2 Abs. 1 Nr. 2, soweit es sich um Finanzdienstleistungsinstitute im Sinne des § 1 Abs. 1a Satz 2 Nr. 1, 2 bis 5 und 8 des Kreditwesengesetzes handelt. Soweit sie einer gesetzlichen Registrierungs- oder Zulassungspflicht hinsichtlich ihrer Geschäfts- oder Berufstätigkeit unterliegen, der Richtlinie 2005/60/EG entsprechende Regelungen über Sorgfaltspflichten und Aufbewahrung von Dokumenten anwenden und einer entsprechenden Aufsicht unterliegen, gelten als Dritte auch in einem Drittstaat ansässige Kreditinstitute, Rechtsanwälte, Notare, Wirtschaftsprüfer und Steuerberater sowie Versicherungsunternehmen, soweit sie Geschäfte betreiben, die unter die Richtlinie 2002/83/EG fallen, oder soweit sie Unfallversicherungsverträge mit Prämienrückgewähr anbieten. Wenn Sorgfaltspflichten, die denen des § 3 Abs. 1 Nr. 1 bis 3 entsprechen, von einem Dritten in einem anderen Mitgliedstaat der Europäischen Union erfüllt werden, genügt es, die Vorschriften dieses Staates zu den Anforderungen an die erhobenen Angaben und Informationen und überprüften Dokumente zu erfüllen. Dritte übermitteln dem Verpflichteten in den Fällen dieses Absatzes unverzüglich und unmittelbar die bei Durchführung von Maßnahmen, die denen nach § 3 Abs. 1 Nr. 1 bis 3 entsprechen, erlangten Angaben und Informationen sowie auf Anfrage von ihnen aufbewahrte Kopien und Unterlagen zur Identifizierung eines Vertragspartners und eines etwaigen wirtschaftlich Berechtigten.

(2) Ein Verpflichteter kann die Durchführung der zur Erfüllung der Sorgfaltspflichten nach § 3 Abs. 1 Nr. 1 bis 3 erforderlichen Maßnahmen auf Grundlage einer vertraglichen Vereinbarung auf eine andere Person übertra-

gen. Dies darf weder die ordnungsgemäße Erfüllung der dem Verpflichteten nach diesem Gesetz auferlegten Pflichten noch die Steuerungs- oder Kontrollmöglichkeiten seiner Geschäftsleitung oder die Prüfungsrechte und Kontrollmöglichkeiten der nach § 16 Abs. 2 zuständigen Behörde gegenüber dem Verpflichteten beeinträchtigen. Der Verpflichtete hat sich vor Beginn der Zusammenarbeit von der Zuverlässigkeit der anderen Person und während der Zusammenarbeit durch Stichproben über die Angemessenheit und Ordnungsmäßigkeit der von der anderen Person getroffenen Maßnahmen zu überzeugen. Die Maßnahmen der anderen Person werden dem Verpflichteten als eigene zugerechnet. § 25a Abs. 2 des Kreditwesengesetzes bleibt unberührt.

(3) Das Bundesministerium des Innern kann im Einvernehmen mit dem Bundesministerium der Finanzen und dem Bundesministerium für Wirtschaft und Technologie durch Rechtsverordnung ohne Zustimmung des Bundesrates zur Umsetzung einer Entscheidung der Kommission der Europäischen Union gemäß Artikel 40 Abs. 4 der Richtlinie 2005/60/EG Ausnahmen von den Fällen, in denen Verpflichtete gemäß Absatz 1 zur Erfüllung ihrer Sorgfaltspflichten auf außerhalb der Europäischen Union ansässige Dritte zurückgreifen dürfen, bestimmen.

§ 8 Aufzeichnungs- und Aufbewahrungspflicht

(1) Soweit nach diesem Gesetz Sorgfaltspflichten bestehen, sind die erhobenen Angaben und eingeholten Informationen über Vertragspartner, wirtschaftlich Berechtigte, Geschäftsbeziehungen und Transaktionen aufzuzeichnen. In den Fällen des § 4 Abs. 4 Satz 1 Nr. 1 sind auch die Art, die Nummer und die ausstellende Behörde des

zur Überprüfung der Identität vorgelegten Dokuments aufzuzeichnen. Die Anfertigung einer Kopie des zur Überprüfung der Identität vorgelegten Dokuments nach § 4 Abs. 4 Satz 1 Nr. 1 und die Anfertigung einer Kopie der zur Überprüfung der Identität vorgelegten oder herangezogenen Unterlagen nach § 4 Abs. 4 Satz 1 Nr. 2 gelten als Aufzeichnung der darin enthaltenen Angaben; im Falle einer Einsichtnahme auf elektronisch geführte Register- oder Verzeichnisdaten gilt die Anfertigung eines Ausdrucks als Aufzeichnung der darin enthaltenen Angaben. Wird nach § 4 Abs. 2 von einer erneuten Identifizierung abgesehen, so sind der Name des zu Identifizierenden und der Umstand, dass er bei früherer Gelegenheit identifiziert worden ist, aufzuzeichnen. Sofern im Falle des § 6 Abs. 2 Nr. 2 die Identifizierung einer natürlichen Person anhand einer qualifizierten elektronischen Signatur und die entsprechende Prüfung der Signatur durchgeführt wurden, ist auch der Umstand dieser Prüfung aufzuzeichnen.

(2) Die Aufzeichnungen können auch als Wiedergaben auf einem Bildträger oder auf anderen Datenträgern gespeichert werden. Es muss sichergestellt sein, dass die gespeicherten Daten mit den festgestellten Angaben übereinstimmen, während der Dauer der Aufbewahrungsfrist verfügbar sind und jederzeit innerhalb angemessener Frist lesbar gemacht werden können.

(3) Die Aufzeichnungen nach Absatz 1 und sonstige Belege über Geschäftsbeziehungen und Transaktionen sind unbeschadet anderer gesetzlicher Bestimmungen mindestens fünf Jahre aufzubewahren. Die Aufbewahrungsfrist im Falle des § 3 Abs. 2 Satz 1 Nr. 1 beginnt mit dem Schluss des Kalenderjahres, in dem die Geschäftsbeziehung endet. In den übrigen Fällen beginnt sie mit dem Schluss des Kalenderjahres,

in dem die jeweilige Angabe festgestellt worden ist.

(4) Soweit aufzubewahrende Unterlagen einer öffentlichen Stelle vorzulegen sind, gilt § 147 Abs. 5 der Abgabenordnung entsprechend.

§ 9 Interne Sicherungsmaßnahmen

(1) Verpflichtete im Sinne von § 2 Abs. 1 müssen angemessene interne Sicherungsmaßnahmen dagegen treffen, dass sie zur Geldwäsche und zur Terrorismusfinanzierung missbraucht werden können. Für Verpflichtete im Sinne von § 2 Abs. 1 Nr. 7 gilt dies nur, soweit sie die dort genannten Geschäfte regelmäßig ausführen.

(2) Interne Sicherungsmaßnahmen im Sinne des Absatzes 1 sind

1. für Verpflichtete im Sinne des § 2 Abs. 1 Nr. 1 bis 2a und 4 die Bestellung eines der Geschäftsleitung unmittelbar nachgeordneten Geldwäschebeauftragten, der Ansprechpartner für die Strafverfolgungsbehörden, das Bundeskriminalamt – Zentralstelle für Verdachtsanzeigen – und die nach § 16 Abs. 2 zuständigen Behörden ist; für Verpflichtete im Sinne des § 2 Abs. 1 Nr. 1 und 2 gilt dies als übergeordnetes Unternehmen auch hinsichtlich einer Institutsgruppe im Sinne des § 10a Abs. 1 oder Abs. 2 des Kreditwesengesetzes oder einer Finanzholding-Gruppe im Sinne des § 10a Abs. 3 des Kreditwesengesetzes oder als Mutterunternehmen auch hinsichtlich eines Finanzkonglomerats im Sinne des § 1 Abs. 20 Satz 1 des Kreditwesengesetzes; für Verpflichtete im Sinne von § 2 Abs. 1 Nr. 4 gilt dies als Mutterunternehmen auch hinsichtlich einer Versicherungs-Holdinggesellschaft im Sinne des § 104a Abs. 2 Nr. 4 des Versiche-

rungsaufsichtsgesetzes, einer gemischten Versicherungs-Holdinggesellschaft im Sinne des § 104a Abs. 2 Nr. 5 des Versicherungsaufsichtsgesetzes oder einer gemischten Finanzholding-Gesellschaft im Sinne des § 104k Nr. 3 des Versicherungsaufsichtsgesetzes oder eines Finanzkonglomerats im Sinne des § 104k Nr. 4 des Versicherungsaufsichtsgesetzes in Bezug auf ihre Niederlassungen und mehrheitlich in ihrem Eigentum befindliche Unternehmen, soweit diese jeweils Verträge im Sinne des § 80c des Versicherungsaufsichtsgesetzes anbieten; diese Verpflichteten haben die für eine ordnungsgemäße Durchführung der Aufgaben des Geldwäschebeauftragten notwendigen Mittel und Verfahren vorzuhalten und wirksam einzusetzen,

2. die Entwicklung und Aktualisierung interner Grundsätze, angemessener geschäfts- und kundenbezogener Sicherungssysteme und Kontrollen zur Verhinderung der Geldwäsche und der Terrorismusfinanzierung und

3. die Sicherstellung, dass die mit der Durchführung von Transaktionen und mit der Anbahnung und Begründung von Geschäftsbeziehungen befassten Beschäftigten über die Methoden der Geldwäsche und der Terrorismusfinanzierung und die nach diesem Gesetz bestehenden Pflichten unterrichtet werden.

(3) Falls ein Verpflichteter im Sinne von § 2 Abs. 1 Nr. 7 bis 10 oder Nr. 12 seine berufliche Tätigkeit als Angestellter eines Unternehmens ausübt, obliegt die Verpflichtung nach Absatz 1 diesem Unternehmen. Die nach Absatz 1 Ver-

pflichteten dürfen interne Sicherungsmaßnahmen nach Absatz 2, Aufzeichnungen und Aufbewahrungen nach § 8 sowie, soweit sie Anwendung finden, interne Sicherungsmaßnahmen nach § 25c Abs. 2 des Kreditwesengesetzes und nach § 80d Abs. 1 des Versicherungsaufsichtsgesetzes mit vorheriger Zustimmung der nach § 16 Abs. 2 zuständigen Behörde im Rahmen von vertraglichen Vereinbarungen durch einen Dritten durchführen lassen. Die Zustimmung darf nur erteilt werden, wenn der Dritte die Gewähr dafür bietet, dass die Maßnahmen ordnungsgemäß durchgeführt und die Steuerungsmöglichkeiten der Verpflichteten und die Kontrollmöglichkeiten der nach § 16 Abs. 2 zuständigen Behörde nicht beeinträchtigt werden.

(4) Die nach § 16 Abs. 2 zuständige Behörde kann im Einzelfall Anordnungen treffen, die geeignet und erforderlich sind, um interne Sicherungsmaßnahmen im Sinne des Absatzes 2 Nr. 2 zu schaffen. Sie kann bestimmen, dass auf einzelne oder auf Gruppen der Verpflichteten im Sinne von § 2 Abs. 1 wegen der Art der von diesen betriebenen Geschäfte und der Größe des Geschäftsbetriebs die Vorschriften der Absätze 1 und 2 risikoangemessen anzuwenden sind. Abweichend von Satz 1 treffen diese Anordnungen die Bundesrechtsanwaltskammer für Rechtsanwälte und Kammerrechtsbeistände, die Bundessteuerberaterkammer für Steuerberater und Steuerbevollmächtigte, die Bundesnotarkammer für Notare, die Mitglied einer Notarkammer sind, und die zuständige oberste Landesbehörde nach § 11 Abs. 4 Satz 4 für Notare, die nicht Mitglied einer Notarkammer sind.

Abschnitt 4: Aufsicht und Bußgeldvorschriften

§ 16 Aufsicht

(1) Die nach Absatz 2 zuständigen Behörden üben die Aufsicht über die Verpflichteten nach § 2 Abs. 1 aus. Die zuständigen Behörden können im Rahmen der ihnen gesetzlich zugewiesenen Aufgaben die geeigneten und erforderlichen Maßnahmen und Anordnungen treffen, um die Einhaltung der in diesem Gesetz festgelegten Anforderungen sicherzustellen. Sie können hierzu auch die ihnen für sonstige Aufsichtsaufgaben eingeräumten Befugnisse ausüben.

(2) Zuständige Behörde für die Durchführung dieses Gesetzes ist

1. für die Kreditanstalt für Wiederaufbau das Bundesministerium der Finanzen,
2. für die übrigen Kreditinstitute, mit Ausnahme der Deutschen Bundesbank, Finanzdienstleistungsinstitute und Zahlungsinstitute, im Inland gelegene Zweigstellen und Zweigniederlassungen von Kreditinstituten und Finanzdienstleistungsinstituten sowie Zahlungsinstituten mit Sitz im Ausland, Investmentaktiengesellschaften im Sinne des § 2 Abs. 5 des Investmentgesetzes und Kapitalanlagegesellschaften im Sinne des § 2 Abs. 6 des Investmentgesetzes die Bundesanstalt für Finanzdienstleistungsaufsicht,
3. für Versicherungsunternehmen und die im Inland gelegenen Niederlassungen solcher Unternehmen die jeweils zuständige Aufsichtsbehörde für das Versicherungswesen,
4. für Rechtsanwälte und Kammerrechtsbeistände die jeweils örtlich zuständige Rechtsanwaltskammer (§§ 60, 61 der Bundesrechtsanwaltsordnung),
5. für Patentanwälte die Patentanwaltskammer (§ 53 der Patentanwaltsordnung),
6. für Notare der jeweilige Präsident des Landgerichts, in dessen Bezirk der Notar seinen Sitz hat (§ 92 Nr. 1 der Bundesnotarordnung),
7. für Wirtschaftsprüfer und vereidigte Buchprüfer die Wirtschaftsprüferkammer (§ 57 Abs. 2 Nr. 17 der Wirtschaftsprüferordnung),
8. für Steuerberater und Steuerbevollmächtigte die jeweils örtlich zuständige Steuerberaterkammer (§ 76 des Steuerberatungsgesetzes),
9. im Übrigen die jeweils nach Bundes- oder Landesrecht zuständige Stelle.

§ 17 Bußgeldvorschriften

(1) Ordnungswidrig handelt, wer vorsätzlich oder leichtfertig

1. entgegen § 3 Abs. 1 Nr. 1 eine Identifizierung des Vertragspartners nicht vornimmt,
2. entgegen § 8 Abs. 1 erhobene Angaben oder eingeholte Informationen nicht, nicht richtig oder nicht vollständig aufzeichnet,
3. entgegen § 8 Abs. 3 Aufzeichnungen und sonstige Belege über Geschäftsbeziehungen und Transaktionen nicht aufbewahrt oder
4. entgegen § 11 Abs. 1 der Pflicht zur Anzeige eines Verdachtsfalls nicht nachkommt.

(2) Ordnungswidrig handelt, wer

1. entgegen § 3 Abs. 1 Nr. 3 das Vorhandensein eines wirtschaftlich Berechtigten nicht abklärt,
2. entgegen § 4 Abs. 5 Satz 1 den Namen des wirtschaftlich Berechtigten nicht erhebt,
3. entgegen § 6 Abs. 2 Nr. 2 die Identität des Vertragspartners nicht überprüft oder nicht sicherstellt, dass die

erste Transaktion von einem auf den Namen des Vertragspartners eröffneten Konto erfolgt, oder

4. entgegen § 12 Abs. 1 den Auftraggeber oder eine andere als die in § 12 Abs. 1 Satz 2 genannten Stellen oder Personen in Kenntnis setzt.

(3) Die Ordnungswidrigkeit kann in den Fällen des Absatzes 1 mit einer Geldbuße bis zu hunderttausend Euro, in den Fällen des Absatzes 2 mit einer Geldbuße bis zu fünfzigtausend Euro geahndet werden.

(4) Die jeweils in § 16 Abs. 2 Nr. 2 und 3 bezeichnete Behörde ist auch Verwaltungsbehörde im Sinne des § 36 Abs. 1

Nr. 1 des Gesetzes über Ordnungswidrigkeiten. Für Steuerberater und Steuerbevollmächtigte ist Verwaltungsbehörde im Sinne des § 36 Abs. 1 Nr. 1 des Gesetzes über Ordnungswidrigkeiten das Finanzamt. Soweit nach § 16 Abs. 2 Nr. 9 die jeweils nach Bundes- oder Landesrecht zuständige Stelle zuständig ist, ist sie auch Verwaltungsbehörde im Sinne des § 36 Abs. 1 Nr. 1 des Gesetzes über Ordnungswidrigkeiten.

(5) Soweit nach Absatz 4 Satz 2 das Finanzamt Verwaltungsbehörde ist, gelten § 387 Abs. 2, § 410 Abs. 1 Nr. 1, 2, 6 bis 11, Abs. 2 und § 412 der Abgabenordnung sinngemäß.

1.3 Gesetz über das Kreditwesen (Kreditwesengesetz – KWG, Auszug)[1]

§ 25c Interne Sicherungsmaßnahmen

(1) Institute sowie nach § 10a Abs. 3 Satz 6 oder Satz 7 oder nach § 10b Abs. 3 Satz 8 als übergeordnetes Unternehmen geltende Finanzholding-Gesellschaften und gemischte Finanzholding-Gesellschaften haben unbeschadet der in § 25a Abs. 1 dieses Gesetzes und der in § 9 Abs. 1 und 2 des Geldwäschegesetzes aufgeführten Pflichten im Rahmen ihrer ordnungsgemäßen Geschäftsorganisation und des angemessenen Risikomanagements zur Verhinderung von betrügerischen Handlungen zu ihren Lasten interne Grundsätze und angemessene geschäfts- und kundenbezogene Sicherungssysteme zu schaffen und zu aktualisieren und Kontrollen durchzuführen.

(2) Kreditinstitute haben angemessene Datenverarbeitungssysteme zu betreiben und zu aktualisieren, mittels derer sie in der Lage sind, Geschäftsbeziehungen und einzelne Transaktionen im Zahlungsverkehr zu erkennen, die auf Grund des öffentlich und im Kreditinstitut verfügbaren Erfahrungswissens über die Methoden der Geldwäsche, der Terrorismusfinanzierung und betrügerischer Handlungen zum Nachteil von Instituten als zweifelhaft oder ungewöhnlich anzusehen sind. Liegen solche Sachverhalte vor, ist diesen vor dem Hintergrund der laufenden Geschäftsbeziehung und einzelner Transaktionen nachzugehen, um das Risiko der jeweiligen Geschäftsbeziehungen und Transaktionen überwachen, einschätzen und gegebenenfalls das Vorliegen eines Verdachtsfalls prüfen zu können. Die Kreditinstitute dürfen personenbezogene Daten erheben, verarbeiten

und nutzen, soweit dies zur Erfüllung dieser Pflicht erforderlich ist. Die Bundesanstalt kann Kriterien bestimmen, bei deren Vorliegen Kreditinstitute vom Einsatz von Systemen nach Satz 1 absehen können.

§ 25d Vereinfachte Sorgfaltspflichten

(1) Soweit die Voraussetzungen des § 25f dieses Gesetzes und des § 6 des Geldwäschegesetzes nicht vorliegen, besteht über § 5 des Geldwäschegesetzes hinaus bei Instituten ein geringes Risiko der Geldwäsche oder der Terrorismusfinanzierung in folgenden Fällen:

1. bei der Ausgabe oder Verwaltung von elektronischem Geld im Sinne von § 1 Abs. 14, sofern sichergestellt ist, dass
   a) bei einem nicht wiederaufladbaren Datenträger der gespeicherte Betrag nicht mehr als 150 Euro beträgt oder
   b) bei einem wiederaufladbaren Datenträger sich der in einem Kalenderjahr insgesamt ausgegebene oder verwaltete Betrag auf nicht mehr als 2 500 Euro beläuft, es sei denn ein Betrag von 1 000 Euro oder mehr wird in demselben Kalenderjahr von dem Inhaber im Sinne des § 22p Abs. 1 zurückgetauscht;
2. vorbehaltlich Satz 2 beim Abschluss eines
   a) staatlich geförderten, kapitalgedeckten Altersvorsorgevertrags,
   b) Vertrags zur Anlage von vermögenswirksamen Leistungen, sofern die Voraussetzungen für eine staatliche Förderung durch den Vertrag erfüllt werden,
   c) Verbraucherdarlehensvertrags oder Vertrags über eine entgeltliche Finanzierungshilfe, sofern

Nummer 3 Buchstabe d eingehalten wird.
   d) Kreditvertrags im Rahmen eines staatlichen Förderprogramms, der über eine Förderbank des Bundes oder der Länder abgewickelt wird und dessen Darlehenssumme zweckgebunden verwendet werden muss,
   e) Kreditvertrags zur Absatzfinanzierung,
   f) sonstigen Kreditvertrags, bei dem das Kreditkonto ausschließlich der Abwicklung des Kredits dient und die Rückzahlung des Kredits von einem Konto des Kreditnehmers bei einem Kreditinstitut im Sinne des § 1 Abs. 1 mit Ausnahme der in § 2 Abs. 1 Nr. 3 bis 8 genannten Unternehmen, bei einem Kreditinstitut in einem anderen Mitgliedstaat der Europäischen Union oder bei einer im Inland gelegenen Zweigstelle oder Zweigniederlassung eines Kreditinstituts mit Sitz im Ausland erfolgt,
   g) Sparvertrags und
   h) Leasingvertrags;
3. vorbehaltlich Satz 2 in sonstigen Fällen, soweit folgende Bedingungen erfüllt sind:
   a) der Vertrag liegt in Schriftform vor,
   b) die betreffenden Transaktionen werden über ein Konto des Kunden bei einem Kreditinstitut im Sinne des § 1 Abs. 1 mit Ausnahme der in § 2 Abs. 1 Nr. 3 bis 8 genannten Unternehmen, bei einem Kreditinstitut in einem anderen Mitgliedstaat der Europäischen Union, bei einer im Inland gelegenen Zweigstelle oder Zweigniederlassung eines Kreditinstituts mit Sitz im Ausland oder über ein in einem Drittstaat ansässiges Kreditinstitut abgewickelt, für das der Richtlinie 2005/

60/EG gleichwertige Anforderungen gelten,

c) das Produkt oder die damit zusammenhängende Transaktion ist nicht anonym und ermöglicht die rechtzeitige Anwendung von § 3 Abs. 2 Satz 1 Nr. 3 des Geldwäschegesetzes und

d) die Leistungen aus dem Vertrag oder der damit zusammenhängenden Transaktion können nicht zugunsten Dritter ausgezahlt werden, außer bei Tod, Behinderung, Überschreiten einer bestimmten Altersgrenze oder in vergleichbaren Fällen;

4. vorbehaltlich Satz 2 bei Produkten oder damit zusammenhängenden Transaktionen, bei denen in Finanzanlagen oder Ansprüche, wie Versicherungen oder sonstige Eventualforderungen, investiert werden kann, sofern über die in Nummer 3 genannten Voraussetzungen hinaus:

a) die Leistungen aus dem Produkt oder der Transaktion nur langfristig auszahlbar sind,

b) das Produkt oder die Transaktion nicht als Sicherheit hinterlegt werden kann und

c) während der Laufzeit keine vorzeitigen Zahlungen geleistet und keine Rückkaufsklauseln in Anspruch genommen werden können und der Vertrag nicht vorzeitig gekündigt werden kann.

Ein geringes Risiko besteht in den Fällen des Satzes 1 Nr. 2 bis 4 jedoch nur, sofern folgende Schwellenwerte nicht überschritten werden:

1. für Verträge im Sinne des Satzes 1 Nr. 2 Buchstabe a, b, d und f oder für Verträge im Sinne des Satzes 1 Nr. 3 und 4 insgesamt 15 000 Euro an Zahlungen,

2. für Verträge im Sinne des Satzes 1 Nr. 2 Buchstabe c, e und h oder für sonstige Verträge, die der Finanzie-

rung von Sachen oder ihrer Nutzung dienen und bei denen das Eigentum an der Sache bis zur Abwicklung des Vertrages nicht auf den Vertragspartner oder den Nutzer übergeht, 15 000 Euro an Zahlungen im Kalenderjahr,

3. für Sparverträge im Sinne des Satzes 1 Nr. 2 Buchstabe g bei periodischen Zahlungen 1 000 Euro im Kalenderjahr oder eine Einmalzahlung in Höhe von 2 500 Euro.

(2) Absatz 1 findet keine Anwendung, wenn einem Institut im Hinblick auf eine konkrete Transaktion oder Geschäftsbeziehung Informationen vorliegen, die darauf schließen lassen, dass das Risiko der Geldwäsche oder der Terrorismusfinanzierung nicht gering ist.

§ 25e Vereinfachungen bei der Durchführung der Identifizierung

Abweichend von § 4 Abs. 1 des Geldwäschegesetzes kann die Überprüfung der Identität des Vertragspartners und des wirtschaftlich Berechtigten auch unverzüglich nach der Eröffnung eines Kontos oder Depots abgeschlossen werden. In diesem Fall muss sichergestellt sein, dass vor Abschluss der Überprüfung der Identität keine Gelder von dem Konto oder dem Depot abverfügt werden können.

§ 25f Verstärkte Sorgfaltspflichten

(1) Institute haben über § 6 des Geldwäschegesetzes hinaus verstärkte, dem erhöhten Risiko angemessene Sorgfaltspflichten auch bei der Abwicklung des Zahlungsverkehrs im Rahmen von Geschäftsbeziehungen zu Korrespondenzinstituten mit Sitz in einem Drittstaat zu erfüllen. Soweit sich diese Geschäftsbeziehungen nicht auf die Abwicklung des Zahlungsverkehrs be-

ziehen, bleibt § 5 Abs. 2 Nr. 1 des Geldwäschegesetzes hiervon unberührt. § 3 Abs. 4 Satz 2 des Geldwäschegesetzes findet entsprechende Anwendung.

(2) Institute haben in den Fällen des Absatzes 1

1. ausreichende, öffentlich verfügbare Informationen über das Korrespondenzinstitut und seine Geschäfts- und Leitungsstruktur einzuholen, um sowohl vor als auch während einer solchen Geschäftsbeziehung die Art der Geschäftstätigkeit des Korrespondenzinstituts in vollem Umfang verstehen und seinen Ruf und seine Kontrollen zur Bekämpfung der Geldwäsche und der Terrorismusfinanzierung sowie die Qualität der Aufsicht bewerten zu können,

2. vor Begründung einer solchen Geschäftsbeziehung die jeweiligen Verantwortlichkeiten der beiden Institute in Bezug auf die Erfüllung der Sorgfaltspflichten festzulegen und zu dokumentieren,

3. sicherzustellen, dass vor Begründung einer solchen Geschäftsbeziehung durch einen für den Verpflichteten Handelnden, die Zustimmung des diesem unmittelbar Vorgesetzten oder der ihm unmittelbar übergeordneten Führungsebene eingeholt wird,

4. Maßnahmen zu ergreifen, um sicherzustellen, dass das Korrespondenzinstitut keine Geschäftsbeziehung mit einem Kreditinstitut begründet oder fortsetzt, von dem bekannt ist, dass seine Konten von einer Bank-Mantelgesellschaft im Sinne des Artikels 3 Nr. 10 der Richtlinie 2005/60/EG des Europäischen Parlaments und des Rates vom 26. Oktober 2005 zur Verhinderung der Nutzung des Finanzsystems zum Zwecke der Geldwäsche und der Terrorismusfinanzierung (ABl. EU Nr. L 309 S. 15), die zuletzt durch die Richtlinie 2007/64/EG des Europäischen Parlaments und des Rates vom 13. November 2007 (ABl. EU Nr. L 319 S. 1) geändert worden ist, genutzt werden, und

5. Maßnahmen zu ergreifen, um sicherzustellen, dass das Korrespondenzinstitut keine Transaktionen über Durchlaufkonten zulässt.

(3) Abweichend von § 3 Abs. 2 Satz 1 Nr. 2 des Geldwäschegesetzes bestehen die Sorgfaltspflichten nach § 3 Abs. 1 Nr. 1 und 3 des Geldwäschegesetzes für Verpflichtete nach § 2 Abs. 1 Nr. 1 und 2 des Geldwäschegesetzes bei der Annahme von Bargeld ungeachtet etwaiger im Geldwäschegesetz oder in diesem Gesetz genannter Schwellenbeträge, soweit ein Sortengeschäft im Sinne des § 1 Abs. 1a Satz 2 Nr. 7 nicht über ein bei dem Verpflichteten eröffnetes Konto des Kunden abgewickelt wird und die Transaktion einen Wert von 2 500 Euro oder mehr aufweist.

§ 25g Gruppenweite Einhaltung von Sorgfaltspflichten

(1) Die in § 25c Abs. 1 genannten Institute und Unternehmen haben als übergeordnete Unternehmen in Bezug auf ihre nachgeordneten Unternehmen, Zweigstellen und Zweigniederlassungen gruppenweite interne Sicherungsmaßnahmen nach § 9 des Geldwäschegesetzes und § 25c Abs. 1 zu schaffen, die Einhaltung der Sorgfaltspflichten nach den §§ 3, 5 und 6 des Geldwäschegesetzes und den §§ 25d und 25f sowie der Aufzeichnungs- und Aufbewahrungspflicht nach § 8 des Geldwäschegesetzes sicherzustellen. Verantwortlich für die ordnungsgemäße Erfüllung der Pflichten nach Satz 1 sind die Geschäftsleiter im Sinne des § 1 Abs. 2 Satz 1. Soweit die nach Satz 1 im Rahmen der Begründung oder Durchführung von Geschäftsbeziehungen oder Transaktionen zu treffenden Maßnah-

men in einem Drittstaat, in dem das Unternehmen ansässig ist, nach dem Recht des betroffenen Staates nicht zulässig oder tatsächlich nicht durchführbar sind, hat das übergeordnete Unternehmen oder Mutterunternehmen sicherzustellen, dass ein nachgeordnetes Unternehmen, eine Zweigstelle oder Zweigniederlassung in diesem Drittstaat keine Geschäftsbeziehung begründet oder fortsetzt und keine Transaktionen durchführt. Soweit eine Geschäftsbeziehung bereits besteht, hat das übergeordnete Unternehmen oder Mutterunternehmen sicherzustellen, dass das nachgeordnete Unternehmen, der Zweigstelle oder der Zweigniederlassung ungeachtet anderer gesetzlicher oder vertraglicher Bestimmungen durch Kündigung oder auf andere Weise beendet wird. Für den Fall, dass am ausländischen Sitz eines nachgeordneten Unternehmens, einer Zweigstelle oder einer Zweigniederlassung strengere Pflichten gelten, sind dort diese strengeren Pflichten zu erfüllen.

(2) Finanzholding-Gesellschaften oder gemischte Finanzholding-Gesellschaften, die nach § 10a Abs. 3 Satz 6 oder Satz 7 oder § 10b Abs. 3 Satz 8 als übergeordnetes Unternehmen gelten, sind Verpflichtete im Sinne des § 2 Abs. 1 Nr. 1 des Geldwäschegesetzes. Sie unterliegen insoweit auch der Aufsicht der Bundesanstalt nach § 16 Abs. 1 in Verbindung mit Abs. 2 Nr. 2 des Geldwäschegesetzes.

§ 25h Verbotene Geschäfte

Verboten sind:

1. die Aufnahme oder Fortführung einer Korrespondenz- oder sonstigen Geschäftsbeziehung mit einer Bank-Mantelgesellschaft im Sinne des Artikels 3 Nr. 10 der Richtlinie 2005/60/EG und

2. die Errichtung und Führung von Konten auf den Namen des Instituts oder für dritte Institute, über die Kunden zur Durchführung von eigenen Transaktionen eigenständig verfügen können; § 154 Abs. 1 der Abgabenordnung bleibt unberührt.

2 Verwaltungsanweisungen

2.1 Anwendungserlass des BMF vom 24. September 1987 zur Abgabenordnung (Auszug zu § 154 AO)

1. [1]Das Verbot, falsche oder erdichtete Namen zu verwenden, richtet sich an denjenigen, der als Kunde bei einem anderen ein Konto errichten lassen will oder Buchungen vornehmen lässt. [2](Wegen des Verbots, im eigenen Geschäftsbetrieb falsche oder erdichtete Namen für Konten zu gebrauchen, Hinweis auf § 146 Abs. 1).

2. [1]Es ist zulässig, Konten auf den Namen Dritter zu errichten, hierbei ist die Existenz des Dritten nachzuweisen. [2]Der ausdrücklichen Zustimmung des Dritten bedarf es nicht.

3. [1]Jeder, der für einen anderen Konten führt, Wertsachen verwahrt oder von ihm als Pfand nimmt oder ihm ein Schließfach überlässt, hat sich Gewissheit über die Person des Verfügungsberechtigten zu verschaffen. [2]Die Vorschrift ist nicht auf Kreditinstitute beschränkt, sondern gilt auch im gewöhnlichen Geschäftsverkehr und für Privatpersonen. [3]Verboten ist die Abwicklung von Geschäftsvorfällen über sog. CpD-Konten, wenn der Name des Beteiligten bekannt ist oder unschwer ermittelt werden kann und für ihn bereits ein entsprechendes Konto geführt wird.

4. [1]Das Kreditinstitut hat sich vor Erledigung von Aufträgen, die über ein Konto abgewickelt werden sollen, bzw. vor Überlassung eines Schließfachs Gewissheit über die Person und Anschrift des (der) Verfügungsberechtigten zu verschaffen. [2]Gewissheit über die Person besteht im Allgemeinen nur, wenn der vollständige Name, das Geburtsdatum und der Wohnsitz bekannt sind. [3]Eine vorübergehende Anschrift (Hoteladresse) reicht nicht aus. [4]Bei einer juristischen Person (Körperschaft des öffentlichen Rechts, AG, GmbH usw.) reicht die Bezugnahme auf eine amtliche Veröffentlichung oder ein amtliches Register unter Angabe der Register-Nr. aus. [5]Wird ein Konto auf den Namen eines verfügungsberechtigten Dritten errichtet, müssen die Angaben über Person und Anschrift sowohl des Kontoinhabers als auch desjenigen, der das Konto errichtet, festgehalten werden. [6]Steht der Verfügungsberechtigte noch nicht fest (z. B. der unbekannte Erbe), reicht es aus, wenn das Kreditinstitut sich zunächst Gewissheit über die Person und Anschrift des das Konto Errichtenden (z. B. des Nachlasspflegers) verschafft; die Legitimation des Kontoinhabers ist so bald wie möglich nachzuholen.

5. [1]Diese Angaben sind auf dem Kontostammblatt zu machen. [2]Es ist unzulässig, Name und Anschrift des Verfügungsberechtigten lediglich in einer vertraulichen Liste zu führen und das eigentliche Konto nur mit einer Nummer zu kennzeichnen. [3]Die Führung sog. Nummernkonten bleibt verboten. [4]Bei Auflösung des ersten Kontos müssen die Identifikationsmerkmale auf das zweite bzw. weitere Konto bzw. auf die betreffenden Kontounterlagen übertragen werden.

6. [1]Das Kreditinstitut ist nach § 154 Abs. 2 Satz 2 verpflichtet, ein besonderes alphabetisch geführtes Namensverzeichnis der Verfügungsberechtigten zu führen, um jederzeit über die Konten und Schließfächer eines Verfügungsberechtigten Auskunft geben zu können. [2]Eines derartigen Verzeichnisses bedarf es nicht, wenn die Erfüllung der Verpflichtung auf andere Weise sichergestellt werden kann. [3]Die Verpflichtung besteht noch sechs Jahre nach Beendigung der Geschäftsbeziehung, bei Bevollmächtigten sechs Jahre nach Erlöschen der Vollmacht.

7. [1]Verfügungsberechtigte im Sinne der vorstehenden Nummern sind sowohl der Gläubiger der Forderung und seine gesetzlichen Vertreter als auch jede Person, die zur Verfügung über das Konto bevollmächtigt ist (Kontovollmacht). [2]Dies gilt entsprechend für die Verwahrung von Wertsachen sowie für die Überlassung von Schließfächern. [3]Personen, die aufgrund Gesetzes oder Rechtsgeschäfts zur Verfügung berechtigt sind, ohne dass diese Berechtigung dem Kreditinstitut usw. mitgeteilt worden ist, gelten insoweit nicht als Verfügungsberechtigte.

[4]Nach dem Grundsatz der Verhältnismäßigkeit ist nicht zu beanstanden, wenn in folgenden Fällen auf die Legitimationsprüfung (Nummern 3 bis 5) und die Herstellung der Auskunftsbereitschaft (Nummer 6) verzichtet wird:

a) bei Eltern als gesetzliche Vertreter ihrer minderjährigen Kinder, wenn die Voraussetzungen für die gesetzliche Vertretung bei Kontoeröffnung durch amtliche Urkunden nachgewiesen werden sowie bei rechtlicher Betreuung (§ § 1896 ff. BGB),

b) bei Vormundschaften und Pflegschaften einschließlich Amtsvormundschaften und Amtspflegschaften,

c) bei Parteien kraft Amtes (Konkursverwalter, Zwangsverwalter, Nachlassverwalter, Testamentsvollstrecker und ähnliche Personen),

d) bei Pfandnehmern (insbesondere in Bezug auf Mietkautionskonten, bei denen die Einlage auf einem Konto des Mieters erfolgt und an den Vermieter verpfändet wird),

e) bei Vollmachten auf den Todesfall (auch nach diesem Ereignis),

f) bei Vollmachten zur einmaligen Verfügung über ein Konto,

g) bei Verfügungsbefugnissen in Lastschriftverfahren (Abbuchungsverfahren und Einzugsermächtigungsverfahren),

h) bei Vertretung juristischer Personen des öffentlichen Rechts (einschließlich Eigenbetriebe),

i) bei Vertretung von Kreditinstituten und Versicherungsunternehmen,

j) bei den als Vertreter eingetragenen Personen, die in öffentlichen Registern (Handelsregister, Vereinsregister) eingetragene Firmen oder Personen vertreten,

k) bei Vertretung von Unternehmen, sofern schon mindestens fünf Personen, die in öffentliche Register eingetragen sind bzw. bei denen eine Legitimationsprüfung stattgefunden hat, Verfügungsbefugnis haben,

l) bei vor dem 1. Januar 1992 begründeten, noch bestehenden oder bereits erloschenen Befugnissen.

[5]Unberührt bleibt die Befugnis der Finanzämter, im Besteuerungsverfahren schriftliche oder mündliche Auskünfte von Auskunftspersonen (§ § 93, 94) einzuholen und die Vorlage von Unterlagen (§ 97) zu verlangen sowie in einem Strafverfahren wegen einer Steuerstraftat oder in einem Bußgeldverfahren wegen einer Steuerordnungswidrigkeit die Befugnis zur Vernehmung von Zeugen oder zur Beschlagnahme von Unterlagen (§§ 208, 385, 399 Abs. 2, § 410).

8. [1]Bei einem Verstoß gegen § 154 Abs. 3 haftet der Zuwiderhandelnde nach Maßgabe des § 72. [2]Waren über ein Konto usw. mehrere Personen verfügungsberechtigt (mit Ausnahme der in Nummer 7 Satz 4 genannten Fälle), bedarf es u. U. der Zustimmung aller beteiligten Finanzämter zur Herausgabe.

9. Wegen der Ahndung einer Verletzung des § 154 Abs.1 als Ordnungswidrigkeit Hinweis auf § 379 Abs. 2 Nr. 2.

10. [1]Die Verletzung der Verpflichtungen nach § 154 Abs. 2 führt allein noch nicht unmittelbar zu einer Haftung oder Ahndung wegen Ordnungswidrigkeit. [2]Es kann sich jedoch um eine Steuergefährdung im Sinne des § 379 Abs. 1 Nr.3 handeln, soweit nicht sogar der Tatbestand des § 370 erfüllt ist. [3]Wird festgestellt, dass die nach § 154 Abs. 2 bestehenden Verpflichtungen nicht erfüllt sind, soll die für Straf- und Bußgeldsachen zuständige Stelle unterrichtet werden. [4]Die Möglichkeit der Erzwingung der Verpflichtungen (§§ 328 ff.) bleibt unberührt.

2.2 Steuerliche Behandlung der regionalen Untergliederungen von Großvereinen

(BMF-Schreiben vom 8. August 1988 – IV A 2 – S 7104 – 2/88)
Unter Bezugnahme auf das Ergebnis der Erörterungen mit den obersten Finanzbehörden der Länder gilt für die Behandlung regionaler Untergliederungen von Großvereinen bei der Körperschaftsteuer und Umsatzsteuer Folgendes:

(1) Regionale Untergliederungen (Landes-, Bezirks-, Ortsverbände) von Großvereinen sind als nichtrechtsfähige Vereine (§ 1 Abs. 1 Nr. 5 KStG) selbstständige Steuersubjekte im Sinne des Körperschaftsteuerrechts, wenn sie

a) über eigene satzungsmäßige Organe (Vorstand, Mitgliederversammlung) verfügen und über diese auf Dauer nach außen im eigenen Namen auftreten und
b) eine eigene Kassenführung haben.

Es ist nicht erforderlich, dass die regionalen Untergliederungen – neben der Satzung des Hauptvereins – noch eine eigene Satzung haben. Zweck, Aufgaben und Organisation der Untergliederungen können sich auch aus der Satzung des Hauptvereins ergeben.

(2) Wenn die Voraussetzungen des Absatzes 1 vorliegen, ist auch die umsatzsteuerliche Selbstständigkeit anzuerkennen. Die regionalen Untergliederungen der Großvereine sind in diesen Fällen – unter den im Einzelfall zu prüfenden weiteren Voraussetzungen des § 2 Abs. 1 UStG – neben dem Hauptverein selbstständige Unternehmer.

(3) Die selbstständigen regionalen Untergliederungen können jedoch nur dann als gemeinnützig behandelt werden, wenn sie eine eigene Satzung haben, die den gemeinnützigkeitsrechtlichen Anforderungen entspricht.

Dieses Schreiben wird in die USt-Kartei aufgenommen.

2.3 Rechtsnatur der Bundestags-, Landtags-, Gemeinderats-, Stadtrats-, Bezirkstags- und Verbandsgemeinderatsfraktionen; hier: Anwendung des § 44a Abs. 4 EStG in der Fassung des Gesetzes zur Neuregelung der Zinsbesteuerung (Zinsabschlaggesetz) vom 9. November 1992 (BGBl I, 1853)

(BMF-Schreiben vom 1. Dezember 1992 – IV B 4 – S 2252 – 942/92)

Unter Bezugnahme auf das Ergebnis der Erörterungen mit den obersten Finanzbehörden der Länder wird zur Frage der Anwendung des § 44 a Abs. 4 EStG auf Bundestags-, Landtags-, Gemeinderats-, Stadtrats-, Bezirkstags- und Verbandsgemeinderatsfraktionen wie folgt Stellung genommen:

Die Bundestags-, Landtags-, Gemeinderats-, Stadtrats-, Bezirkstags- und Verbandsgemeinderatsfraktionen sind steuerlich wie juristische Personen des öffentlichen Rechts zu behandeln. Damit findet § 44 a Abs. 4 Nr. 2 EStG auf diese Fraktionen Anwendung, wonach der Steuerabzug bei Kapitalerträgen im Sinne des § 43 Abs. 1 Satz 1 Nr. 4 und 7 sowie Satz 2 EStG nicht vorzunehmen ist.

Auf Antrag ist den Fraktionen eine Bescheinigung im Sinne des § 44 a Abs. 4 Satz 3 EStG (NV 2 B) auszustellen, die Voraussetzung für die Abstandnahme vom Steuerabzug (Zinsabschlag) ist.

2.4 Einzelfragen zur Abgeltungsteuer: Anwendung bei Personenzusammenschlüssen

(BMF-Schreiben vom 22. Dezember 2009 – IV C 1 – S 2252/08/10004, Textauszug)

NV-Bescheinigung und Freistellungsaufträge bei nicht steuerbefreiten Körperschaften

Abstandnahme vom Steuerabzug

280 Unbeschränkt steuerpflichtigen und nicht steuerbefreiten Körperschaften, Personenvereinigungen und Vermögensmassen steht, wenn sie Einkünfte aus Kapitalvermögen erzielen, nach § 8 Absatz 1 KStG der Sparer-Pauschbetrag von 801 € (§ 20 Absatz 9 Satz 1 EStG) zu. Sie können mit dem gleichen Muster – vgl. **Anlage 2** - wie es für natürliche Personen vorgesehen ist, einen Freistellungsauftrag erteilen, wenn das Konto auf ihren Namen lautet und soweit die Kapitalerträge den Sparer-Pauschbetrag nicht übersteigen. Bei ihnen kann im Rahmen des Kapitalertragsteuerabzugs auch eine Verlustverrechnung sowie eine Quellensteueranrechnung durchgeführt werden. Dies gilt auch für nichtrechtsfähige Vereine.

281 Die Regelung zum Freistellungsauftrag gilt nicht für Gesellschaften des bürgerlichen Rechts.

282 Ein nichtrechtsfähiger Verein liegt vor, wenn die Personengruppe

- einen gemeinsamen Zweck verfolgt,
- einen Gesamtnamen führt,
- unabhängig davon bestehen soll, ob neue Mitglieder aufgenommen werden oder bisherige Mitglieder ausscheiden,
- einen für die Gesamtheit der Mitglieder handelnden Vorstand hat.

283 Das Kreditinstitut hat sich anhand einer Satzung der Personengruppe zu vergewissern, ob die genannten Wesensmerkmale gegeben sind.

284 Unbeschränkt steuerpflichtige und nicht steuerbefreite Körperschaften, Personenvereinigungen und Vermögensmassen, denen der Freibetrag nach § 24 KStG zusteht und deren Einkommen den Freibetrag von 5.000 € nicht übersteigt, haben Anspruch auf Erteilung einer NV-Bescheinigung (Vordruck NV 3 B).

Nicht der Körperschaftsteuer unterliegende Zusammenschlüsse

Grundsatz

286 Ein nicht körperschaftsteuerpflichtiger Personenzusammenschluss (z. B. eine Gesellschaft bürgerlichen Rechts oder eine Personenvereinigung, die nicht die in Rz. 281 beschriebenen Wesensmerkmale erfüllt) darf einen Freistellungsauftrag nicht erteilen. Die ihm zufließenden Kapitalerträge unterliegen der Kapitalertragsteuer nach den allgemeinen Grundsätzen.

287 Die Einnahmen aus Kapitalvermögen, die Gewinne und Verluste i. S. des § 20 Absatz 4 EStG und die anzurechnende Kapitalertragsteuer sind grundsätzlich nach § 180 Absatz 1 Nummer 2 Buchstabe a AO gesondert und einheitlich festzustellen.

288 Die Erklärung zur gesonderten und einheitlichen Feststellung ist vom Geschäftsführer bzw. vom Vermögensverwalter abzugeben. Soweit ein Geschäftsführer oder Vermögensverwalter nicht vorhanden ist, kann sich das Finanzamt an jedes Mitglied oder jeden Gesellschafter halten.

289 Die gesondert und einheitlich festgestellten Besteuerungsgrundlagen werden bei der Einkommensteuerveranlagung des einzelnen Mitglieds oder Gesellschafters berücksichtigt. Dabei wird auch der Sparer-Pauschbetrag angesetzt.

290 Von einer gesonderten und einheitlichen Feststellung der Besteuerungsgrundlagen kann gemäß § 180 Absatz 3 Satz 1 Nummer 2 AO abgesehen werden, wenn es sich um einen Fall von geringer Bedeutung handelt. In diesen Fällen reicht es aus, dass der Geschäftsführer bzw. Vermögensverwalter (Kontoinhaber) die anteiligen Einnahmen aus Kapitalvermögen auf die Mitglieder oder Gesellschafter aufteilt und sie den Beteiligten mitteilt. Die Anrechnung der Kapitalertragsteuer bei den einzelnen Beteiligten ist nur zulässig, wenn neben der Mitteilung des Geschäftsführers bzw. Vermögensverwalters über die Aufteilung der Einnahmen und der Kapitalertragsteuer eine Ablichtung der Steuerbescheinigung des Kreditinstituts vorgelegt wird.

Vereinfachungsregel

291 Aus Vereinfachungsgründen ist es nicht zu beanstanden, wenn bei losen Personenzusammenschlüssen (z. B. Sparclubs, Schulklassen, Sportgruppen), die aus mindestens sieben Mitgliedern bestehen, wie folgt verfahren wird:

Das Kreditinstitut kann vom Steuerabzug i. S. des § 43 Absatz 1 EStG Abstand nehmen,

wenn

- das Konto neben dem Namen des Kontoinhabers einen Zusatz enthält, der auf den Personenzusammenschluss hinweist (z. B. Sparclub XX, Klassenkonto der Realschule YY, Klasse 5 A),
- die Kapitalerträge bei den einzelnen Guthaben des Personenzusammenschlusses im Kalenderjahr den Betrag von 10 €, vervielfältigt mit der Anzahl der Mitglieder, höchstens 300 € im Kalenderjahr, nicht übersteigen und
- Änderungen der Anzahl der Mitglieder dem Kreditinstitut zu Beginn eines Kalenderjahres mitgeteilt werden.

Die Verpflichtung zur Erstellung einer Steuerbescheinigung i. S. des § 45a Absatz 2 EStG ist hiervon unberührt. **292**

Die Anwendung der Vereinfachungsregelung setzt grundsätzlich voraus, dass die insgesamt – d. h. auch bei Aufsplittung des Guthabens auf mehrere Konten und auch ggf. verteilt auf mehrere Kreditinstitute – zugeflossenen Kapitalerträge die genannten Grenzen im Kalenderjahr nicht übersteigen. **293**

Ein „loser Personenzusammenschluss" i. S. dieser Vereinfachungsregel ist z. B. nicht gegeben bei **294**

- Grundstücksgemeinschaften,
- Erbengemeinschaften,
- Wohnungseigentümergemeinschaften,
- Mietern im Hinblick auf gemeinschaftliche Mietkautionskonten.

2.5 Legitimationsprüfung gemäß § 154 AO bei der Eröffnung von Kreditkonten

(BMF-Schreiben vom 22. April 1996 – IV A 4 S 0325 – 8/96)

An den

Arbeitskreis STEUERN

der kreditwirtschaftlichen

Spitzenverbände

Sehr geehrte Frau …

ich habe die Frage der Legitimationsprüfung bei der Eröffnung von Kreditkonten mit der für die Abgabenordnung zuständigen Vertretern der obersten Finanzbehörden der Länder erörtert. Die Besprechungsteilnehmer vertraten einhellig die Auffassung, dass auch Kreditkonten Konten im Sinne des § 154 AO sind und das Kreditinstitut

sich vor der Eröffnung des Kontos Gewissheit über die Identität des Kunden verschaffen muss.

Konto im Sinne dieser Vorschrift ist der besonders gekennzeichnete Teil der Handelsbücher des kontoführenden Unternehmens, auf dem die Forderungen und Verbindlichkeiten des Kunden festgehalten werden. Die Zuordnung einer Nummer oder eines Aktenzeichens ist typisch für das Konto und sagt nichts darüber aus, ob es sich um ein innerbetriebliches oder kundenbezogenes Konto handelt. Kundenbezogen ist ein Konto, wenn es die Vermögenssituation eines Dritten, des Kunden, ausweist. Unerheblich ist auch, ob das Konto Forderungen oder Verbindlichkeiten ausweist; denn § 154 AO unterscheidet – anders als § 30 a Abs. 3 AO –

nicht nach Guthaben- und Darlehens- bzw. Kreditkonten. Somit gehören auch Kreditkonten zu den Konten des § 154 AO.

Die Auffassung, dass § 154 AO die Verfügungsberechtigung über ein Konto regelt, bei Darlehens- bzw. Kreditkonten aber ausschließlich die Kreditinstitute über die Auszahlung von diesen Konten entscheiden, wird von den obersten Finanzbehörden der Länder und mir nicht geteilt. Es trifft zwar zu, dass die Banken nach Gewährung eines Darlehens an einen Kreditnehmer den Darlehensbetrag auf einem Zwischenkonto zur Verfügung stellen. Sobald aber der Darlehensnehmer über den entsprechenden Betrag disponieren kann, verfügt er wirtschaftlich über das ihm gewährte Darlehen. Ein Unterschied zu anderen Konten besteht insoweit nicht.

Mit freundlichen Grüßen

Im Auftrag

Förster

2.6 Legitimationsprüfung gemäß § 154 Abs. 2 AO im Rahmen des sog. Direct Banking

(BMF-Schreiben vom 22. April 1996 – IV A 4 S 0325 – 11/95)

An den

Bundesverband der Deutschen

Volksbanken und Raiffeisenbanken e.V.

Postfach 129440

53046 Bonn

Sehr geehrte Damen und Herren,

die Finanzbehörden der Länder haben festgestellt, dass die derzeitige Praxis der Direktbanken bei der Identifizierung ihrer Kunden nicht den gesetzlichen Anforderungen entspricht. Ich wäre Ihnen deshalb verbunden, wenn Sie die Ihnen angeschlossenen Kreditinstitute darauf hinweisen würden, dass § 154 Abs. 2 AO und die Regelungen im Anwendungserlass zu dieser Vorschrift auch für Direktbanken gelten. Die Finanzbehörden werden es allerdings nicht beanstanden, wenn die Identitätsprüfung im Auftrag der Direktbank an den Schaltern der Deutschen Post AG oder eines anderen inländischen Kreditinstituts anhand eines Passes oder Personalausweises vorgenommen und eine Kopie der Identifikationsunterlagen zusammen mit den im Rahmen des § 154 Abs. 2 AO zu erhebenden Daten der Direktbank übersandt wird. Ich bitte Sie, bei der Unterrichtung der Ihnen angeschlossenen Kreditinstitute auch auf die Regelung in § 154 Abs. 3 AO und § 379 Abs. 2 Nr. 2 AO hinzuweisen.

Mit freundlichen Grüßen

Im Auftrag

Rendels

2.7 Fernidentifizierung gemäß § 154 AO

(BMF-Schreiben vom 26. Juni 1996 – IV A 4 S 0325 – 13/96)

An den

Bundesverband der Deutschen

Volksbanken und Raiffeisenbanken e.V.

Postfach 129440

53046 Bonn

Sehr geehrte Damen und Herren,

ich habe das von Ihnen vorgeschlagene Verfahren zur Fernidentifizierung durch Rückschein mit den für die Abgabenordnung zuständigen Vertretern der obersten Finanzbehörde der Länder erörtert. Sie stimmten dem Verfahren unter der Voraussetzung zu, dass der Rückschein mit der Identitätsfeststellung einschließlich der Kontoeröffnungsunterlagen nur dem Verfügungsberechtigten selbst und nicht dem besonderen Postbevollmächtigten, Haushaltsangehörigen oder sonstigen Dritten vorgelegt wird.

Mit freundlichen Grüßen

Im Auftrag

Förster

2.8 Begriff des Verfügungsberechtigten i. S. des § 154 AO

(Gleichlautende Erlasse der obersten Finanzbehörden der Länder vom 2. Juli 1990)

Verfügungsberechtigte i. S. von § 154 Abs. 2 und 3 AO sind sowohl der Gläubiger der Forderung und seine gesetzlichen Vertreter als auch jede Person, die gegenüber dem Kreditinstitut usw. ausdrücklich zur Verfügung über das Konto ermächtigt ist (Kontovollmacht). Dies gilt entsprechend für die Verwahrung von Wertsachen sowie für die Überlassung von Schließfächern. Andere Personen, die aufgrund Gesetzes oder Rechtsgeschäftes zur Verfügung berechtigt sind, ohne dass diese Berechtigung dem Kreditinstitut usw. mitgeteilt worden ist, gelten insoweit nicht als Verfügungsberechtigte.

Kreditinstitute usw., die wegen fehlender organisatorischer/technischer Einrichtungen ohne vertretbaren Aufwand noch keine Auskunft erteilen können, über welche Konten oder Schließfächer eine Person als gesetzlicher Vertreter oder kraft Kontovollmacht verfügungsberechtigt ist, haben die Auskunftsbereitschaft bis 31. Dezember 1991 auch insoweit sicherzustellen.

Es ist nicht zu beanstanden, wenn vor dem 1. Januar 1991 erloschene Befugnisse in das alphabetisch zu führende Namensverzeichnis, in eine Datei usw. (vgl. AO-Anwendungserlass Nr. 6 zu § 154 AO) nicht aufgenommen werden. Davon unberührt bleibt die Befugnis der Finanzämter, im Besteuerungsverfahren schriftliche oder mündliche Auskünfte von Auskunftspersonen (§ § 93; 94 AO) einzuholen und die Vorlage von Unterlagen (§ 97 AO) zu verlangen sowie im Strafverfahren wegen einer Steuerstraftat (Bußgeldverfahren wegen einer Steuerordnungswidrigkeit) die Befugnis zur Vernehmung von Zeugen und zur Beschlagnahme von Unterlagen (§ § 208; 385; 399 Abs. 2; 410 AO).

2.9 Legitimationsprüfung nach § 154 AO

(Erlass des Senators für Finanzen Bremen S 0325-240 vom 24. September 1984)

Nach § 154 Abs. 2 AO sind bei Eröffnung eines Kontos die Identifikationsmerkmale des Verfügungsberechtigten auf dem Konto festzuhalten. Dies setzt grundsätzlich eine besondere Legitimationsprüfung voraus.

Eine besondere Legitimationsprüfung ist allerdings nicht erforderlich, wenn Gewissheit über die Person und die Anschrift des Verfügungsberechtigten besteht (vgl. Einführungserlass zur Abgabenordnung, Erläuterungen Nummer 4 zu § 154). Dies ist in der Regel der Fall, wenn für den Verfügungsberechtigten bereits ein Konto geführt wird und seine Identifikationsmerkmale nach Maßgabe des § 154 Abs. 2 AO festgehalten worden sind.

Nach dem Wortlaut des § 154 Abs. 2 AO müssen bei Eröffnung eines Kontos die Identifikationsmerkmale auf dem jeweiligen Konto festgehalten werden. Ich habe keine Bedenken, wenn die Angaben auf den Kontounterlagen (z. B. Kontoeröffnungsantrag) vermerkt werden. In einem solchen Fall muss jedoch sichergestellt werden, dass diese Unterlagen bis zur Auflösung des Kontos aufbewahrt werden, auch wenn nach anderen Vorschriften eine kürzere Aufbewahrungsfrist vorgesehen ist. Solange ein Konto besteht, muss eine Nachprüfung durch die Finanzbehörde gewährleistet sein.

Wird ein zweites oder weiteres Konto bei dem Unternehmen eröffnet und besteht Gewissheit über die Person und Anschrift des Verfügungsberechtigten, so genügt es, wenn auf dem neuen Konto bzw. auf den betreffenden Kontounterlagen ein Hinweis auf die beim ersten Konto festgehaltenen Identifikationsmerkmale angebracht wird. Bei Auflösung des ersten Kontos müssen allerdings die Identifikationsmerkmale auf das zweite bzw. weitere Konto oder auf die betreffenden Kontounterlagen übertragen werden, damit die Nachprüfungsmöglichkeit erhalten bleibt.

Dieser Erlass ergeht im Einvernehmen mit dem Bundesminister der Finanzen und den obersten Finanzbehörden der anderen Länder.

2.10 Zinsbesteuerung von Jagdgenossenschaften

(Schreiben des bayerischen Staatsministeriums für Ernährung, Landwirtschaft und Forsten vom 5. Januar 1993)

Zur Frage der Zinsbesteuerung von Jagdgenossenschaften nach dem am 1. Januar 1993 in Kraft getretenen Gesetz zur Neuregelung der Zinsbesteuerung hat sich das Bayerische Staatsministerium der Finanzen mit Schreiben vom 23. Dezember 1992 Nr. 31 b/33 – S 2252 – 92/105 – 80 804 wie folgt geäußert:

„Jagdgenossenschaften sind keine den Hauberg-, Wald-, Forst- und Laubgenossenschaften ähnlichen Realgemeinden i. S. des § 3 Abs. 2 KStG. Sie sind deshalb als Körperschaften des öffentlichen Rechts selbst nach dem KStG zu besteuern, soweit unbeschränkte Steuerpflicht nach § 1 Abs. 1 Nr. 6 oder beschränkte Steuerpflicht nach § 2 Nr. 2 KStG besteht.

Zur Vermeidung des Zinsabschlags können die Jagdgenossenschaften eine Nichtveranlagungsbescheinigung (NV 2 B) erhalten.

Ob und auf welche Weise größerer Verwaltungsaufwand mit dem Zinsabschlag bei den Hauberg-, Wald-, Forst- und Laubgenossenschaften und ähnlichen Realgemeinden i. S. des § 3 Abs. 2 KStG, deren Einkünfte unmittelbar bei den Beteiligten zu versteuern sind, vermieden werden kann, wird noch geprüft.

Die Oberfinanzdirektionen München und Nürnberg haben Abdruck dieses Schreibens erhalten."

Es wird gebeten, davon Kenntnis zu nehmen und die Jagdgenossenschaften in geeigneter Weise zu unterrichten.

2.11 Zinsabschlaggesetz; hier: Abstandnahme vom Steuerabzug bei Waldgenossenschaften

(Erlass des Bayerischen Staatsministeriums für Finanzen vom – 31b – S 2252 – 92/109 – 83792 vom 24. Februar 1993)
Nach Abstimmung mit dem Bundesminister der Finanzen und den Vertretern der obersten Finanzbehörden der anderen Länder bestehen keine Bedenken, bei den Waldgenossenschaften als Körperschaften des öffentlichen Rechts, unter Hinweis auf die zivilrechtliche Gläubigereigenschaft für die Kapitalerträge, eine Abstandnahme vom Steuerabzug gem. § 44a Abs 4 EStG – unbeschadet der steuerlichen Zurechnung dieser Erträge nach § 3 Abs. 2 KStG bei den Mitgliedern – zuzulassen. Die zur Freistellung vom Zinsabschlag erforderliche Bescheinigung nach § 44a Abs. 4 Satz 3 EStG ist daher in diesen Fällen zu erteilen.

2.12 Zinsabschlag bei Grabpflegekonten

(Verfügung der OFD Köln – S 2400 – 34 – St 123 vom 10. Juni 1995)
Mit der Einrichtung eines Grabpflegekontos bezweckt der Anleger, die zur Erfüllung eines von ihm bereits abgeschlossenen oder noch abzuschließenden Grabpflegevertrags zugunsten seiner eigenen Grabstätte erforderlichen Geldmittel bereits zu seinen Lebzeiten bereitzustellen und ihre tatsächliche Verwendung für den angestrebten Zweck zu sichern. Hierzu richtet er regelmäßig ein Sparbuch bei einem Kreditinstitut ein und erteilt diesem den Auftrag,

– die spätere ordnungsgemäße Erfüllung des Grabpflegevertrags durch die beauftragte Gärtnerei zu überwachen
– unter bestimmten Voraussetzungen ggf. eine andere Gärtnerei mit der Grabpflege zu beauftragen

– die entsprechenden Rechnungen des mit der Grabpflege beauftragten Unternehmens zulasten des Sparguthabens zu begleichen.

Derartige Grabpflegekonten können als sonstiges Zweckvermögen (§ 1 Abs. 1 Nr. 5 KStG) zu qualifizieren sein. Hierunter fallen alle Arten von Vermögensmassen, die gegenüber dem sonstigen Vermögen eines Steuerpflichtigen tatsächlich verselbstständigt sind, um einen bestimmten Zweck zu erfüllen. So hat die Rechtsprechung ein Zweckvermögen beispielsweise in einem Fall angenommen, in dem ein Erblasser unter Anordnung einer Testamentsvollstreckung rechtsgeschäftlich – z. B. durch Auflagen in letztwilligen Verfügungen – sichergestellt hatte, dass Vermögen nicht den Erben oder wiederum deren Erben auszuhändigen war, sondern in einem bestimmten vom Erblasser vorgegebenen Sinne verwendet werden musste und hierdurch eine Zugriffsmöglichkeit der Erben auf dieses Vermögen ausgeschlossen wurde.

Es bestehen daher keine Bedenken, Grabpflegekonten als Zweckvermögen anzusehen, wenn nach dem Inhalt der ihrer Errichtung bzw. Führung zugrundeliegenden Vereinbarungen der Auf-

traggeber und seine Erben von Verfügungen über die auf dem Konto angesammelten Mittel ausgeschlossen sind, weil weder Grabpflege- noch Sparvertrag von ihnen widerrufen werden können.

Lautet das Grabpflegekonto auf den Namen des Zweckvermögens (z. B. Grabpflegekonto XY), können sowohl das mit seiner Führung beauftragte Kreditinstitut wie auch der Erbe oder ein Testamentsvollstrecker wirksam einen Freistellungsauftrag (§ 44a Abs. 2 Nr. 1 EStG) für anfallende Zinserträge stellen. Unter diesen Voraussetzungen kann auf Antrag der o. a. Personen ggf. auch die Erteilung einer NV-Bescheinigung (§ 44a Abs. 2 Nr. 2 EStG) durch das für die Besteuerung des Kreditinstituts örtlich zuständige Finanzamt in Betracht kommen.

Ist ein Zinsabschlag für auf dem Grabpflegekonto entstandene Kapitalerträge einbehalten worden, kommt eine Erstattung durch das Finanzamt nur im Wege einer Veranlagung zur Körperschaftsteuer in Betracht. Ich habe insoweit keine Bedenken dagegen, dass entsprechende Steuererklärungen von dem o. a. Personenkreis für das Zweckvermögen erstellt und unterschrieben werden.

2.13 Länder und Gebiete mit gleichwertigen Anforderungen bei der Verhinderung von Geldwäsche und Terrorismusfinanzierung

(BaFin-Rundschreiben 7/2008 (GW) vom 1. August 2008)

I. Länder und Gebiete mit gleichwertigen Anforderungen bei der Verhinderung von Geldwäsche und Terrorismusfinanzierung

II. Deutsche Übersetzung des Leitfadens der Financial Action Task Force on Money Laundering (FATF) zum risikoorientierten Ansatz zur Bekämpfung von Geldwäsche und Terrorismusfinanzierung vom Juni 2007

Anhang

Geschäftszeichen: GW 1-QIN 4101-2008/0001

Bonn/Frankfurt a.M., den 1. August 2008

I. Länder und Gebiete mit gleichwertigen Anforderungen bei der Verhinderung von Geldwäsche und Terrorismusfinanzierung

Die Richtlinie des Europäischen Parlamentes und des Rates zur Verhinderung der Nutzung des Finanzsystems zum Zwecke der Geldwäsche und der Terrorismusfinanzierung 2005/60/EG (Dritte EU-Geldwäscherichtlinie) eröffnet in verschiedenen Vorschriften Privilegien für Beziehungen zu Drittländern, sofern diese Drittländer Präventionsanforderungen erfüllen, die denen der Dritten Geldwäscherichtlinie entsprechen (z. B. Art. 11 (1), Art. 16 (1) (b), Art. 28 (4)).

Das am 4. Juli 2008 beschlossene Geldwäschebekämpfungsergänzungsgesetz enthält ebenfalls an verschiedenen Stellen Bezugnahmen auf solche Drittländer (§§ 5 Abs. 2 Nr. 1 und Nr. 3, 6 Abs. 2, 7 Abs. 1 und 12 Abs. 1 Nr. 2 und 4 GwG; § 25d Abs. 1 Nr. 3 Buchstabe b) KWG; § 80e Abs. 1 Nr. 4 Buchstabe b) VAG).

Da die EU-Kommission kein Mandat zur Erstellung einer offiziellen EU-Liste von Ländern mit gleichwertigen Standards besitzt, haben sich die EU-Mitgliedstaaten im Komitee zur Verhinderung von Geldwäsche und Terrorismusfinanzierung in Brüssel untereinander auf eine Liste von Drittländern verständigt, bei denen sie aufgrund objektiv feststellbarer Kriterien von einer Gleichwertigkeit der entsprechenden Präventionsstandards ausgehen konnten.

Die zwischen den Mitgliedstaaten vereinbarte Liste beinhaltet die folgenden Länder und eine Sonderverwaltungszone:

- Argentinien
- Australien
- Brasilien
- Sonderverwaltungszone Hong Kong der Volksrepublik China
- Japan
- Kanada
- Mexico
- Neuseeland
- Russische Föderation
- Schweiz
- Singapur
- Südafrika
- Vereinigte Staaten von Amerika

Die Mitgliedstaaten der EU sowie des Europäischen Wirtschaftsraums (EWR) bedürfen bereits durch ihre Implementierung der Dritten Geldwäscherichtlinie keiner Gleichwertigkeits-Qualifizierung. Als gleichwertig gelten ebenfalls die Anforderungen in den französischen Überseegebieten (Mayotte, Neu Kaledonien, Französisch Polynesien, Saint Pierre und Miquelon sowie Wallis and Futuna) sowie in den niederländischen Überseegebieten (Niederländische Antillen und Aruba). Diese Überseegebiete gehören zwar nicht zur EU oder zum EWR, gelten aber im Rahmen der FATF als Teil von Frankreich bzw. den Niederlanden.

Die Liste ist auch als Anhang des Protokolls der Sitzung des Komitees vom 18. April 2008 auf der nachfolgend genannten Seite der EU-Kommission im Internet zu finden.

Die EU-Mitgliedstaaten im Komitee beabsichtigen, diese Liste regelmäßig auf Grundlage der jeweils neuesten Länderprüfungsberichte der Financial Action Task Force on Money Laundering (FATF), der jeweiligen Regional-Gremien, des IWF oder der Weltbank zu aktualisieren. Die BaFin wird die jeweils aktuelle Liste auch auf ihrer Homepage veröffentlichen.

II. Deutsche Übersetzung des Leitfadens der Financial Action Task Force on Money Laundering (FATF) zum risikoorientierten Ansatz zur Bekämpfung von Geldwäsche und Terrorismusfinanzierung vom Juni 2007

Im Juni letzten Jahres hat die FATF den von ihr zusammen mit Vertretern des internationalen Bank- und Wertpapiersektors erarbeiteten Leitfaden zum risikoorientierten Ansatz zur Bekämpfung von Geldwäsche und Terrorismusfinanzierung veröffentlicht. Dieser enthält u.a. Hinweise für Finanzinstitute (insbesondere für Banken und Unternehmen des Wertpapiersektors) zur Umsetzung des den Empfehlungen der FATF, aber auch der Dritten EG-Geldwäscherichtlinie sowie der künftigen nationalen geldwächerechtlichen Regelungen zugrundeliegenden risikoorientierten Ansatzes.

Die Übersetzung dieses grundlegenden Papiers dient der Information der der Aufsicht der BaFin unterliegenden Verpflichteten i. S. d. Geldwäschegesetzes. Das Dokument ist ebenfalls auf der Homepage der BaFin veröffentlicht.

Schreiben an:

An alle Kreditinstitute und an alle Finanzdienstleistungsinstitute sowie an alle Versicherungsunternehmen, die Lebensversicherungsverträge bzw. Unfallversicherungsverträge mit Prämienrückgewähr anbieten, in der Bundesrepublik Deutschland

2.14 Übersicht über die geregelten Märkte

(2008/C 57/11, Abl. 2008, C 57, S. 21 ff.)

Nach Artikel 47 der Richtlinie über Märkte für Finanzinstrumente (Richtlinie 2004/39/EG des Europäischen Parlaments und des Rates, ABl. L 145 vom 30.4.2004, S. I) sind alle Mitgliedstaaten befugt, den auf ihrem Gebiet errichteten Märkten, die ihren Vorschriften entsprechen, den Status des „geregelten Marktes" zu verleihen.

Artikel 4 Absatz 1 Ziffer 14 der Richtlinie 2004/39/EG definiert einen „geregelten Markt" wie folgt: „Ein von einem Marktbetreiber betriebenes und/oder verwaltetes multilaterales System, das die Interessen einer Vielzahl Dritter

am Kauf und Verkauf von Finanzinstrumenten innerhalb des Systems und nach seinen nichtdiskretionären Regeln in einer Weise zusammenführt oder das Zusammenführen fördert, die zu einem Vertrag in Bezug auf Finanzinstrumente führt, die gemäß den Regeln und/oder den Systemen des Marktes zum Handel zugelassen wurden, sowie eine Zulassung erhalten hat und ordnungsgemäß und gemäß den Bestimmungen des Titels III der Richtlinie 2004/39/EG funktioniert."

Nach Artikel 47 der Richtlinie 2004/39/EWG muss jeder Mitgliedstaat ein aktuelles Verzeichnis der von ihm genehmigten geregelten Märkte führen. Dieses Verzeichnis ist den anderen

Mitgliedstaaten und der Kommission zu übermitteln. Die Kommission ist nach diesem Artikel (Artikel 47 der Richtlinie 2004/39/EG) dazu verpflichtet, einmal jährlich ein Verzeichnis der ihr mitgeteilten geregelten Märkte im *Amtsblatt der Europäischen Union* zu veröffentlichen. Das beigefügte Verzeichnis wurde aufgrund der genannten Vorschrift erstellt.

Es enthält die Bezeichnung der einzelnen Märkte, die von den zuständigen Behörden der Mitgliedstaaten als der Definition des „geregelten Markts" entsprechend anerkannt sind. Darüber hinaus enthält es Angaben zum Verwaltungsorgan dieser Märkte und zu der für Erlass oder Genehmigung der Marktvorschriften zuständigen Behörde.

Infolge verringerter Zugangsschranken und der Spezialisierung in Handelssegmente ist das Verzeichnis der „geregelten Märkte" größeren Veränderungen unterworfen als im Rahmen der Wert-papierdienstleistungs-Richtlinie 93/22/EWG des Rates. Artikel 47 der Richtlinie über Märkte für Finanzinstrumente fordert von der Europäischen Kommission ebenfalls die Veröffentlichung des Verzeichnisses der geregelten Märkte auf ihrer Website sowie ihre regelmäßige Aktualisierung.

Die Kommission wird daher neben der jährlichen Veröffentlichung eines Verzeichnisses im Amtsblatt eine aktualisierte Fassung auf ihrer offiziellen Internetseite zugänglich machen: (http://ec.europa.eu/internal_market/securities/isd/mifid_de.htm). Dieses Verzeichnis wird auf der Grundlage der von den nationalen Behörden übermittelten Informationen regelmäßig auf den neuesten Stand gebracht. Diese Behörden werden aufgefordert, die Kommission auch weiterhin über etwaige Zusätze oder Streichungen aus dem Verzeichnis der geregelten Märkte ihres Herkunftsmitgliedstaats zu unterrichten.

Land	Bezeichnung des geregelten Markts	Betreiber	Für Genehmigung und Beaufsichtigung des Marktes zuständige Behörde
Österreich	1. Amtlicher Handel 2. Geregelter Freiverkehr (geregelter Sekundärmarkt)	Wiener Börse AG (1-2)	Finanzmarktaufsichtsbehörde (FMA – Financial Markets Authority)
Belgien	1. Bourse de valeurs mobilières de Bruxelles (Euronext Brussels): – Le marché „Euronext Brussels" – Le Marché des Instruments dérivés 2. Le Marché hors bourse des obligations linéaires, des titres scindés et des certificats de trésorerie	1. Euronext Brussels SA 2. Fonds des rentes	1. Finanzministerium nach Stellungnahme der „Commission Bancaire, Financière et des Assurances" (CBFA) (Bank-, Finanz-und Versicherungskommission) Marktaufsichtsbehörde: CBFA 2. Gesetzgeber (Art. 144, Paragraph 2 des Gesetzes vom 2.8.2002) Marktaufsichtsbehörde: Rentenfondsausschuss im Auftrag der CBFA
Bulgarien	1. Официален пазар (amtlicher Markt) 2. Неофициален пазар (nichtamtlicher Markt)	Българска Фондова Борса – София АД (Bulgarische Börse – Sofia JSCo)	Комисия за финансов надзор (Finanzaufsichtskommission)
Zypern	Wertpapierbörse Zypern	Cyprus Stock Exchange	Zypriotische Wertpapier- und Börsenaufsichtskommission
Tschechische Republik	1. Hauptmarkt (Hlavni Trh)	1.-3. Prager Börse (Burza cennych papírů	Tschechische Nationalbank
	2. Sekundärmarkt (Vedlejsi trh) 3. Freier Markt (Volny trh) 4. RM SYSTEM – Reguliertes Marktsystem – Amtlicher Markt	Praha, a. s.) 4. RM SYSTEM a. s. – Betreiber des geregelten Markts	

Anhang

Land	Bezeichnung des geregelten Markts	Betreiber	Für Genehmigung und Beaufsichtigung des Marktes zuständige Behörde
Dänemark	1. Københavns Fondsbørs – Aktienmarkt – Rentenmarkt – Derivatemarkt	1. Kopenhagener Börse GmbH	Finanstilsynet (Dänische Finanzaufsichtsbehörde)
	2. Dansk Autoriseret Markedsplads A/S (Dänischer geregelter Markt GmbH (DAMP)) (geregelter Markt = geregelter Handel mit Wertpapieren, die zum Handel zugelassen, aber nicht an der Börse notiert sind)	2. Danish Authorised Market Place Ltd (DAMP)	
Estland	1. Väärtpaberibörs (Wertpapierbörse) – Põhinimekiri (Hauptmarkt) – Investorinimekiri (Anlegermarkt) – Võlakirjade nimekiri (Markt für Schuldinstrumente) – Fondiosakute nimekri (Markt für Fondsanteile) 2. Reguleeritud turg (Geregelter Markt) – Vabaturg (Freier Markt)	AS Tallinna Börs (Tallinner Börse)	Finantsinspektsioon (Estnische Finanzaufsichtsbehörde)

Land	Bezeichnung des geregelten Markts	Betreiber	Für Genehmigung und Beaufsichtigung des Marktes zuständige Behörde
Finnland	Arvopaperipörssi (Wertpapierbörse) – Pörssilista (Amtliche Notierung) – Prelista ja Muut arvopaperit -lista (Vorabnotierung und sonstige Wertpapiernotierung)	OMX Nordic Exchange Helsinki Oy (OMX Nordic Exchange Helsinki Ltd)	Genehmigung: Finanzministerium Beaufsichtigung: – Genehmigung der Vorschriften: Finanzministerium – Überwachung der Einhaltung: Rahoitustarkastus/Rahoitustarkastus/Finnische Finanzaufsichtsbehörde
Frankreich	1. Euronext Paris	Euronext Paris (1-3)	Vorschlag der Finanzmarktbehörde (Autorité des marchés financiers – AMF)
	2. MATIF		Genehmigung durch den Wirtschaftsminis
	3. MONEP		ter (siehe Artikel L.421-1 des Währungsund Finanzgesetzbuchs („code monétaire et financier"))

Land	Bezeichnung des geregelten Markts	Betreiber	Für Genehmigung und Beaufsichtigung des Marktes zuständige Behörde
Deutschland	1. Börse Berlin-Bremen (Amtlicher Handel, Geregelter Markt) 2. Düsseldorfer Börse (Amtlicher Handel, Geregelter Markt) 3. Frankfurter Wertpapierbörse (Amtlicher Markt, Geregelter Markt) 4. Eurex Deutschland 5. Hanseatische Wertpapierbörse Hamburg (Amtlicher Markt, Geregelter Markt, Startup Market) 6. Niedersächsische Börse zu Hannover (Amtlicher Markt, Geregelter Markt) 7. Börse München (Amtlicher Markt, Geregelter Markt) 8. Baden-Württembergische Wertpapierbörse (Amtlicher Markt, Geregelter Markt) 9. Risk Management Exchange (Risikomanagementbörse) Hannover (Geregelter Markt) 10. European Energy Exchange (Europäische Energiebörse)	1. Börse Berlin AG 2. Börse Düsseldorf AG 3. Deutsche Börse AG 4. Eurex Frankfurt AG 5. BÖAG Börsen AG 6. BÖAG Börsen AG 7. Bayerische Börse AG 8. Börse-Stuttgart AG 9. RMX Hannover 10. European Energy Exchange AG, Leipzig	Börsenaufsichtsbehörden der Länder und Bundesanstalt für Finanzdienstleistungsaufsicht (BaFin) Länderbehörden: 1. Senatsverwaltung für Wirtschaft, Technologie und Frauen, Berlin 2. Finanzministerium des Landes Nordrhein-Westfalen, Düsseldorf 3. & 4. Hessisches Ministerium für Wirtschaft, Verkehr und Landesentwicklung, Wiesbaden 5. Freie und Hansestadt Hamburg, Behörde für Wirtschaft und Arbeit 6. Niedersächsisches Ministerium für Wirtschaft, Arbeit und Verkehr, Hannover 7. Bayerisches Staatsministerium für Wirtschaft, Infrastruktur, Verkehr und Technologie, München 8. Wirtschaftsministerium Baden-Württemberg, Stuttgart 9. Niedersächsisches Ministerium für Wirtschaft, Arbeit und Verkehr, Hannover 10. Sächsisches Staatsministerium für Wirtschaft und Arbeit, Dresden

Land	Bezeichnung des geregelten Markts	Betreiber	Für Genehmigung und Beaufsichtigung des Marktes zuständige Behörde
Griechenland	1. Börse Athen – Wertpapiermarkt – Derivatemarkt 2. Elektronischer Sekundärwertpapiermarkt (HDAT-Schuldtitelmarkt)	1. Athens Exchange 2. Bank of Greece	1. Griechische Kapitalmarktkommission („Hellenic Capital Market Commission"/ HCMC) 2. Griechische Kapitalmarktkommission („Hellenic Capital Market Commission"/ HCMC)
Ungarn	1. Budapesti Értéktőzsde Zrt. (Wertpapierbörse Budapest) – Részvényszekció (Aktienmarkt) – Hitelpapír Szekció (Markt für Schuldtitel) – Származékos Szekció (Markt für Derivate) – Áru szekció (Markt für den Warenhandel)	Budapesti Értéktőzsde Zrt. (Wertpapierbörse Budapest)	Pénzügyi Szervezetek Állami Felügyelete (Ungarische Finanzaufsichtsbehörde)
Irland	Hauptmarkt der Wertpapierbörse Irlands	Irish Stock Exchange Ltd	Die irische Finanzdienstleistungs-Regulierungsbehörde („Financial Regulator") genehmigt die „geregelten Markte" und überprüft und genehmigt die Regeln für einzelne Geschäfte, die vom Betreiber des geregelten Marktes ausgearbeitet werden (davon ausgenommen sind die Voraussetzungen für die Notierung).

Land	Bezeichnung des geregelten Markts	Betreiber	Für Genehmigung und Beaufsichtigung des Marktes zuständige Behörde
Italien	1. Elektronische Börse (MTA) 2. MTAX Markt 3. Expandi Markt 4. „Electronic bond"-Markt (MOT); 5. Elektronischer Markt für offene Fonds und ETC (ETF-Plus) 6. Elektronischer Markt für verbriefte Derivate (SeDeX) 7. Italienischer Derivativemarkt für den Handel mit Finanzinstrumenten, die in Artikel 1 Absatz 2 Buchstaben f und i des konsolidierten Finanzgesetzes (IDEM) genannt werden 8. Großkundenmarkt für italienische und ausländische Staatstitel (MTS) 9. Großkundenmarkt für Nichtstaatsanleihen und – wertpapiere, die von internationalen Organisationen mit staatlicher Beteiligung ausgegeben werden (MTS Corporate) 10. Großkunden-Online-Handel mit Staatsanleihen (BondVision) 11. TLX Markt	1.-7. Borsa Italiana SpA 8.-10. Società per il Mercato dei Titoli di Stato – MTS SpA 11. TLX SpA	Die CONSOB erteilt Gesellschaften, die Märkte betreiben, die Zulassung und genehmigt ihre Satzungen und Statuten Betreibergesellschaften von Großkundenmärkten für Staatspapiere werden vom Wirtschafts-und Finanzministerium nach Stellungnahme von CONSOB und der Banca d'Italia zugelassen

Land	Bezeichnung des geregelten Markts	Betreiber	Für Genehmigung und Beaufsichtigung des Marktes zuständige Behörde
Lettland	Rigaer Börse – Hauptmarkt – Schuldtitelmarkt – Sekundärmarkt – Fondsmarkt	JSC Rigas Fondu Birza	Finanz-und Kapitalmarktkommission
Litauen	Wilnaer Börse: – Hauptmarkt der Wilnaer Börse – Sekundärmarkt der Wilnaer Börse – Schuldtitelmarkt der Wilnaer Börse	Vilnius Stock Exchange	Litauische Wertpapierkommission
Luxemburg	Wertpapierbörse Luxemburgs	Société de la Bourse de Luxembourg SA	Kommission für die Beaufsichtigung des Finanzsektors
Malta	Maltesische Wertpapierbörse	Malta Stock Exchange	Maltesische Aufsichtsbehörde für Finanzdienstleistungen („Malta Financial Services Authority")
Niederlande	1. a) Euronext Amsterdam Cash-Markt: – Euronext Amsterdam b) Euronext Amsterdam Derivate-Markt	1. NYSE Euronext (International) BV, NYSE Euronext (Holding) BV, Euronext NV, Euronext (Holdings) NV und Euronext Amsterdam NV	Zulassung durch das Finanzministerium nach Stellungnahme der Niederländischen Behörde für Finanzmärkte Beaufsichtigung durch die Niederländische Behörde für Finanzmärkte und das Niederländische Finanzministerium
	2. Endex	2. ENDEX European Energy Derivatives Exchange NV	
	3. MTS Amsterdam	3. MTS Amsterdam NV	

Land	Bezeichnung des geregelten Markts	Betreiber	Für Genehmigung und Beaufsichtigung des Marktes zuständige Behörde
Polen	1. Rynek podstawowy (Hauptmarkt) 2. Rynek równolegly (Parallelmarkt)	1. und 2. Gielda Papierów Wartościowych w Warszawie (Warschauer Wertpapierbörse)	Komisja Nadzoru Finansowego (Finanzaufsichtskommission)
	3. Rynek Papierów Wartosciowych CeTO (regulowany rynek pozagieldowy) (CeTO-Wertpapiermarkt – geregelter außerbörslicher Markt)	3. MTS-CeTO S.A.	
Portugal	1. Eurolist von Euronext Lissabon (Amtlicher Markt) 2. Mercado de Futuros e Opções (Termin-und Optionsmarkt)	Märkte 1 und 2: Euronext Lisbon – Sociedade Gestora de Mercados Regulamentados, S.A.	Finanzministerium genehmigt Märkte auf Vorschlag der Comissão do Mercado de Valores Mobiliários (CMVM, verantwortlich für die Marktregulierung und -beaufsichtigung)
	3. MEDIP – Mercado Especial de Dívida Pública (Sondermarkt für Staatstitel)	Markt 3: MTS Portugal – Sociedade Gestora do Mercado Especial de Dívida Pública, SGMR, S.A.	
Rumänien	1. Piaţa reglementată (Geregelter Spot-Markt – BVB) 2. Piaţa reglementată la termen (Geregelter Derivatemarkt – BVB)	1. und 2. S.C. Bursa de Valori Bucureşti S.A. (Bucharest Stock Exchange S.A.)	Comisia Naţională a Valorilor Mobiliare (Rumänische Nationale Wertpapierkommission)

Land	Bezeichnung des geregelten Markts	Betreiber	Für Genehmigung und Beaufsichtigung des Marktes zuständige Behörde
	3. Piaţa reglementatä – (Geregelter Derivatemarkt – BMFMS)	3. S.C. Bursa Monetar-Financiară şi de Mărfuri S.A. Sibiu (Monetary – Financial and Commodities Exchange S.A. Sibiu)	Comisia Naţională a Valorilor Mobiliare (Rumänische Nationale Wertpapierkommission)
Slowakische Republik	1. Markt der börsennotierten Wertpapiere – Hauptmarkt – Parallelmarkt – Neuer Markt 2. Regulierter freier Markt	Bratislava Stock Exchange	Slowakische Nationalbank
Slowenien	1. Borzni trg (Amtlicher Markt) 2. Prosti trg (Geregelter Freiverkehr)	Börse von Ljubljana (Ljubljanska borza)	Wertpapiermarktbehörde (Agencija za trg vrednostnih papirjev)
Spanien	A. Wertpapierbörsen („Bolsas de Valores", allesamt bestehend aus den drei Segmenten Primär-, Sekundär-und Neuer Markt) 1. Bolsa de Valores de Barcelona; 2. Bolsa de Valores de Bilbao; 3. Bolsa de Valores de Madrid, 4. Bolsa de valores de Valencia	A1. Sociedad Rectora de la Bolsa de Valores de Barcelona S.A. A2. Soc. Rectora de la Bolsa de Valores de Bilbao S.A. A3. Soc. Rectora de la Bolsa de Valores de Madrid S.A. A4. Soc. Rectora de la Bolsa de Valores de Valencia. S.A.	CNMV (Comisión Nacional del Mercado de Valores) („Nationale Wertpapiermarktkommission") Für den Staatstitelmarkt ist die Banco de España zuständig

Land	Bezeichnung des geregelten Markts	Betreiber	Für Genehmigung und Beaufsichtigung des Marktes zuständige Behörde
	B. Amtliche Märkte für Finanzderivate („Mercados oficiales de Productos Financieros Derivados"): 1. MEFF Renta Fija; 2. MEFF Renta Variable C. MFAO-Markt für Futures auf Olivenöl („Mercado MFAO de Futuros del Aceite de Oliva") D. AIAF-Bondmarkt („AIAF Mercado de Renta Fija") E. „Mercados de Deuda Pública en Anotaciones"	B1. Soc. Rectora de Productos Financieros Derivados de RENTA Fija S.A. B2. Soc. Rectora de Productos Financieros Derivados de Renta Variable S.A. C. (MFAO) Sociedad rectora del Mercado de Futuros del Aceite de Oliva, S.A. D. AIAF Mercado de Renta Fija E. Banco de España	
Schweden	1. OMX Nordic Exchange Stockholm – Aktienmarkt – Rentenmarkt – Derivatemarkt 2. Nordic Growth Market – Aktienmarkt – Rentenmarkt – Derivatemarkt	1. OMX Nordic Exchange Stockholm AB 2. Nordic Growth Market NGM AB	Finansinspektionen (Finanzaufsichtsbehörde)
Vereinigtes Königreich	1. EDX	1. EDX London Limited	1.-7. Finanzaufsichtsbehörde („Financial Services Authority")

Land	Bezeichnung des geregelten Markts	Betreiber	Für Genehmigung und Beaufsichtigung des Marktes zuständige Behörde
	2. PLUS-listed Market 3. Virt-x Exchange Limited 4. The London International Financial Futures and Options Exchanges (LIFFE) 5. The London Metal Exchange (Londoner Metallbörse) 6. ICE Futures Europe 7. London Stock Exchange – Regulated Market (Geregelter Markt)	2. PLUS Markets plc 3. Virt-x Exchange Limited 4. LIFFE Administration and Management 5. The London Metal Exchange (Londoner Metallbörse) 6. ICE Futures Europe 7. London Stock Exchange plc	
Island	1. OMX Nordic Exchange á Íslandi (Geregelter Markt)	1. OMX Nordic Exchange	Fjármálaeftirlitið (Finanzaufsichtsbehörde)
	2. (First North (multilaterale Handelsfazilität))	2. (OMX Nordic Exchange)	
Norwegen	1. Oslo Stock Exchange (amtlicher Markt) – Aktienmarkt – Derivatemarkt (Finanzderivate) – Rentenmarkt	1. Oslo Børs ASA	Kredittilsynet (Finanzaufsichtsbehörde Norwegens)
	2. Oslo Axess – Aktienmarkt – Rentenmarkt	2. Oslo Børs ASA	
	3. Nord Pool (amtlicher Markt) – Derivatemarkt (Warenderivate)	3. Nord Pool ASA	

Land	Bezeichnung des geregelten Markts	Betreiber	Für Genehmigung und Beaufsichtigung des Marktes zuständige Behörde
	4. Imarex – Derivatemarkt (Warenderivate)	4. Imarex ASA	
	5. Fish Pool – Derivatemarkt (Warenderivate)	5. Fish Pool ASA	
	6. Fishex – Derivatemarkt (Warenderivate)	6. Fishex ASA	

2.15 Erklärung der FATF vom 25. März 2009 zum Iran

(BaFin-Rundschreiben 6/2009 (GW) vom 25. März 2009)

I. Erklärung der FATF vom 25.02.2009 zum Iran u.a.

II. Fortgeltung der gemäß Rundschreiben 13/2008 (GW) zu treffenden Maßnahmen in Bezug auf Usbekistan und den Iran

III. Erklärung von MONEYVAL vom 12.12.2008 zu Aserbaidschan

Geschäftszeichen: GW 1-GW 2001-2008/0003

Bonn/Frankfurt a.M., den 25. März 2009

I.

Mit Rundschreiben 13/2008 (GW) hatte ich über die Erklärung der Financial Action Task Force on Money Laundering (FATF) vom 17.10.2008 zu Missständen bei der Bekämpfung der Geldwäsche sowie Terrorismusfinanzierung in Usbekistan und dem Iran informiert und dazu aufgerufen, bestimmte im Rundschreiben genannte Maßnahmen in Bezug auf Geschäftsbeziehungen und

Transaktionen von und nach Usbekistan oder dem Iran zu treffen.

Die FATF hat sich im Rahmen ihrer letzten Plenumssitzung vom 23.-25.02.2009 erneut mit der Situation in Usbekistan, dem Iran und anderen Ländern befasst. In ihrer Erklärung vom 25.02.2009 (http://www.fatf-gafi.org/dataoecd/18/28/42242615.pdf) hat sich die FATF nach wie vor besorgt darüber gezeigt, dass der Iran noch keine Bestrebungen gezeigt hat, die fortbestehenden und tiefgreifenden Defizite bei der Bekämpfung von Geldwäsche und Terrorismusfinanzierung zu beseitigen und insbesondere die aus der Terrorismusfinanzierung resultierenden Risiken und ernsten Gefahren für die Integrität des internationalen Finanzsystems anzugehen.

Die FATF hat daher ihre Mitglieder und alle Staaten aufgerufen, ihre Finanzinstitute dazu zu veranlassen, Geschäftsbeziehungen und Transaktionen mit dem Iran, einschließlich Unternehmen und Finanzinstitute dort, weiterhin besondere Aufmerksamkeit zu widmen und zusätzliche Gegenmaßnahmen zu treffen, um ihren Finanzsektor vor Geldwäsche- und Terrorismusfinanzierungsrisiken zu schützen, die vom Iran herrühren. Die Staaten sollen sich außerdem davor schützen, dass Korrespondenzbankbeziehungen zur Umgehung oder Verhinderung von Gegenmaßnahmen und Risikoverhinderungsmaßnahmen missbraucht werden.

Vor diesem Hintergrund sind zusätzliche verstärkte Kundensorgfaltspflichten in Bezug auf Korrespondenzbanken mit Geschäftsbeziehungen bzw. Transaktionen zu bzw. von Personen oder Unternehmen mit Sitz im Iran erforderlich:

Um zu verhindern, dass Unternehmen oder Personen aus dem Iran Korrespondenzbanken in Drittländern zur Umgehung und zum Unterlaufen der mit Rundschreiben 13/2008 (GW) genannten Maßnahmen missbrauchen, haben deutsche Kreditinstitute sorgfältig zu überprüfen, ob und inwieweit ausländische Banken, mit denen sie Korrespondenzbeziehungen unterhalten, Konten für Unternehmen oder Personen aus dem Iran führen und ob diese in Bezug auf solche Konten verstärkte Kundensorgfaltspflichten anwenden, die denen entsprechen, die unter 1. a) in meinem Rundschreiben 13/2008 (GW) genannt sind.

Die vorgenannte Pflicht gilt erst recht in Bezug auf Konten, die von ausländischen Banken für öffentliche Stellen im Iran geführt werden.

Ferner ist sicherzustellen, dass die vorgenannten Maßnahmen auch durch Zweigniederlassungen und Tochterunternehmen deutscher Kreditinstitute im Ausland ergriffen werden.

II.

Im Übrigen gelten die gemäß Rundschreiben 13/2008 (GW) von den Kreditinstituten, Finanzdienstleistungsinstituten, Kapitalanlagegesellschaften, Investmentaktiengesellschaften und Versicherungsunternehmen zu treffenden Maßnahmen in Bezug auf Usbekistan und den Iran unverändert fort.

III.

Der Experten-Ausschuss zur Überprüfung von Maßnahmen zur Verhinderung der Geldwäsche und der Terrorismusfinanzierung beim Europäischen Rat (MONEYVAL) hat im Dezember 2008 fortbestehende Defizite von Aserbaidschan bei der Verhinderung von Geldwäsche und Terrorismusfinanzierung festgestellt und insofern zu erhöhten Sorgfaltspflichten aufgerufen (http://www.coe.int/t/dghl/monitoring/moneyval/About/MONEYVALstatement-AZ_en.pdf). Die FATF hat sich dieses Petitum zueigen gemacht und die Erklärung von MONEYVAL auf ihrer Website veröffentlicht.

Um den aus diesem Sachverhalt resultierenden Risiken von Geldwäsche und Terrorismusfinanzierung zu begegnen, sollten Kreditinstitute, Finanzdienstleistungsinstitute, Kapitalanlagegesellschaften, Investmentaktiengesellschaften und Versicherungsunternehmen daher erhöhte Sorgfaltspflichten in Bezug auf Geschäftsbeziehungen und Transaktionen von und mit in Aserbaidschan ansässigen Personen, Unternehmen und Finanzinstituten anwenden.

2.16 Erklärung der FATF vom 25. Juni 2010 zum Iran und zu weiteren Ländern

(BaFin-Rundschreiben 7/2010 (GW) vom 25. Juni 2010)

Bonn/Frankfurt a.M., den 14. Juli 2010

Die Financial Action Task Force (FATF) hat im Rahmen ihrer Plenumssitzung vom 23. – 25.06.2010 in Amsterdam mit Datum vom 25.06.2010 entsprechend der Vorgehensweise nach dem letzten Plenum (vgl. hierzu mein Rundschreiben 2/2010 (GW) vom 22.03.2010) eine Erklärung und einen Informationsbericht veröffentlicht.

I. Erklärung der FATF vom 25.06.2010 zum Iran und weiteren Ländern

II. Informationsbericht der FATF vom 25.06.2010 zu Ländern unter Beobachtung

I. Erklärung der FATF vom 25.06.2010 zum Iran und weiteren Ländern

Die Erklärung der FATF vom 25.06.2010 befasst sich mit Ländern, bei denen gravierende Defizite in Bezug auf die Maßnahmen zur Verhinderung von Geldwäsche und Terrorismusfinanzierung festgestellt worden sind und bei denen aus Sicht der FATF der Wille zur Behebung dieser Mängel bisher nicht erkennbar ist.

http://www.fatf-gafi.org/dataoecd/17/5/45540828.pdf

(deutsche Übersetzung in Anlage 1)

Die Erklärung der FATF ist entgegen der Veröffentlichung vom 18.02.2010 nunmehr nur noch in zwei Kategorien unterteilt:

1. Der Kategorie 1 unterfallen Länder mit anhaltenden, strukturellen Mängeln, bezüglich derer die FATF wegen des besonders hohen Risikos zu Gegenmaßnahmen aufruft.
Unverändert fällt in diese Kategorie lediglich der Iran.
Die Erklärung der FATF vom 18.02.2010 und mein Rundschreiben 2/2010 (GW) gelten fort. Bezüglich der nach wie vor zu treffenden Maß-
nahmen verweise ich auf mein Rundschreiben 2/2010 (GW).

2. Bezüglich der Länder in Kategorie 2, die starke Mängel aufweisen und keine oder unzureichende Anstrengungen zu deren Beseitigung unternehmen, ruft die FATF zu einer Beachtung des deutlich erhöhten Risikos auf.
In diese Kategorie fallen nunmehr Nordkorea und São Tomé und Príncipe.
Angola, Ecuador und Äthiopien wurden aufgrund von Fortschritten bzw. insbesondere aufgrund verbesserter Kooperation aus der Liste gestrichen und stattdessen in den Informationsbericht vom 25.06.2010 (s. II.) aufgenommen, dafür wurde São Tomé und Príncipe neu in die Kategorie 2 eingestuft. Daher ist bei Geschäftsbeziehungen mit Nordkorea, und mit São Tomé und Príncipe oder mit Geschäftspartnern, die in diesen Ländern residieren sowie bei Transaktionen von oder in diese Länder stets erhöhte Sorgfalt anzuwenden. Außerdem sind die Ergebnisse der insoweit getroffenen

Sicherungs- und Überprüfungsmaßnahmen für die Innenrevision sowie die Jahresabschluss- und etwaige Sonderprüfungen nachvollziehbar zu dokumentieren. Diese Maßnahmen entsprechen meinem Rundschreiben 2/2010 (GW).

Demgegenüber sind die mit Rundschreiben 2/2010 (GW) gegenüber Angola, Ecuador und Äthiopien angeordneten Maßnahmen bezüglich dieser Länder nicht mehr erforderlich.

3. Die noch in der Erklärung vom 18.02.2010 enthaltene Kategorie 3 wurde gestrichen. São Tomé und Príncipe wurde in Kategorie 2 eingestuft, während Pakistan und Turkmenistan in den Informationsbericht vom 25.06.2010 (s. II.) aufgenommen wurden.

II. Informationsbericht der FATF vom 25.06.2010 zu Ländern unter Beobachtung

Im Rahmen des fortlaufenden Prozesses der Länderprüfungen durch die FATF und die FATF-ähnlichen Regionalgruppen (FSRBs) haben sich bei einzelnen Ländern vermehrt Defizite im Hinblick auf wesentliche Empfehlungen der FATF gezeigt.

http://www.fatf-gafi.org/dataoecd/17/4/45540819.pdf

(Deutsche Übersetzung in Anlage 2)

Im Einzelnen wird auf den Informationsbericht der FATF vom 25.06.2010 verwiesen, in welchem in Bezug zu dem vorhergehenden Bericht vom 18.02.2010 nunmehr ergänzend Angola, Ecuador, Äthiopien, Pakistan sowie Turkmenistan aufgenommen wurden.

Wenn auch keine unmittelbaren Handlungspflichten bestehen und nicht zwingend erhöhte Sorgfaltspflichten anzuwenden sind, so ist doch die Situation in den Ländern bei der Risikobewertung dieser Länder bzw. von Personen aus diesen Ländern zu berücksichtigen.

Im Auftrag

2.17 Ausnahmen vom automatisierten Kontoabrufverfahren nach § 24c KWG

(BMF-Schreiben VII B 7 – Wk 5023 – 1031/02 vom 4. November 2002)

Sehr geehrte Damen und Herren,

nach Erörterung mit den Bundesministerien der Justiz, des Inneren und für Wirtschaft und Arbeit sowie dem Auswärtigen Amt kann ich Ihnen zur Herstellung von Planungssicherheit bei den Instituten die Eckpunkte der zukünftigen Verwaltungspraxis zu § 24c KWG mitteilen:

I.

Gemäß § 24c Abs. 1 KWG haben Kreditinstitute für das automatisierte Abrufsystem nur Daten über solche Konten bereit zu stellen, die der Verpflichtung zur Legitimationsprüfung im Sinne des § 154 Abs. 2 Satz 1 Abgabenordnung (AO) unterliegen. Maßgeblich kommt es daher auf die Reichweite der Legitimationspflicht des § 154 Abs. 2 AO und den dieser Vorschrift zugrunde liegenden Kontobegriff an.

Nach dem Anwendungserlass zu § 154 der Abgabenordnung (AEAO, BMF-Schreiben vom 15. Juli 1998, BStBl I S. 630, mit Folgeänderungen) ist unter Berücksichtigung von Verhältnismäßigkeitserwägungen nicht zu beanstanden, wenn in bestimmten, dort genannten Fällen auf die Legitimationsprüfung verzichtet wird (Ziff. 7).

Nachdem der Anwendungserlass zur Abgabenordnung seit November 1993 auch für die Implementierung des GwG bei Kreditinstituten Anwendung findet, soll zur Vermeidung von Widersprüchen und zur Gewährleistung einer einheitlichen Verwaltungspraxis diese Konkretisierung durch den Anwendungserlass und die dazugehörige Praxis spiegelbildlich für folgende Fallgruppen auf das automatisierte Kontoabrufsystem gemäß § 24c KWG übertragen werden:

– bei Vormundschaften und Pflegschaften einschließlich Amtsvormundschaften und Amtspflegschaften,
– bei Parteien kraft Amtes (Konkursverwalter, Insolvenzverwalter, Zwangsverwalter, Nachlassverwalter, Testamentsvollstrecker und ähnliche Personen),
– bei Pfandnehmern (insbesondere in Bezug auf Mietkautionskonten, bei denen die Einlage auf einem Konto des Mieters erfolgt und an den Vermieter verpfändet wird),
– bei Vollmachten auf den Todesfall (auch nach diesem Ereignis),
– bei Vollmachten zur einmaligen Verfügung über ein Konto,
– bei Verfügungsbefugnissen im Lastschriftverfahren (Abbuchungsauftragsverfahren und Einzugsermächtigungsverfahren),

– bei Vertretung juristischer Personen des öffentlichen Rechts (einschließlich Eigenbetriebe),
– bei Vertretung von Kreditinstituten und Versicherungsunternehmen,
– bei den als Vertretern eingetragenen Personen (in öffentlichen Registern (Handelsregister, Vereinsregister) eingetragene Firmen oder Personen vertreten,
– bei Vertretung von Unternehmen, sofern schon mindestens fünf Personen, die in öffentliche Register eingetragen sind bzw. bei denen eine Legitimationsprüfung stattgefunden hat, Verfügungsbefugnis haben.

Dies bedeutet, dass in diesen Fällen zwar grundsätzlich sämtliche Konten erfasst werden müssen (insbesondere muss der Kontoinhaber regelmäßig mit komplettem Datensatz erfasst sein), jedoch entspricht die Reichweite der im Zusammenhang mit dem Konto im Übrigen erfassten Daten (Verfügungsberechtigte) nur dem im Anwendungserlass geforderten Umfang. Die aufgrund des Anwendungserlasses bestehende Praxis stellt eine wesentliche Basis für die Realisierung des Know-Your-Customer-Prinzips dar, die damit auch auf § 24c KWG übertragen wird.

II.

Klarstellend sei in diesem Zusammenhang erwähnt, dass § 24c KWG nur solche Konten erfassen soll, für die eine Verfügungsberechtigung auch tatsächlich besteht. Reine bankinterne Verrechnungskonten, bei denen es an Dispositionsmöglichkeiten des Kontoinhabers fehlt, fallen daher nicht unter § 24c KWG. Hierzu gehören insbesondere Bürgschafts- und Garantiekonten sowie im Zusammenhang mit einem Akkreditiv eröffnete Konten.

III.

Die Aufsichtspraxis für Verfügungsberechtigte eines Kontos bei Gesellschaften bürgerlichen Rechts wird im Rahmen von § 24c KWG entsprechend ebenfalls beibehalten. Die in der AEAO in Ziff. 6 zu § 154 AO vorgesehenen Erleichterungsregelungen gelten für die BGB-Gesellschaft gerade nicht. Es bleibt mithin bei der vom BMF und der BaFin seit 1994 vertretenen Rechtsauffassung, wonach das Konto auf die Namen aller Gesellschafter einzurichten ist und jeder Gesellschafter als Inhaber zu identifizieren und entsprechend in das Datenabrufsystem aufzunehmen ist.

IV.

Eine Ausnahme kann parallel zur bestehenden Praxis lediglich für die Wohnungseigentümer- und Erbengemeinschaften gemacht werden, für die bereits Identifizierungserleichterungen gelten (Schreiben des BAKred vom 25. November 1999 – Consbruch u. a. Nr. 11.60). Für diesen Bereich bestehen nur minimale Missbrauchsmöglichkeiten, weshalb die Regelung aus Gründen der Verhältnismäßigkeit gerechtfertigt ist.

V.

Für Kreditkonten und für Konten für vermögenswirksame Leistungen gilt grundsätzlich, dass diese Konten im Sinne von § 154 Abs. 2 AO darstellen und daher dem automatisierten Abrufsystem unterfallen. Für Darlehenskonten wurde die Geldwäscherelevanz mit Schreiben des BAKred vom 26. März 1996 (Consbruch u. a. Nr. 11.24) und vom 5. März 1997 (Consbruch u. a. Nr. 11.38) ausdrücklich festgestellt.

Eine Ausnahme gilt hier nur, wenn unter Anwendung des Stammnummernprinzips Kreditkonten oder Konten für vermögenswirksame Leistungen als bloße Unterkonten eines Hauptkontos geführt werden. Solche Unterkonten unterliegen nicht dem Abrufsystem, soweit gewährleistet wird, dass immer dann, wenn bei einem einzelnen Konto (unabhängig davon, ob es sich um ein Haupt- oder ein Unterkonto handelt)

eine dritte Person wirtschaftlich Berechtigter im Sinne von § 8 Geldwäschegesetz ist, eine neue Stammnummer angelegt wird. Hierdurch ist ausgeschlossen, dass ein einzelnes Unterkonto einen gegenüber dem Hauptkonto abweichend wirtschaftlich Berechtigten ausweist.

VI.

Von der Pflicht des § 24c KWG ausgenommen sind weiterhin Konten für Wohnungsbaugenossenschaften mit Spareinrichtung, da diese lediglich Sparkonten führen. Hierbei handelt es sich um ein klar abgegrenztes Segment von Geschäftstätigkeit, für das weder aus aufsichtsrechtlicher Sicht noch für die Ermittlungsbehörden ein Erfassungsbedürfnis besteht. Wohnungsgenossenschaften mit Spareinrichtung sind jedoch verpflichtet, der BaFin die gemäß § 24c KWG zu erhebenden Daten auf einem noch von der BaFin festzulegenden Verfahrenswege zur Verfügung zu stellen und diese Daten zu aktualisieren.

VII.

Einen weiteren Sonderfall stellen schließlich Institute in Abwicklung dar. Hierzu gehören Institute, die nicht mehr werbend tätig sind, und Institute, die als aufzunehmendes Institut unmittelbar vor einer Fusion mit einem aufnehmenden Institut stehen. Beide Gruppen müssen nicht (mehr) am Abrufverfahren gemäß § 24c KWG teilnehmen. Die das aufzulösende Institut betreffenden Pflichten sind allerdings vom aufnehmenden Institut zu erfüllen. In diesem Fall ist sicherzustellen, dass wegen der notwendigen Datenübertragung im Rahmen der Übernahme nur während einer kurzen Übergangszeit Ausfälle bei der Datenbereitstellung erfolgen.

VIII.

Die Verpflichtungen aus § 24c KWG gelten für die Erfassung und Vorhaltung der Kontostammdaten für alle Konten, die am 1. April 2003 bestehen oder nach diesem Datum eröffnet werden.

Hierunter fallen nicht nur die Daten des Kontoinhabers, sondern grundsätzlich auch die Erfassung und Vorhaltung des Namens, der Geburtsdaten und der weiteren Angaben der Verfügungsberechtigten ebenso wie hinsichtlich der Erfassung der abweichend wirtschaftlich Berechtigten, die in vielen Instituten noch nicht umfassend elektronisch erfasst sind.

Ich behalte mir für einzelne Kontoarten, die nicht Stammkonten und Girokonten betreffen und die vor dem 1. April 2003 eröffnet worden sind, daher eine Ausnahme-Regelung für die Erfassung der Verfügungsberechtigten und abweichend wirtschaftlich Berech- tigten vor, soweit durch die Kreditwirtschaft nach Vorlage noch zeitnah beizubringender empirischer Daten nachgewiesen werden kann, dass aus Kostengründen eine umfassende Nacherfassung unverhältnismäßig ist.

IX.

Eine gesonderte Entscheidung behalte ich mir des Weiteren für eine etwaige de minimis-Regelung für Kreditinstitute mit einem nur geringen Kontobestand mit geringem Risikopotenzial nach zeitnaher Vorlage entsprechender empirischer Daten und möglicher Abgrenzungskriterien durch die Kreditwirtschaft vor.

Ich bitte Sie, dieses Schreiben insbesondere Ihren Mitgliedsinstituten zur Kenntnis zu geben.

Mit freundlichen Grüßen

Im Auftrag

Findeisen

2.18 Anwendungsschreiben zur Zinsinformationsverordnung

(BMF-Schreiben IV C 1-S 2402-a/0, 2008/0043793vom 30. Januar 2008)

Auszugsweiser Abdruck

Im Einvernehmen mit den obersten Finanzbehörden der Länder gilt zur Anwendung der Zinsinformationsverordnung Folgendes:

1. Grundzüge

1 Aufgrund der Ermächtigung in § 45e EStG wurde am 26. Januar 2004 die Verordnung zur Umsetzung der Richtlinie 2003/48/EG des Rates vom 3. Juni 2003 (ABl. EU Nr. L 157 S. 38) im Bereich der Besteuerung von Zinserträgen (Zinsinformationsverordnung – ZIV) erlassen (BGBl. 2004 I S. 128, BStBl I 2004, S. 297). Sie ist zum 1. Juli 2005 in Kraft getreten (§ 17 Satz 3 ZIV, Bekanntmachung vom 22. Juni 2005, BGBl. 2005 I S. 1695) und zuletzt durch Verordnung vom 5. November 2007 (BGBl. I, S. 2562) geändert worden.

2 Die Zinsrichtlinie soll die effektive Besteuerung von Zinserträgen natürlicher Personen im Gebiet der EU sicherstellen. Die Regelung beschränkt sich aber auf grenzüberschreitende Zinszahlungen und lässt die innerstaatlichen Regelungen über die Besteuerung von Zinserträgen unberührt.

3 Das Ziel der effektiven Besteuerung natürlicher Personen (Art. 1 Abs. 1 ZinsRL) wird dadurch angestrebt, dass über Zinszahlungen an wirtschaftliche Eigentümer (vgl. Rz. 6 ff.) in anderen Mitgliedstaaten der EU eine Auskunft an den Ansässigkeitsstaat (vgl. Rz. 15 ff.) gegeben wird. Bei der Auskunftserteilung wird auf den Zahlungsvorgang als solchen und nicht auf die für die Besteuerung im Ansässigkeitsstaat maßgebende Bemessungsgrundlage abgestellt. In Deutschland müssen derartige Zinszahlungen dem Bundeszentralamt für Steuern (BZSt, vgl. Rz. 61 ff.) gemeldet werden. Im Rahmen einer automatischen Auskunftserteilung leitet das BZSt die Informationen an den Ansässigkeitsstaat weiter und erhält entsprechende Informationen aus dem Ausland. Für eine Übergangszeit kann statt der Informationserteilung in einigen Mitgliedstaaten ein Steuerabzug vorgenommen werden, der zu 75 % an das BZSt überwiesen wird. Der betroffene wirtschaftliche Eigentümer kann in diesen Mitgliedstaaten statt des Steuerabzugs auch die Erteilung von Mitteilungen verlangen. Ergänzend zu den Mitgliedstaaten der EU ist mit den in Art. 17 ZinsRL genannten Staaten und Gebieten vereinbart worden, dass auch dort ein Mitteilungsverfahren eingeführt oder ein Quellensteuerabzug vor-genommen wird und die einbehaltenen Beträge an die Ansässigkeitsstaaten weitergeleitet werden. Wegen der Einzelheiten wird auf Rz. 69 ff. und die dazu gehörende Anlage IV verwiesen.

Für die Pflicht zur Auskunftserteilung oder zum Steuerabzug ist es unerheblich, wo der eigentliche Schuldner der Zinsen niedergelassen ist. Hierfür wird vielmehr an die Zahlstelle angeknüpft (vgl. Rz. 21 ff.).

4, 5 (frei)

2. Definition des wirtschaftlichen Eigentümers (§ 2 ZIV)

6 Wirtschaftlicher Eigentümer im Sinne der Zinsinformationsverordnung kann nur eine natürliche Person sein. Bei Konten mit mehreren Inhabern (Gemeinschaftskonten) ist auf die jeweilige einzelne natürliche Person abzustellen (vgl. Rzn. 26 und 49a). Es ist dabei unerheblich, ob die Zinserträge gewerbliches Einkommen oder private Kapitalerträge der natürlichen Person darstellen, sodass auch Zinszahlungen an Einzelunternehmer erfasst werden. Kapitalgesellschaften und andere juristische Personen sind vom Anwendungsbereich der Zinsinformationsverordnung ausgenommen.

7 Das Ziel der Zinsrichtlinie, die effektive Besteuerung der natürlichen Person zu gewährleisten, macht es erforderlich, die Zahlungsvorgänge herauszustellen, bei denen die empfangende natürliche Person selbst von der Zahlung begünstigt ist so selbst vereinnahmt hat. Zur Vereinfachung für die Zahlstelle wird der Empfänger der Zinszahlung in der Regel als wirtschaftlicher Eigentümer angesehen. Dabei kann dahinstehen, ob der Empfänger die Zahlung vereinnahmt oder ob die Zinszahlung zu seinen Gunsten erfolgt.

8 Der Zahlungsempfänger wird nicht als wirtschaftlicher Eigentümer angesehen, wenn er nachweist, dass die Zahlung nicht für ihn selbst bestimmt ist. Das ist dann der Fall, wenn er als Zahlstelle im Sinne von § 4 Abs. 1 ZIV handelt, d.h. dem wirtschaftlichen Eigentümer Zinsen zahlt oder zu dessen unmittelbaren Gunsten einzieht, oder im Auftrag handelt.

9 Auftraggeber kann/können sein:

a) juristische Personen,
b) Einrichtungen, deren Gewinne den allgemeinen Vorschriften der Unternehmensbesteuerung unterliegen,
c) ein zugelassener Organismus für gemeinsame Anlagen in Wertpapieren (OGAW),
d) eine Einrichtung nach § 4 Abs. 2 ZIV, deren Name und Anschrift der Zahlstelle nach § 4 Abs. 1 ZIV mitgeteilt wird, damit diese die Angaben ihrerseits weiterleiten kann, oder
e) eine andere natürliche Person als wirtschaftlicher Eigentümer, deren Name und Anschrift in verlässlicher Weise festgestellt und der Zahlstelle mitgeteilt wird.

9a Ein Auftragsverhältnis im Sinne des § 2 Abs. 2 Nr. 2 ZIV liegt nicht vor, wenn der Zahlungsempfänger eine Zinszahlung im Rahmen seiner gewerblichen oder beruflichen Tätigkeit für einen Dritten vereinnahmt. Der Zahlungsempfänger ist in diesen Fällen als Zahlstelle zu betrachten, d.h. eine Zinszahlung an einen gewerblich oder beruflich handelnden Zahlungsempfänger löst zunächst keine Mitteilungsverpflichtung nach der Zinsinformationsverordnung aus. Erst bei der Weiterleitung bzw. Auskehrung der Zinszahlung vom Zahlungsempfänger an den wirtschaftlichen Eigentümer kann ein meldepflichtiger Vorgang vorliegen.

Beispiel: Rechtsanwalt R verwaltet als Testamentsvollstrecker ein Vermögen für eine zum Teil im EU-Ausland ansässige Erbengemeinschaft. Zu diesem Zweck führt er in eigenem Namen ein Depot des Erblassers bei der A-Bank fort. Aus einer im Depot gehaltenen festverzinslichen Anleihe werden dem Depot 1.000 € Zinsen gutgeschrieben. Die A-Bank hat keine Meldeverpflichtung, da R im Rahmen seiner beruflichen Tätigkeit Zinsen vereinnahmt und infolgedessen nicht im Auftrag, sondern als Zahlstelle handelt. R hat erst bei Weiterleitung der Zinsen an die im EU-Ausland ansässigen Miterben eine Mitteilung nach der Zinsinformationsverordnung zu erstellen.

10 Liegen Zweifel vor, ob der Zahlungsempfänger als wirtschaftlicher Eigentümer der Zinszahlung anzusehen ist, und handelt es sich bei diesem weder um eine Zahlstelle i. S. d. § 4 Abs. 1 ZIV noch um einen Auftragnehmer im Sinne der vorstehenden Ausführungen, muss die Zahlstelle Ermittlungen anstellen. Verbleiben Zweifel, ist der Zahlungsempfänger als wirtschaftlicher Eigentümer zu behandeln.

3. Ermittlung von Identität und Wohnsitz des wirtschaftlichen Eigentümers (§ 3 ZIV)

3.1 Identitätsermittlung

Bei der Ermittlung der Identität eines wirtschaftlichen Eigentümers sind zwei Zeiträume zu unterscheiden:

11 a) Vor dem 1. Januar 2004 begründete Vertragsbeziehungen

Bei Vertragsbeziehungen, die vor dem 1. Januar 2004 eingegangen wurden, sind die erforderlichen Angaben aus den Informationen zu entnehmen, die aufgrund der geltenden Bestimmungen zur Verfügung stehen. Für Kredit-

und Finanzdienstleistungsinstitute sind § 154 Abgabenordnung (AO) und § 1 Abs. 5 Geldwäschegesetz (GwG) einschlägig. Gemäß § 1 Abs. 5 GwG ist der Name aufgrund eines gültigen Personalausweises oder Reisepasses sowie das Geburtsdatum, der Geburtsort, die Staatsangehörigkeit und die Anschrift, soweit sie darin enthalten ist, festzuhalten. Die Art des amtlichen Ausweises sowie Registriernummer und ausstellende Behörde sind gleichfalls festzustellen.

Nach § 154 Abs. 2 AO und dem Anwendungserlass zur Abgabenordnung zu § 154 Nr. 4 muss sich der Kontoführer Gewissheit über die Person und Anschrift verschaffen.

12 b) Nach dem 1. Januar 2004 begründete Vertragsbeziehungen

Bei vertraglichen Beziehungen oder gesonderten Transaktionen, die ab dem 1. Januar 2004 eingegangen bzw. getätigt werden, ist zusätzlich zu den vorstehenden Angaben die vom Wohnsitzstaat erteilte Steuer-Identifikationsnummer festzuhalten, sofern der jeweilige Mitgliedstaat eine solche Steuer-Identifikationsnummer vergibt (vgl. Liste EU-ausländischer Steuer-Identifikationsnummern in Anlage I).

Hat der jeweilige Mitgliedstaat eine Steuer-Identifikationsnummer erteilt, soll diese anhand eines Passes, des vorgelegten amtlichen Personalausweises oder eines anderen beweiskräftigen Dokuments (z.B. lokaler Steuerbescheid, ID-Karte oder Nachweis der Steueridentifikationsnummer lt. Bescheinigungsmuster in der Anlage III/3) festgestellt werden. Im Zweifel sind zur Präzisierung das Geburtsdatum und der Geburtsort festzuhalten.

13 Ist bei der Konto- oder Depotführung eine andere Person als der Konto- oder Depotinhaber wirtschaftlicher Eigentümer, ist dessen Identität festzustellen.

Hier reicht die Vorlage einer Kopie des Passes oder amtlichen Personalausweises durch den Treuhänder aus; eine persönliche Identifizierung ist nicht erforderlich (vgl. §§ 8, 9 Abs. 1 S. 2 GwG).

Eine ab dem 1. Januar 2004 neu eingegangene vertragliche Beziehung liegt nur vor, wenn die Kundenbeziehung neu begründet wird. Eröffnet ein in der Vergangenheit bereits ausreichend legitimierter wirtschaftlicher Eigentümer nach dem 1. Januar 2004 ein weiteres Konto oder Depot, wird somit eine erneute Legitimations- oder Wohnsitzprüfung nicht erforderlich. **14**

Sofern die Angaben zur Steuer-Identifikationsnummer oder Geburtsdatum und Geburtsort vorliegen und nach den Vorschriften des Geldwäschegesetzes auf eine erneute Identitätsfeststellung verzichtet wird oder auf die Ermittlung durch Dritte abgestellt werden kann, gilt dies für Zwecke der Zinsinformationsverordnung entsprechend. Die Verpflichtung, den Wohnsitz zu ermitteln, bleibt davon unberührt. **14a**

3.2 Wohnsitzermittlung

Da nach der Zielsetzung der Zinsrichtlinie der Staat informiert werden soll, dem das Besteuerungsrecht für die betroffenen Zinsen zusteht, ist es erforderlich, zusätzlich zur Identifizierung des wirtschaftlichen Eigentümers dessen Wohnsitz festzustellen (Art. 1 Abs. 1 und Art. 8 Abs. 1 ZinsRL). Unter Wohnsitz im Sinne der Zinsinformationsverordnung ist der Staat zu verstehen, in dem der wirtschaftliche Eigentümer ansässig ist. Grundsätzlich ergibt sich der Wohnsitz aus der festgestellten ständigen Anschrift; bei Personen mit einer Anschrift in einem Drittstaat sind Besonderheiten zu beachten (vgl. Rz. 19). **15**

16 a) Vor dem 1. Januar 2004 begründete Vertragsbeziehungen

Bei vor dem 1. Januar 2004 begründeten Vertragsbeziehungen ist die Anschrift aus den aufgrund der Abgabenordnung und des Geldwäschegesetzes vorhandenen Daten zu ermitteln (vgl. Rz. 11). Dabei ist davon auszugehen, dass der Wohnsitz in dem Staat liegt, der der festgestellten ständigen Anschrift entspricht. Die Vorlage eines besonderen Nachweises über den steuerlichen Wohnsitz ist nicht erforderlich.

17 b) Nach dem 1. Januar 2004 begründete Vertragsbeziehungen

Bei vertraglichen Beziehungen oder gesonderten Transaktionen, die ab dem 1. Januar 2004 eingegangen bzw. getätigt werden, ist ebenfalls davon auszugehen, dass der Wohnsitz in dem Staat liegt, der der festgestellten ständigen Anschrift entspricht. Ist die Anschrift nicht im Pass oder amtlichen Personalausweis eingetragen, sind hilfsweise andere beweiskräftige Dokumente heranzuziehen. Hierfür bieten sich als Möglichkeiten der Überprüfung beispielhaft an: Nachprüfung im Wählerverzeichnis, Nachfrage bei einer Kreditauskunftei, Bitte um Vorlage einer Strom-, Gas- oder Wasserrechnung, eines lokalen Steuerbescheids, eines Bank- oder Bausparkassen-Kontoauszuges oder auch Nachschlagen in einem örtlichen Telefonbuch. Als beweiskräftiges Dokument gilt auch eine vom wirtschaftlichen Eigentümer unterzeichnete Erklärung über seine ständige Anschrift.

18 Gibt eine Person an, in einem anderen Mitgliedstaat als demjenigen, welcher den Pass oder den amtlichen Personalausweis ausgestellt hat, ansässig zu sein, und kann dies die Zahlstelle anhand der Kontounterlagen und der Kundenkorrespondenz verifizieren, ist die Meldung an den Staat der angegebenen Anschrift weiterzuleiten. Bei be-

stehenden Zweifeln gilt der Wohnsitz als in dem Mitgliedstaat belegen, in dem der Pass oder der amtliche Personalausweis aus-gestellt worden ist.

c) Besonderheiten bei Wohnsitz in einem Drittstaat **19**

Gibt eine Person mit einem in der EU ausgestellten Pass oder amtlichen Personalausweis an, in einem Drittstaat (also außerhalb der EU) ansässig zu sein, muss dies durch einen Nachweis über den steuerlichen Wohnsitz belegt werden, der von der zuständigen Behörde dieses Drittstaates ausgestellt wurde. Wird dieser Nachweis nicht vorgelegt, gilt der Wohnsitz als in dem EU-Mitgliedstaat belegen, in dem der Pass oder ein anderer amtlicher Identitätsausweis ausgestellt wurde (§ 3 Abs. 2 Satz 6 ZIV, vgl. Beispiel in Rz. 19g).

d) Sonderfälle: Deutsche Auslandsbeamte, Beschäftigte Internationaler Einrichtungen, Ausländische Diplomaten **19a**

Bei Personen, die der erweiterten unbeschränkten Steuerpflicht nach § 1 Abs. 2 EStG unterliegen (dies sind insbesondere ins Ausland entsendete deutsche Beamte mit diplomatischem / konsularischem Status), ist für Zwecke der Zinsinformationsverordnung von einem Wohnsitz im Inland auszugehen, so dass hier eine Verpflichtung zur Datenübermittlung nach § 8 ZIV entfällt. Das Gleiche gilt für Zinszahlungen an deutsche Beschäftigte internationaler Einrichtungen (z.B. EU), wenn sie aufgrund zwischenstaatlicher Vereinbarungen wie unbeschränkt Steuerpflichtige behandelt werden (z.B. EG-Privilegien-Protokoll BGBl. II 1965, 1482 und 1967, 2156). Bei ausländischen Mitgliedern des diplomatischen oder konsularischen Personals wird zur Ermittlung des Wohnsitzes nicht auf den Staat der Akkreditierung oder des Aufenthalts, sondern auf den Entsendestaat abgestellt. Ist der Entsendestaat ein EU-Mitglied, ist trotz inländischer

Anschrift eine Datenübermittlung nach § 8 ZIV an den Entsendestaat vorzunehmen.

Beispiel: Ein wirtschaftlicher Eigentümer legt bei Kontoeröffnung einen spanischen Diplomatenausweis vor und gibt eine deutsche Anschrift an.

In den Feldern zur Anschrift ist die deutsche Anschrift einzutragen. Als Wohnsitz ist Spanien anzugeben.

19b e) Wechsel der Anschrift / des Wohnsitzes (Umzug)

Wurden nach den o.a. Regelungen die Anschrift und der Wohnsitz des wirtschaftlichen Eigentümers bestimmt, hat die Zahlstelle keine Nachforschungspflicht hinsichtlich möglicher Änderungen. Teilt der wirtschaftliche Eigentümer einen Umzug mit, sind die Daten der neuen Anschrift wiederum anhand der im Pass oder im amtlichen Personalausweis angegebenen Anschrift oder eines anderen beweiskräftigen Dokuments festzustellen. Als Zeitpunkt des Wechsels der Anschrift und ggf. des Wohnsitzes gilt der Zeitpunkt, zu dem der wirtschaftliche Eigentümer die neue Anschrift anzeigt und durch eines der oben angeführten Dokumente belegt. Die Zahlstelle kann eine rückwirkende Änderung der Daten zur Anschrift akzeptieren, wenn der wirtschaftliche Eigentümer das Datum des Umzugs durch geeignete Nachweise (z.B. Abmelde- und Anmeldebescheinigung) belegt.

19c Für die Auskunftserteilung ist grundsätzlich auf die Daten zum Zeitpunkt des Zuflusses der Zinsen abzustellen (vgl. Rz. 61). Erfolgt im Laufe des Jahres eine Veränderung im selben Staat, können die Daten zum 31. Dezember verwendet werden. Bei einem unterjährigen Umzug in einen anderen Staat ist jeweils eine Mitteilung an den jeweiligen Wohnsitzstaat zum Zeitpunkt des Zuflusses zu erstellen. Erfolgt beispielsweise bei monatlichen Zinszahlungen ein Wechsel des Wohnsitzes ab dem vierten Quartal des Jahres von Mitgliedstaat A nach Mitgliedstaat B, sind zu Mitgliedstaat A die Zinsen der ersten drei Quartale sowie zu Mitgliedstaat B die Zinsen des letzten Quartals zu melden.

19d Gibt der wirtschaftliche Eigentümer an, in einen anderen Mitgliedstaat oder einen Drittstaat umgezogen zu sein und liegen der Zahlstelle keinerlei beweiskräftige Dokumente vor, die dies belegen, sind die zuletzt ermittelten Daten zur Anschrift und zum Wohnsitz innerhalb des Anwendungsbereichs der Zinsinformationsverordnung anzugeben.

19e Beispiel 1: Ein wirtschaftlicher Eigentümer mit einem französischen Pass (ohne Eintrag der Anschrift) eröffnet ein Konto in Deutschland. Zum Nachweis seiner Anschrift in Frankreich legt er eine Stromrechnung vor.

Zu melden ist die französische Anschrift und als Wohnsitz ebenfalls Frankreich.

19f Beispiel 2: Ein Jahr nach der Kontoeröffnung teilt der wirtschaftliche Eigentümer mit französischem Pass seine neue Anschrift in Italien mit.

Die neue Anschrift ist wiederum durch beweiskräftige Dokumente zu belegen. Ohne beweiskräftige Dokumente sind weiterhin die französische Anschrift und der französische Wohnsitz zu melden. Liegen beweiskräftige Dokumente vor, sind die italienische Anschrift und ein Wohnsitz in Italien zu melden.

Beispiel 3: Bei einem wirtschaftlichen Eigentümer mit britischem Pass wurde bei Kontoeröffnung eine Anschrift im Vereinigten Königreich ermittelt. Er gibt später an, nach Australien umgezogen zu sein.

Eine Meldung nach der Zinsinformationsverordnung entfällt nur, wenn der wirtschaftliche Eigentümer einen von der zuständigen australischen Behörde ausgestellten Nachweis über den steuerlichen Wohnsitz vorlegt.

Wird dieser Nachweis nicht erbracht, steht aber ein beweiskräftiges Dokument (z.b. Telefonbucheintrag) zur Verfügung, aus dem sich die australische Anschrift ergibt, sind die australische Anschrift, aber als Wohnsitz Vereinigtes Königreich anzugeben.

Ohne ein beweiskräftiges Dokument sind weiterhin die bisherige Anschrift und der bisherige Wohnsitz im Vereinigten Königreich mitzuteilen.

3.3 Gemeinsame Regelungen

Eine persönliche Vorlage der zur Feststellung von Identität und Wohnsitz gemäß Rz. 11 ff. bzw. Rz. 15 ff. erforderlichen Dokumente ist nicht notwendig. Eine von der Zahlstelle vorgenommene Identitäts- und Wohnsitzermittlung macht eine erneute Legitimations- und Wohnsitzprüfung im Falle der Eröffnung weiterer Konten oder Depots desselben wirtschaftlichen Eigentümers – auch bei einer Niederlassung oder Schwesterfirma im Ausland – entbehrlich. **20**

12. Anwendungsregelungen

75 Das BMF-Schreiben vom 6. Januar 2005 – IV C 1 – S 2000 – 363/04 – (BStBl I 2005, 29), geändert durch BMF-Schreiben vom 13. Juni 2005 – IV C 1 – S 2402-a – 23/05 – (BStBl I 2005, 716), vom 12. Oktober 2005 – IV C 1 – S 2402-a – 46/05 – und vom 27. Januar 2006 – IV C 1 – S 2402-a – 4/06 – (BStBl I 2006, 439), wird aufgehoben.

2.19 Nachweis der Unternehmensbesteuerung für ZIV-Befreiung nach § 2 Abs. 1 Nr. 2b, § 4 Abs. 2 Satz 2 Nr. 2 ZIV

Finanzamt

Ort, Datum

Steuernummer/Geschäftszeichen   { Bei Rückfragen bitte angeben

Straße

Auskunft erteilt

Telefon   Zimmer

Nachweis der Unternehmensbesteuerung
- Artikel 2 Absatz 1 lit. b) Richtlinie 2003/48/EG / § 2 Absatz 1 Nr. 2 b) ZIV -
- Artikel 4 Absatz 2 lit. b) Richtlinie 2003/48/EG / § 4 Absatz 2 Satz 2 Nr. 2 ZIV -
Attestation des Autorités fiscales que les bénéfices sont imposés en vertu des dispositions générales relatives à la fiscalité des entreprises
Bevestiging van de Belastingautoriteiten dat de winst wordt belast volgens de algemene belastingregels voor ondernemingen
Certification by the tax authorities that the profits are taxed under the general arrangements for business taxation

Der Unterzeichner bestätigt, dass die Gewinne der
le soussigné certifie que les bénéfices du / de ondergetekende bevestigt dat de winst van / the undersigned certifies that the profis of

Firma oder Bezeichnung / Dénomination ou raison sociale / Benaming of Firma / company or corporate name

Anschrift oder Sitz / Adresse ou siège social / adres of maatschappelijke zetel / address or registered office

Straße und Hausnummer / rue et n° / straat en nr. / street and street number

Postleitzahl, Ort / Code postal, localité / Postcode, Gemeente / Postal code, City

Steuer[-Identifikations]nummer / numéro d'identification fiscal / fiscaal identificatienummer / tax identification number

den allgemeinen Vorschriften über die Unternehmensbesteuerung unterliegen.
sont imposés en application des dispositions générales relatives à la fiscalité des entreprises
wordt belast volgens de algemene belastingregels voor odernemingen
are taxed under the general arrangements for business taxation.

Datum / date / datum

Unterschrift / signature / handtekening

Dienststempel des Finanzamtes
cachet du service / stempel van de dienst / official stamp

2.20 Bescheinigung über die Option zur Behandlung als OGAW nach § 4 Abs. 3 Satz 2 ZIV

Finanzamt

Ort, Datum

Steuernummer/Geschäftszeichen

{ Bei Rückfragen
bitte angeben

Straße

Auskunft erteilt

Telefon   Zimmer

Bescheinigung über die Option zur Behandlung als OGAW
- Artikel 4 Absatz 3 Satz 2 Richtlinie 2003/48/EG / § 4 Absatz 3 Satz 2 ZIV -
Attestation des Autorités fiscales de la option d'être traitée comme un OPCVM
Bevestiging van de Belastingautoriteiten over de option van de behandling als icbe
Certification by the tax authorities on the option of beeing treated as an UCITS

Der Unterzeichner bestätigt, dass
Le soussigné certifie que / de ondergetenkende bevestigt dat / the undersigned certifies that

die in Deutschland niedergelassene Einrichtung
le entité établie en Allemagne / in Duitsland gevestigde entiteit / the entity established in Germany

Firma oder Bezeichnung / Dénomination ou raison sociale / Benaming of Firma / company or corporate name

Anschrift oder Sitz / Adresse ou siège social / adres of maatschappelijke zetel / address or registered office

Straße und Hausnummer / rue et n° / straat en nr. / street and street number

Postleitzahl, Ort / Code postal, localité / Postcode, Gemeente / Postal code, City

Steuer[-Identifikations]nummer / numéro d'identification fiscal / fiscaal identificatienummer / tax identification number

für die Behandlung als OGAW optiert hat.
a choisi d'être traitée comme un OPCVM / heeft kiesen voor de behandling als icbe / has choosen to be treated as an UCITS.

Datum / date / datum   Unterschrift / signature / handtekening

Dienststempel des Finanzamtes
cachet du service / stempel van de dienst / official stamp

2.21 Übersicht über die Unternehmen in der Rechtsform einer juristischen Person nach § 4 Abs. 2 Nr. 1 ZIV

Gesellschaften im Sinne der Richtlinie 90/435/EWG

Gesellschaft im Sinne der genannten Richtlinie ist jede Gesellschaft, die

1. eine der aufgeführten Formen aufweist:
2. die nach der Verordnung (EG) Nr. 2157/ 2001 des Rates vom 8. Oktober 2001 über das Statut der Europäischen Gesellschaft (SE) (ABl. EG Nr. L 294 S. 1), zuletzt geändert durch die Verordnung (EG) Nr. 1791/2006 des Rates vom 20. November 2006 (ABl. EU Nr. L 363 S. 1) und der Richtlinie 2001/86/EG des Rates vom 8. Oktober 2001 zur Ergänzung des Statuts der Europäischen Gesellschaft hinsichtlich der Beteiligung der Arbeitnehmer (ABl. EU Nr. L 294 S. 22) gegründeten Gesellschaften sowie die nach der Verordnung (EG) Nr. 1435/2003 des Rates vom 22. Juli 2003 über das Statut der Europäischen Genossenschaft (SCE) (ABl. EU Nr. L 207 S. 1, 2007 Nr. L 49 S. 35) und nach der Richtlinie 2003/72/EG des Rates vom 22. Juli 2003 zur Ergänzung des Statuts der Europäischen Genossenschaft hinsichtlich der Beteiligung der Arbeitnehmer (ABl. EU Nr. L 207 S. 25) gegründeten Genossenschaften;
3. Gesellschaften belgischen Rechts mit der Bezeichnung „société anonyme"/„naamloze vennootschap", „société en commandite par actions"/„commanditaire vennootschap op aandelen", „so-ciété privée à responsabilité limitée"/„besloten vennootschap met beperkte aansprakelijkheid", „société coopérative à responsabilité limitée"/„coöperatieve vennootschap met beperkte aansprakelijkheid", „société coopérative à responsabilité illimitée"/„coöperatieve vennootschap met onbeperkte aansprakelijkheid", „société en nom collectif"/„vennootschap onder firma", „société en commandite simple"/„gewone commanditaire vennootschap", öffentliche Unternehmen, die eine der genannten Rechtsformen angenommen haben, und andere nach belgischem Recht gegründete Gesellschaften, die der belgischen Körperschaftsteuer unterliegen;
4. Gesellschaften bulgarischen Rechts mit der Bezeichnung „събирателното дружество", „командитното дружество", „дружеството с ограничена отговорност", „акционерното дружество", „командитното дружество с акции", „непер-сонифицирано дружество", „кооперации", „кооперативни съюзи", „държавни предприятия", die nach bulgarischem Recht gegründet wurden und gewerbliche Tätigkeiten ausüben;
5. Gesellschaften tschechischen Rechts mit der Bezeichnung „ak-ciová společnost", „společnost s ručením omezeným";
6. Gesellschaften dänischen Rechts mit der Bezeichnung „aktiesel-

skab" oder „anpartsselskab".
[2]Weitere nach dem Körperschaftsteuergesetz steuerpflichtige Gesellschaften, soweit ihr steuerbarer Gewinn nach den allgemeinen steuerrechtlichen Bestimmungen für die „aktieselskaber" ermittelt und besteuert wird;

7. Gesellschaften deutschen Rechts mit der Bezeichnung „Aktiengesellschaft", „Kommanditgesellschaft auf Aktien", „Gesellschaft mit beschränkter Haftung", „Versicherungsverein auf Gegenseitigkeit", „Erwerbs- und Wirtschaftsgenossenschaft", „Betrieb gewerblicher Art von juristischen Personen des öffentlichen Rechts", und andere nach deutschem Recht gegründete Gesellschaften, die der deutschen Körperschaftsteuer unterliegen;

8. Gesellschaften estnischen Rechts mit der Bezeichnung „täisühing", „usaldusühing", „osaühing", „aktsiaselts", „tulundusühistu";

9. Gesellschaften griechischen Rechts mit der Bezeichnung „ανώνυμη εταιρεία", „εταιρεία περιορισμένης ευθύνης (Ε.Π.Ε.)" und andere nach griechischem Recht gegründete Gesellschaften, die der griechischen Körperschaftsteuer unterliegen;

10. Gesellschaften spanischen Rechts mit der Bezeichnung „sociedad anónima", „sociedad comanditaria por acciones", „sociedad de responsabilidad limitada", die öffentlichrechtlichen Körperschaften, deren Tätigkeit unter das Privatrecht fällt. Andere nach spanischem Recht gegründete Körperschaften, die der spanischen Körperschaftsteuer („impuesto sobre sociedades") unterliegen;

11. Gesellschaften französischen Rechts mit der Bezeichnung „société anonyme", „société en com-

mandite par actions", „société à responsabilité limitée", „sociétés par actions simplifiées", „sociétés dassurances mutuelles", „caisses dépargne et de prévoyance", „sociétés civiles", die automatisch der Körperschaftsteuer unterliegen, „coopératives", „unions de coopératives", die öffentlichen Industrie- und Handelsbetriebe und –unternehmen und andere nach französischem Recht gegründete Gesellschaften, die der französischen Körperschaftsteuer unterliegen;

12. nach irischem Recht gegründete oder eingetragene Gesellschaften, gemäß dem Industrial and Provident Societies Act eingetragene Körperschaften, gemäß dem Building Societies Act gegründete „building societies" und „trustee savings banks" im Sinne des Trustee Savings Banks Act von 1989;

13. Gesellschaften italienischen Rechts mit der Bezeichnung „società per azioni", „società in accomandita per azioni", „società a responsabilità limitata", „società cooperative", „società di mutua assicurazione" sowie öffentliche und private Körperschaften, deren Tätigkeit ganz oder überwiegend handelsgewerblicher Art ist;

14. Gesellschaften zyprischen Rechts mit der Bezeichnung „εταιρείες" im Sinne der Einkommensteuergesetze;

15. Gesellschaften lettischen Rechts mit der Bezeichnung „akciju sabiedrība", „sabiedrība ar ierobežotu atbildību";

16. Gesellschaften litauischen Rechts;

17. Gesellschaften luxemburgischen Rechts mit der Bezeichnung „société anonyme", „société en commandite par actions", „société à responsabilité limitée", „société

coopérative", „société coopérative organisée comme une société anonyme", „association d'assurances mutuelles", „association dépargne-pension", „entreprise de nature commerciale, industrielle ou minière de ÍEtat, des communes, des syndicats de communes, des établissements publics et des autres personnes morales de droit public" sowie andere nach luxemburgischem Recht gegründete Gesellschaften, die der luxemburgischen Körperschaftsteuer unterliegen;

18. Gesellschaften ungarischen Rechts mit der Bezeichnung „közkereseti társaság", „betéti társaság", „közös vállalat", „korlátolt felelősségű társaság", „részvénytársaság", „egyesülés", „szövetkezet";

19. Gesellschaften maltesischen Rechts mit der Bezeichnung „Kumpaniji tá Responsabilitá Limitata", „Socjetajiet en commandite li l-kapital tagħhom maqsum f'azzjonijiet";

20. GGesellschaften niederländischen Rechts mit der Bezeichnung „naamloze vennootschap", „besloten vennootschap met beperkte aansprakelijkheid", „Open commanditaire vennootschap", „Coöperatie", „onderlinge waarborgmaatschappij", „Fonds voor gemene rekening", „vereniging op coöperatieve grondslag", „vereniging welke op onderlinge grondslag als verzekeraar of kredietinstelling optreedt" und andere nach niederländischem Recht gegründete Gesellschaften, die der niederländischen Körperschaftsteuer unterliegen;

21. Gesellschaften österreichischen Rechts mit der Bezeichnung „Aktiengesellschaft", „Gesellschaft mit beschränkter Haftung", „Ver-

sicherungsvereine auf Gegenseitigkeit", „Erwerbs- und Wirtschaftsgenossenschaften", „Betriebe gewerblicher Art von Körperschaften des öffentlichen Rechts", „Sparkassen" und andere nach österreichischem Recht gegründete Gesellschaften, die der österreichischen Körperschaftsteuer unterliegen;

22. Gesellschaften polnischen Rechts mit der Bezeichnung „spółka akcyjna", „spółka z ograniczoną odpowiedzialnością";

23. die nach portugiesischem Recht gegründeten Handelsgesellschaften oder zivilrechtlichen Handelsgesellschaften, Genossenschaften und öffentlichen Unternehmen;

24. Gesellschaften rumänischen Rechts mit der Bezeichnung „societăți pe acțiuni", „societăți în comandită pe acțiuni", „societăți cu răspundere limitată";

25. Gesellschaften slowenischen Rechts mit der Bezeichnung „delniška družba", „komanditna družba", „družba z omejeno odgovornostjo";

26. Gesellschaften slowakischen Rechts mit der Bezeichnung „akciová spoločnosť", „spoločnosť s ručením obmedzeným", „komanditná spoločnosť";

27. Gesellschaften finnischen Rechts mit der Bezeichnung „osakeyhtiö"/„aktiebolag", „osuuskunta"/„andelslag", „säästöpankki"/„sparbank" und „vakuutusyhtiö"/„försäkringsbolag";

aa) Gesellschaften schwedischen Rechts mit der Bezeichnung „aktiebolag", „försäkringsaktiebolag", „ekonomiska föreningar", „sparbanker", „ömsesidiga försäkringsbolag";

ab) nach dem Recht des Vereinigten Königreichs gegründete Gesellschaften.

1 nach dem Steuerrecht eines Mitgliedstaats in Bezug auf den steuerlichen Wohnsitz als in diesem Staat ansässig und auf Grund eines mit einem dritten Staat geschlossenen Doppelbesteuerungsabkommens in Bezug auf den steuerlichen Wohnsitz nicht als außerhalb der Gemeinschaft ansässig betrachtet wird und

2 ohne Wahlmöglichkeit einer der nachstehenden Steuern

- vennootschapsbelasting/impot des societes in Belgien,
- selskabsskat in Dänemark,
- Körperschaftsteuer in Deutschland,
- Yhteisöjen tulovero/inkomstskatten för samfund in Finnland,
- ... in Griechenland,
- impuesto sobre sociedades in Spanien,
- impot sur les societes in Frankreich,
- corporation tax in Irland,
- imposta sul reddito delle persone giuridiche in Italien,
- impot sur le revenu des collectivites in Luxemburg,
- vennootschapsbelasting in den Niederlanden,
- Körperschaftsteuer in Österreich,
- imposto sobre o rendimento das pessoas colectivas in Portugal,
- Statlig inkomstskatt in Schweden,
- corporation tax im Vereinigten Königreich,
- Dan z prijmu pravnickych in der Tschechischen Republik,
- Tulumaks in Estland,
- ... in Zypern,
- uznemumu ienakuma nodoklis in Lettland,
- Pelno mokestis in Litauen,
- Tarsasagi ado, osztalekado in Ungarn,
- Taxxa fuq l-income in Malta,
- Podatek dochodowy od osob prawnych in Polen,
- Davek od dobicka pravni oseb in Slowenien,
- dan z prijmov pravnickych osob in der Slowakei,
- корпоративен данък in Bulgarien,
- impozit pe profit in Rumänien,

oder irgendeiner Steuer, die eine dieser Steuern ersetzt, unterliegt, ohne davon befreit zu sein.

oder irgendeiner Steuer, die eine dieser Steuern ersetzt, unterliegt, ohne davon befreit zu sein."

2.22 Wohnsitzbescheinigung nach § 3 ZIV

Finanzamt	Ort, Datum

Steuernummer/Geschäftszeichen ⎰ Bei Rückfragen
⎱ bitte angeben

Straße

Auskunft erteilt	
Telefon	Zimmer

Bescheinigung der Steuer[-Identifikations]nummer und des Wohnsitzes

- Artikel 3 Absatz 2 lit. b) Satz 4 und Absatz 3 lit. b) Richtlinie 2003/48/EG / § 3 ZIV -

Attestation des autorités fiscales de numéro d'identification fiscale et de residence du bénéficiaire effectif
Bevestiging van de Belastingautoriteiten voor de fiscal identificatienummer en de woonplaats van de uitendelijke gerechtigde
Certification by the tax authorities for the tax identification number and the residence of the benificial owner

Der Unterzeichner bestätigt, dass / le sousigné certifie que / de ondergetenkende bevestigt dat / the undersigned certifies that
der wirtschaftliche Eigentümer / le bénéficiaire effectiv / de uiteindelijke gerechtigde / the benificial owner

Name und Vornamen / nom et prénoms / naam en voornamen / family name and given name

Straße und Hausnummer / rue et n° / straat en nr. / street and street number

Postleitzahl, Wohnort / code postal, localité / Postcode, Gemeente / postal code, city

Steuer[-Identifikations]nummer / numéro d'identification fiscal / fiscaal identificatienummer / tax identification number

im Jahr _____ in Deutschland steuerlich ansässig ist und bei der Finanzverwaltung unter der obigen
Steuer[-Identifikations]nummer geführt wird
en ... a son domicile en Allémagne et a la numéro d'identification fiscal mentionné au-dessues
in ... heeft zijn woonplaats en Duitsland en is registreerd met deze fiscaal identificatienummer
has his domicile in Germany and is listed under the mentioned tax identification number in ....

Datum / date / datum	Unterschrift / signature / handtekening

Dienststempel des Finanzamtes
cachet du service / stempel van de dienst / official stamp

318

Anhang

2.23 Nr. 5.1 der Schnittstellenspezifikation 3.2.1 zum automatisierten Abruf von Kontoinformationen

Im Folgenden werden die abzufragenden Daten bei den Verpflichteten bzgl. der Inhalte näher beschrieben und in einzelne Datenfelder aufgeteilt.

(1) Identifikation des Kontos/Depots (Kontonummer)
Die Kontonummer muss bei dem jeweiligen Verpflichteten als gemeinsame Identifikation aller dieses Konto betreffenden Vorgänge verwendet werden.
Die anzugebende Kontonummer ist die Nummer, die im Kreditinstitut auf Basis des Kontenrahmens für ein Kundenkonto vergeben wird und die das jeweilige Kundenkonto, über das die betreffenden Kundenaufträge buchungstechnisch abgewickelt werden, identifiziert. Die Kontonummer setzt sich in der Regel nach einem dezimalen Ordnungssystem zusammen. Die Bedeutung einzelner oder auch einer Gruppe von Ziffern (z.B. Stammnummer, Ziffern für die Filiale sowie die Kontoart – Merkmal für sog. Unterkonten – und ggf. auch eine Prüfziffer) ist im jeweiligen Kontenschlüsselverzeichnis der einzelnen Kreditinstitute beschrieben. Währungskennzeichen sind grundsätzlich kein Bestandteil der Kontonummer.
Die Kontonummer ist neben den Kontoeröffnungsanträgen auch diversen anderen Unterlagen zu entnehmen, die ein Kunde von seiner Bank zu verschiedenen Anlässen, z.B. in Form von Rechnungsabschlüssen und Steuermitteilungen, erhält.

Kontonummern dürfen nicht gem. IBAN-Code eingegeben werden. Der Import und die Anpassung der Kontonummern sind unter 4.6, insbesondere 4.6 (2) beschrieben.

(2) Tag der Errichtung
Das Errichtungsdatum ist der Tag der Kontoeröffnung. Es kann entweder das Datum der technischen Einrichtung oder das des Vertragsabschlusses verwendet werden. Ggf. müssen die Regelungen unter 4.7.2 und 4.7.3 vorrangig beachtet werden.

(3) Tag der Auflösung
Auflösungsdatum ist der Tag der Kontolöschung in den technischen Systemen des Verpflichteten. Ggf. müssen die Regelungen unter 4.7.2 und 4.7.3 vorrangig beachtet werden.

(4) Identifikation von Kontoinhabern
(a) Jedes Konto kann einen oder mehrere Inhaber aufweisen.
(b) Name (bzw. eindeutige Bezeichnung) des Inhabers: Der Inhaber-Name soll eine möglichst vollständige, genaue und eindeutige Festlegung der Person ermöglichen.
(c) Mit Inhaber-Name ist bei natürlichen Personen die Zusammenstellung aus dem vollständigen Nachnamen (ggf. inkl. der akademischen Titel „Dr.", „Dr. hc." bzw. „Dr. eh." und Namenszusätzen wie „von") und allen Vornamen, die dem nach den gesetzlichen Regelungen zur Identifizierung genutzten Dokument zu entneh-

men sind, gemeint. Soweit Nachname und Vornamen insgesamt mehr als 50 Zeichen umfassen (vgl. Ziffer 4.6), kann auf die Einstellung darüber hinausgehender Namensbestandteile verzichtet werden, wenn die Erfassung technisch nicht möglich ist.

(d) Mit Inhaber-Name ist bei juristischen Personen und anderen kontofähigen Personenvereinigungen wie z.B. OHG und KG, für die im In- oder Ausland ein öffentliches Register geführt wird, die in dem Register veröffentlichte Bezeichnung (z.B. Firma im Handelsregister, Vereinsname im Vereinsregister) gemeint. Die Schreibweise in den Kontenabrufdateien des Verpflichteten soll der Eintragung in dem entsprechenden Register entsprechen. Soweit der Inhaber-Name insgesamt mehr als 50 Zeichen umfasst (vgl. Ziffer 4.6), kann auf die Einstellung darüber hinausgehender Namensbestandteile verzichtet werden, wenn die Erfassung technisch nicht möglich ist.

Die Verwendung von Abkürzungen ist zulässig, soweit die Abkürzung Bestandteil der im Register veröffentlichten Bezeichnung oder eine allgemein übliche Abkürzung der Rechtsform ist.

(e) Mit Inhaber-Geburtsdatum ist bei natürlichen Personen das Geburtsdatum gemeint, das in den Ausweisdokumenten des Inhabers amtlich dokumentiert ist. In den Fällen, in denen das Ausweisdokument kein komplettes Geburtsdatum enthält, also wenn z.B. nur das Geburtsjahr bekannt ist, ist folgende einheitliche Schreibweise zu verwenden: „JJJJ-01-01" Bei juristischen Personen ist das Inhaber-Geburtsdatum nicht relevant und muss daher vom Verpflichteten nicht geliefert werden.

(5) Identifikation von Verfügungsberechtigten

(a) Jedes Konto kann beliebig viele Verfügungsberechtigte aufweisen.

(b) Verfügungsberechtigte sind diejenigen Personen, die zwar verfügungsberechtigt, aber keine Inhaber sind.

(c) Name (bzw. eindeutige Bezeichnung) des Verfügungsberechtigten: Für Verfügungsberechtigten-Name gelten die gleichen Randbedingungen wie für Inhaber-Name.

(d) Für das Verfügungsberechtigten-Geburtsdatum gelten die gleichen Randbedingungen wie für Inhaber-Geburtsdatum.

(6) Identifikation von wirtschaftlich Berechtigten (wirtschaftlich Berechtigte im Sinne von § 1 Abs. 6 GwG)

(a) Jedes Konto kann beliebig viele wirtschaftlich Berechtigte aufweisen.

(b) Wirtschaftlich Berechtigte sind durch den Verpflichteten zu identifizieren, wenn die nach § 3 Abs. 1 Nr. 3 GwG erforderliche Abklärung ergeben hat, dass der Vertragspartner für einen solchen handelt. Für wirtschaftlich Berechtigte sind deren Name und – soweit dies mit Blick auf das im Einzelfall bestehende Geldwäsche- oder Terrorismusfinanzierungsrisiko angemessen ist – die Anschrift vom Verpflichteten zu erheben.

(c) Name des wirtschaftlich Berechtigten: Der wirtschaftlich-

Berechtigte-Name soll eine möglichst vollständige, genaue und eindeutige Festlegung der Person ermöglichen.

(d) Mit wirtschaftlich-Berechtigter-Name ist die Zusammenstellung aus dem vollständigen Nachnamen und mindestens einem Vornamen gemeint. Soweit Nachname und Vorname(n) insgesamt mehr als 50 Zeichen umfassen (vergleiche Ziffer 4.6), kann auf die Einstellung darüber hinausgehender Namensbestandteile verzichtet werden, wenn die Erfassung technisch nicht möglich ist.

(e) Soweit juristische Personen noch als wirtschaftlich Berechtigte in der nach § 24c KWG zu führenden Datei gespeichert sind – dies ist bis längstens 31.12.2013 zulässig , gelten für „wirtschaftlich-Berechtigter-Name" die Randbedingungen gemäß Ziffer 5.1 (4) (d) entsprechend.

(f) Eine vom Verpflichteten erhobene Anschrift des wirtschaftlich Berechtigten soll in der Regel eine Zusammenstellung aus Postleitzahl, Ort, Straße und Hausnummer des Hauptwohnsitzes des wirtschaftlich Berechtigten enthalten.

(7) Identifikation des Verpflichteten
Zur eindeutigen Identifikation der Verpflichteten wird die BAKNr verwendet. Die BAKNr wird von der BaFin als eindeutiges Identifizierungsmerkmal für alle Verpflichteten vergeben.

(8) Gültigkeitszeiträume für eine Person eines Kontodatensatzes
Der Gültigkeitsbeginn und das Gültigkeitsende werden entweder durch den initialen Import eines Kontodatensatzes aus dem technischen System der Verpflichteten oder durch Aktualisierung (wie in 4.6 (3) beschrieben) gesetzt. Ggf. müssen die Regelungen unter 4.7.2 und 4.7.3 vorrangig beachtet werden.

3   Materialien

3.1   Erläuterungen der kreditwirtschaftlichen Spitzenverbände zu den Erfordernissen bei der Durchführung der Legitimationsprüfung und bei der Sicherstellung der Auskunftsbereitschaft nach § 154 Abs. 2 der Abgabenordnung (Stand: Oktober 1993)

Übersicht

Die nachstehenden Erläuterungen geben die Auffassung der Verbände des Kreditgewerbes wieder. Sie beziehen sich ausschließlich auf die abgabenrechtlichen Vorschriften, insbesondere auf § 154 AO. **Etwaige weitergehende Anforderungen nach anderen Rechtsvorschriften bleiben unberührt.**

Da die Regelungen in § 154 AO zum Teil auslegungsbedürftig sind, soll den angeschlossenen Instituten eine Hilfestellung bei der Auslegung gegeben werden. Gleichzeitig wird dadurch eine einheitliche Handhabung im gesamten Kreditgewerbe erleichtert. Die Erläuterungen wurden dem Bundesfinanzministerium zur Kenntnis übersandt.

I. Rechtsgrundlagen

a) § 154 AO lautet wie folgt:

„**Kontenwahrheit**

(1) Niemand darf auf einen falschen oder erdichteten Namen für sich oder einen Dritten ein Konto errichten oder Buchungen vornehmen lassen, Wertsachen (Geld, Wertpapiere, Kostbarkeiten) in Verwahrung geben oder verpfänden oder sich ein Schließfach geben lassen.

(2) Wer ein Konto führt, Wertsachen verwahrt oder als Pfand nimmt oder ein Schließfach überlässt, hat sich zuvor Gewissheit über die Person und Anschrift des Verfügungsberechtigten zu verschaffen und die entsprechenden Angaben in geeigneter Form, bei Konten auf dem Konto, festzuhalten. Er hat

sicherzustellen, dass er jederzeit Auskunft darüber geben kann, über welche Konten oder Schließfächer eine Person verfügungsberechtigt ist.

(3) Ist gegen Absatz 1 verstoßen worden, so dürfen Guthaben, Wertsachen und der Inhalt eines Schließfachs nur mit Zustimmung des für die Einkommen- und Körperschaftsteuer des Verfügungsberechtigten zuständigen Finanzamts herausgegeben werden."

b) Dazu ergänzend die Erläuterungen zu § 154 AO im **Anwendungserlass zur Abgabenordnung (AEAO)** vom 24. September 1987 (BStBl I, S.664), Nrn. 4–10 neugefasst durch BMF-Schreiben vom 8. Oktober 1991 (BStBl I, S.932), siehe Anlage.

II. Allgemeine Grundsätze, Verhältnis zum Geldwäschegesetz, Begriff des Verfügungsberechtigten

a) Die EU-Richtlinie zur Verhinderung der Nutzung des Finanzsystems zum Zwecke der Geldwäsche vom 10. Juni 1991 (ABl. EG Nr. L 166, S. 77) verpflichtet die EU-Mitgliedstaaten dafür zu sorgen, „dass die Kredit- und Finanzinstitute von ihren Kunden die Bekanntgabe ihrer Identität durch ein beweiskräftiges Dokument verlangen, wenn diese mit ihnen Geschäftsbeziehungen anknüpfen, insbesondere, wenn sie ein Sparkonto oder ein anderes Konto eröffnen oder Vermögensverwahrungsleistungen anbieten". Des Weiteren sind die Mitgliedstaaten verpflichtet, bei Transaktionen ab 15.000 ECU, die nicht über ein derartiges identifiziertes Konto abgewickelt werden, ebenfalls Identifizierungspflichten einzuführen. Die Richtlinie wird weitgehend durch das **Geldwäschegesetz** (Gesetz über das Aufspüren von Gewinnen aus schweren Straftaten) umgesetzt. Auf Regelungen zur Umsetzung der Identifizierungspflichten bei Konto- und Depoteröffnungen konnte dort jedoch verzichtet werden, weil diese nach § 154 Abs. 2 AO bereits seit Jahrzehnten bestehen.

Die Regelungssysteme über Identifizierungs- und Aufzeichnungspflichten nach dem Geldwäschegesetz und nach § 154 AO sind demnach grundsätzlich unabhängig voneinander, was auch Auswirkungen auf die Art und Weise der Identifizierung hat. Diese Unabhängigkeit ergibt sich insbesondere daraus, dass die Identifizierungssituation eine unterschiedliche ist. Während § 2 Geldwäschegesetz den Fall regelt, dass eine natürliche Person dem Kreditinstitut gegenüber persönlich auftritt und einen einmaligen Geschäftsvorfall tätigt, betrifft § 154 AO den Fall einer auf Dauer angelegten Geschäftsverbin-

dung. Eine solche Geschäftsverbindung kann nicht nur mit natürlichen Personen, sondern auch mit juristischen Personen und gegebenenfalls nichtrechtsfähigen Personengesamtheiten bestehen. Schon letzteres macht deutlich, dass die Identifizierungsregeln von § 1 Abs. 5 Geldwäschegesetz (Vorlage von Personalausweis oder Reisepass) für den Bereich von § 154 AO nicht automatisch Geltung haben können, da nicht alle der genannten Kontoinhaber über solche Dokumente verfügen. Gleichwohl gibt es Berührungspunkte beider Regelungssysteme, wie sich bei der Kontoeröffnung durch natürliche Personen zeigt, denn hier wirken die Bestimmungen des Geldwäschegesetzes mittelbar auf den Bereich der Abgabenordnung ein (§ 7 Geldwäschegesetz; vgl. hierzu nachstehend III 1.1).

b) Nach § 154 Abs. 2 AO haben sich die Kreditinstitute bei der Eröffnung von Konten (auch Depotkonten) und der Überlassung von Schließfächern Gewissheit über Person und Anschrift des Verfügungsberechtigten zu verschaffen sowie sicherzustellen, dass sie jederzeit darüber Auskunft geben können, über welche Konten und Schließfächer eine Person verfügungsberechtigt ist. Die Errichtung eines Kontos liegt vor, wenn jemand zu einem anderen (z. B. zu einem Kreditinstitut) in eine laufende Geschäftsverbindung treten will (RFHE Band 24, S. 203). Der Neuerrichtung steht die „Übernahme eines Kontos" von einem anderen Kreditinstitut gleich. Soll vereinbarungsgemäß lediglich ein einmaliger Geschäftsvorgang abgewickelt werden, so wird hierdurch allein noch kein Konto i. S. des § 154 AO begründet.

Bei der Annahme von Verwahrstücken besteht ebenfalls eine Pflicht zur Legitimationsprüfung, wenn eine Verwahrung von Wertsachen (Geld, Wertpapiere, Kostbarkeiten; vgl. § 154 Abs. 1 AO) vorliegt. Ob Wertsachen verwahrt werden, kann zwar im Einzelfall zweifelhaft sein, da die Bedingungen für die Annahme von Verwahrstücken vorsehen, dass diese so zu verschließen sind, dass der Inhalt nicht erkennbar ist. Allerdings wird man aus dem Umstand, dass ein solches Behältnis von einem Kreditinstitut verwahrt werden soll, schließen können, dass im Regelfall eine Wertsache darin enthalten ist. Daher ist auch bei der Annahme von Verwahrstücken eine Legitimationsprüfung durchzuführen. Die Pflicht zur Sicherstellung der jederzeitigen Auskunftsbereitschaft besteht nach § 154 Abs. 2 Satz 2 AO nicht für die Annahme von Verwahrstücken.

c) Die Regelung in § 154 AO wurde seit der Reichsabgabenordnung von 1919 allgemein und auch von der Finanzverwaltung dahin ausgelegt, dass unter dem Verfügungsberechtigten nur der Gläubiger zu verstehen ist. Das ist in aller Regel der Kontoinhaber bzw. der Schließfachinhaber. Zu den Besonderheiten bei der Kontoerrichtung auf den Namen eines Dritten s. III. 1.5, zu Abtretungen s. III. 1.6.

In ihren koordinierten Erlassen vom 2. Juli 1990 (BStBl 1990I, S. 303) haben die obersten Finanzbehörden der Länder demgegenüber die Auffassung vertreten, dass die Kreditinstitute Legiti-

mationsprüfungen auch bei den gesetzlichen Vertretern und Bevollmächtigten ihrer Gläubiger durchzuführen haben und auch diese Personen in ihrer Kartei zu erfassen haben. Nach Ergehen der Erlasse hatten die kreditwirtschaftlichen Verbände in Eingaben und Gesprächen mit der Finanzverwaltung dargelegt, dass gegen diese Auffassung erhebliche rechtliche Bedenken bestehen und dass die Erlasse in weiten Bereichen nicht vollziehbar seien. Daraufhin hat die Finanzverwaltung zwar dennoch an ihrer Auffassung festgehalten, sich aber zu Erleichterungen bereiterklärt. Die Erleichterungen wurden in den neugefassten Anwendungserlass der Finanzverwaltung zu § 154 AO aufgenommen (s. AEAO Nr. 7); die koordinierten Ländererlasse vom 2. Juli 1990 wurden aufgehoben. Im Hinblick auf die von der Finanzverwaltung zugestandenen Erleichterungen ist die Kreditwirtschaft trotz der unverändert fortbestehenden rechtlichen Bedenken gegen die erweiterte Auslegung des Begriffs des Verfügungsberechtigten bereit, die Auffassung der Finanzverwaltung zu beachten. Demnach ist seit 1. Januar 1992 zusätzlich eine Legitimationsprüfung bei gesetzlichen Vertretern und Kontobevollmächtigten durchzuführen und auch insoweit Auskunftsbereitschaft herzustellen. Zu den von der Finanzverwaltung zugestandenen Ausnahmen bzw. Erleichterungen s. AEAO Nr. 7 sowie die Erläuterungen hierzu unter III.2.

III. Legitimationsprüfung

1 Prüfungserfordernisse

Bei jeder Kontoeröffnung und Kontobevollmächtigung ist eine Legitimationsprüfung der Verfügungsberechtigten durchzuführen (zu den Ausnahmen vgl. unten III.2.). Existiert allerdings bei derselben kontoführenden Stelle des

Kreditinstituts bereits ein anderes Konto, sodass dem Institut Person und Anschrift des Verfügungsberechtigten sicher bekannt sind, muss keine erneute Legitimationsprüfung durchgeführt werden. Bei dem neuen Konto bzw. den betreffenden Unterlagen muss jedoch ein Hinweis auf das erste Konto angebracht werden. Ausreichend ist auch, wenn das Institut aufgrund anderer Unterlagen in der Lage ist, die bereits durchgeführte Legitimation zu belegen (s. auch unten III.3. zu den Erfordernissen bei Auflösung des ersten Kontos).

Auf eine erneute Legitimationsprüfung kann auch dann verzichtet werden, wenn ein Konto aufgrund der Vermittlung einer Filiale oder eines anderen Kreditinstituts errichtet wird, die/das bereits eine Legitimationsprüfung durchgeführt hat und die Daten übermittelt. Entsprechendes gilt bei der Depoteröffnung und bei der Vergabe von Schließfächern.

Grundsätzlich muss die Legitimationsprüfung des Kontoinhabers vor der Errichtung des Kontos stattfinden. Dies schließt jedoch nicht aus, dass das Konto schon vor Abschluss der Legitimationsprüfung errichtet werden kann, dass also ausnahmsweise eine Einzahlung auf das neue Konto entgegengenommen werden kann. Die Legitimationsprüfung muss jedoch unverzüglich durchgeführt werden und spätestens abgeschlossen sein, bevor Verfügungen über das Konto zugelassen werden. Bis zu diesem Zeitpunkt ist das Konto evtl. mit einem Sperrvermerk zu versehen.

Die Legitimationsprüfung kann auch von Personen vorgenommen werden, die aufgrund einer vertraglichen Beziehung (z. B. Geschäftsbesorgungsvertrag) für das Kreditinstitut tätig werden.

1.1 Erfordernisse bei natürlichen Personen

Über die Art der Legitimation sagt § 154 Abs. 2 AO nichts aus. Die Erläuterungen des AEAO in Nr. 4 bemerken hierzu, dass Gewissheit über die Person im Allgemeinen nur dann besteht, wenn der vollständige Name, das Ge-

burtsdatum und der Wohnsitz des Verfügungsberechtigten bekannt sind. Hierbei ist es nicht erforderlich, alle Vornamen aufzunehmen. (Sind z. B. in einem Auskunftsersuchen der Finanzverwaltung mehrere Vornamen enthalten, von denen wenigstens einer beim Kreditinstitut festgehalten ist, sind allerdings weitere Nachforschungen des Kreditinstituts – eventuell durch Rücksprache mit dem Kunden – zur Identifizierung erforderlich). Es ist nicht ausdrücklich vorgeschrieben, auch den Geburtsnamen festzuhalten; es kann sich jedoch als zweckmäßig erweisen, auch den Geburtsnamen aufzunehmen.

Zur Durchführung der Legitimationsprüfung ist auf jeden Fall ausreichend, wenn ein amtlicher Personalausweis vorgelegt wird. Nur dieses Ausweispapier umfasst alle drei genannten Komponenten, nämlich den vollständigen Namen, das Geburtsdatum und den Wohnsitz. Aus der Formulierung des AEAO „Gewissheit über die Person besteht im Allgemeinen" lässt sich aber schließen, dass im Einzelfall eine hinreichende Legitimationsprüfung auch dann bereits vorliegen kann, wenn sich das Kreditinstitut durch Nachweis des Namens Gewissheit verschafft hat. Daher können ausnahmsweise auch Reisepass und Heiratsurkunde (letztere nur ergänzend bei Namensänderung) zur Legitimationsprüfung herangezogen werden, nicht jedoch z. B. Führerschein und Lohnsteuerkarte. Das Kreditinstitut hat die Unterlagen pflichtgemäß zu würdigen.

Damit wird gleichzeitig den Anforderungen des Geldwäschegesetzes Rechnung getragen. Nach § 7 Geldwäschegesetz kann von erforderlichen Identifizierungen bei einzelnen Finanztransaktionen abgesehen werden, wenn der Kunde persönlich bekannt ist und bereits früher identifiziert wurde. § 1 Abs. 5 Geldwäschegesetz begrenzt dabei die zulässigen Legitimationspapiere auf Personalausweis und Reisepass.

Im Hinblick hierauf und auf die Geldwäsche-Richtlinie (vgl. oben II.a) sollte künftig daher bei der Aufnahme einer Geschäftsverbindung durch erstmalige Eröffnung eines Kontos oder Depots sowie bei der erstmaligen Vergabe von Schließfächern auch dann nicht auf die Vorlage eines Legitimationspapiers verzichtet werden, wenn der Kontoerrichter dem Kreditinstitut persönlich bekannt ist[1].

Wird die Kontoeröffnung ohne Vorlage eines Legitimationspapiers oder brieflich beantragt[2], kann die Legitimationsprüfung durchgeführt werden, indem die Kontoeröffnungsunterlagen oder eine unverzügliche Bestätigung über die erfolgte Kontoeröffnung per Einschreiben gegen Rückschein/eigenhändig übersandt werden (§§ 8, 9 Postdienstverordnung; Allgemeine Geschäftsbedingungen der Deutschen Bundespost Postdienst für den Briefdienst Inland).

Zur Kontoeröffnung für Minderjährige s. unten III.2.1.

1.2 Erfordernisse bei nichtrechtsfähigen Vereinigungen und Zweckvermögen

a) Bei **Konten für nichtrechtsfähige Vereinigungen** (BGB-Gesellschaften, Gemeinschaften, nichtrechtsfähige Vereine wie Gewerkschaften) sind alle Beteiligten in ihrer Gesamtheit Kontoinhaber, sodass sich die Legitimationsprüfungspflicht grundsätzlich auf jeden Einzelnen von ihnen bezieht.

Eine Legitimationsprüfung aller Beteiligten erscheint jedoch insbesondere bei großen Vereinigungen unpraktikabel. Hier bietet sich die Anlage eines sog. **offenen Treuhandkontos** an. Ein Mitglied der nichtrechtsfähigen Vereinigung oder ein Vertreter (z. B. der Verwalter einer Wohnungseigentümergemeinschaft) eröffnet das Konto auf seinen Namen. Oder mehrere Mitglieder eröffnen das Konto auf ihren Namen. Als zusätzliche Bezeichnung wird der Name der Vereinigung eingetragen. Kontoinhaber und Gläubiger des Kontoguthabens sind dann (nur) der bzw. die Treuhänder. Die Legitimationsprüfung ist bei dem Treuhänder bzw. den Treuhändern vorzunehmen. Ist der Treuhänder nicht Mitglied der Vereinigung (Beispiel: Verwalter einer Wohnungseigentümergemeinschaft), ist nach § 8 Abs. 1 Satz 3 Geldwäschegesetz zusätzlich der Name und die Anschrift eines Mitglieds der Vereinigung aufzuzeichnen (nach den Angaben des Treuhänders; d. h. Legitimationsprüfung insoweit nicht erforderlich; vgl. auch unten V.: Feststellung des wirtschaftlich Berechtigten).

Ein Treuhandkonto hat aber auch Nachteile: Wird etwa das Konto überzogen, kann sich das Kreditinstitut nur an den Treuhänder als Gläubiger halten. Andererseits kann sich das Kreditinstitut wegen persönlicher Forderungen gegen den Treuhänder nicht aus dem Treuhandkonto befriedigen; es kann auch weder aufrechnen noch zurückbehalten. Die Treuhandlösung ist des Weiteren einkommensteuerlich nachteilig, wenn der Treuhänder für einen **nichtrechtsfähigen Verein** handelt. Der nichtrechtsfähige Verein ist – im

---

1   Es ist empfehlenswert, auch bei der Eröffnung weiterer Konten und Depots darauf zu achten, ob ein geeignetes Legitimationspapier bereits früher vorgelegen hat und die Angaben darüber festgehalten wurden.

2   Vgl. hierzu den „Leitfaden zur Bekämpfung der Geldwäsche", BVR-Bankenreihe Band 21, Rdn. 7 (vergriffen).

Gegensatz zur BGB-Gesellschaft und zur Personengemeinschaft – eine Körperschaft i. S. von § 1 Abs. 1 Nr. 5 KStG und erzielt demzufolge eigene Einkünfte, für die er auch einen eigenen Freistellungsauftrag nach § 44 a EStG erteilen kann. Voraussetzung hierfür ist dann allerdings, dass das Konto gem. § 44 a Abs. 4, Abs. 6 EStG auf den Namen dieses nichtrechtsfähigen Vereins lautet. Durch die Schaffung der genannten Vorschrift bei Einführung der Zinsabschlagsteuer hat der Gesetzgeber mithin anerkannt, dass auch ein nichtrechtsfähiger Verein kontofähig sein kann. Mit anderen Worten: § 154 AO ist für den nichtrechtsfähigen Verein im Zusammenhang mit § 44 a Abs. 4, Abs. 6 EStG zu lesen; denn es kann dem Gesetzgeber nicht unterstellt werden, Regelungen zu schaffen, die – würde man die Kontofähigkeit leugnen – ins Leere gingen.

Ein nichtrechtsfähiger Verein liegt vor, wenn eine Personengruppe

- einen gemeinsamen Zweck verfolgt,
- einen Gesamtnamen führt,
- unabhängig davon bestehen soll, ob neue Mitglieder aufgenommen werden oder bisherige Mitglieder ausscheiden,
- einen für die Gesamtheit der Mitglieder handelnden Vorstand hat.

Das Kreditinstitut hat sich anhand einer Satzung der Personengruppe zu vergewissern, ob die genannten Wesensmerkmale gegeben sind (vgl. BMF-Schreiben vom 26. Oktober 1992, BStBl I S. 693 Tz 5 zum Zinsabschlaggesetz).

Aus den vorgenannten oder anderen Gründen kommt daher nicht in allen Fällen die Eröffnung eines offenen Treuhandkontos in Betracht. Zu der ähnlichen Problematik bei der Feststellung des wirtschaftlich Berechtigten enthält § 8 Abs. 1 Satz 3 Geldwäschegesetz eine Regelung für die Identifikation nichtrechtsfähiger Vereinigungen. Danach ist es ausreichend, den Namen dieser Vereinigung und den Namen und die Anschrift eines ihrer Mitglieder festzuhalten.

Dies bedeutet für die Legitimationsprüfung nach § 154 AO: Das Konto kann **auf den Namen der nichtrechtsfähigen Vereinigung** angelegt werden, also etwa auf eine BGB-Gesellschaft[1] oder auf einen nichtrechtsfähigen Verein. Zu legitimieren haben sich lediglich die Personen, die das Konto eröffnen und über es verfügen dürfen. Sofern diese nicht Mitglieder der nichtrechtsfähigen Vereinigung sind, ist nach § 8 Abs. 1 Satz 3 Geldwäschegesetz zusätzlich der Name und die Anschrift eines Mitglieds der Vereinigung aufzuzeichnen (nach den Angaben des Kontoerrichters).

Beispiel: Ein Konto für eine Wohnungseigentümergemeinschaft soll nicht als Treuhandkonto geführt werden, sondern auf die Wohnungseigentümergemeinschaft lauten. Angesichts der Tatsache, dass regelmäßig lediglich der Verwalter über das Konto verfügt, es ist ausreichend, dass sich lediglich der Verwalter legitimiert. Zusätzlich ist der Name und die Anschrift eines der Wohnungseigentümer aufzuzeichnen (Angabe des Verwalters genügt). Eine Legitimationsprüfung bei einem Wohnungseigentümer wäre erst vorzunehmen, wenn er ausnahmsweise tatsächlich über das Konto verfügt.

---

1 Vgl. auch Beschluss des BGH vom 4. November 1991 – II ZB 10/91, NJW 1992, S. 499, wonach eine Gesellschaft bürgerlichen Rechts Mitglied einer Genossenschaft werden kann.

b) Neben den oben angesprochenen nichtrechtsfähigen Vereinen können auch sonstige Zweckvermögen des privaten Rechts, die zivilrechtlich keine Rechtsfähigkeit besitzen (wie z. B. nichtselbstständige Stiftungen), Kontoinhaber sein. Zweckvermögen rechnen ebenfalls zu den Körperschaften i. S. von § 1 Abs. 1 Nr. 5 KStG und können demzufolge (vgl. das obige BMF-Schreiben vom 26. Oktober 1992) einen eigenen Freistellungsauftrag erteilen. Voraussetzung ist gem. § 44a Abs. 4, Abs. 6 EStG wiederum, dass das Konto auf den Namen des Zweckvermögens lautet. Dass Zweckvermögen zivilrechtlich keine eigene Rechtspersönlichkeit haben, dürfte dem nicht entgegenstehen. Durch die Steuerpflicht gem. § 1 KStG besitzen Zweckvermögen eine Teilrechtsfähigkeit für steuerliche Zwecke, die angesichts der zitierten Vorschriften des EStG verstärkt worden ist. Da die Rechtsordnung Zweckvermögen – zumindest beschränkt für den Bereich der Besteuerung – für befähigt ansieht, eigene Einkünfte zu erzielen, ist konsequenterweise auch die Befugnis zu bejahen, alle Voraussetzungen, die mit der Steuerpflicht zusammenhängen, in eigener Person zu verwirklichen (hier die Kontoerrichtung auf den Namen des Zweckvermögens).

Muss es danach zulässig sein, das Konto auf den Namen des Zweckvermögens zu errichten, ist daneben eine Legitimationsprüfung des Verwalters oder Treuhänders nach allgemeinen Regeln durchzuführen. Dieser bleibt zivilrechtlich Vertragspartner des Kreditinstituts.

1.3 Erfordernisse bei juristischen Personen und Personenhandelsgesellschaften

Bei der Kontoeröffnung für eine juristische Person (z. B. GmbH, AG, eingetragener Verein) oder für eine Personenhandelsgesellschaft (OHG, KG) erfolgt die Legitimation durch amtliche Register (z. B. durch Vorlage eines Handelsregisterauszuges oder eines Auszuges aus dem Vereinsregister).

Die Existenz von juristischen Personen des öffentlichen Rechts wird durch amtliche Veröffentlichungen, gegebenenfalls durch Gesetz oder Verordnung, belegt werden können.

1.4 Erfordernisse bei ausländischen Personen und Unternehmen

Bei natürlichen Personen genügt die Vorlage eines von einer dortigen Behörde ausgestellten Legitimationspapiers (s. auch oben III. 1.1 zu den Prüfungserfordernissen bei natürlichen Personen).

Wenn natürliche Personen vom Ausland aus schriftlich Konten eröffnen lassen, reicht es aus, sich die Unterschrift und Legitimation entweder von einer Korrespondenzbank, der deutschen Botschaft, dem deutschen Konsulat oder einer sonstigen öffentlichen Stelle (Behörde) im Land des Verfügungsberechtigten bestätigen zu lassen.

Wird die Kontoeröffnung für eine Gesellschaft ausländischen Rechts beantragt, so muss der Nachweis durch dem deutschen Recht entsprechende oder jeweils landesübliche Unterlagen geführt werden (z. B. ausländische Register bzw. ausländische Verzeichnisse mit ähnlicher Zweckbestimmung, die gegebenenfalls in Übersetzung vorzulegen sind).

Der Deutsche Industrie- und Handelstag (DIHT) hat eine Liste mit den Registrierungsstellen für Unternehmen in den EG-Nachbarstaaten veröffentlicht (DIHT-Mitteilung vom 20. Mai 1992, EuZW 1992, S. 528). Danach gibt es in einigen EU-Mitgliedstaaten zentrale Einrichtungen, bei denen alle Unternehmen des Staates registriert sind:

Belgien: Registrierung bei den Tribunaux de Commerce (Rechtsbanken van Koophandel, Kammern für Handelssachen).

Dänemark: Erhvers-og Selskabsstyrelsen, Kampmannsgade1, DK-1780 KobenhavnV.

Frankreich: Institut Nationale de la Propriété Industrielle, 3rue de Fontenot, 92016 Nanterre Cedex.

Griechenland: Registrierung von Aktiengesellschaften (AG) bei Ordnungsämtern, Registrierung von Gesellschaften mit beschränkter Haftung (GmbH) bei erstinstanzlichen Gerichten, Registrierung von Einzelkaufleuten bei den Industrie- und Handelskammern, Registrierung von Banken und Versicherungen beim Handelsministerium: Griechisches Handelsministerium, Pl. Kanigos, 10677 Athen.

Großbritannien: a) England und Wales: Companies House, Cardiff CF43UZ; b) Schottland: Companies House, 102 George Street, Edinburgh EH 2 3 DJ.

Irland: Registrar of Companies, Dublin Castle, Dublin2.

Italien: Führung des Handelsregisters vorwiegend bei den Industrie- und Handelskammern. Kapitalgesellschaften müssen bei Gerichten registriert werden. Die IHK in Mailand führt Zentralregister: Camera di Commercio, Via Meravigli 9–11, I-Milano.

Luxemburg: In Luxemburg bestehen zwei Handelsregister: Tribunal d'Arrondissement/Registre de Commerce de Luxembourg, Postfach 15, L-2010 Luxemburg; Tribunal d'Arrondissement/ Registre de Commerce de Diekirch, Postfach 164, L-9202 Diekirch.

Niederlande: Führung des Handelsregisters bei den Industrie- und Handelskammern.

Portugal: Das Handelsregister wird in der Regel beim Register für Grundstücke (Grundbuchämter) in der jeweiligen Bezirksstadt geführt. In einigen Städten mit über 30.000 Einwohnern wird das Register unabhängig vom Bezirk geführt. Eigenständige und nicht bei den Grundbuchämtern geführte Register gibt es in Lissabon, Porto und Coimbra unter folgenden Anschriften: Conservatoria do Registo Comercial de Lisboa, Rua Nova do Almada, 35, 1200 Lisboa; Conservatoria do Registo Comercial do Porto, Rua de Ceuta, 16–2, 4000 Porto; Conservatoria do Registo Comercial de Coimbra, Palácio da Justica, 3000 Coimbra.

Spanien: Registro Mercantil Central, Principe de Vergara, 72, 28006 Madrid.

1.5 Erfordernisse bei Kontoerrichtung auf den Namen eines Dritten

Die Errichtung eines Kontos auf den Namen eines Dritten (Vertrag zugunsten Dritter, § 328 BGB) ist im AEAO ausdrücklich erwähnt. Hierbei ergeben sich folgende Fallgestaltungen:

a) Der Dritte soll sofort Gläubiger der Forderung und damit verfügungsberechtigt werden

In diesem Fall müssen die Angaben über Person und Anschrift sowohl des Dritten (Kontoinhaber) als auch desjenigen, der das Konto errichtet, festgehalten werden. Hieran hat sich durch die neue Nr. 7 des AEAO nichts geändert. Der Dritte als Gläubiger unterliegt ohnehin der Legitimationsprüfung. Zusätzlich verlangt die Nr. 4 des AEAO die

Legitimationsprüfung der kontoerrichtenden Person[1].

b) Der Dritte soll erst später Gläubiger der Forderung und damit verfügungsberechtigt werden

In diesem Fall behält sich der Kontoerrichter die Gläubigerstellung bis auf weiteres vor. Die Legitimationsprüfung ist zunächst ausschließlich für die kontoerrichtende Person durchzuführen. Hinsichtlich des Dritten genügt der Existenznachweis, vgl. Nr. 2 AEAO. Die Legitimationsprüfung für den Dritten wird erst mit dem Erwerb des Gläubigerrechts erforderlich.

Werden derartige Konten eingerichtet, können Nachweisprobleme hinsichtlich der rechtlichen Inhaberschaften und organisatorische Schwierigkeiten auftreten (z. B. bei Pfändungen, steuerlichen Anzeige- und Auskunftspflichten).

1.6 Erfordernisse bei Abtretungen

Bisher wurde eine Legitimationsprüfungspflicht des Zessionars nur für den Fall bejaht, dass das Konto auf seinen Namen umgeschrieben wird. Hieran wird angesichts der erweiterten Auslegung des Begriffs des Verfügungsberechtigten nicht mehr festgehalten werden können. Nach § 398 BGB wird im Fall der Abtretung von Kontenforderungen der Zessionar Inhaber der Forderung. Damit wird er zum Verfügungsberechtigten. Allerdings dürften die vertraglichen Beziehungen nicht ausreichen, ihn zu einer Legitimation zu zwingen. Das Kreditinstitut hat jedoch das seinerseits Erforderliche zu

tun, um die Prüfung der Legitimation durchzuführen. Dies sollte spätestens vor einer Verfügung des Zessionars bzw. vor Umschreibung des Kontos auf dessen Namen vorliegen. Dies erscheint im Hinblick auf Nr. 7 Satz 3 AEAO vertretbar, wonach Personen, die aufgrund Gesetzes oder Rechtsgeschäfts zur Verfügung berechtigt sind, ohne dass diese Berechtigung dem Kreditinstitut mitgeteilt worden ist, nicht als Verfügungsberechtigte gelten. Vielfach wird eine Zession nur zur Sicherung erfolgen, sodass bis auf weiteres keine Verfügung des Zessionars zu erwarten ist; bei einer stillen Zession erfährt das Kreditinstitut davon zunächst ohnehin nichts. Im Hinblick auf die ähnliche Situation wird in Nr. 7d AEAO der Pfandnehmer generell von der Legitimationsprüfungspflicht ausgenommen.

2 Zu den Ausnahme- und Vereinfachungsregelungen in Nr. 7 AEAO

Unabhängig hiervon sind bei Bareinzahlungen u. U. weitere Erfordernisse nach dem Geldwäschegesetz zu beachten.

2.1 Eröffnung eines Kontos für einen Minderjährigen (Nr. 7a AEAO)

a) Legitimationsprüfung des Minderjährigen

Bei der Kontoeröffnung für ein minderjähriges Kind durch seine gesetzlichen Vertreter liegt kein Fall der Kontoerrichtung für einen Dritten (hierzu un-

---

1 Dieses Erfordernis hängt damit zusammen, dass bei der Kontoerrichtung auf den Namen eines Dritten nicht immer zweifelsfrei feststeht, wer Gläubiger der Forderung und damit verfügungsberechtigt ist. Dies liegt auch darin begründet, dass der Dritte die Befugnis hat, das (ohne sein Zutun) erworbene Gläubigerrecht zurückzuweisen; eine Ausschlussfrist besteht hierfür nicht. Das Zurückweisungsrecht fällt aber weg, wenn der Dritte das Recht ausdrücklich oder durch schlüssiges Verhalten angenommen hat. Im Fall der Zurückweisung gilt gemäß § 333 BGB das Recht rückwirkend als nicht erworben, sodass der Kontoerrichter von Anfang an Gläubiger der Forderung war.

ten f) vor. Es ist vielmehr der Minderjährige selbst – ebenso wie es bei juristischen Personen der Fall ist –, der durch seinen gesetzlichen Vertreter für sich ein Konto errichtet. Gläubiger der Forderung ist somit der Minderjährige. Daher ist seine Legitimation zu prüfen. Geeignete Legitimationspapiere bei Minderjährigen sind der Kinderausweis und – sofern ein solcher nicht vorhanden ist – der Reisepass eines Elternteils mit zusätzlicher Eintragung des Kindes, die Geburtsurkunde oder das Familienstammbuch. Schon aus zivilrechtlichen Gründen empfiehlt es sich, in diese Urkunden Einsicht zu nehmen, um das Geburtsdatum und damit den Eintritt der Volljährigkeit zweifelsfrei feststellen zu können.

Nach der Auffassung der Finanzverwaltung umfasst der Begriff des Verfügungsberechtigten auch den gesetzlichen Vertreter, sodass sich grundsätzlich auch die Eltern zu legitimieren haben.

b) Ausnahmeregelung nach Nr. 7a AEAO

Nach Nr. 7a AEAO kann auf die Legitimationsprüfung der gesetzlichen Vertreter verzichtet werden, wenn die Voraussetzungen für die gesetzliche Vertretung bei Kontoeröffnung durch amtliche Urkunden nachgewiesen werden. Als Urkunde kommt das Familienstammbuch oder die Geburtsurkunde in Betracht. Allerdings kann die Forderung nach Vorlage dieser Urkunde in der Praxis dann auf Unverständnis stoßen, wenn sowohl die Eltern als auch das Verwandtschaftsverhältnis zum Kind und damit die Vertretungsmacht bekannt sind. Dennoch kann aufgrund des eindeutigen Wortlauts im Anwendungserlass, wenn die Vereinfachungsregelung in Anspruch genommen werden soll, nicht auf die Vorlage dieser amtlichen Urkunde verzichtet werden. In vielen Fällen dürfte die Vorlage dieser Urkunde ohnehin bereits für die Legitimation des Kindes selbst erforderlich sein.

c) Alleinvertretung durch ein Elternteil

Bei der Kontoeröffnung kann unklar sein, ob ein Elternteil allein berechtigt ist, das Konto für das Kind zu eröffnen. Eine Vereinbarung über die Ausübung der Gesamtvertretung durch die Eltern in der Weise, dass für bestimmte Sachverhalte wie die Kontoerrichtung ein Elternteil allein befugt ist, ist zwar familienrechtlich möglich. Die Vereinfachungsregelung in Nr. 7a AEAO greift auch dann ein, wenn ein Elternteil in Ausübung einer solchen Vereinbarung allein das Konto für das Kind errichtet. Häufig wird es dem Kreditinstitut jedoch nicht bekannt sein, ob eine entsprechende Vereinbarung und damit eine Vertretungsmacht des handelnden Ehegatten vorliegt. Sie kann im Einzelfall eher angenommen werden, wenn der auftretende Elternteil einen Ausweis des anderen Elternteils vorlegt. Nach Möglichkeit sollte jedoch eine Vollmacht des anderen Elternteils vorgelegt werden oder zumindest das Kontoeröffnungsformular auch vom anderen Elternteil unterschrieben werden.

d) Eintritt der Volljährigkeit

Die gesetzliche Vertretungsmacht der Eltern endet mit Eintritt der Volljährigkeit des Kindes. Sollen die Eltern auch weiterhin verfügungsberechtigt sein, so ist hierfür eine Vollmacht des inzwischen volljährigen Kindes erforderlich. Im Fall der Vollmachterteilung nach Eintritt der Volljährigkeit ist nunmehr – sofern noch nicht erfolgt – eine Legitimationsprüfung für die bevollmächtigten Eltern durchzuführen. Schon aus zivilrechtlichen Gründen sollte der Eintritt der Volljährigkeit überwacht werden. Eine fortbestehende Verfügungsbefugnis der Eltern kann nicht unterstellt werden.

e) Errichtung eines Kontos durch den Minderjährigen selbst

Bei der Kontoerrichtung handelt es sich nicht um ein Geschäft, das lediglich einen rechtlichen Vorteil bietet. Daher ist gem. § 107 BGB grundsätzlich die Einwilligung der gesetzlichen Vertreter erforderlich. Allerdings sind Ausnahmen denkbar. Ist ein Jugendlicher ausnahmsweise mit elterlicher Einwilligung und vormundschaftsgerichtlicher Genehmigung zum selbstständigen Betrieb eines Erwerbsgeschäftes ermächtigt (§ 112 BGB), umfasst dies auch die Befugnis zur Eröffnung eines Girokontos. Entsprechend beinhaltet die Ermächtigung der gesetzlichen Vertreter, ein Dienst- oder Arbeitsverhältnis einzugehen (§ 113 BGB), auch die Einrichtung eines Kontos. Ein Ausbildungsverhältnis ist aber nach herrschender Auffassung kein Arbeitsverhältnis in diesem Sinne.

Wenn ein Kreditinstitut unabhängig von der zivilrechtlichen Problematik sich darauf einlässt, dass ein Minderjähriger ein Girokonto selbstständig eröffnet, erscheint es im Hinblick auf Nr. 7 Satz 3 AEAO vertretbar, von der Legitimationsprüfung bei den Eltern abzusehen, sofern tatsächlich nur der Jugendliche selbst über das Konto verfügt. Vor einer etwaigen Verfügung der Eltern ist allerdings die Legitimationsprüfung nachzuholen.

f) Vertrag zugunsten des Minderjährigen

Fall: Antragsteller, z. B. Großmutter, legt auf den Namen eines minderjährigen Kindes ein Konto an (Konto auf den Namen eines Dritten). Hier ist zu unterscheiden:

aa) Das Kind soll sofort Gläubiger werden. In diesem Fall ist eine Legitimationsprüfung der kontoerrichtenden Person und des Kindes sowie der Eltern als gesetzliche Vertreter erforderlich.

Hinweis: Bei Vorliegen der Voraussetzungen kann die Vereinfachungsregelung in Nr. 7a AEAO angewendet werden, d. h. auf die Legitimationsprüfung der Eltern verzichtet werden (vgl. oben b).

Allerdings sind in der Praxis Fälle denkbar, in denen der Kontoerrichter ein Interesse daran hat, dass die Eltern von dem Konto für das Kind nichts erfahren und keine Verfügungsmöglichkeit haben. Eine Information der gesetzlichen Vertreter des Kindes über die Kontoerrichtung lässt sich jedoch nicht vermeiden. Die gesetzlichen Vertreter sind auf eine solche Information angewiesen, damit sie dem Kreditinstitut einen Freistellungsauftrag des Kindes erteilen und bei höheren Guthaben die das Kind treffenden Steuererklärungspflichten erfüllen können (vgl. § 34 Abs. 1 AO, wonach die gesetzlichen

Vertreter die steuerlichen Pflichten des Kindes zu erfüllen haben)[1].

bb) Das Kind soll nicht sofort Gläubiger werden, sondern erst bei Eintritt der Volljährigkeit oder beim Tod des Kontoerrichtenden oder zu einem sonstigen Zeitpunkt. In diesem Fall besteht eine Legitimationsprüfungspflicht lediglich hinsichtlich der kontoerrichtenden Person. Für das Kind genügt nach Nr. 2 AEAO ein Existenznachweis. Eine Legitimationsprüfung der Eltern ist nicht erforderlich.

cc) Fallvariante: Eltern errichten auf den Namen ihres minderjährigen Kindes ein Konto, wollen selbst aber bis zum Eintritt eines bestimmten Ereignisses (z. B. bis zum Eintritt der Volljährigkeit) noch Gläubiger sein.

Hier handeln die Eltern nicht als gesetzliche Vertreter für das Kind. Vielmehr liegt ein Vertrag zugunsten des Kindes als Dritten vor. Bei den Eltern ist eine Legitimationsprüfung durchzuführen, für das Kind genügt zunächst der Existenznachweis.

2.2 Vormundschaften, Pflegschaften, Betreuungen (Nr. 7b AEAO)

a) Bei der Kontoeröffnung für Pfleglinge, Mündel und Betreute durch den gesetzlichen Vertreter liegt kein Fall der Kontoerrichtung für einen Dritten vor. Es ist vielmehr der Pflegling, das Mündel oder der Betreute, der durch einen gesetzlichen Vertreter für sich selbst ein Konto errichtet. Kontoinhaber und Gläubiger der Forderung ist daher der Pflegling, das Mündel, der Betreute. Verfügungsberechtigter gesetzlicher Vertreter ist der Pfleger, Vormund bzw. Betreuer.

b) Nr. 7b AEAO nimmt den Pfleger und den Vormund von der Legitimationspflicht aus.

Der Betreuer wird von Nr. 7b AEAO nach seinem Wortlaut nicht erfasst. Es ist aber sachgerecht, die Betreuung nach dem ab 1. Januar 1992 geltenden Betreuungsgesetz auch unter diese Vereinfachung einzuordnen. Daher besteht eine Legitimationsprüfungspflicht nur für den Betreuten, beim Betreuer kann die Vereinfachung in Nr. 7b AEAO angewendet werden.

---

1   Um Verfügungen der Eltern zu erschweren, könnte eine Drittbegünstigung mit sofortiger Gläubigerstellung vereinbart und gleichzeitig eine Kontosperre bis zum Eintritt der Volljährigkeit verfügt werden. Da eine vorzeitige Aufhebung der Sperre – vor Eintritt der Volljährigkeit – zwangsläufig dazu führen würde, dass die gesetzlichen Vertreter in dieser Eigenschaft über das Konto verfügen könnten, sollte entsprechend der hier unterstellten Interessenlage das Recht zur vorzeitigen Aufhebung der Sperre ausgeschlossen werden. Damit wird gleichzeitig vermieden, dass das Recht zur Aufhebung der Sperre im Erbfall auf die gesetzlichen Vertreter als mögliche Erben des Kontoerrichters übergeht (vgl. auch BGH, WM 1976, S.1050). Bei dieser Fallgestaltung sind Verfügungen des Kindes bis zum Eintritt der Volljährigkeit und damit auch der Eltern als gesetzliche Vertreter tatsächlich ausgeschlossen, sodass ein Verzicht auf die Prüfung der Legitimation der Eltern vertretbar erscheint.
Eine andere Möglichkeit, die gesetzlichen Vertreter von der Verfügung über das Konto auszuschließen, besteht darin, dass die kontoerrichtende Person ausdrücklich bestimmt, dass die dem begünstigten Kind zugewendeten Werte nicht dem Vermögenssorgerecht der gesetzlichen Vertreter unterliegen sollen (§ 1638 BGB). Hierzu ist allerdings die Bestellung eines Pflegers erforderlich, wobei der Zuwendende sich selbst als Pfleger vorschlagen kann. Eine Geheimhaltung der Zuwendung den Eltern gegenüber ist hierbei ebenfalls nicht möglich, da die Eltern in das Verfahren zur Pflegerbestellung eingeschaltet werden.

c)Vom Wortlaut her erstreckt sich die Vereinfachungsregelung in Nr. 7b AEAO lediglich auf den Vormund bzw. Pfleger selbst. Der Zweck der Vereinfachungsregelung rechtfertigt es jedoch, auch von diesen Personen (sowie vom Betreuer) eingesetzte Kontobevollmächtigte von der Legitimationsprüfungspflicht auszunehmen. Die sonstige Überwachung der Tätigkeit dieser Personen dürfte eine missbräuchliche Benutzung der Konten auch insoweit ausschließen.

2.3 Parteien kraft Amtes (Nr.7c AEAO)

Parteien kraft Amtes sind z. B. Konkursverwalter, Zwangsverwalter, Nachlassverwalter, Testamentsvollstrecker. Die Vereinfachungsregelung in Nr. 7c AEAO gilt nur, wenn das Konto nicht auf den Namen der Partei kraft Amtes selbst (also etwa auf den Nachlassverwalter) lautet, sondern auf den Namen des Treugebers (beispielsweise den Vergleichsschuldner oder Erben). Die Partei kraft Amtes ist jedoch zur Verfügung über das Konto berechtigt, unterliegt aber nach Nr.7c AEAO nicht der Legitimationsprüfung. Die Vereinfachungsregelung erstreckt sich auch auf von der Partei kraft Amtes eingesetzte Kontobevollmächtigte (s. oben III. 2.2c).

Bei Notaren gilt folgende Besonderheit: Auf Antrag des Notars kann die Aufsichtsbehörde (Präsident des Landgerichts bzw. des Oberlandesgerichts, Landesjustizverwaltung) für die Dauer seiner Abwesenheit oder Verhinderung einen Vertreter bestellen (§ 39 BNotO). Die Bestellung kann auch von vornherein für die während eines Kalenderjahres eintretenden Verhinderungsfälle ausgesprochen werden. Der Vertreter hat die Amtsstellung des Notars.

Es erscheint daher sachgerecht – obgleich der Vertreter keine Partei kraft Amtes im eigentlichen Sinne darstellt –, beim amtlichen Vertreter nach Nr. 7c

AEAO auf die Legitimationsprüfung zu verzichten.

2.4 Vollmacht auf den Todesfall (Nr.7e AEAO)

Bei einer Kontovollmacht auf den Todesfall kann der Bevollmächtigte frühestens nach dem Ableben des Gläubigers (Vollmachtgeber) über das Konto verfügen. Ein Gläubigerrecht erwirbt der Bevollmächtigte nicht. Nach Nr.7e AEAO kann auf die Legitimationsprüfung des Bevollmächtigten verzichtet werden, und zwar auch nach Eintritt des Todesfalls.

Hiervon zu unterscheiden sind Verträge zugunsten Dritter auf den Todesfall (§§ 328, 331 BGB). Hier ist nach dem Erwerb des Gläubigerrechts durch den Dritten für diesen eine Legitimationsprüfung durchzuführen (zu Verträgen zugunsten Dritter s. oben III. 1.5 b).

2.5 Vollmachten zur einmaligen Verfügung (Nr.7f AEAO)

Es handelt sich auch dann um eine „Vollmacht zur einmaligen Verfügung", wenn der Kontoinhaber ein und dieselbe Person mehrmals mit einer (stets neu ausgestellten) Einzelvollmacht ermächtigt, über sein Konto jeweils ein einziges Mal zu verfügen. Jede dieser Einzelvollmachten ist für sich betrachtet eine derartige Vollmacht zur einmaligen Verfügung, sodass nach Nr. 7f AEAO auf eine Legitimationsprüfung verzichtet werden kann.

2.6 Vertretung von Kreditinstituten und Versicherungsunternehmen (Nr. 7 i AEAO)

Für den Begriff des Kreditinstituts kann auf die Definition in § 1 Abs. 1 KWG zurückgegriffen werden. Zum Begriff des Versicherungsunternehmens s. § 1 Abs. 1 VAG, wonach ein Versicherungsunternehmen ein Unternehmen ist, das den Betrieb von Versicherungsgeschäften zum Gegenstand hat und nicht Träger der Sozialversicherung ist. Die gesetzlichen Vertreter und Kontobevollmächtigten sind von der Legitimationsprüfungspflicht nach Nr.7i AEAO ausgenommen.

2.7 Vertretung von Stiftungen

a) Die Vertreter einer **Stiftung des öffentlichen Rechts** sind in Nr. 7h AEAO (Vertretung juristischer Personen des öffentlichen Rechts) von der Legitimationsprüfungspflicht ausgenommen.

b) Zur Entstehung einer **Stiftung des bürgerlichen Rechts** (juristische Person) ist nach § 80 BGB außer dem Stiftungsgeschäft die Genehmigung der nach Landesrecht (einschlägiges Stiftungsgesetz) zuständigen Behörde erforderlich. Das ist z. B. in Nordrhein-Westfalen grundsätzlich der Innenminister, der diese Befugnis allgemein oder im Einzelfall auf den Regierungspräsidenten übertragen kann. Vier Landesstiftungsgesetze (Baden-Württemberg, Bayern, Nordrhein-Westfalen, Saarland) sehen die Führung von Stiftungsverzeichnissen vor. Geführt werden die Stiftungsverzeichnisse von den Regierungspräsidien (§ 4 bwStiftG, § 26 nwStiftG) oder der Stiftungsbehörde (§ 18 saarStiftG: Minister des Innern). In Bayern führt das Statistische Landesamt ein nach Stiftungssitzen geordnetes Landesverzeichnis der Stiftungen (§ 15 AVO zu Art. 6 bayStiftG). Die Stiftungsverzeichnisse enthalten insbesondere Angaben über: Name der Stiftung, Sitz, Zweck, Vertretungsberechtigte bzw. Verwaltungsorgane. Auskunft aus diesen Verzeichnissen kann erhalten, wer ein berechtigtes Interesse daran glaubhaft macht.

Daher dürfte das Stiftungsverzeichnis einem öffentlichen Register gleichzusetzen sein und für den im Stiftungsverzeichnis eingetragenen Vorstand einer Stiftung Nr. 7j AEAO anwendbar sein, sodass insoweit auf die Legitimationsprüfung verzichtet werden kann. Allerdings genießen Eintragungen im Stiftungsregister keinen Vertrauensschutz, sodass eine Vertretungsberechtigung daraus nicht rechtswirksam nachgewiesen werden kann (Seifart, Handbuch des Stiftungsrechts, § 9 Tz 38, § 11 Tz 80, § 38 Tz 18).

Soweit kein Stiftungsverzeichnis geführt wird, genügt die Vorlage einer Vertretungsbescheinigung. Diese wird von der Stiftungsaufsicht für die Organe der Stiftung erteilt, die sich damit im Rechtsverkehr legitimieren können (vgl. Seifart, a. a. O., § 11 Tz 260 ff.).

In sonstigen Fällen haben sich die Vertreter der Stiftung zu legitimieren. Die Vereinfachungsregelung in Nr. 7k AEAO (Begrenzung auf 5 geprüfte oder im Verzeichnis eingetragene Personen) dürfte anwendbar sein (siehe unten III. 2.11a).

c) Im Gegensatz zur selbstständigen Stiftung besitzt die **unselbstständige Stiftung** keine eigene Rechtspersönlichkeit. Sie entsteht, indem der Stifter Vermögensgegenstände einer vorhandenen Person, z. B. einer Gemeinde, überträgt, mit der Maßgabe, das Vermögen oder dessen Erträge für bestimmte Zwecke zu verwenden. Das Vermögen geht in einem solchen Fall in das Eigentum der empfangenden Person über und ist als Sondervermögen von dem übrigen Vermögen getrennt zu halten.

Es handelt sich bei den unselbstständigen Stiftungen mithin um reine Treuhandvermögen (Zweckvermögen, vgl. hierzu oben III.1.2).

2.8 Vertretung von Unternehmen

a) Vertreter von inländischen Unternehmen

Sofern nicht die Vereinfachungsregelungen in Nr. 7 AEAO (insbesondere Nr. 7j und k) greifen, sind bei natürlichen Personen als gesetzliche Vertreter oder Kontobevollmächtigte die oben (III. 1.1) beschriebenen Prüfungserfordernisse zu beachten.

Bei Vertretern von Unternehmen ist die private Anschrift des Vertreters zu erfassen. In Fällen, in denen das Unternehmen und/oder der Vertreter nicht am Ort der Niederlassung des betreffenden Kreditinstituts ansässig ist, ist es dem Vertreter häufig nicht möglich, persönlich im Kreditinstitut zu erscheinen und seinen Personalausweis vorzulegen. In diesen Fällen kann die Legitimationsprüfung auf schriftlichem Weg erfolgen, d. h. per Einschreiben eigenhändig mit Rückschein an die private Adresse des Bevollmächtigten, die vom Unternehmen mitgeteilt werden muss. Allerdings kann diese Vorgehensweise den Vertreter zwingen, wenn er tagsüber unter seiner Privatadresse nicht erreichbar ist, sich das Einschreiben bei der Post selbst abzuholen. Dennoch dürfte lediglich in Ausnahmefällen eine Adressierung des Einschreibens an die Firmenadresse – ergänzt durch eine Fotokopie des Ausweises oder durch eine Bestätigung der Privatadresse durch das Unternehmen – ausreichen, um Gewissheit i. S. von § 154 Abs. 2 AO über die Person und Anschrift zu erlangen.

b) Vertreter von ausländischen Unternehmen

Die in Nr. 7j AEAO angesprochenen öffentlichen Register dürften nicht nur inländische, sondern auch ausländische Register bzw. ausländische Verzeich-

nisse mit ähnlicher Zweckbestimmung umfassen. Somit kann bei eingetragenen Vertretern, die in öffentlichen Registern eingetragene ausländische Firmen oder Personen vertreten, auf die Legitimationsprüfung verzichtet werden, vgl. hierzu auch die vom DIHT veröffentlichte Liste mit den Registrierungsstellen für Unternehmen in den EU-Nachbarstaaten (oben III. 1.4).

Die Bezugnahme auf ein ausländisches Register ist allerdings dann nicht möglich, wenn das ausländische Unternehmen selbst nicht im Register eingetragen ist oder das Register nicht die jeweils bestehenden (aktuellen) Vertretungsbefugnisse enthält. In diesen Fällen sollte sich das Kreditinstitut die Unterschrift und Legitimation des ausländischen Vertreters von einer Korrespondenzbank oder einer öffentlichen Stelle (Behörde) im Land des Vertreters bestätigen lassen (s. oben III. 1.4). Sofern dies im Einzelfall mit vertretbarem Aufwand praktisch nicht durchführbar ist, sollte nach dem Grundsatz der Verhältnismäßigkeit eine Kopie des Ausweises des Vertreters genügen.

Die Neuregelung im AEAO gilt auch hinsichtlich solcher ausländischer Firmenkunden, die im Inland keine Betriebsstätte und keinen Vertreter haben. Anknüpfungspunkte für eine inländische Steuerpflicht sind in diesen Fällen zwar nicht offensichtlich. Entsprechend dem Zweck des § 154 AO, die Überprüfung der steuerlichen Verhältnisse zu erleichtern, wird aber durch die Legitimationsprüfung und Auskunftsbereitschaft in diesen Fällen dem Finanzamt die Prüfung ermöglicht, ob möglicherweise doch eine Steuerpflicht besteht.

2.9 Vereinfachungsregelung in Nr. 7j AEAO

Zu den in öffentlichen Registern eingetragenen Vertretern rechnen gesetzliche und organschaftliche Vertreter (vgl. z. B. §§ 37, 81 AktG für den Vorstand der Aktiengesellschaft; § 10 GmbHG für den Geschäftsführer der GmbH; §108 HGB für die Gesellschafter einer OHG; §§ 64, 67 BGB für den Vorstand des Vereins) sowie Prokuristen (§ 53 HGB), nicht aber Handlungsbevollmächtigte. Die Ausnahmeregelung in Nr.7j AEAO greift nur ein, wenn der Vertreter für den Kontoinhaber als Vertreter im Register eingetragen ist.

Beispiel: Für zwei Unternehmen, die einem Konzern angehören, werden Konten errichtet. Der Geschäftsführer A des ersten Unternehmens soll auch über das Konto des anderen Unternehmens bevollmächtigt sein. A ist als Geschäftsführer des ersten Unternehmens im Handelsregister eingetragen. Sofern A nicht auch für das zweite Unternehmen als Vertreter in einem Register eingetragen ist, muss für das Konto dieses Unternehmens bei A eine Legitimationsprüfung vorgenommen werden.

2.10 Kapitalgesellschaft als Kontobevollmächtigte

Ist der Kontobevollmächtigte eine Kapitalgesellschaft, ist eine Legitimationsprüfung nicht nur für die Kapitalgesellschaft selbst durchzuführen, sondern auch für deren Vertreter. Die Vereinfachungsregelung in Nr. 7j und k AEAO kann in Anspruch genommen werden.

2.11 Vereinfachungsregelung in Nr. 7 k AEAO

a) Zum Begriff des Unternehmens nach Nr. 7k AEAO

Der Begriff des Unternehmens in Nr. 7k AEAO umfasst alle Unternehmer i. S. des Umsatzsteuergesetzes (vgl. auch die Kommentierung von Tipke/Kruse zum Unternehmensbegriff des § 75 AO). Demnach fallen auch Vermie-

tungsunternehmen unter die Ausnahmeregelung der Nr. 7k AEAO.

Vom Wortlaut her trifft Nr. 7k AEAO auf rechtsfähige Vereine und rechtsfähige Stiftungen nicht zu. Eine entsprechende Anwendung dürfte aber dem Zweck der Vereinfachungsregelung entsprechen (zu den nicht rechtsfähigen Vereinen vgl. III. 1.2).

b) Mindeststamm von 5 geprüften oder in ein Register eingetragenen Personen

Die Anwendung der Vereinfachungsregelung setzt einen Mindeststamm von 5 in ein öffentliches Register eingetragenen oder legitimationsgeprüften Personen voraus (Nr. 7k AEAO). Hierzu rechnen sowohl der Gläubiger als auch die Vertreter. Liegt diese Voraussetzung vor, kann auf weitere Legitimationsprüfungen von verfügungsberechtigten Vertretern verzichtet werden.

Bei der Feststellung, ob die Mindestzahl von 5 Personen erreicht ist, zählen alle legitimationsgeprüften Personen sowie alle im Register eingetragenen Personen mit. Für die im Register eingetragenen Vertreter gilt dies unabhängig davon, ob sie dem Kreditinstitut gegenüber als Verfügungsberechtigte benannt wurden.

1. Beispiel: Eine GmbH hat 2 Geschäftsführer und 3 Prokuristen; die fünf Personen sind im Handelsregister als Vertreter eingetragen. Die GmbH teilt dem Kreditinstitut mit, dass die beiden Geschäftsführer sowie zwei Buchhalter über das Konto verfügen dürfen, und reicht eine entsprechende Unterschriftsliste ein. Es sind also 4 Personen verfügungsberechtigt. Für die Prokuristen wird keine Unterschriftsprobe eingereicht.

Die Voraussetzung der Nr. 7k AEAO ist erfüllt, da 5 Personen im Handelsregister eingetragen sind.

2. Beispiel: Ein Einzelunternehmer erteilt 4 Personen Kontovollmacht über sein Konto. Alle Personen sind legitimationsgeprüft. Erhält eine fünfte Person Kontovollmacht, muss insoweit keine Legitimationsprüfung mehr durchgeführt werden, da der Mindeststamm von 5 geprüften Personen (der Einzelunternehmer als Kontoinhaber sowie 4 Kontobevollmächtigte) bereits vorhanden ist.

c) Ausscheiden einer legitimationsgeprüften Person

Fall: 6 Personen haben Verfügungsbefugnis über ein Geschäftskonto, von denen sich 5 legitimiert haben. Eine der legitimationsgeprüften Personen scheidet als Verfügungsberechtigter aus.

Da die in Nr. 7k AEAO geforderte Mindestzahl von 5 geprüften Verfügungsberechtigten nicht mehr erreicht ist, hat sich nunmehr der ungeprüfte (ehemals 6. Verfügungsberechtigte) nachträglich zu legitimieren. Hierfür spricht neben dem Wortlaut auch der Zweck der Ausnahmeregelung, die davon ausgeht, dass ab einer gewissen Mindestzahl von Verfügungsberechtigten es kaum denkbar erscheint, dass sich eine dieser Personen das Konto für eigene Zwecke zunutze macht. Für das Kreditinstitut besteht ein Auswahlermessen, bei welcher Person zusätzlich eine Legitimationsprüfung vorgenommen wird.

d) Mindeststamm von 5 Personen bei sog. Altfällen

Fall: Vor 1992 wird für ein Unternehmen ein Konto eröffnet, über das 5 Personen Kontovollmacht haben, für die bisher keine Legitimationsprüfung

durchgeführt worden ist. Da die Vertretungsbefugnisse vor dem 1. Januar 1992 begründet worden sind, ist eine Legitimationsprüfung nach Nr. 7l AEAO nicht erforderlich. Nach dem 1. Januar 1992 wird einer weiteren Person Kontovollmacht eingeräumt.

Nr. 7k AEAO ist zwar für sich allein genommen nicht erfüllt, da bisher lediglich für den Kontoinhaber eine Legitimationsprüfung durchgeführt worden ist. Bei der Überprüfung, ob die erforderliche Mindestzahl von 5 Personen erreicht ist, zählt jedoch ein nach Nr. 7l AEAO von der Prüfung ausgenommener Altfall mit. D. h. ein vor dem 1. Januar 1992 eingesetzter Kontobevollmächtigter ist einer legitimationsgeprüften Person gleichzustellen, sodass im obigen Fall für den neuen Kontobevollmächtigten eine Legitimationsprüfung nicht durchgeführt werden muss. Dies entspricht dem Zweck der Ausnahmeregelung, wonach ab einer gewissen Mindestzahl von Verfügungsberechtigten eine missbräuchliche Benutzung von Konten für eigene Zwecke ausgeschlossen werden kann.

e) Zusammentreffen von Nr. 7j und 7k AEAO

In die Überprüfung, ob die nach Nr. 7k AEAO erforderliche Mindestzahl von 5 Personen erreicht ist, sind neben legitimationsgeprüften Personen auch die nach Nr. 7j AEAO von der Legitimationsprüfungspflicht ausgenommenen Personen einzubeziehen. Das bedeutet, dass in öffentliche Register eingetragene Personen für das Erreichen der Mindestzahl von 5 Personen nach Nr. 7k AEAO mitzählen.

Beispiel: Eine OHG mit 2 Gesellschaftern und 2 Prokuristen bestellt 2 Handlungsbevollmächtigte.

Die Gesellschafter der OHG (§ 108 HGB) und die Prokuristen (§ 53 HGB) sind im

Handelsregister eingetragen. Daher ist lediglich für einen der beiden Handlungsbevollmächtigten – diese werden nicht im Handelsregister eingetragen – eine Legitimationsprüfung erforderlich (Nr. 7 k i. V. m. Nr. 7j AEAO).

2.12 Altfälle (Nr. 7l AEAO)

a) **Fall:** Die für das Girokonto vor 1992 eingeräumte Vollmacht (=Altfall gem. Nr. 7l AEAO) gilt vereinbarungsgemäß für alle gegenwärtigen und zukünftigen Konten. Eröffnung eines Festgeldkontos im Jahre 1992.

Die Vollmacht wurde vor dem 1. Januar 1992 begründet, sodass auch bezogen auf das neue Konto ein nach Nr. 7l AEAO von der Legitimationsprüfung ausgenommener Altfall vorliegt. Es ist also darauf abzustellen, ob eine vor dem 1. Januar 1992 begründete Kontovollmacht auch später eröffnete Konten und Depots umfasst. Bezieht sich die vor dem 1. Januar 1992 begründete Vollmacht nur auf das jeweilige Konto, sodass eine neue Vollmacht für das neue Konto erteilt werden muss, ist insoweit nunmehr eine Legitimationsprüfung des Kontobevollmächtigten erforderlich. Dabei ist es gleichgültig, ob das neue Konto als Unterkonto bezeichnet wird.

b) **Fall:** Sowohl Girokonto als auch Festgeldkonto werden im Jahre 1992 errichtet. Es liegt also kein Altfall vor. Der Kontobevollmächtigte soll über beide Konten verfügen können.

Es reicht eine Legitimationsprüfung des Kontobevollmächtigten aus, beim Festgeldkonto kann insoweit auf die Angaben beim Girokonto verwiesen werden (s. unten III. 3.).

c) Fraglich könnte sein, ob ein Neufall vorliegt, wenn der Vollmachtgeber verstirbt, sodass der Bevollmächtigte nunmehr die Erben vertritt. Nach zivilrechtlichen Grundsätzen besteht die Vollmacht gem. §§ 168, 672 BGB im Zweifel über den Tod hinaus, sodass ein Neufall nicht anzunehmen ist. Nr. 7l AEAO ist anwendbar.

3 Festhalten der Angaben

Nach § 154 Abs. 2 Satz 1 AO sind bei Personen, die der Legitimationsprüfungspflicht unterliegen, die Angaben über Person und Anschrift „in geeigneter Form, bei Konten auf dem Konto, festzuhalten". Festzuhalten sind bei natürlichen Personen der Name, das Geburtsdatum, die Anschrift sowie die Angaben zum vorgelegten Legitimationspapier (Art, Nr., ausstellende Behörde; s. auch § 1 Abs. 5 Geldwäschegesetz). Nr. 5 AEAO präzisiert den Begriff des Kontos dahingehend, dass diese Angaben (nur) auf dem „Kontostammblatt" zu machen sind; demgemäß brauchen die Angaben also nicht etwa auf Umsatzdateien zu erscheinen. Eine Beeinträchtigung der EDV-mäßigen Abwicklung der Geschäftsvorfälle wird daher vermieden. Dabei kann die in Nr. 5 Satz 1 AEAO gewählte Formulierung „Kontostammblatt" nur beispielhaft gemeint sein. Nach dem Zweck der Vorschrift, die verhindern will, dass durch die Art und Weise des Festhaltens der Angaben die Beantwortung von Auskunftsersuchen erschwert wird, können als Konto bzw. Kontostammblatt die Gesamtheit der Unterlagen (i. d. R. Kontoeröffnungsunterlagen) angesehen werden, die dem Zugriff des Kontoführers unterliegen. Bei Kreditinstituten, die die Kontoeröffnung EDV-mäßig bearbeiten, genügt es daher, wenn auf dem Kontoeröffnungsantrag bzw. der Unterschriftskarte lediglich der Name vermerkt wird und die weiteren Identifikationsmerkmale in einer Datenbank gespeichert werden, wo sie jederzeit abrufbar sind.

Wird bei der Kontoeröffnung (bzw. Vollmachterteilung) auf eine erneute Legitimationsprüfung verzichtet, weil bei derselben kontoführenden Stelle bereits ein anderes Konto (mit entsprechender Vollmacht) existiert, muss bei dem neuen Konto bzw. den betreffenden Unterlagen ein Hinweis auf das erste Konto angebracht werden. Bei Auflösung des ersten Kontos sind die Identifikationsmerkmale auf das zweite bzw. weitere Konto zu übertragen (Nr. 5 Satz 4 AEAO). Ausreichend ist auch, wenn das Institut aufgrund anderer Unterlagen in der Lage ist, die durchgeführte Legitimation zu belegen.

Nummernkonten i. S. von Nr. 5 AEAO sind unzulässig.

An welcher Stelle des Kreditinstituts sich das Konto bzw. Kontostammblatt im obigen Sinne befindet, bleibt der Organisation des Kreditinstituts überlassen. Es wird gesetzlich lediglich bestimmt, dass die Angaben „auf dem Konto" festzuhalten sind, hingegen wird nicht der Ort fixiert, wo die betreffenden Unterlagen aufbewahrt werden müssen. Kontostammblätter können z. B. auch im Sekretariat oder in der Personalabteilung geführt bzw. aufbewahrt werden.

IV. Sicherstellung jederzeitiger Auskunftsbereitschaft über Konten und Schließfächer Verfügungsberechtigter

Gemäß § 154 Abs. 2 Satz 2 AO haben die Kreditinstitute sicherzustellen, dass sie jederzeit Auskunft darüber geben können, über welche Konten oder Schließfächer eine Person verfügungsberechtigt ist. Diese Sicherstellungspflicht bezieht sich demgemäß auf den oben (II.c) bezeichneten Personenkreis der Verfügungsberechtigten, der sich auch zu legitimieren hat. Auskunftsbereitschaft ist mithin herzustellen hinsichtlich der Kontoinhaber sowie deren gesetzliche Vertreter und Kontobevollmächtigten – mit Ausnahme der in Nr. 7 Satz 4 AEAO genannten Fälle[1]. Die Verpflichtung besteht nicht für die Annahme von Verwahrstücken.

Nach Nr. 6 AEAO kommt das Kreditinstitut der Verpflichtung zur Herstellung der jederzeitigen Auskunftsbereitschaft nach, indem es ein alphabetisch geführtes Namensverzeichnis unterhält. Eines derartigen Verzeichnisses bedarf es nicht, wenn die Erfüllung der Verpflichtung auf andere Weise sichergestellt werden kann. Im Hinblick hierauf wird es für ausreichend angesehen, dass lediglich die Namen der Verfügungsberechtigten sowie die Konten und Schließfächer, auf die sich die Verfügungsberechtigung bezieht, in das Namensverzeichnis aufgenommen werden, wenn für die weiteren erforderlichen Daten (Geburtsdatum, Anschrift usw.) auf die Angaben beim Konto zurückgegriffen werden kann.

Die Verpflichtung besteht nach Beendigung der Geschäftsbeziehung bzw. bei Bevollmächtigten nach Erlöschen der Vollmacht noch sechs Jahre fort.

---

1   Allerdings kann die allgemeine Auskunftspflicht nach § 93 AO den Finanzbehörden bei Auskunftsersuchen das Recht geben, von Kreditinstituten Auskünfte auch über diejenigen Verfügungsberechtigten zu verlangen, für die in Nr. 7 AEAO auf die Legitimationsprüfung und die Herstellung der Auskunftsbereitschaft verzichtet wird.

V. Feststellung des wirtschaftlich Berechtigten (§ 8 Geldwäschegesetz)

Bei jeder Kontoeröffnung muss nach § 8 Abs. 1 Geldwäschegesetz künftig der Kontoerrichter gefragt werden, ob er für eigene Rechnung – d. h. nicht im „Auftrag"[1] eines anderen, z. B. als Treuhänder, Vertreter – handelt. Verneinendenfalls sind nach Angaben des Kontoerrichters Name und Anschrift desjenigen aufzuzeichnen, für dessen Rechnung er handelt. Gibt der Kontoerrichter an, für eine nicht rechtsfähige Vereinigung zu handeln, so genügt es, deren Namen und den Namen und die Anschrift eines ihrer Mitglieder aufzuzeichnen[2].

Diese Verpflichtung gilt nicht im Verhältnis zwischen Instituten (§ 8 Abs. 2 Geldwäschegesetz).

VI. Folgen eines Verstoßes gegen § 154 AO

1 Haftung nach § 72 AO

§ 72 AO lautet wie folgt:

„Haftung bei Verletzung der Pflicht zur Kontenwahrheit

Wer vorsätzlich oder grobfahrlässig der Vorschrift des § 154 Abs.3 zuwiderhandelt, haftet, soweit dadurch die Verwirklichung von Ansprüchen aus dem Steuerschuldverhältnis beeinträchtigt wird."

Die in § 154 Abs. 3 AO geregelte Kontensperre tritt nur bei einem Verstoß gegen die Vorschrift des § 154 Abs. 1 AO über die Kontenwahrheit ein, d. h. im Falle der Kontoerrichtung auf einen falschen oder erdichteten Namen. In diesem Falle dürfen Guthaben, Wertsachen und der Inhalt von Schließfächern nur mit Zustimmung des Finanzamts herausgegeben werden, das für die Einkommen- bzw. Körperschaftsteuer des Verfügungsberechtigten zuständig ist. Waren über ein Konto mehrere Personen verfügungsberechtigt (mit Ausnahme der in Nr. 7 Satz 4 AEAO ge- nannten Fälle), bedarf es u. U. der Zustimmung aller beteiligten Finanzämter zur Herausgabe (Nr. 8 Satz 2 AEAO). Wird die erforderliche Zustimmung des Finanzamts (vorsätzlich oder grobfahrlässig) nicht eingeholt und gleichwohl das Guthaben usw. an den Verfügungsberechtigten herausgeben, so tritt die Haftung des § 72 AO ein, wobei der Wert der herausgegebenen Gegenstände die Haftungsobergrenze bildet.

Die Kontensperre und die sich bei Nichtbeachtung dieser Sperre daran u. U. anschließende Haftung des Kreditinstituts setzen ausdrücklich einen Verstoß gegen § 154 Abs. 1 AO voraus. Diese Sanktionen gelten somit nicht für Verstöße, die sich allein aus § 154 Abs. 2 AO ergeben können, also z. B. nicht bei unterlassener bzw. unzureichender Legitimationsprüfung oder bei Verbuchung von Geschäftsvorfällen über CpD-Konten, die nach Nr. 3 Satz 3 AEAO nicht über derartige Konten hätten verbucht werden dürfen. Erst wenn neben der Verletzung des § 154 Abs. 2 AO auch ein Verstoß gegen das Gebot

---

1 „Auftrag" ist dabei nicht im Rechtssinne zu verstehen.
2 Zur Behandlung von offenen Treuhandkonten und von Konten für nichtrechtsfähige Vereinigungen s. oben III. 1.2.

der Kontenwahrheit (§ 154 Abs. 1 AO) vorliegt, und das Kreditinstitut gegen die Kontensperre gem. § 154 Abs. 3 AO verstößt, kann eine Haftung nach § 72 AO infrage kommen.

2 Sonstige Rechtsfolgen

Die Verletzung der Kontenwahrheitspflicht nach § 154 Abs. 1 AO ist Ordnungswidrigkeit i. S. des § 379 Abs. 2 Nr. 2 AO (Nr. 9 AEAO). Anders als § 154 Abs. 2 AO wendet sich § 154 Abs. 1 AO jedoch nicht an das Kreditinstitut, sondern an den, der ein Konto für sich oder einen Dritten errichten lässt. Eine Verletzung des § 379 Abs. 2 Nr. 2 AO durch das Kreditinstitut kommt somit nicht in Betracht.

Die Verletzung der Verpflichtung nach § 154 Abs. 2 AO kann jedoch gegebenenfalls als Steuergefährdung i. S. von § 379 Abs. 1 Nr. 2 AO angesehen werden, soweit nicht sogar der Tatbestand der Beihilfe zur Steuerhinterziehung (vgl. § 370 AO) erfüllt ist (vgl. Nr. 10 AEAO).

Ebenso kann eine Verletzung der Verpflichtungen nach § 154 Abs. 2 AO nach der Rechtsprechung u. U. zur Schadenersatzpflicht gem. § 823 Abs. 2 BGB führen (RGZ Band 152, S. 262).

Anlage

Anwendungserlass zur Abgabenordnung (AEAO)

vom 24. September 1987 (BStBl I, S. 664), Nrn. 4-10 neugefasst durch BMF-Schreiben vom 8. Oktober 1991 (BStBl I, S. 932)

Zu § 154 – Kontenwahrheit

1. Das Verbot, falsche oder erdichtete Namen zu verwenden, richtet sich an denjenigen, der als Kunde bei einem anderen ein Konto errichten lassen will oder Buchungen vornehmen lässt. (Wegen des Verbots, im eigenen Geschäftsbetrieb falsche oder erdichtete Namen für Konten zu gebrauchen, Hinweis auf § 146 Abs. 1).

2. Es ist zulässig, Konten auf den Namen Dritter zu errichten, hierbei ist die Existenz des Dritten nachzuweisen. Der ausdrücklichen Zustimmung des Dritten bedarf es nicht.

3. Jeder, der für einen anderen Konten führt, Wertsachen verwahrt oder von ihm als Pfand nimmt oder ihm ein Schließfach überlässt, hat sich Gewissheit über die Person des Verfügungsberechtigten zu verschaffen. Die Vorschrift ist nicht auf Kreditinstitute beschränkt, sondern gilt auch im gewöhnlichen Geschäftsverkehr und für Privatpersonen. Verboten ist die Abwicklung von Geschäftsvorfällen über sog. CpD-Konten, wenn der Name des Beteiligten bekannt ist oder unschwer ermittelt werden kann und für ihn bereits ein entsprechendes Konto geführt wird.

4. Das Kreditinstitut hat sich vor Erledigung von Aufträgen, die über ein Konto abgewickelt werden sollen, bzw. vor Überlassung eines Schließfachs Gewissheit über die Person und Anschrift des (der) Verfügungsberechtigten zu verschaffen. Gewissheit über die Person besteht im Allgemeinen nur, wenn der vollständige Name, das Geburtsdatum und der Wohnsitz bekannt sind. Eine vorübergehende Anschrift (Hoteladresse) reicht nicht aus. Bei einer juristischen Person (Körperschaft des öffentlichen Rechts, AG, GmbH usw.) reicht die Bezugnahme auf eine amtliche Veröffentlichung oder ein amtliches Register unter Angabe der Register-Nr. aus. Wird ein Konto auf den Namen eines verfügungsberechtigten Dritten errichtet, müssen die Angaben über Person

und Anschrift sowohl des Kontoinhabers als auch desjenigen, der das Konto errichtet, festgehalten werden. Steht der Verfügungsberechtigte noch nicht fest (z. B. der unbekannte Erbe), reicht es aus, wenn das Kreditinstitut sich zunächst Gewissheit über die Person und Anschrift des das Konto Errichtenden (z. B. des Nachlasspflegers) verschafft; die Legitimation des Kontoinhabers ist sobald wie möglich nachzuholen.

5. Diese Angaben sind auf dem Kontostammblatt zu machen. Es ist unzulässig, Name und Anschrift des Verfügungsberechtigten lediglich in einer vertraulichen Liste zu führen und das eigentliche Konto nur mit einer Nummer zu kennzeichnen. Die Führung sog. Nummernkonten bleibt verboten. Bei Auflösung des ersten Kontos müssen die Identifikationsmerkmale auf das zweite bzw. weitere Konto bzw. auf die betreffenden Kontounterlagen übertragen werden.

6. Das Kreditinstitut ist nach § 154 Abs. 2 Satz 2 verpflichtet, ein besonderes alphabetisch geführtes Namensverzeichnis der Verfügungsberechtigten zu führen, um jederzeit über die Konten und Schließfächer eines Verfügungsberechtigten Auskunft geben zu können. Eines derartigen Verzeichnisses bedarf es nicht, wenn die Erfüllung der Verpflichtung auf andere Weise sichergestellt werden kann. Die Verpflichtung besteht noch sechs Jahre nach Beendigung der Geschäftsbeziehung, bei Bevollmächtigten sechs Jahre nach Erlöschen der Vollmacht.

7. Verfügungsberechtigte im Sinne der vorstehenden Nummern sind sowohl der Gläubiger der Forderung und seine gesetzlichen Vertreter als auch jede Person, die zur Verfügung über das Konto bevollmächtigt ist (Kontovollmacht). Dies gilt entsprechend für die Verwahrung von Wertsachen sowie für die Überlassung von Schließfächern.

Personen, die aufgrund Gesetzes oder Rechtsgeschäfts zur Verfügung berechtigt sind, ohne dass diese Berechtigung dem Kreditinstitut usw. mitgeteilt worden ist, gelten insoweit nicht als Verfügungsberechtigte.

Nach dem Grundsatz der Verhältnismäßigkeit ist nicht zu beanstanden, wenn in folgenden Fällen auf die Legitimationsprüfung (Nummern 3 bis 5) und die Herstellung der Auskunftsbereitschaft (Nummer 6) verzichtet wird:

a) bei Eltern als gesetzliche Vertreter ihrer minderjährigen Kinder, wenn die Voraussetzungen für die gesetzliche Vertretung bei Kontoeröffnung durch amtliche Urkunden nachgewiesen sind,

b) bei Vormundschaften und Pflegschaften einschließlich Amtsvormundschaften und Amtspflegschaften,

c) bei Parteien kraft Amtes (Konkursverwalter, Zwangsverwalter, Nachlassverwalter, Testamentsvollstrecker und ähnliche Personen),

d) bei Pfandnehmern (insbesondere in Bezug auf Mietkautionskonten, bei denen die Einlage auf einem Konto des Mieters erfolgt und an den Vermieter verpfändet wird),

e) bei Vollmachten auf den Todesfall (auch nach diesem Ereignis),

f) bei Vollmachten zur einmaligen Verfügung über ein Konto,

g) bei Verfügungsbefugnissen in Lastschriftverfahren (Abbuchungsverfahren und Einzugsermächtigungsverfahren),

h) bei Vertretung juristischer Personen des öffentlichen Rechts (einschließlich Eigenbetriebe),

i) bei Vertretung von Kreditinstituten und Versicherungsunternehmen,

j) bei den als Vertretern eingetragenen Personen, die in öffentlichen Registern (Handelsregister, Vereinsregister) eingetragene Firmen oder Personen vertreten,

k) bei Vertretung von Unternehmen, sofern schon mindestens fünf Personen, die in öffentliche Register eingetragen sind bzw. bei denen eine Legitimationsprüfung stattgefunden hat, Verfügungsbefugnis haben,

l) bei vor dem 1. Januar 1992 begründeten, noch bestehenden oder bereits erloschenen Befugnissen.

Unberührt bleibt die Befugnis der Finanzämter, im Besteuerungsverfahren schriftliche oder mündliche Auskünfte von Auskunftspersonen (§§ 93, 94) einzuholen und die Vorlage von Unterlagen (§ 97) zu verlangen, sowie in einem Strafverfahren wegen einer Steuerstraftat oder in einem Bußgeldverfahren wegen einer Steuerordnungswidrigkeit die Befugnis zur Vernehmung von Zeugen oder zur Beschlagnahme von Unterlagen (§§ 208, 385, 399 Abs. 2, § 410).

8. Bei einem Verstoß gegen § 154 Abs. 3 haftet der Zuwiderhandelnde nach Maßgabe des § 72. Waren über ein Konto usw. mehrere Personen verfügungsberechtigt (mit Ausnahme der in Nummer 7 Satz 4 genannten Fälle), bedarf es u. U. der Zustimmung aller beteiligten Finanzämter zur Herausgabe.

9. Wegen der Ahndung einer Verletzung des § 154 Abs. 1 als Ordnungswidrigkeit Hinweis auf § 379 Abs. 2 Nr. 2.

10. Die Verletzung der Verpflichtungen nach § 154 Abs. 2 führt allein noch nicht unmittelbar zu einer Haftung oder Ahndung wegen Ordnungswidrigkeit. Es kann sich jedoch um eine Steuergefährdung i. S. d. § 379 Abs. 1 Nr. 2 handeln, soweit nicht sogar der Tatbestand des § 370 erfüllt ist. Wird festgestellt, dass die nach § 154 Abs. 2 bestehenden Verpflichtungen nicht erfüllt sind, soll die für Straf- und Bußgeldsachen zuständige Stelle unterrichtet werden. Die Möglichkeit der Erzwingung der Verpflichtungen (§§ 328 ff.) bleibt unberührt."

3.2 Erläuterungen der kreditwirtschaftlichen Spitzenverbände zur Verbuchung von Geschäftsvorfällen auf CpD-Konten (Stand: Oktober 1977)

1 Text des Einführungserlasses zu § 154 AO 1977 Ziffer 3 Satz 3

„Verboten ist die Abwicklung von Geschäftsvorfällen über sogenannte CpD-Konten, wenn der Name des Beteiligten bekannt ist oder unschwer ermittelt werden kann und für ihn bereits ein entsprechendes Konto geführt wird."

2 Allgemeine Bemerkungen

Es dürfte schwierig sein, aufgrund der Vielzahl der verschiedenen Organisationssysteme und der infrage kommenden Geschäftsvorfälle eine eindeutige und zugleich umfassende Definition des Begriffs „CpD-Konto" zu finden. Allgemein kann das CpD-Konto wie folgt umrissen werden:

CpD-Konten sind Sammelkonten, die dazu dienen, bestimmte Geschäftsvorfälle für andere Personen (nicht das Kreditinstitut) buchungsmäßig unterzubringen. Die bloße Gutschrift bestimmter Beträge für bekannte oder unbekannte Personen, für Nichtkunden oder Kunden, auf solchen Konten begründet zwischen Kreditinstitut und Begünstigtem allein noch keine kontomäßige Forderung des Begünstigten. Zu einer Verpflichtung des Kreditinstitutes kann grundsätzlich erst die Anzeige von dem Eingang des Betrages führen.

Bei der Verbuchung über CpD-Konten handelt es sich nicht um die Errichtung eines Kontos oder Depots für einen Kunden im Sinne von § 154 AO, d. h. nicht um die Aufnahme einer vertraglich vereinbarten laufenden Geschäftsverbindung, die in ihrem jeweiligen Stand buch- und rechnungsmäßig festgehalten wird (RFH Band 24, S. 203).

Demzufolge kommt eine Legitimationsprüfung im Sinne von § 154 AO 1977 bei Verbuchungen über CpD-Konten nicht in Betracht. Der Name des Beteiligten bei Abwicklungen über CpD-Konto wird zwar regelmäßig aus Sicherheitsgründen festgehalten, dient aber lediglich der Feststellung der Identität. Die z. B. auf den Gutschriftsträgern enthaltenen Angaben werden bei Verbuchungen über CpD-Konto nach Abschluss des bestimmten Geschäftsvorfalles, z. B. durch Überweisung auf ein laufendes Konto, nicht weiter festgehalten. Wegen der fehlenden Legitimationsprüfung besteht dabei jedoch keine Gewähr der Richtigkeit der Angaben. Auskunft über auf CpD-Konten verbuchte Geschäftsvorfälle kann daher allenfalls bis zum Ende der Abwick-

lung gegeben werden. Spätere Auskunftsersuche würden – wenn überhaupt – nur unter unzumutbarem Aufwand erteilt werden können.

Zu unterscheiden ist das CpD-Konto im Sinne des Einführungserlasses

- einerseits von besonderen personenbezogenen Konten unterschiedlicher, auch zweckbestimmter Art, bei denen Name und Anschrift festgehalten werden und bei denen eine Legitimationsprüfung erforderlich ist (z. B. Unterkonten, Zwischenkonten, Ausgleichskonten oder andere Namenskonten). Solche Konten können auch als Sammelkonten geführt werden, allerdings müssen die sonstigen Voraussetzungen des § 154 AO 1977 (insbesondere jederzeitige Auskunftsmöglichkeit) erfüllt sein.
- andererseits von betriebsinternen Konten des Kreditinstituts, das sind Bestands-, Erfolgs- und Betriebsverrechnungskonten, bei denen sich die Frage der Legitimationsprüfung nicht stellt (z. B. bei Sammeleingängen etwa von Zinsverbilligungsmitteln, bei Zug um Zug zu erfüllenden An- und Verkäufen, bei Bareinzahlungen zugunsten Dritter, bei Zahlungsaufträgen zugunsten Dritter unter Einzahlung eines entsprechenden Deckungsbetrages).

Es besteht eine unabdingbare Notwendigkeit, bestimmte einmalige Geschäftsvorfälle über CpD-Konten zu buchen, bei denen im Zeitpunkt der Verbuchung der Name des Begünstigten nicht ermittelt werden kann oder noch nicht klar ist, ob für diesen Geschäftsvorfall ein „entsprechendes Konto" existiert oder ob der eingehende Betrag dem Konto noch gutgebracht werden kann. Solche Fälle kommen in der Praxis sehr häufig vor, z. B. infolge falscher oder unklarer Kontenbezeichnungen, unvollständiger Namen- und Wohnsitzangabe, Wechsel des Kontoinhabers, Fehler bei der Datenerfassung. In solchen Fällen müssen die Vorgänge auch dann über ein CpD-Konto (z. B. Fehlbuchungs- oder Restantenkonto) gebucht werden, wenn sie später endgültig einem entsprechenden Konto mit Legitimationsprüfung gutgebracht werden.

Auch die Abwicklung von Geschäftsvorfällen über Unterkonten, Zwischenkonten oder Ausgleichskonten erweist sich in einer Vielzahl von Fällen als notwendig (z. B. bei Gutschrift „Eingang vorbehalten"). Hierbei sind die Bezeichnungen für solche Konten in der Praxis unterschiedlich. Sofern die Einrichtung von Unterkonten zurzeit in bestimmten Organisationssystemen nicht möglich ist, empfiehlt sich, die für die Verbuchung derartiger Geschäftsvorfälle vorgesehenen Konten als Namens-Zwischen- oder Namens-Ausgleichskonten" zu bezeichnen, nicht als „Namens-CpD-Konten" wegen der Zweideutigkeit dieses Begriffs. Diese Konten unterliegen ebenso wie Unterkonten der Legitimationsprüfung und der Auskunftspflicht.

Ausgehend von der oben aufgeführten Formulierung im Einführungserlass können folgende Grundgestaltungen bei der Abwicklung von Geschäftsvorfällen gebildet werden:

a) Der Name des Beteiligten ist nicht bekannt und lässt sich auch nur schwer ermitteln:

Eine Abwicklung über CpD-Konto ist zulässig.

b) Der Name des Beteiligten ist bekannt oder lässt sich unschwer ermitteln, jedoch wird kein „entsprechendes Konto" geführt:

Die Abwicklung über CpD-Konto ist zulässig.

c) Der Name des Beteiligten ist bekannt oder kann unschwer ermittelt werden, und es wird bereits ein „entsprechendes Konto" geführt:

Der Geschäftsvorfall darf nicht über CpD-Konto abgewickelt werden.

3 Zur Ermittlung des Namens des Beteiligten und des „entsprechenden Kontos"

Kann der Name des Beteiligten bei der Prüfung im Rahmen der üblichen Datenerfassung nicht unverzüglich im Laufe des normalen Geschäftsvorganges ermittelt werden, so ist eine „unschwere Ermittlung" nicht möglich und eine Verbuchung auf CpD-Konto zulässig. Ebenso kann verfahren werden, wenn ein „entsprechendes Konto" nicht unverzüglich ermittelt werden kann. Wird der Name später festgestellt und liegt ein entsprechendes Konto vor, so ist der Vorgang unverzüglich auf dem Konto zu buchen.

4 Zum Begriff des „entsprechenden Kontos"

Unter einem „entsprechenden Konto" kann nur ein Konto verstanden werden, das seiner Funktion nach der Abwicklung des betreffenden Geschäftsvorfalles dienen kann, d. h. das geeignet ist, den infrage stehenden Geschäftsvorfall aufzunehmen. Für Zahlungsvorgänge sind nur Girokonten (laufende Konten) „entsprechende Konten".

Bei Wertpapiergeschäften sind für die Verbuchung der Wertpapiere Depots „entsprechende Konten". So sind insbesondere Sparkonten und Termingeldkonten nicht als „entsprechende Konten" für laufende Geschäftsvorfälle anzusehen. Nicht nur die oben genannten Girokonten und Depots werden als „entsprechende Konten" angesehen, sondern auch dazugehörige Unterkonten, Namens-Zwischen- und Namens-Ausgleichs-Konten.

5 Einzelfälle

Zur Erläuterung des zuvor Gesagten dienen folgende Fallbeispiele:

Fall 1: Es liegt eine Kontopfändung vor. Der Kunde will für einen fälligen Wechsel die entsprechende Geldsumme anschaffen, da er diesen Wechsel eingelöst haben will.

Die Verbuchung der Einzahlung darf nicht mehr auf dem gepfändeten Konto erfolgen, weil sonst die bestimmungsgemäße Verwendung des Geldes – hier zur Einlösung des Wechsels – gefährdet wird. Damit ist das gepfändete Konto kein „entsprechendes Konto". Eine Verbuchung über CpD ist zulässig.

Fall 2: Ein Kunde (z. B. ein Einzelkaufmann, Freiberufler, Handwerker, Landwirt) unterhält bei einem Kreditinstitut sowohl ein Privat- als auch ein Geschäftskonto. Es wird ein Vorgang hereingegeben, bei dem nicht sofort geklärt werden kann, ob das Privat- oder Geschäftskonto anzusprechen ist.

Ein derartiger Vorgang kann über CpD-Konto gebucht werden, bis nach Befragen des Kunden Klarheit besteht, welcher Bereich angesprochen werden muss; sodann ist unverzüglich eine Umbuchung entweder auf Privat- oder Geschäftskonto des Kunden vorzunehmen.

Fall 3: Wie Fall unter 2, jedoch unterhält der Kunde nur ein Geschäftskonto bei dem Kreditinstitut. Es soll eine Gutschrift vorgenommen werden, die nach Angaben des Kunden keinen betrieblichen Vorgang darstellt und die er deshalb auf CpD-Konto verbucht haben will.

Wenn das Kreditinstitut ausnahmsweise feststellen kann, dass der Vorgang nicht das Geschäftskonto des Empfängers betrifft, ist eine Abwicklung über CpD zulässig. In aller Regel wird aber das Kreditinstitut die Zuordnung zur privaten oder geschäftlichen Sphäre nicht feststellen können. Dann kommt eine Anlage auf CpD nicht in Betracht. Es muss ein neu zu errichtendes laufendes Konto oder ein Namens-Zwischen- oder Namens-Ausgleichs-Konto angesprochen werden.

Fall 4: Ein Kunde möchte Wertpapiere über die Tafel kaufen:

A) Wird dieser Vorgang Zug um Zug gegen Barzahlung (Tafelgeschäft) durchgeführt, werden nur betriebsinterne Konten angesprochen, also keine Kunden- noch CpD-Konten.

B) Die Frage der Verbuchung über CpD-Konten stellt sich unter abgabenrechtlichen Gesichtspunkten nur, wenn solche Geschäfte nicht Zug um Zug bar vollzogen werden können, weil das Kreditinstitut

die gewünschten Wertpapiere nicht im Eigenbestand oder Kontosignationslager hat und sich erst eindecken muss und

der Kunde einen entsprechenden Bargeldbetrag zur Sicherheit hinterlegt.

a) Er unterhält bei diesem Institut sowohl ein Wertpapierdepot als auch ein Girokonto.

Sowohl die Geldbeträge als auch die Wertpapiere sind über die Konten des Kunden zu verbuchen, weil der Kunde „entsprechende Konten" für beide Seiten unterhält.

b) Hat der Kunde nur ein Depot, so sind die Wertpapiere über dieses als „entsprechendes Konto" zu verbuchen, obwohl der Kunde die Stücke effektiv ausgeliefert haben will (aufeinander folgende Ein- und Ausbuchung). Der Geldbetrag kann über CpD-Konto verbucht werden.

c) Hat der Kunde nur ein Girokonto, so sind die Geldbeträge über ein „entsprechendes Konto" im Sinne der vorstehenden Ziffer 4 zu verbuchen, während die Wertpapiere auf CpD erfasst werden können.

d) Hat der Kunde keine Konto- und Depotverbindung, so kann der gesamte Vorfall über CpD gebucht werden.

C) Gleiches gilt, wenn der Kunde Reiseschecks, Reisezahlungsmittel, Edelmetalle etc. kauft.

D) Der Verkauf von Wertpapieren, Reiseschecks, Reisezahlungsmitteln, Edelmetallen etc. durch den Kunden an die Bank wickelt sich entsprechend dem Kauf ab. Falls es sich nicht um ein Tafelgeschäft handelt, muss geprüft werden, ob der Kunde ein „entsprechendes Konto" unterhält.

Fall 5: Ein Kunde gibt Kupons, Schecks, Wechsel oder sonstige Dokumente zum Ankauf oder Einzug herein.

Beim Ankauf (Tafelgeschäft) werden nur betriebsinterne Konten angesprochen, während beim Einzug zu prüfen ist, ob der Kunde ein „entsprechendes Konto" unterhält. Hat er ein Girokonto, so muss der Gegenwert über ein entsprechendes Konto zur Verfügung gestellt werden. Soll der Betrag – z. B. bei Gutschrift eines Schecks „Eingang vorbehalten" – nicht dem laufenden Konto gutgebracht werden, so kann die Gutschrift auch auf einem Namens-Zwischen-/Namens-Ausgleichs-Konto erfolgen.

Fall 6: Geschäftsvorfall wie Fall 4 oder 5, jedoch unterhält der Kunde nur ein Sparkonto bei dem Institut.

Wie bereits erläutert, wird ein Sparkonto für laufende Geschäftsvorfälle nicht als „entsprechendes Konto" im Sinne der Erlassvorschrift angesehen. Derartige Geschäftsvorfälle können also über

CpD-Konten gebucht werden. Dies gilt auch für den Fall, dass nur ein Termingeldkonto unterhalten wird.

Fall 7: Ein Kunde unterhält nur ein DM-Konto und gibt einen Scheck in ausländischer Währung zum Einzug herein.

Soll ihm der Gegenwert – wie im Regelfall – in DM zur Verfügung gestellt werden, erfolgt die Verbuchung über das DM-Konto. Soll der Scheckbetrag ausnahmsweise in gleicher ausländischer Währung abgerechnet werden, kann die Verbuchung über ein etwaiges Währungs-CpD erfolgen, weil das DM-Konto kein „entsprechendes Konto" darstellt.

Fall 8: Ein Kunde unterhält nur ein Oder-Konto. Es wird ein Verrechnungsscheck auf den Namen des Kunden eingereicht, den dieser in bar ausgezahlt haben möchte.

Das Oder-Konto ist in der Regel ein „entsprechendes Konto", sodass die Barauszahlung ohne Einschaltung eines Kundenkontos nicht möglich ist, sofern sich aus besonderen Umständen z. B. dem Verwendungszweck nichts anderes ergibt.

Fall 9: Wie Fall 8, nur wird statt des Oder-Kontos ein Und-Konto geführt.

Das Und-Konto ist kein „entsprechendes Konto", weil der Kunde darüber nicht allein verfügen kann.

6 Zur Frage, wo das „entsprechende Konto" als „geführt" anzusehen ist

In Anbetracht der unterschiedlichen Organisationssysteme ist eine einheitliche praktikable und für die Kreditinstitute, insbesondere die Filialinstitute, zumutbare Abgrenzung der „ein entsprechendes Konto führenden Stelle" zu suchen.

Grundsätzlich wird nur dann ein „entsprechendes Konto" bei einem Kreditinstitut geführt, wenn es in einer für die betreffende Geschäftsstelle (Zentrale, Filiale oder Zweigstelle) zuständigen, sofort zugriffsbereiten Kundenkartei erfasst ist. Für den Bereich einer sofort zugriffsbereiten Kundenkartei besteht eine Nachforschungspflicht des Kreditinstitutes, und zwar grundsätzlich unabhängig von einer eventuellen Auskunft des Kunden. Die Abgrenzung

richtet sich also nach der individuellen Organisation eines Kreditinstitutes (Zugriffsbereich einer Kundenkartei). Bei einem Filialinstitut kann demnach nicht auf das Gesamtinstitut abgestellt werden.

Danach ergäbe sich in der Praxis folgendes Verfahren:

Ist der Name des Beteiligten bekannt oder kann er unschwer ermittelt werden, so ist, falls der Kunde nicht ein „entsprechendes Konto" im Zugriffsbereich der betreffenden Kundenkartei von sich aus oder auf Befragen angibt, zu prüfen, ob er als Kontoinhaber in der Kundenkartei erfasst ist. Ist dies zu bejahen, so schließt sich die Prüfung an, ob es sich um ein „entsprechendes Konto" handelt. Eine über den Zugriffsbereich der Kundenkartei hinausgehende Nachforschungspflicht besteht nicht. Ein an anderer Stelle bestehendes „entsprechendes Konto" ist zu berücksichtigen, wenn die angesprochene Geschäftsstelle Gewissheit vom Bestehen eines solchen Kontos in einem anderen Kundenkarteibereich hat.

3.3 Muster eines Ausweisersatzes nach § 48 Abs. 2 Aufenthaltsgesetz

Abbildungen siehe Seiten 251/352

Auf Seite 5 ist eines der in den Anlagen D2a, D13b und D14 wiedergegebenen Klebeetiketten aufzukleben. Bei Verlängerungen ist ein neues Klebeetikett zu verwenden. Es dürfen bis zu zwei Verlängerungen mit demselben Trägervordruck vorgenommen werden. Jeweils ist die Seriennummer des Klebeetiketts auf Seite 6 einzutragen. Jede dieser Eintragungen ist mit einem Dienstsiegel zu bestätigen.

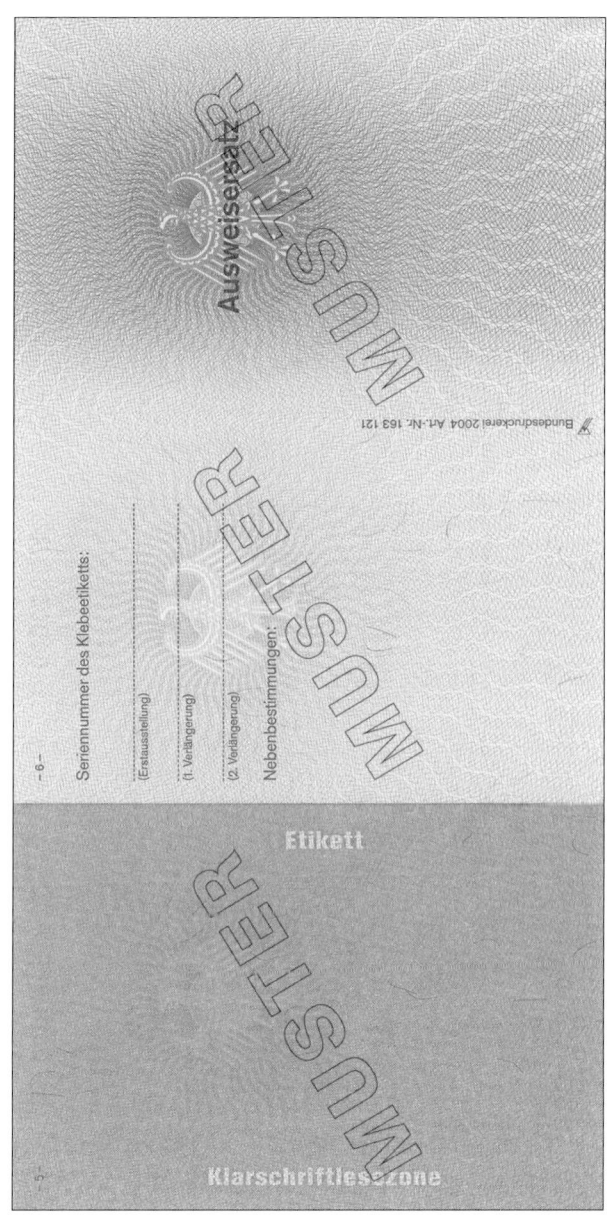

Anhang

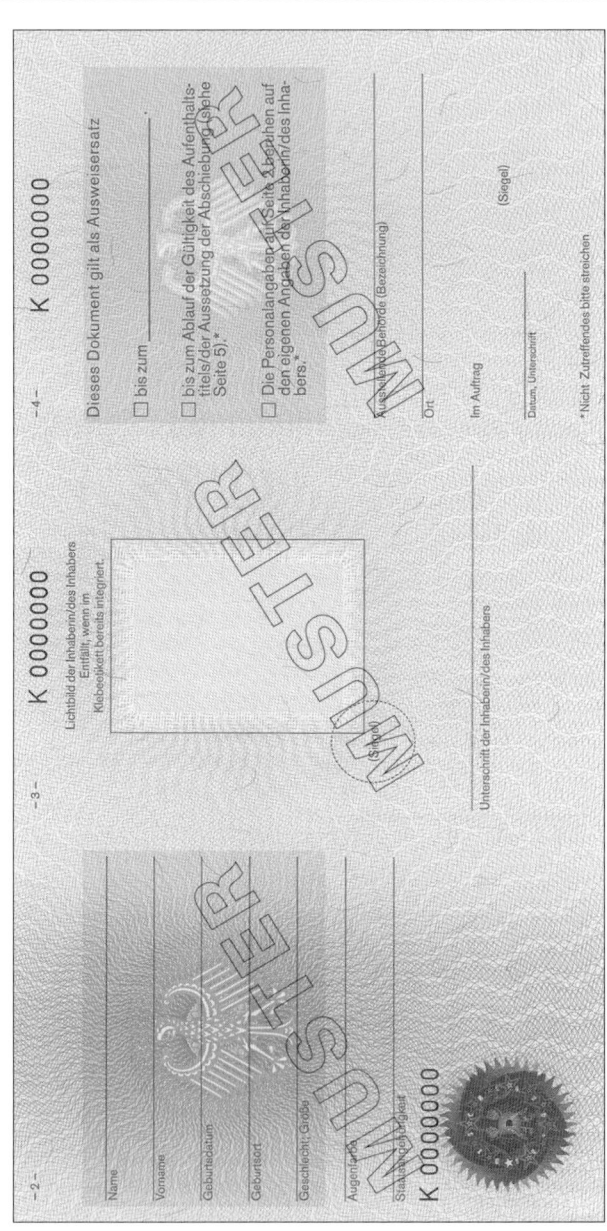

3.4 Muster eines Reiseausweises für Ausländer nach § 4 Abs. 1 Nr. 1 Aufenthaltsverordnung

– Titelseite des Einbandes –

– Passkarte und Seite 1 –

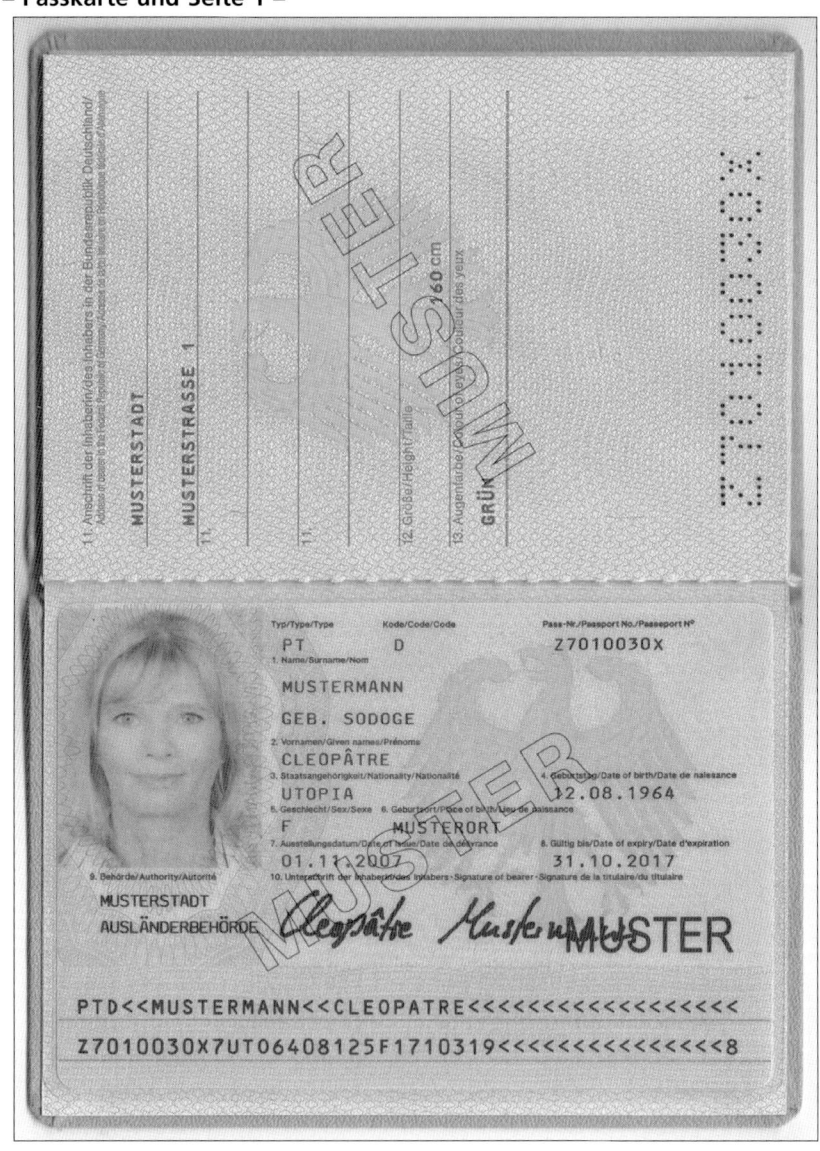

– Seite 2 und Seite 3 –

3.5 Muster eines Reiseausweises für Flüchtlinge nach § 4 Abs. 1 Nr. 3 Aufenthaltsverordnung

– Titelseite des Einbandes –

– Passkarte und Seite 1 –

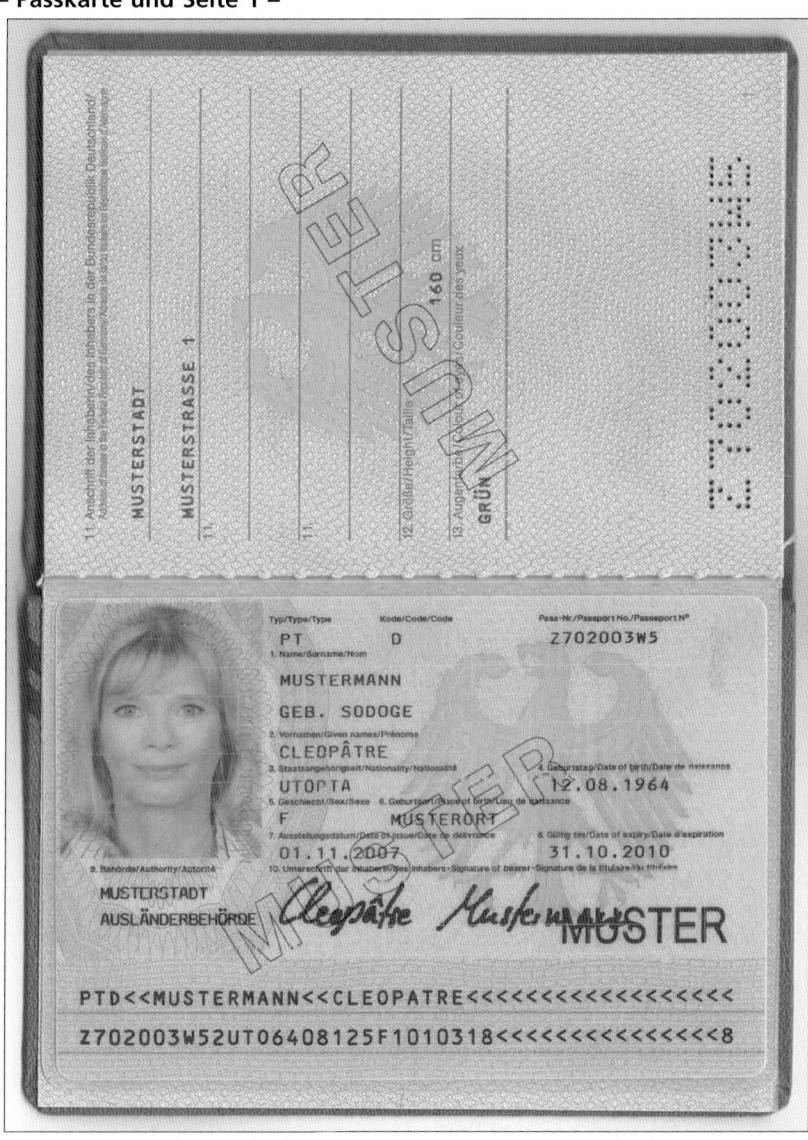

PTD<<MUSTERMANN<<CLEOPATRE<<<<<<<<<<<<<<<<<<<
Z702003W52UT06408125F1010318<<<<<<<<<<<<<<8

– Seite 2 und Seite 3 –

3.6 Muster eines Reiseausweises für Staatenlose nach § 4 Abs. 1 Nr. 4 Aufenthaltsverordnung

– Titelseite des Einbandes –

– Passkarte und Seite 1 –

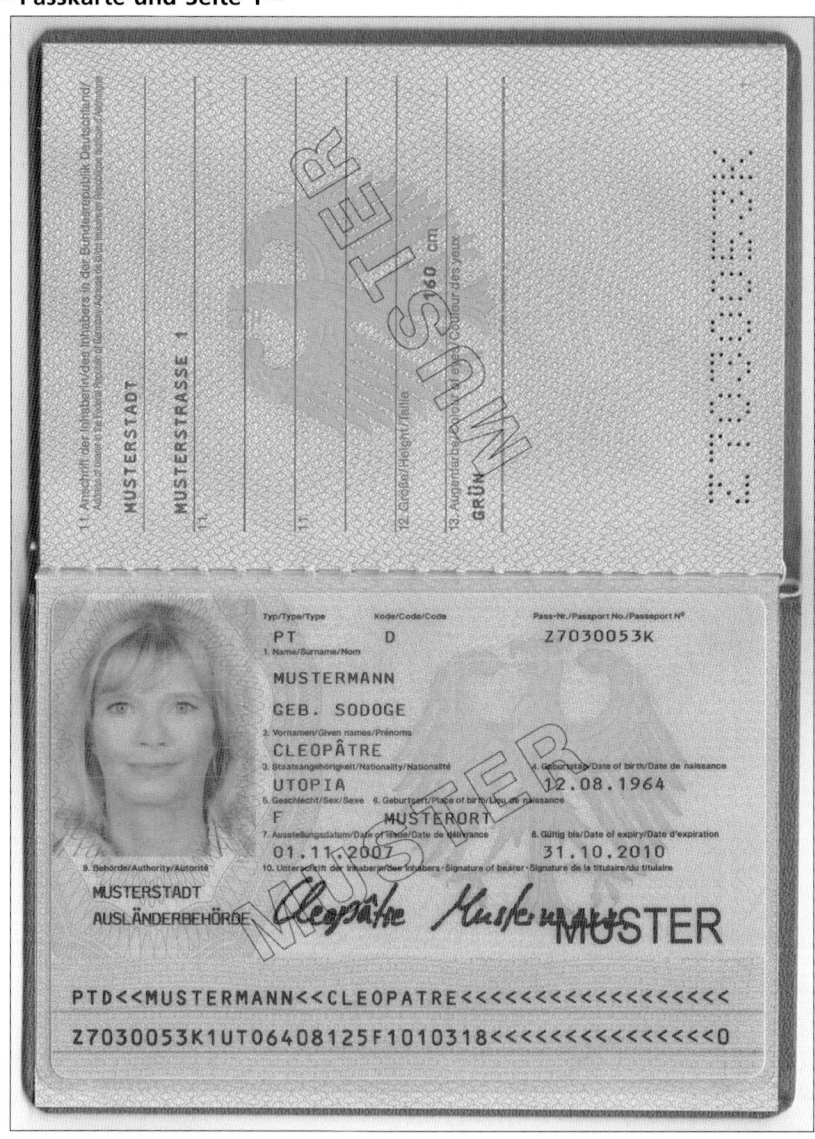

– Seite 2 und Seite 3 –

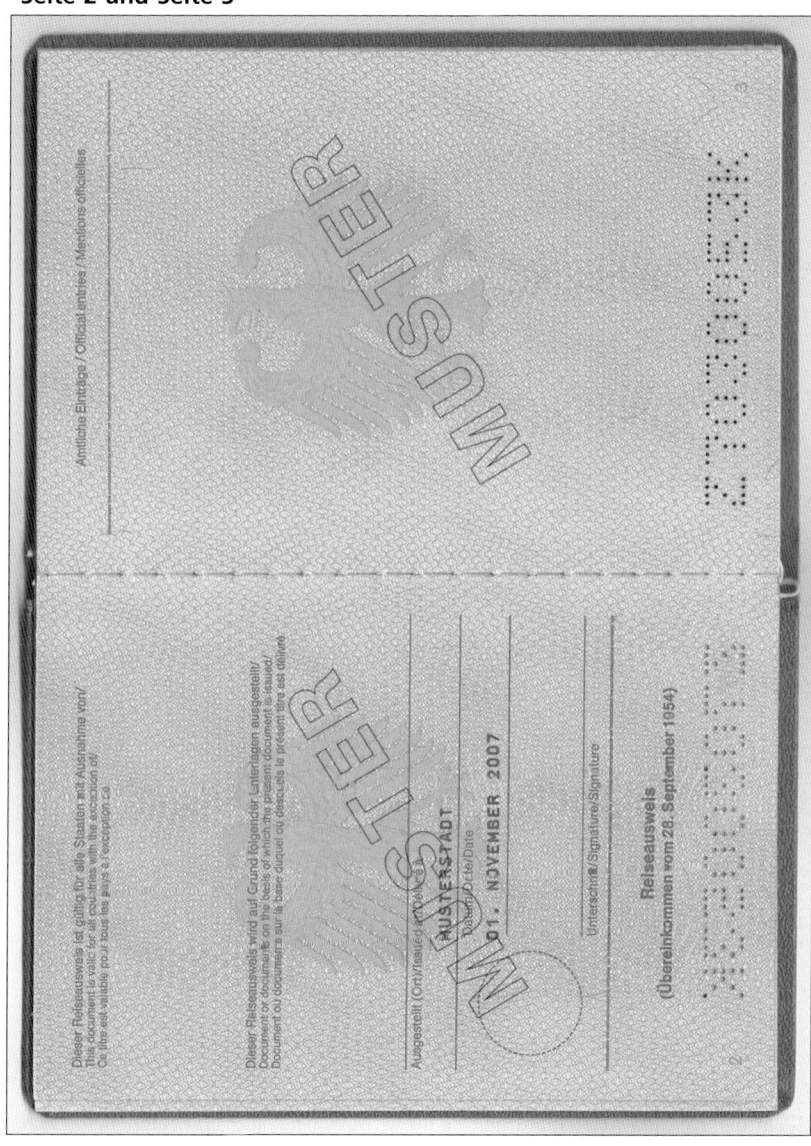

3.7 Muster einer Aufenthaltserlaubnis als Ausweisersatz[1]

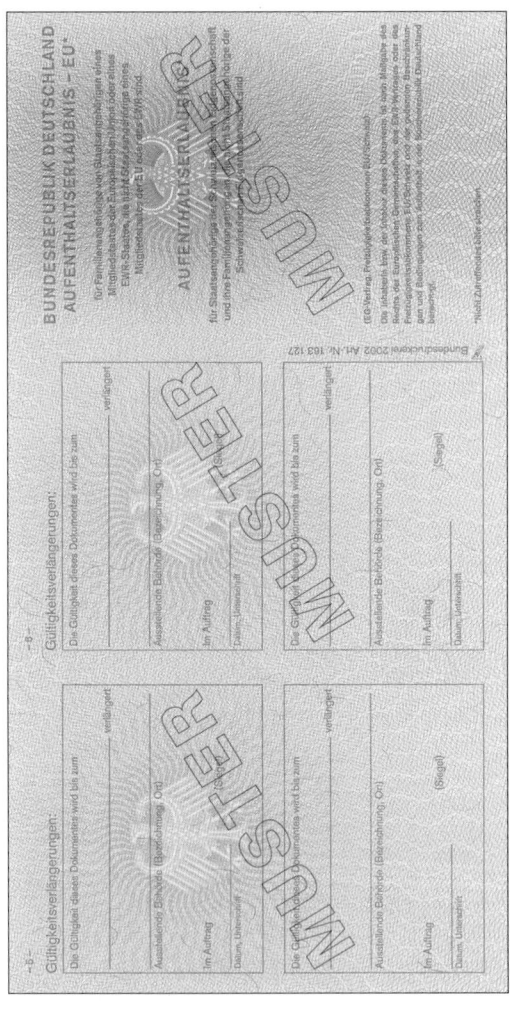

---

1 In der gleichen Ausführung gibt es dieses Dokument auch als Aufenthaltserlaubnis, Erlaubnis zum Daueraufenthalt – EG, Niederlassungserlaubnis oder Duldung (Aussetzung der Abschiebung).

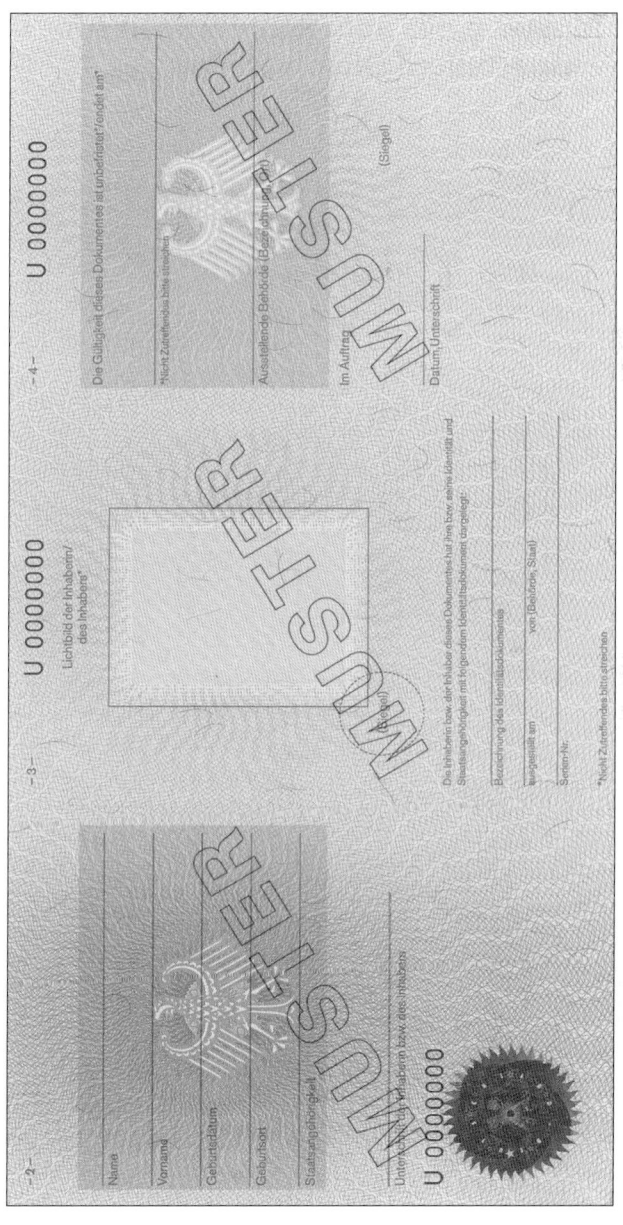

3.8 Muster eines vom Auswärtigen Amt ausgestellten Diplomatenpasses

– Titelseite des Einbandes –

– Passkarte und Seite 1 –

11. Dienstort und Dienstbezeichnung/Place of service and rank/Lieu d'affectation et titre (fonction)

ST. PETERSBURG

GENERALKONSULIN

GENERALKONSULAT ST. PETERSBURG

Dienstpassinfomation Zeile 4

Dienstpassinfomation Zeile 5

999999

12. Größe/Height/Taille   160 cm

13. Augenfarbe/Colour of eyes/Couleur des yeux

GRÜN

C01Y002ZZ

Typ/Type/Type   Kode/Code/Code   Pass-Nr./Passport No./Passeport N°
PD   D   C01Y002ZZ
1. Name/Surname/Nom

MUSTERMANN

2. Vornamen/Given names/Prénoms
ERIKA
3. Staatsangehörigkeit/Nationality/Nationalité   4. Geburtstag/Date of birth/Date de naissance
DEUTSCH   12.08.1964
5. Geschlecht/Sex/Sexe   6. Geburtsort/Place of birth/Lieu de naissance
F   BERLIN
7. Ausstellungsdatum/Date of issue/Date de délivrance   8. Gültig bis/Date of expiry/Date d'expiration
01.11.2007   31.10.2017
9. Behörde/Authority/Autorité   10. Unterschrift der Inhaberin/der Inhabers·Signature of bearer·Signature de la titulaire/du titulaire
AUSWÄRTIGES AMT

MUSTER

PDD<<MUSTERMANN<<ERIKA<<<<<<<<<<<<<<<<<<<<<<<
C01Y002ZZ7D<<6408125F1710319<<<<<<<<<<<<<<<8

– Seite 2 und Seite 3 –

3.9 Muster einer Befreiung von der Ausweispflicht

Ausweisbehörde

PLZ, Ort, Datum

Telefon Durchwahl (Nbst.) | Telefax

Sachbearbeiter/in | Zimmer-Nr.

Aktenzeichen (Bitte immer angeben!)

Befreiung von der Ausweispflicht

Familienname | Tag der Geburt

ggf. Geburtsname

Vorname(n)

Wohnort (ohne Postleitzahl)

Wohnung (Straße, Platz u. a.) | Haus-Nr.

wird gemäß

Rechtsgrundlage

in der zur Zeit geltenden Fassung **von der Ausweispflicht befreit.**

Im Auftrag

Unterschrift

Nachdruck, Nachahmung, Kopieren und elektronische Speicherung verboten!

123/2085 II — Deutscher Gemeindeverlag — (95110) — W. Kohlhammer GmbH

3.10 Verzeichnis der Mitgliedstaaten der Vereinten Nationen

Die deutsche Bezeichnung ist in der rechten Spalte angegeben.

Afghanistan	Afghanistan
Albania	Albanien
Algeria	Algerien
Andorra	Andorra
Angola	Angola
Antigua and Barbuda	Antigua und Barbuda
Argentina	Argentinien
Armenia	Armenien
Australia	Australien
Austria	Österreich
Azerbaijan	Aserbeidschan
Bahamas	Bahamas
Bahrain	Bahrain
Bangladesh	Bangladesch
Barbados	Barbados
Belarus	Republik Weißrussland
Belgium	Belgien
Belize	Belize
Benin	Benin
Bhutan	Bhutan
Bolivia	Bolivien
Bosnia and Herzegovina	Bosnien-Herzegowina
Botswana	Botsuana
Brazil	Brasilien
Brunei Darussalam	Brunei Darussalam
Bulgaria	Bulgarien
Burkina Faso	Burkina Faso
Burundi	Burundi
Cambodia	Kambodscha
Cameroon	Kamerun
Canada	Kanada

Cape Verde	Kap Verde
Central African Republic	Zentralafrikanische Republik
Chad	Tschad
Chile	Chile
China	Volksrepublik China
Colombia	Kolumbien
Comoros	Komoren
Congo (Democratic Republik of the)	Kongo
Costa Rica	Costa Rica
Côte d'Ivoire	Côte d'Ivoire
Croatia	Kroatien
Cuba	Kuba
Cyprus	Zypern
Czech Republic	Tschechische Republik
Democratic People's Republic of Korea	Demokratische Republik Korea
Democratic Republic of Timor-Leste	Osttimor
Denmark	Dänemark
Djibouti	Dschibuti
Dominica	Dominica
Dominican Republic	Dominikanische Republik
Ecuador	Ecuador
Egypt	Ägypten
El Salvador	El Slavador
Equatorial Guinea	Äquatorial Guinea
Eritrea	Eritrea
Estonia	Estland
Ethiopia	Äthiopien
Federated States of Micronesia	Mikronesien
Fiji	Fidschi
Finland	Finnland
France	Frankreich
Gabon	Gabun
Gambia	Gambia
Georgia	Georgien
Ghana	Ghana
Greece	Griechenland

Grenada	Grenada
Guatemala	Guatemala
Guinea	Guinea
Guinea-Bissau	Guinea-Bissau
Guyana	Guyana
Haiti	Haiti
Honduras	Honduras
Hungary	Ungarn
Iceland	Island
India	Indien
Indonesia	Indonesien
Iran	Iran
Iraq	Irak
Ireland	Irland
Israel	Israel
Italy	Italien
Jamaica	Jamaika
Japan	Japan
Jordan	Jordanien
Kazakhstan	Kasachstan
Kenya	Kenia
Kiribati	Kiribati
Kuwait	Kuwait
Kyrgyzstan	Kirgisistan
Lao People's Democratic Republic	Demokratische Volksrepublik Laos
Latvia	Lettland
Lebanon	Libanon
Lesotho	Lesotho
Liberia	Liberia
Libya (Libyan Arab Jamahiriya)	Libyen
Liechtenstein	Liechtenstein
Lithuania	Litauen
Luxembourg	Luxemburg
Madagascar	Madagaskar
Malawi	Malawi
Malaysia	Malaysia

Maldives	Malediven
Mali	Mali
Malta	Malta
Marshall Islands	Marshallinseln
Mauritania	Mauretanien
Mauritius	Mauritius
Mexico	Mexiko
Monaco	Monaco
Mongolia	Mongolische Volksrepublik
Marocco	Marokko
Montenegro	Montenegro
Mozambique	Mosambik
Myanmar	Union von Myanmar
Namibia	Namibia
Nauru	Nauru
Nepal	Nepal
Netherlands	Niederlande
New Zeeland	Neuseeland
Nicaragua	Nicaragua
Niger	Niger
Nigeria	Nigeria
Norway	Norwegen
Oman	Oman
Pakistan	Pakistan
Palau	Palauinseln
Panama	Panama
Papua New Guinea	Papua-Neuguinea
Paraguay	Paraguay
Peru	Peru
Philippines	Philippinen
Poland	Polen
Portugal	Portugal
Qatar	Katar
Republic of Korea	Republik Korea
Republic of Moldova	Moldau
Romania	Rumänien

Russian Federation	Russische Förderation
Rwanda	Ruanda
Saint Kitts and Nevis	Saint Kitts und Nevis
Saint Lucia	Saint Lucia
Saint Vincent Grenadines	Saint Vincent und die Grenadinen
Samoa	Samoainseln
San Marino	San Marino
Sao Tomé and Principe	Sao Tomé und Principe
Saudi Arabia	Saudi-Arabien
Senegal	Senegal
Serbia	Serbien
Seychelles	Seychellen
Sierra Leone	Sierra Leone
Singapore	Singapur
Slovakia	Slowakai
Slovenia	Slowenien
Solomon Islands	Salomoninseln
Somalia	Somalia
South Africa	Südafrika
Spain	Spanien
Sri Lanka	Sri Lanka
Sudan	Sudan
Suriname	Surinam
Swaziland	Swasiland
Sweden	Schweden
Switzerland	Schweiz
Syria	Syrien
Tajikistan	Republik Tadschikistan
Thailand	Thailand
The former Yuposlav Republic of Macedonien	Mazedonien
Timor-Leste	Timor-Leste
Togo	Togo
Tonga	Tonga
Trinidad and Tobago	Trinidad und Tobago
Tunisia	Tunesien

Turkey	Türkei
Turkmenistan	Turkmenistan
Tuvalu	Tuvalu
Uganda	Uganda
Ukraine	Ukraine
United Arab Emirates	Vereinigte Arabische Emirate
United Kingdom of Great Britain and Nothern Ireland	Vereinigtes Königreich von Großbritannien und Nordirland
United Republic of Tanzania	Tansania
United States of America	Vereinigte Staaten von Amerika
Uruquay	Uruguay
Uzbekistan	Republik Usbekistan
Vanuatu	Vanuatu
Venezuela	Venezuela
Viet Nam	Vietnam
Yemen	Jemen
Zambia	Sambia
Zimbabwe	Simbabwe

3.11 Attachment – Dokumentationspflichten gegenüber Kontoinhabern nach den US-Quellensteuervorschriften

1. Der Qualified Intermediary (QI) unterliegt den nachstehend aufgeführten deutschen Gesetzen und Bestimmungen, in denen die Dokumentationspflichten des QI im Hinblick auf die Identifizierung seiner Kontoinhaber geregelt sind.
   a. Deutsche Abgabenordnung (§ 154 AO).
   b. Deutsches Geldwäschegesetz von 1993, zuletzt geändert in 1998.
   c. Verlautbarung des Bundesaufsichtsamtes für das Kreditwesen über Maßnahmen der Kreditinstitute zur Bekämpfung und Verhinderung der Geldwäsche.
   d. In der deutschen Kreditwirtschaft geltende und von bundesdeutschen Aufsichtsbehörden anerkannte Allgemeine Geschäftsbedingungen.
2. Der QI erklärt, dass die Einhaltung der oben aufgeführten Gesetze von den nachstehenden Behörden durchgesetzt wird und er hat dem Internal Revenue Service jegliche von diesen Behörden erstellten Berichte sowie sonstige Dokumente, die im Hinblick auf seine Funktion

als Qualified Intermediary von Bedeutung sind, in englischer Übersetzung zu übermitteln.

a. Bundesaufsichtsamt für das Kreditwesen.

b. Bundesfinanzministerium und Landesfinanzministerien.

3. Der QI erklärt, dass die folgenden Strafbestimmungen gelten bei unterlassener Einholung, Führung bzw. Auswertung der Dokumentation, die zur Kundenidentifizierung nach den in Punkt 1 genannten Gesetzen und Verordnungen vorzunehmen ist.

a. Ein Verstoß seitens des Kreditinstituts oder seines Kunden gegen § 154 AO führt zu einer strafrechtlichen Verfolgung (sofern die Voraussetzungen für eine fahrlässige Steuerverkürzung oder vorsätzliche Steuerhinterziehung gegeben sind) nach Maßgabe des Anwendungserlasses zur Abgabenordnung.

b. Die Deutsche Abgabenordnung sieht eine Reihe von Strafen vor in Form von Geldstrafen bis zu 5.000 Euro und Freiheitsstrafen bis zu 10 Jahren.

c. Kunden, die unter falschen Namen handeln, müssen mit Ordnungsstrafen (Geldstrafen) und Kontosperren rechnen. In solchen Situationen besteht die Vermutung, das Kreditinstitut habe eine Straftat der Beihilfe zur Steuerhinterziehung begangen. Ist dies der Fall, haftet es für die Steuer, die der Kunde zu hinterziehen beabsichtigte.

d. Kommt ein Kreditinstitut seiner Pflicht der Kundenidentifizierung gemäß § 8 des Geldwäschegesetzes bzw. der Feststellung der tatsächlichen Identität und Anschrift eines Kunden nicht nach, so ist dies eine Ordnungswidrigkeit, die mit Geldbuße zu ahnden ist. In derartigen Fällen droht den Angestellten des Kreditinstituts zusätzlich eine Freiheitsstrafe bis zu 10 Jahren entsprechend § 261 des Deutschen Strafgesetzbuches.

4. Der QI hat die nachstehend einzeln aufgeführten dokumentarischen Nachweise einzuholen (und jegliche zusätzliche Dokumentation, die mit Zustimmung des Internal Revenue Service als Ergänzung zu diesem Punkt 4 aufgenommen wird), um den Bestimmungen in Abschnitt 5 dieses Vertrags zu entsprechen, vorausgesetzt, dass die dokumentarischen Nachweise die Anforderungen der in Punkt 1 genannten Gesetze und Verordnungen erfüllen. Der QI oder ein Verband der Kreditwirtschaft bzw. des Wertpapierhandels in Deutschland können eine Ergänzung zu diesem Punkt 4 beantragen:

i. Für natürliche Personen:

(a) Deutscher Personalausweis; oder

(b) Reisepass;

(c) Geburtsurkunde für natürliche Personen bis zur Vollendung des 18. Lebensjahres.

ii. Für juristische Personen:

(a) Für in Deutschland ansässige juristische Personen, Auszüge aus den öffentlichen Registern (Handelsregister, Vereinsregister, Stiftungsregister);

(b) Für nicht in Deutschland ansässige juristische Personen, beglaubigte Kopien der Gründungsdokumente[1].

---

1   Z. B. Gründungs-, Konzessions- bzw. Stiftungsurkunden, das Statut oder der Gesellschaftsvertrag.

5. Der QI hat die nachstehend aufgeführten Verfahrensweisen zu beachten (dies gilt gleichfalls für jedes zusätzliche Verfahren, das mit Zustimmung des Internal Revenue Service als Ergänzung zu diesem Punkt 5 aufgenommen wird) im Hinblick auf die Bestätigung der Identität von Kontoinhabern, die bei der Kontoeröffnung nicht persönlich erscheinen oder die eine neue Dokumentation für bestehende Konten nicht persönlich erbringen. Der QI oder ein Verband der Kreditwirtschaft bzw. des Wertpapierhandels in Deutschland können eine Ergänzung zu diesem Punkt 5 beantragen.

i. Der QI selbst hat die Kontoeröffnung ausschließlich durch persönliche Identifizierung des Kunden anhand der eigenen Ausweispapiere des Kontoinhabers vorzunehmen, mit Ausnahme der nachstehenden Regelungen in (ii), (iii), (iv), (v), (vi) und (vii).

ii. Der QI darf von einer anderen Person, die den vom Internal Revenue Service für Zwecke des Qualified Intermediary-Vertrags anerkannten „Know your customer"-Regeln unterliegt, per Post oder anderweitig eine Kopie einholen, die eine genaue Wiedergabe der in Punkt 4 aufgeführten dokumentarischen Nachweise darstellt, vorausgesetzt, dass die in Punkt 1 genannten Gesetze und Verordnungen dem QI erlauben, auf die Identifizierung des Kontoinhabers durch diese andere Person zu vertrauen.

iii. Der QI darf vom Kontoinhaber oder einer Person, die im Auftrag des Kontoinhabers handelt, eine Fotokopie der in Punkt 4 aufgeführten dokumentarischen Nachweise per Post oder anderweitig einholen, vorausgesetzt, dass die Echtheit der Fotokopie von einer Person beglaubigt wurde, deren Befugnis, eine solche Beglaubigung vorzunehmen, auf der Fotokopie ausgewiesen ist, und dass die in Punkt 1 genannten Gesetze und Verordnungen dem QI erlauben, auf die Identifizierung des Kontoinhabers durch die beglaubigte Fotokopie zu vertrauen.

iv. (a) Der QI darf von seinen Zweigstellen oder Korrespondenzbanken eine Kopie, die eine genaue Wiedergabe der in Punkt 4 aufgeführten dokumentarischen Nachweise darstellt, per Post oder anderweitig einholen, vorausgesetzt, dass die Zweigstelle oder Korrespondenzbank die Identität des Kontoinhabers selbst festgestellt hat, und dass die in Punkt 1 aufgeführten Gesetze und Verordnungen dem QI erlauben, auf die Identifizierung des Kontoinhabers durch die von dieser Zweigstelle oder Korrespondenzbank übermittelte Dokumentation zu vertrauen.

(b) Für vor dem 1. Januar 2001 eröffnete Konten gilt, dass wenn der QI nicht nach seinen „Know your customer"-Regeln über die Kundenidentifizierung zur Führung der Dokumentation im Original oder in Kopie verpflichtet war, er auf seine Kontoinformationen abstellen darf, wenn er allen anderen Aspekten seiner „Know your customer" Regeln im Hinblick auf die Feststellung der Identität des Kontoinhabers entsprochen hat, einen Nachweis darüber führt, dass die nach der Kundenidentifizierungsregelung vorgeschriebene Dokumentation von einem seiner Mitarbeiter oder einem seiner Angestellten einer seiner Zweigstellen bzw. Korrespondenzbanken gemäß diesen Regeln geprüft wurde, und ihm keine Informationen vorliegen, welche ihn nach § 5.10 (B) des Vertrages verpflichten würden, die Dokumentation als ungültig zu behandeln.

v. Der QI darf ein Konto für natürliche Personen eröffnen, die sich gegenüber einem Angestellten der Deutschen Post AG mittels der in Punkt 4(a) aufgeführten dokumentarischen Nachweise ausgewiesen haben, vorausgesetzt der QI erhält vor der Kontoeröffnung eine Erklärung des Postangestellten, dass er oder sie die Identifizierung der Person anhand der geeigneten dokumentarischen Nachweise vorgenommen hat, wobei diese Erklärung den Namen, die Anschrift sowie erforderliche personenbezogene Daten aus den vorgelegten dokumentarischen Nachweisen enthalten muss.

vi. Der QI darf ein Konto für nicht in Deutschland ansässige natürliche Personen eröffnen, die sich gegenüber einem Angestellten i) der Deutschen Botschaft in dem jeweiligen Land oder ii) einer staatlichen Behörde in diesem Land mittels der in Punkt 4(a) aufgeführten dokumentarischen Nachweise ausgewiesen haben, vorausgesetzt der QI erhält vor der Kontoeröffnung

eine Erklärung des Angestellten, dass er oder sie die Identifizierung der Person anhand der geeigneten dokumentarischen Nachweise vorgenommen hat, wobei diese Erklärung den Namen, die Anschrift sowie erforderliche personenbezogene Daten aus den vorgelegten dokumentarischen Nachweisen enthalten muss.

vii. Der QI darf ein Konto für Personen eröffnen, die sich gegenüber einem von der Deutschen Regulierungsbehörde nach dem Deutschen Signaturgesetz von 1997 lizenzierten Unternehmen durch die in Punkt 4 aufgeführten dokumentarischen Nachweise ausgewiesen haben in der Absicht, eine digitale Signatur sowie einen zugehörigen Signaturschlüssel zu erhalten, vorausgesetzt der QI erhält vor der Kontoeröffnung Kenntnis von dem privaten Signaturschlüssel des Kunden und kontrolliert die Daten aus den dokumentarischen Nachweisen, die dem lizenzierten Unternehmen vom Kunden vorgelegt wurden, und vorausgesetzt der QI und sein externer Prüfer dürfen beim lizenzierten Unternehmen Zugriff nehmen auf solche Daten zwecks Durchführung der Außenprüfung gemäß Abschnitt 10 des Vertrages.

3.12 Erklärungen zur Legitimationsprüfung nach den US-Quellensteuervorschriften (einschließlich nichtamtlicher Übersetzungen)

Form W-8BEN (Rev. February 2006)
Department of the Treasury
Internal Revenue Service

Certificate of Foreign Status of Beneficial Owner for United States Tax Withholding
▶ Section references are to the Internal Revenue Code. ▶ See separate instructions.
▶ Give this form to the withholding agent or payer. Do not send to the IRS.

OMB No. 1545-1621

Do not use this form for: — Instead, use Form:
- A U.S. citizen or other U.S. person, including a resident alien individual W-9
- A person claiming that income is effectively connected with the conduct of a trade or business in the United States W-8ECI
- A foreign partnership, a foreign simple trust, or a foreign grantor trust (see instructions for exceptions) . . . . W-8ECI or W-8IMY
- A foreign government, international organization, foreign central bank of issue, foreign tax-exempt organization, foreign private foundation, or government of a U.S. possession that received effectively connected income or that is claiming the applicability of section(s) 115(2), 501(c), 892, 895, or 1443(b) (see instructions) . . . . W-8ECI or W-8EXP

Note: These entities should use Form W-8BEN if they are claiming treaty benefits or are providing the form only to claim they are a foreign person exempt from backup withholding.
- A person acting as an intermediary W-8IMY

Note: See instructions for additional exceptions.

Part I   Identification of Beneficial Owner (See instructions.)

1 Name of individual or organization that is the beneficial owner | 2 Country of incorporation or organization

3 Type of beneficial owner: ☐ Individual ☐ Corporation ☐ Disregarded entity ☐ Partnership ☐ Simple trust
☐ Grantor trust ☐ Complex trust ☐ Estate ☐ Government ☐ International organization
☐ Central bank of issue ☐ Tax-exempt organization ☐ Private foundation

4 Permanent residence address (street, apt. or suite no., or rural route). **Do not use a P.O. box or in-care-of address.**

City or town, state or province. Include postal code where appropriate. | Country (do not abbreviate)

5 Mailing address (if different from above)

City or town, state or province. Include postal code where appropriate. | Country (do not abbreviate)

6 U.S. taxpayer identification number, if required (see instructions) ☐ SSN or ITIN ☐ EIN | 7 Foreign tax identifying number, if any (optional)

8 Reference number(s) (see instructions)

Part II   Claim of Tax Treaty Benefits (if applicable)

9 I certify that (check all that apply):
a ☐ The beneficial owner is a resident of .... within the meaning of the income tax treaty between the United States and that country.
b ☐ If required, the U.S. taxpayer identification number is stated on line 6 (see instructions).
c ☐ The beneficial owner is not an individual, derives the item (or items) of income for which the treaty benefits are claimed, and, if applicable, meets the requirements of the treaty provision dealing with limitation on benefits (see instructions).
d ☐ The beneficial owner is not an individual, is claiming treaty benefits for dividends received from a foreign corporation or interest from a U.S. trade or business of a foreign corporation, and meets qualified resident status (see instructions).
e ☐ The beneficial owner is related to the person obligated to pay the income within the meaning of section 267(b) or 707(b), and will file Form 8833 if the amount subject to withholding received during a calendar year exceeds, in the aggregate, $500,000.

10 **Special rates and conditions** (if applicable—see instructions): The beneficial owner is claiming the provisions of Article .... of the treaty identified on line 9a above to claim a .... % rate of withholding on (specify type of income): ....
Explain the reasons the beneficial owner meets the terms of the treaty article: ....

Part III   Notional Principal Contracts

11 ☐ I have provided or will provide a statement that identifies those notional principal contracts from which the income is **not** effectively connected with the conduct of a trade or business in the United States. I agree to update this statement as required.

Part IV   Certification

Under penalties of perjury, I declare that I have examined the information on this form and to the best of my knowledge and belief it is true, correct, and complete. I further certify under penalties of perjury that:
1 I am the beneficial owner (or am authorized to sign for the beneficial owner) of all the income to which this form relates,
2 The beneficial owner is not a U.S. person,
3 The income to which this form relates is (a) not effectively connected with the conduct of a trade or business in the United States, (b) effectively connected but is not subject to tax under an income tax treaty, or (c) the partner's share of a partnership's effectively connected income, and
4 For broker transactions or barter exchanges, the beneficial owner is an exempt foreign person as defined in the instructions.
Furthermore, I authorize this form to be provided to any withholding agent that has control, receipt, custody of the income of which I am the beneficial owner or any withholding agent that can disburse or make payments of the income of which I am the beneficial owner.

Sign Here ▶ _____ Signature of beneficial owner (or individual authorized to sign for beneficial owner) Date (MM-DD-YYYY) Capacity in which acting

For Paperwork Reduction Act Notice, see separate instructions. Cat. No. 25047Z Form **W-8BEN** (Rev. 2-2006)

Übersetzung des Formulars W-8BEN (Februar 2006)

Versicherung des Nutzungsberechtigten über seinen Status als Steuerausländer für Zwecke der US-Quellensteuer

→ §§-Bezeichnungen beziehen sich auf das Einkommensteuergesetz USA (Internal Revenue Code) → Besondere Hinweise liegen vor → Dieses Formular ist der auszahlenden Stelle (Withholding Agent) einzureichen. Es ist nicht an die U.S. Steuerbehörden zu senden.

Dieses Formular ist in folgenden Fällen nicht zu verwenden:	Verwendbares Formular:
U.S. Staatsangehöriger oder andere U.S.-Person einschließlich in USA ansässiger Ausländer	W-9
Eine Person, die sich auf eine Befreiung von U.S.-Quellensteuer für Einkommen, das „effectively connected" mit dem Führen eines „Trade or Business" in den USA ist, beruft	W-8ECI oder W 8IMY
Eine ausländische Personengesellschaft, ein ausländischer „Simple Trust", oder ein ausländischer „Grantor Trust" (siehe Instruktionen bzgl. Ausnahmen)	W-8ECI oder W-8IMY
Eine ausländische Regierung, Internationale Organisation, ausländische Zentralbank, ausländische steuerbefreite Organisation, ausländische Privatstiftung, oder die Regierung einer „U.S. Possession", die „effectively connected income" erhalten hat oder sich auf die Anwendbarkeit der Paragraphen 115(2), 501(c), 892, 895 oder 1443 (b) beruft (siehe Instruktionen).	W-8ECI oder W-8IMY
Beachte: Diese Einheiten sollten Formular W-8BEN benutzen, wenn sie Abkommensvergünstigungen geltend machen, oder wenn sie das Formular nur dazu verwenden, geltend zu machen, dass sie ausländische Personen sind, die von „Backup Withhold" befreit sind.	
Eine Person, die als Intermediary handelt	W-8IMY

Teil I Persönliche Angaben der Nutzungsberechtigten

1   Name der natürlichen Person oder Organisation, die Nutzungsberechtigter ist

2   Gründungs- bzw. Sitzland einer Gesellschaft

3   Typ des Nutzungsberechtigten:

x Natürliche Person	x Körperschaft	x steuerlich unbeachtliche Einheit
x Personengesellschaft	x Simple Trust	x Estate (Nachlass)

x Grantor Trust   x Complex Trust   x Zentralbank

x Regierung   x International   x steuerbefreite
                    Organisation   Organisation

x Privatstifung

4   Ständiger Wohnsitz (Straße, Haus-Nr.), kein Postfach oder in-care-of Adresse angeben

    Stadt, Bundesstaat, Postleitzahl   Land (nicht abkürzen)

5   Postanschrift (falls von vorstehender abweichend)

    Stadt, Bundesstaat, Postleitzahl   Land (nicht abkürzen)

6   U.S. Steuernummer, falls erforderlich

7   Ausländ. Steuernummer, falls vorhanden (Angabe freiwillig)

8   Referenz-Nummer(n)

Teil II Beanspruchte Abkommensvergünstigungen (falls anwendbar)

9   Ich versichere folgendes (sämtliche zutreffenden Felder ankreuzen):
    a x Der Nutzungsberechtigte ist hauptansässig in – siehe Zeile 4 – im Sinne des Doppelbesteuerungsabkommens zwischen USA und diesem Land.
    b x Falls erforderlich, ist die U.S. Steuernummer in Zeile 6 eingetragen.
    c x Der Nutzungsberechtigte ist keine natürliche Person, bezieht Einkünfte, für die Abkommensvergünstigungen beansprucht werden und – sofern im DBA vorgesehen – erfüllt die Voraussetzungen der Bestimmungen über die Schranken für Akommensvergünstigungen
    d x Der Nutzungsberechtigte ist keine natürliche Person, beansprucht Abkommensvergünstigungen für Dividenden von einer Nicht-U.S.-Gesellschaft oder Zinsen in tatsächlichem Zusammenhang mit dem Betreiben eines U.S.-Handels oder U.S.-Geschäfts einer Nicht-U.S.-Gesellschaft und erfüllt die Voraussetzungen der sog. „qualifizierten Ansässigkeit" (gilt nur für Personen mit Sitz in einem Land, dessen Doppelbesteuerungsabkommen vor 1987 abgeschlossen wurde).
    e x Der Nutzungsberechtigte ist mit der Person, die die Erträge auszahlt, verbunden im Sinne des § 267 (b) oder § 707 (b) und wird das Formular 8833 einreichen, wenn die abzugspflichtigen Beträge im Kalenderjahr $ 500.000 übersteigen.

10 x Besondere Steuerermässigungen und ihre Voraussetzungen (falls zutreffend): Der Nutzungsberechtigte beruft sich auf die Regelung in Artikel __ des in Zeile 9a genannten Abkommens und beansprucht Quellensteuer von __% (Einkunftsart angeben): __. Der Nutzungsberechtigte erfüllt die Voraussetzungen des genannten Artikels aus folgenden Gründen:

380

Anhang

Teil III Termin-/Swap-Kontrakte (National Principal Contracts)

11 x Ich habe eine Aufstellung eingereicht bzw. werde eine Aufstellung über diejenigen Termin-/Swap-Kontrakte einreichen, deren Erträge nicht in tatsächlichem Zusammenhang stehen mit einer gewerblichen Tätigkeit in USA. Ich werde diese Aufstellung erneuern, sofern erforderlich.

Teil IV Versicherung

Im Bewusstsein der Strafbarkeit einer falschen eidlichen Aussage erkläre ich, dass ich die Angaben auf diesem Formular geprüft habe und dass es nach meinem besten Wissen und Gewissen wahr, zutreffend und vollständig ist.

Ich versichere außerdem im Bewusstsein der Strafbarkeit einer falschen eidlichen Aussage:

1. Ich bin der Nutzungsberechtigte (bzw. bin ich bevollmächtigt für den Nutzungsberechtigten zu unterzeichnen) der gesamten Erträge, auf die sich dieses Formular bezieht.

2. Der „Beneficial Owner" ist keine U.S.-Person

3. Die Erträge auf die sich dieses Formular bezieht stehen

   a) nicht in tatsächlichem Zusammenhang mit einer gewerblichen Tätigkeit in den USA

   b) stehen in tatsächlichem Zusammenhang, aber unterliegen nicht der Besteuerung nach einem DBA oder

   c) der Anteil eines Teilhabers am Einkommen einer Personengesellschaft und

4. Im Falle von Makler- oder Barter-Börsengeschäften ist der Nutzungsberechtigte ein befreiter Steuerausländer im Sinne der Hinweise hierzu.

Ich erkläre weiterhin mein Einverständnis, dass dieses Formular jedem Withholding Agent unterbreitet werden darf, der Kontrolle bzw. Gewahrsam über das Einkommen hat oder Empfänger des Einkommens ist, dessen „Beneficial Owner" ich bin, oder jedem Withholding Agent, der Auslagen oder Zahlungen aus dem Einkommen entnehmen/vornehmen kann, dessen „Beneficial Owner" ich bin.

Unterschrift   Datum   ggf. Vollmacht beifügen

Form **W-8IMY** (Rev. February 2006) Department of the Treasury Internal Revenue Service	**Certificate of Foreign Intermediary, Foreign Flow-Through Entity, or Certain U.S. Branches for United States Tax Withholding** ▶ Section references are to the Internal Revenue Code. ▶ See separate instructions. ▶ Give this form to the withholding agent or payer. Do not send to the IRS.	OMB No. 1545-1621

Do not use this form for: **Instead, use Form:**

- A beneficial owner solely claiming foreign status or treaty benefits **W-8BEN**
- A hybrid entity claiming treaty benefits on its own behalf **W-8BEN**
- A person claiming that income is effectively connected with the conduct of a trade or business in the United States **W-8ECI**
- A disregarded entity. Instead, the single foreign owner should use . . . . **W-8BEN or W-8ECI**
- A foreign government, international organization, foreign central bank of issue, foreign tax-exempt organization, foreign private foundation, or government of a U.S. possession claiming the applicability of section(s) 115(2), 501(c), 892, 895, or 1443(b), ... **W-8EXP**

Part I   Identification of Entity

1 Name of individual or organization that is acting as intermediary	2 Country of incorporation or organization

3   Type of entity—check the appropriate box:

☐ Qualified intermediary. Complete Part II.	☐ Withholding foreign trust. Complete Part V.
☐ Nonqualified intermediary. Complete Part III.	☐ Nonwithholding foreign partnership. Complete Part VI.
☐ U.S. branch. Complete Part IV.	☐ Nonwithholding foreign simple trust. Complete Part VI.
☐ Withholding foreign partnership. Complete Part V.	☐ Nonwithholding foreign grantor trust. Complete Part VI.

4   Permanent residence address (street, apt. or suite no., or rural route). **Do not use P.O. box.**

City or town, state or province. Include postal code where appropriate.	Country (do not abbreviate)

5   Mailing address (if different from above)

City or town, state or province. Include postal code where appropriate.	Country (do not abbreviate)

6 U.S. taxpayer identification number (if required, see instructions) ▶ ☐ SSN or ITIN ☐ EIN ☐ QI-EIN	7 Foreign tax identifying number, if any (optional)

8   Reference number(s) (see instructions)

Part II   Qualified Intermediary

9a ☐ (All qualified intermediaries check here) I certify that the entity identified in Part I:

- Is a qualified intermediary and is not acting for its own account with respect to the account(s) identified on line 8 or in a withholding statement associated with this form **and**

- Has provided or will provide a withholding statement, as required.

b ☐ (If applicable) I certify that the entity identified in Part I has assumed primary withholding responsibility under Chapter 3 of the Code with respect to the account(s) identified on this line 9b or in a withholding statement associated with this form ▶ ....

c ☐ (If applicable) I certify that the entity identified in Part I has assumed primary Form 1099 reporting and backup withholding responsibility as authorized in its withholding agreement with the IRS with respect to the account(s) identified on this line 9c or in a withholding statement associated with this form ▶ ....

Part III   Nonqualified Intermediary

10a ☐ (All nonqualified intermediaries check here) I certify that the entity identified in Part I is not a qualified intermediary and is not acting for its own account.

b ☐ (If applicable) I certify that the entity identified in Part I is using this form to transmit withholding certificates and/or other documentary evidence and has provided or will provide a withholding statement, as required.

For Paperwork Reduction Act Notice, see separate instructions.   Cat. No. 25402Q   Form **W-8IMY** (Rev. 2-2006)

Form W-8IMY (Rev. 2-2006)   Page **2**

| **Part IV** | **Certain United States Branches** |

Note: *You may use this Part if the entity identified in Part I is a U.S. branch of a foreign bank or insurance company and is subject to certain regulatory requirements (see instructions).*

11 ☐ I certify that the entity identified in Part I is a U.S. branch and that the payments are not effectively connected with the conduct of a trade or business in the United States.

Check box 12 or box 13, whichever applies:

12 ☐ I certify that the entity identified in Part I is using this form as evidence of its agreement with the withholding agent to be treated as a U.S. person with respect to any payments associated with this certificate.

13 ☐ I certify that the entity identified in Part I:
  - Is using this form to transmit withholding certificates or other documentary evidence for the persons for whom the branch receives a payment **and**
  - Has provided or will provide a withholding statement, as required.

| **Part V** | **Withholding Foreign Partnership or Withholding Foreign Trust** |

14 ☐ I certify that the entity identified in Part I:
  - Is a withholding foreign partnership or a withholding foreign trust **and**
  - Has provided or will provide a withholding statement, as required.

| **Part VI** | **Nonwithholding Foreign Partnership, Simple Trust, or Grantor Trust** |

15 ☐ I certify that the entity identified in Part I:
  - Is a nonwithholding foreign partnership, a nonwithholding foreign simple trust, or a nonwithholding foreign grantor trust and that the payments to which this certificate relates are not effectively connected, or are not treated as effectively connected, with the conduct of a trade or business in the United States **and**
  - Is using this form to transmit withholding certificates and/or other documentary evidence and has provided or will provide a withholding statement, as required.

| **Part VII** | **Certification** |

Under penalties of perjury, I declare that I have examined the information on this form and to the best of my knowledge and belief it is true, correct, and complete. Furthermore, I authorize this form to be provided to any withholding agent that has control, receipt, or custody of the income for which I am providing this form or any withholding agent that can disburse or make payments of the income for which I am providing this form.

Sign Here ▶ ....
                                    Signature of authorized official   Date (MM-DD-YYYY)

Form **W-8IMY** (Rev. 2-2006)

Übersetzung des Formulars W-8IMY (Februar 2006)

Finanzministerium

Internal Revenue Service

Bestätigung eines ausländischen Intermediary („Verwahrstelle"), einer ausländischen Personengesellschaft oder bestimmter US-Niederlassungen in Bezug auf Steuereinbehalt in den Vereinigten Staaten

- Rechtsverweise/Paragraphenverweise beziehen sich auf den Internal Revenue Code.
- Siehe separate Anweisungen.
- Bitte leiten Sie dieses Formular nicht an den IRS, sondern an die steuerabzugspflichtige bzw. zahlende Stelle weiter.

Bitte verwenden Sie dieses Formular nicht für:	**Bitte verwenden Sie stattdessen Formular:**
Einen wirtschaftlichen Eigentümer, der ausschließlich Ausländerstatus oder Abkommenserleichterungen beantragt	W-8BEN
Eine hybride Gesellschaft, die Abkommenserleichterungen in ihrem eigenen Namen beantragt	W-8BEN
Eine Person, die eine Befreiung von der US-Quellensteuer auf Einnahmen beantragt, die steuerlich im Zusammenhang mit einer Geschäftstätigkeit in den Vereinigten Staaten stehen	W-8ECI
Eine rechtlich nicht anerkannte Gesellschaft; der ausländische Eigentümer soll in diesem Fall folgende Formulare verwenden:	W-8BEN oder W-8ECI
Eine ausländische Regierung, internationale Organisation, eine ausländische Zentralbank, eine ausländische, von der Besteuerung ausgenommene Organisation oder eine ausländische Privatstiftung, die sich auf die Anwendbarkeit der Paragraphen 501(c), 892, 895 oder 1443(b) (des Internal Revenue Code) berufen.	W-8EXP

Teil I Identifikation der Einheit

1 Name der als Intermediary tätigen Einzelperson oder Organisation

2 Land der Gründung bzw. Organisation

3 Art der Einheit – bitte Zutreffendes ankreuzen:

[ ] Qualified intermediary (Die Voraussetzungen erfüllender Verwahrer). Bitte Teil II ausfüllen.

[ ] Nonqualified intermediary (Nicht die Voraussetzungen erfüllender Verwahrer). Bitte Teil III ausfüllen.

[ ] US-Niederlassung. Bitte Teil IV ausfüllen.

[ ] Withholding foreign partnership (Quellensteuer einbehaltende ausländische Personengesellschaft). Bitte Teil V ausfüllen.

[ ] Withholding foreign trust (Quellensteuer einbehaltener ausländischer trust) Bitte Teil V ausfüllen.

[ ] Nonwithholding foreign partnership (Nicht einbehaltende ausländische Personengesellschaft). Bitte Teil VI ausfüllen.

[ ] Nonwithholding foreign simple trust (Nicht einbehaltener ausländischer simple trust) Bitte Teil VI ausfüllen

[ ] Nonwithholding foreign grantor trust (Nicht einbehaltener ausländischer grantor trust) Bitte Teil VI ausfüllen.

4 Anschrift des ständigen Wohnsitzes (Straße, Apartment- oder Suite-Nr. oder Landstraße). **Bitte geben Sie keine Postfachanschrift an.**

Stadt, Gemeinde oder Provinz und Postleitzahl, falls zutreffend.

Land (bitte nicht abkürzen)

5 Postanschrift (falls sich diese von der vorstehend angegebenen Anschrift unterscheidet)

Stadt, Gemeinde oder Provinz und Postleitzahl, falls zutreffend.

Land (bitte nicht abkürzen)

6 US-Steuerzahler-Identifikationsnummer (falls erforderlich, siehe Anweisungen)

[ ] SSN oder ITIN

[ ] EIN

[ ] QI-EIN

7 Ausländische Steueridentifikationsnummer, falls vorhanden (optional)

8 Referenz-Nummer(n) (Anleitung beachten)

Teil II Qualified Intermediary

9

a [ ]

[ ] (Dieses Feld ist von allen Qualified Intermediaries anzukreuzen)

Ich bestätige, dass die in Teil I angegebene Einheit:

[ ] ein Qualified Intermediary ist und nicht auf eigene Rechnung handelt in Bezug auf die in Zeile 8 oder in einer beigefügten Erklärung aufgeführten Konten;

[ ] die geforderte Erklärung zum Steuereinbehalt abgegeben hat oder abgeben wird;

[ ] eine Erklärung vorgelegt hat bzw. vorlegen wird, die Informationen enthält, welche für die steuerabzugspflichtige Stelle ausreichend sind, um die richtige Höhe des Betrags zu ermitteln, der von Beträgen einzubehalten ist, die an den Intermediary gezahlt und dem IRS gemeldet werden, und sich bereit erklärt, diese Erklärung erforderlichenfalls zu aktualisieren.

b

[ ]

(Falls zutreffend). Ich bestätige, dass die in Teil I angegebene Einheit die primäre Einbehaltungsverantwortung in Bezug auf die in dieser Zeile 9b oder in beigefügter Erklärung angegebenen Konten übernommen hat.

[ ]

(Falls zutreffend) Ich bestätige, dass die in Teil I angegebene Einheit die Meldepflichten nach Formular 1099 und die Steuereinbehaltungsverpflichtung durch ein Abkommen mit dem IRS für alle in Zeile 9b oder in einer beigefügten Erklärung aufgeführten Konten übernommen hat.

Teil III Nonqualified Intermediary

10

a

[ ]

(Dieses Feld ist von allen Nonqualified Intermediaries anzukreuzen)

Ich bestätige, dass die in Teil I angegebene Einheit kein Qualified Intermediary ist und nicht auf eigene Rechnung handelt.

b

[ ]

(Falls zutreffend) Ich bestätige, dass die in Teil I angegebene Einheit dieses Formular verwendet, um Quellensteuerbescheinigungen (withholding certificate) und andere geeignete Dokumentationen für die Zahlung(en), auf welche sich dieses Formular bezieht, zu übermitteln und die erforderliche Erklärung abgegeben hat.

Teil IV Bestimmte US-Niederlassungen

Hinweis: Sie können diesen Teil anwenden, falls die in Teil I angegebene Einheit eine US-Niederlassung einer ausländischen Bank oder Versicherungsgesellschaft ist und bestimmten aufsichtsrechtlichen Bestimmungen unterliegt (siehe Anweisungen).

11

[ ] Ich bestätige, dass die in Teil I angegebene Einheit eine US-Niederlassung ist und dass die Zahlungen nicht mit einer Geschäftstätigkeit in den USA zusammenhängen.

Bitte Kästchen 12 oder Kästchen 13 ankreuzen, je nachdem, welches zutreffend ist:

12

[ ] Ich bestätige, dass die in Teil I angegebene Einheit dieses Formular als Nachweis für ihre Vereinbarung mit der steuerabzugspflichtigen Stelle, in Bezug auf jegliche mit dieser Bestätigung verbundenen Zahlungen als eine US-Person behandelt zu werden, verwendet.

13

[ ] Ich bestätige, dass die in Teil I angegebene Einheit:

- dieses Formular zur Übermittlung von Quellensteuerbescheinigungen oder sonstigen geeigneten Unterlagen für jene Personen, für welche die Niederlassung eine Zahlung erhält, verwendet; und
- die erforderliche Erklärung vorgelegt hat bzw. vorlegen wird.

Teil V Foreign Withholding Partnership (Einbehaltende ausländische Personengesellschaft)

14

[ ] Ich bestätige, dass die in Teil I angegebene Einheit:

- eine einbehaltende Personengesellschaft oder ein steuereinbehaltener ausländischer Trust ist und
- die erforderliche Erklärung vorgelegt hat bzw. vorlegen wird.

Teil VI Non Withholding Foreign Partnership (Nicht einbehaltende ausländische Personengesellschaft, Simple Trust oder Grantor Trust)

15

[ ] Ich bestätige, dass die in Teil I angegebene Einheit:

• eine ausländische Personengesellschaft (jedoch keine einbehaltende ausländische Personengesellschaft), ein nicht steuereinbehaltender simple oder grantor trust ist und dass die Zahlungen, auf welche sich diese Bestätigung bezieht, nicht mit einer Geschäftstätigkeit in den USA zusammenhängen; und

• die erforderliche Erklärung vorgelegt hat bzw. vorlegen wird.

Teil VII Bescheinigung

Unter Bewusstsein der Strafbarkeit einer falschen eidlichen Aussage erkläre ich, dass ich die Informationen auf diesem Formular geprüft habe und dass diese nach meinem besten Wissen und Gewissen wahr, richtig und vollständig sind. Darüber hinaus gestatte ich, dass dieses Formular jedem Einbehaltungspflichtigen (withholding agent) unterbreitet werden darf, der Kontrolle bzw. Gewahrsam über das Einkommen hat oder Empfänger des Einkommens ist, für das ich dieses Formular abgegeben habe oder jedem withholding agent, der Auslagen oder Zahlungen aus dem Einkommen entnehmen/vornehmen kann, für das ich dieses Formular abgegeben habe.

Bitte hier unterzeichnen

Unterschrift des Zeichnungsberechtigten   Datum

Anhang

Form **W-8EXP**
(Rev. February 2006)

Department of the Treasury
Internal Revenue Service

Certificate of Foreign Government or Other Foreign Organization for United States Tax Withholding

(For use by foreign governments, international organizations, foreign central banks of issue, foreign tax-exempt organizations, foreign private foundations, and governments of U.S. possessions.)

▶ Section references are to the Internal Revenue Code. ▶ See separate instructions.
▶ Give this form to the withholding agent or payer. Do not send to the IRS.

OMB No. 1545-1621

Do not use this form for:	Instead, use Form:
● Any foreign government or other foreign organization that is not claiming the applicability of section(s) 115(2), 501(c), 892, 895, or 1443(b).	W-8BEN or W-8ECI
● A beneficial owner solely claiming foreign status or treaty benefits	W-8BEN
● A foreign partnership or a foreign trust	W-8BEN or W-8IMY
● A person claiming that income is effectively connected with the conduct of a trade or business in the United States	W-8ECI
● A person acting as an intermediary	W-8IMY

Part I Identification of Beneficial Owner (See instructions before completing this part.)

1 Name of organization

2 Country of incorporation or organization

3 Type of entity
☐ Foreign government ☐ International organization ☐ Foreign central bank of issue (not wholly owned by the foreign sovereign) ☐ Foreign tax-exempt organization
☐ Government of a U.S. possession ☐ Foreign private foundation

4 Permanent address (street, apt. or suite no., or rural route). **Do not use a P.O. box.**

City or town, state or province. Include postal code where appropriate.

Country (do not abbreviate)

5 Mailing address (if different from above)

City or town, state or province. Include postal or ZIP code where appropriate.

Country (do not abbreviate)

6 U.S. taxpayer identification number, if required (see instructions)

7 Foreign tax identifying number, if any (optional)

8 Reference number(s) (see instructions)

Part II Qualification Statement

9 **For a foreign government:**
   a ☐ I certify that the entity identified in Part I is a foreign government within the meaning of section 892 and the payments are within the scope of the exemption granted by section 892.
   Check box 9b or box 9c, whichever applies:
   b ☐ The entity identified in Part I is an integral part of the government of ....
   c ☐ The entity identified in Part I is a controlled entity of the government of ....

10 **For an international organization:**
   ☐ I certify that:
   ● The entity identified in Part I is an international organization within the meaning of section 7701(a)(18) **and**
   ● The payments are within the scope of the exemption granted by section 892.

11 **For a foreign central bank of issue (not wholly owned by the foreign sovereign):**
   ☐ I certify that:
   ● The entity identified in Part I is a foreign central bank of issue,
   ● The entity identified in Part I does not hold obligations or bank deposits to which this form relates for use in connection with the conduct of a commercial banking function or other commercial activity, **and**
   ● The payments are within the scope of the exemption granted by section 895.

(Part II and required certification continued on page 2)

For Paperwork Reduction Act Notice, see separate instructions.   Cat. No. 25401F   Form **W-8EXP** (Rev. 2-2006)

Form W-8EXP (Rev. 2-2006) Page **2**

Part II   **Qualification Statement** *(continued)*

12 For a foreign tax-exempt organization, including foreign private foundations:

If any of the income to which this certification relates constitutes income includible under section 512 in computing the entity's unrelated business taxable income, attach a statement identifying the amounts.

Check either box 12a or box 12b:

a ☐ I certify that the entity identified in Part I has been issued a determination letter by the IRS dated ....
that is currently in effect and that concludes that it is an exempt organization described in section 501(c).

b ☐ I have attached to this form an opinion from U.S. counsel concluding that the entity identified in Part I is described in section 501(c).

For section 501(c)(3) organizations only, check either box 12c or box 12d:

c ☐ If the determination letter or opinion of counsel concludes that the entity identified in Part I is described in section 501(c)(3), I certify that the organization is not a private foundation described in section 509. I have attached an affidavit of the organization setting forth sufficient facts for the IRS to determine that the organization is not a private foundation because it meets one of the exceptions described in section 509(a)(1), (2), (3), or (4).

d ☐ If the determination letter or opinion of counsel concludes that the entity identified in Part I is described in section 501(c)(3), I certify that the organization is a private foundation described in section 509.

13 For a government of a U.S. possession:

☐ I certify that the entity identified in Part I is a government of a possession of the United States, or is a political subdivision thereof, and is claiming the exemption granted by section 115(2).

Part III   **Certification**

Under penalties of perjury, I declare that I have examined the information on this form and to the best of my knowledge and belief it is true, correct, and complete. I further certify under penalties of perjury that:

- The organization for which I am signing is the beneficial owner of the income to which this form relates,
- The beneficial owner is not a U.S. person,
- For a beneficial owner that is a controlled entity of a foreign sovereign (other than a central bank of issue wholly owned by a foreign sovereign), the beneficial owner is not engaged in commercial activities within or outside the United States, **and**
- For a beneficial owner that is a central bank of issue wholly owned by a foreign sovereign, the beneficial owner is not engaged in commercial activities within the United States.

Furthermore, I authorize this form to be provided to any withholding agent that has control, receipt, or custody of the income of which I am the beneficial owner or any withholding agent that can disburse or make payments of the income of which I am the beneficial owner.

Sign Here

....
Signature of authorized official   Date (MM-DD-YYYY)   Capacity in which acting

Übersetzung des Formulars W-8EXP (Februar 2006)

Finanzministerium

Bundessteuerbehörde

Bescheinigung einer ausländischen Regierung oder anderen ausländischen Organisation für die Quellensteuer in den Vereinigten Staaten

(Zur Verwendung durch ausländische Regierungen, internationale Organisationen, ausländische Zentralnotenbanken, ausländische steuerbefreite Organisationen, ausländische private Stiftungen und Regierungen in US-Besitz)

→ Die angegebenen Paragraphen beziehen sich auf das Bundessteuergesetz → Siehe separate Anweisungen → Dieses Formular an die einbehaltende Stelle oder den Zahler geben. Nicht an die Bundessteuerbehörde schicken.

OMB-Nr. 1545-1621

Dieses Formular darf nicht verwendet werden:	**Stattdessen folgendes Formular verwenden:**
Ausländische Regierungen oder andere ausländische Organisationen, die keinen Anspruch auf die Anwendbarkeit der Paragraphen 115 (2), 501 (c), 892, 895 oder 1443 (b) erheben.	W-8BEN oder W-8ECI
Um als Nutzungsberechtigter lediglich den Ausländerstatus oder Vertragsleistungen zu beanspruchen	W-8BEN
Eine ausländische Personengesellschaft oder ein ausländischer Trust	W-8BEN oder W-8IMY
Für Einzelpersonen, die eine Befreiung von der Quellensteuer der Vereinigten Staaten auf Einkommen beantragen, die aus der Ausübung von Handel oder Gewerbe in den Vereinigten Staaten stammen	W-8ECI
Eine als Vermittler tätige Person	W-8IMY

Teil I Angaben zur Person des Nutzungsberechtigten (siehe Anweisungen)

1. Name der Organisation

2. Land des Unternehmens oder Organisationssitzes

3. Art der Organisation (Zutreffendes ankreuzen):

   [ ] Ausländische Regierung   [ ] Internationale Organisation

   [ ] Regierung in U.S. Possession   [ ] Ausl. steuerbefreite Organisation

[ ] Ausländische Zentralnotenban- [ ] Ausländische Privatstiftung
ken (nicht ganz im Besitz des
ausl. Souveräns)

4. Feste Anschrift (Straße, Wohnungsnummer oder Landstraße), kein Postfach angeben

_____

Stadt, Gemeinde oder Provinz und Postleitzahl, falls zutreffend.

_____

Land (bitte nicht abkürzen)

5. Postanschrift (falls von oben abweichend)

_____

Stadt, Gemeinde oder Provinz und Postleitzahl, falls zutreffend.

_____

Land (bitte nicht abkürzen)

6. Persönliche US-Steuernummer (falls erforderlich – siehe Anweisungen)

7. Auslandssteuernummer, falls vorhanden (freigestellt)

8. Referenznummer (siehe Instruktionen)

Teil II Qualifikationserklärung

9 Für die ausländische Regierung

a) Ich bestätige hiermit, dass die in Teil I angegebene Organisation
eine ausländische Regierung im Sinne des § 892 darstellt und die
Zahlungen sich im Anwendungsbereich der in § 892 gewährten Befreiung befinden

Bitte Kästchen 9b oder 9c ankreuzen

b) Die in Teil I angegebene Organisation ist ein integraler Bestandteil
der Regierung von

c) die in Teil I angegebene Organisation wird kontrolliert von der Regierung von _____

10 Für eine internationale Organisation

Ich bestätige hiermit, dass

• die in Abschnitt I angegebene Organisation eine internationale Organisation im Sinne des § 7701 (a) (18) ist und

• die Zahlungen sich im Anwendungsbereich der in § 892 gewährten Befreiungen befinden.

11 Für eine ausländische Zentralnotenbank (nicht vollständig im Besitz des
ausländischen Souveräns):

Ich bestätige hiermit, dass

- die in Abschnitt I angegebene Organisation eine ausländische Zentralnotenbank ist;
- die in Abschnitt I angegebene Organisation keine Obligationen oder Bankeinlagen besitzt, auf die sich dieses Formular zum Gebrauch in Verbindung mit der Führung einer kommerziellen Bankfunktion oder anderer geschäftlicher Aktivitäten bezieht; und
- sich die Zahlungen im Anwendungsbereich der in § 895 gewährten Befreiungen befinden

Teil II Qualifikationserklärung (Fortsetzung)

12 Für eine ausländische steuerbefreite Organisation, einschließlich ausländische Privatstiftungen

- Wenn ein Einkommen, auf das sich diese Bescheinigung bezieht, Einkommen darstellt, das unter § 512 fällt und das besteuerbare Einkommen der Organisation unter Einbeziehung der nicht berichteten Geschäfte berechnet wird, wird eine Anlage beigefügt, in dem die Beträge identifiziert werden.

Entweder 12a oder 12b ankreuzen

a)   Ich bestätige, dass für die in Teil I angegebene Organisation ein Festsetzungsbescheid vom _____ von der Bundessteuerbehörde erteilt wurde, der derzeit in Kraft ist und aus dem hervorgeht, dass es sich um eine Organisation nach § 501 (c) handelt.

b)   Ich habe diesem Formular eine Stellungnahme eines US-amerikanischen Rechtsberaters beigefügt, aus der hervorgeht, dass die in Teil I angegebene Organisation in § 501 (c) beschrieben wird.

Nur bei Organisationen nach § 501 (c) (3) entweder 12c oder 12d ankreuzen:

c)   Wenn das Festsetzungsschreiben oder die Stellungnahme des Beraters ergibt, dass die in Teil I angegebene Organisation in § 501 (c) (3) beschrieben wird, bestätige ich, dass die Organisation keine private Stiftung ist, wie in § 509 beschrieben. Ich habe eine eidesstattliche Erklärung der Organisation beigefügt, in der der Bundessteuerbehörde ausreichend nachgewiesen wird, dass die Organisation keine private Stiftung ist, weil sie eine der Erwartungen erfüllt, die in § 509 (a) (1), (2), (3) oder (4) beschrieben werden.

d)   Wenn das Festsetzungsschreiben oder die Stellungnahme des Rechtsberaters ergeben, dass die in Teil I angegebene Organisation in § 501 (c) (3) beschrieben wird, bestätige ich, dass die Organisation eine private Stiftung ist, welche in § 509 beschrieben wird.

13 Für die Regierung einer U.S. Possession

Ich bestätige, dass die in Teil I angegebene Organisation eine Regierung einer Possession der Vereinigten Staaten oder eine ihr angehörige Gebietskörperschaft ist, die sich auf die Befreiung unter Paragraph 115 (2) beruft.

Teil III Versicherung

Im Bewusstsein strafrechtlicher Verfolgung bei Abgabe einer falschen eidlichen Aussage erkläre ich hiermit, dass ich die auf diesem Formular vermerkten Informationen gründlich gelesen habe und diese nach bestem Wissen und Gewissen wahr, zutreffend und vollständig sind. Im Bewusstsein der Andrehung strafrechtlicher Schritte versichere ich des Weiteren:

- dass die Organisation, für die ich unterzeichne, der Nutzungsberechtigte des Einkommens ist, auf den sich dieses Formular bezieht,
- dass der wirtschaftliche Eigentümer (Beneficial Owner) keine U.S. Person ist;
- für einen Nutzungsberechtigten, der ein von einem ausländischen Souverän kontrollierte Organisation ist (jedoch keine Zentralnotenbank, die sich im 100%-igen Besitz des ausländischen Souveräns befindet), der Nutzungsberechtigte keine kommerziellen Tätigkeiten innerhalb oder außerhalb der Vereinigten Staaten ausübt, und
- für einen Nutzungsberechtigten, der eine Zentralnotenbank ist, welche zu 100 % einem ausländischen Souverän gehört, der Nutzungsberechte keine kommerziellen Tätigkeiten in den Vereinigten Staaten ausübt.

Ich erteile weiterhin mein Einverständnis, dass dieses Formular jedem Withholding Agent unterbreitet werden darf, der Kontrolle bzw. Gewahrsam über das Einkommen hat, oder Empfänger des Einkommens ist, dessen „Beneficial Owner" ich bin oder jedem Withholding Agent, der Auslagen oder Zahlungen aus dem Einkommen entnehmen/vornehmen kann, dessen „Beneficial Owner" ich bin.

Hier unterzeichnen

Unterschrift des bevollmäch-tigten Vertreters	Datum	Handelnd in der Eigenschaft als

| Form **W-9** (Rev. January 2011) Department of the Treasury Internal Revenue Service | **Request for Taxpayer Identification Number and Certification** | Give Form to the requester. Do not send to the IRS. |

Print or type — See Specific Instructions on page 2.

Name (as shown on your income tax return)

Business name/disregarded entity name, if different from above

Check appropriate box for federal tax classification (required):
☐ Individual/sole proprietor ☐ C Corporation ☐ S Corporation ☐ Partnership ☐ Trust/estate

☐ Limited liability company. Enter the tax classification (C=C corporation, S=S corporation, P=partnership) ▶ _____

☐ Exempt payee

☐ Other (see instructions) ▶

Address (number, street, and apt. or suite no.)

Requester's name and address (optional)

City, state, and ZIP code

List account number(s) here (optional)

Part I Taxpayer Identification Number (TIN)

Enter your TIN in the appropriate box. The TIN provided must match the name given on the "Name" line to avoid backup withholding. For individuals, this is your social security number (SSN). However, for a resident alien, sole proprietor, or disregarded entity, see the Part I instructions on page 3. For other entities, it is your employer identification number (EIN). If you do not have a number, see *How to get a TIN* on page 3.

Note. If the account is in more than one name, see the chart on page 4 for guidelines on whose number to enter.

Social security number
☐☐☐ – ☐☐ – ☐☐☐☐

Employer identification number
☐☐ – ☐☐☐☐☐☐☐

Part II Certification

Under penalties of perjury, I certify that:

1. The number shown on this form is my correct taxpayer identification number (or I am waiting for a number to be issued to me), and

2. I am not subject to backup withholding because: (a) I am exempt from backup withholding, or (b) I have not been notified by the Internal Revenue Service (IRS) that I am subject to backup withholding as a result of a failure to report all interest or dividends, or (c) the IRS has notified me that I am no longer subject to backup withholding, and

3. I am a U.S. citizen or other U.S. person (defined below).

Certification instructions. You must cross out item 2 above if you have been notified by the IRS that you are currently subject to backup withholding because you have failed to report all interest and dividends on your tax return. For real estate transactions, item 2 does not apply. For mortgage interest paid, acquisition or abandonment of secured property, cancellation of debt, contributions to an individual retirement arrangement (IRA), and generally, payments other than interest and dividends, you are not required to sign the certification, but you must provide your correct TIN. See the instructions on page 4.

Sign Here | Signature of U.S. person ▶ | Date ▶

General Instructions

Section references are to the Internal Revenue Code unless otherwise noted.

Purpose of Form

A person who is required to file an information return with the IRS must obtain your correct taxpayer identification number (TIN) to report, for example, income paid to you, real estate transactions, mortgage interest you paid, acquisition or abandonment of secured property, cancellation of debt, or contributions you made to an IRA.

Use Form W-9 only if you are a U.S. person (including a resident alien), to provide your correct TIN to the person requesting it (the requester) and, when applicable, to:

1. Certify that the TIN you are giving is correct (or you are waiting for a number to be issued),

2. Certify that you are not subject to backup withholding, or

3. Claim exemption from backup withholding if you are a U.S. exempt payee. If applicable, you are also certifying that as a U.S. person, your allocable share of any partnership income from a U.S. trade or business is not subject to the withholding tax on foreign partners' share of effectively connected income.

Note. If a requester gives you a form other than Form W-9 to request your TIN, you must use the requester's form if it is substantially similar to this Form W-9.

Definition of a U.S. person. For federal tax purposes, you are considered a U.S. person if you are:

• An individual who is a U.S. citizen or U.S. resident alien,

• A partnership, corporation, company, or association created or organized in the United States or under the laws of the United States,

• An estate (other than a foreign estate), or

• A domestic trust (as defined in Regulations section 301.7701-7).

Special rules for partnerships. Partnerships that conduct a trade or business in the United States are generally required to pay a withholding tax on any foreign partners' share of income from such business. Further, in certain cases where a Form W-9 has not been received, a partnership is required to presume that a partner is a foreign person, and pay the withholding tax. Therefore, if you are a U.S. person that is a partner in a partnership conducting a trade or business in the United States, provide Form W-9 to the partnership to establish your U.S. status and avoid withholding on your share of partnership income.

Cat. No. 10231X   Form **W-9** (Rev. 1-2011)

Übersetzung des Formulars W-9 (Januar 2011)

Finanzministerium Bundes-steuerverwaltung	**Formular an die anfordernde Stelle, nicht an die Bundessteuerverwaltung übersenden.**

Anforderung einer Steuernummer und Bestätigung

Bitte in Druckbuchstaben oder mit der Maschine ausfüllen

Name (wie in der Einkommensteuererklärung)

Geschäftsbezeichnung/Name des selbst nicht steuerpflichtigen (transparenten) Unternehmens, sofern nicht mit vorstehendem Namen identisch

Zuordnung erforderlich für Zwecke der Bundessteuer:

- Natürliche Person/Einzelunternehmen
- Kapitalgesellschaft C – steuerpflichtig
- Kapitalgesellschaft S (in den USA nicht steuerpflichtig)
- Personengesellschaft
- Trust/Grundbesitz
- Gesellschaft mit beschränkter Haftung. Wählen Sie die steuerliche Zuordnung: C= C Körperschaft, S = S Körperschaft (in den USA steuerlich transparent und deshalb nicht selbst steuerpflichtig), P= Personengesellschaft
- vom Quellensteuereinbehalt befreiter Zahlungsempfänger
- Sonstige (siehe Hinweise)

Anschrift (Straßenanschrift sowie Nr. der Wohnung bzw. des Büro-Apartments)

Stadt, Staat und PLZ

Name und Anschrift (freiwillig) der anfordernden Stelle

Kontonummer(n) hier auflisten (freiwillig)

Teil I – Steuernummer (TIN)

TIN in das entsprechende Feld eintragen. Die TIN muss zu dem oben in Zeile „Name" angegebenen Namen gehören, damit der Quellensteuerabzug vermieden werden kann. Bei natürlichen Personen ist dies die Sozialversicherungsnummer (SSN). Hinsichtlich ausländischer in den USA ansässiger natürlicher Personen, Einzelunternehmen oder nicht betroffener juristischer Personen wird auf die Hinweise zu Teil I auf Seite 3 verwiesen. Bei anderen juristischen Personen ist hier die Arbeitgeber-Ident-Nr. (EIN) anzugeben. Wenn Sie keine Nummer haben, lesen Sie den Punkt „Einholung einer TIN" auf Seite 3.

Anmerkung: Wenn das Konto auf mehrere Namen lautet, richten Sie sich hinsichtlich der einzutragenden Nummern nach der Tabelle auf Seite 4.

Sozialversicherungsnummer: _____

oder

Arbeitgeber-Ident-Nummer: _____

Teil II – Bestätigung

Ich bestätige hiermit unter Androhung der Strafen für Meineid, dass

1. die in diesem Formular angegebene Nummer meine richtige Steuer-Nr. ist (oder dass ich noch auf die Zuteilung einer Nummer warte) und
2. dass ich nicht dem Quellensteuereinbehalt unterliege, weil (a) ich von dem Quellensteuereinbehalt befreit bin oder (b) ich keine Mitteilung der Bundessteuerverwaltung (IRS) erhalten habe, dass ich dem Quellensteuereinbehalt deshalb unterliege, weil ich nicht alle Zinsen oder Dividenden gemeldet habe, oder (c) die IRS mir mitgeteilt hat, dass ich dem Quellensteuereinbehalt nicht mehr unterliege, und
3. dass ich eine US-Person (einschließlich in den US ansässiger Steuerausländer) bin.

Hinweise für die Bestätigung: Wenn Ihnen von der IRS mitgeteilt wurde, dass Sie derzeit dem Quellensteuereinbehalt unterliegen, weil Sie nicht alle Zinsen und Dividenden in Ihrer Steuererklärung gemeldet haben, müssen Sie obigen Punkt 2 durchstreichen. Bei Grundstücksgeschäften findet Punkt 2 keine Anwendung. Bei gezahlten Hypothekenzinsen, Erwerb oder Freigabe von gesichertem Vermögen, Schuldtilgung, Beiträgen zu einer persönlichen Pensionsvereinbarung (IRA) und generell allen Zahlungen außer Zinsen und Dividenden brauchen Sie die Bestätigung nicht zu unterzeichnen, müssen aber Ihre richtige TIN angeben. (S. Hinweise auf Seite 4)

Unterschrift der US-Person   Datum

Erklärung zur Vermeidung von Missbrauch des Doppelbesteuerungsabkommens für juristische Personen

An die

„Volksbank/Raiffeisenbank"

Erträge aus US-amerikanischen Wertpapieren

Erklärung zur Vermeidung von Missbrauch des Doppelbesteuerungsabkommens USA

Statement:

_____ (insert: name of account holder) meets all the provisions of the treaty that are necessary to claim a reduced rate of with-holding, including any limitation on benefits provisions, and derives the income within the meaning of section 894 of the U.S. Internal Revenue Code, and the regulations thereunder, as the beneficial owner.

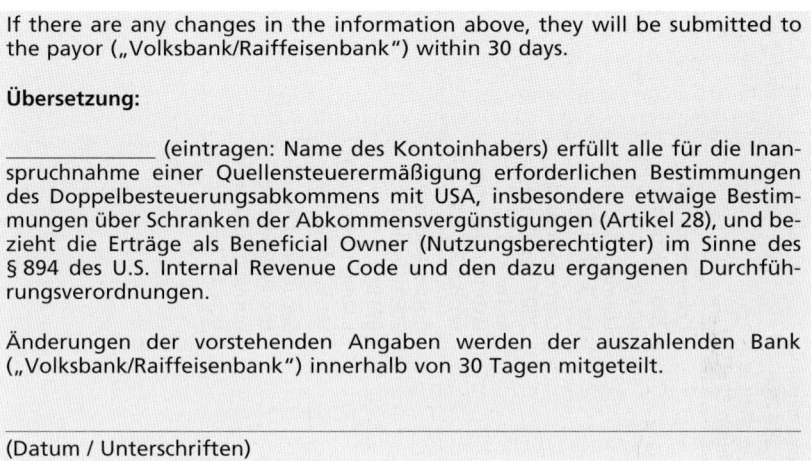

If there are any changes in the information above, they will be submitted to the payor ("Volksbank/Raiffeisenbank") within 30 days.

Übersetzung:

_____ (eintragen: Name des Kontoinhabers) erfüllt alle für die Inanspruchnahme einer Quellensteuerermäßigung erforderlichen Bestimmungen des Doppelbesteuerungsabkommens mit USA, insbesondere etwaige Bestimmungen über Schranken der Abkommensvergünstigungen (Artikel 28), und bezieht die Erträge als Beneficial Owner (Nutzungsberechtigter) im Sinne des § 894 des U.S. Internal Revenue Code und den dazu ergangenen Durchführungsverordnungen.

Änderungen der vorstehenden Angaben werden der auszahlenden Bank ("Volksbank/Raiffeisenbank") innerhalb von 30 Tagen mitgeteilt.

(Datum / Unterschriften)

3.13 Liste von organisierten Märkten aus Drittländern, die Transparenzanforderungen im Hinblick auf Stimmrechtsanteile unterliegen, die denen des Gemeinschaftsrechts gleichwertig sind

No	Land	Name der Börse	Website	Mitteilungs-pflicht be-deutender Beteiligung	Anwendbar für alle Bör-sen in dem je-weiligen Land	Quelle	BaFin/EU Länder-liste
1	Australien	Australian Securities Exchange	www.asx.com.au	Offenle-gung ab 5 % der 20 Hauptaktio-näre	J	Corporations Act 2001 Section 9 / 671B Listing rules chap-ter 3 No 3.4.1	X
2	Australien	Asia Pacific Exchange Limited (APX)	www.apx.com.au	Offenle-gung ab 5 % der 20 Hauptaktio-näre	J	Corporations Act 2001 Section 9 / 671B Listing rules chap-ter 8.9.3 / 9.10.10	X
3	Australien	National Stock Ex-change of Australia	www.nsxa.com.au	Offenle-gung ab 5 % der 20 Hauptaktio-näre	J	Corporations Act 2001 Section 9 / 671B Listing rules chap-ter 6.1.3 (2) iii	X
4	China	Shanghai Stock Ex-change	http:// www.sse.com.cn/ sseportal/en_us/ps/home.shtml	Offenle-gung ab 5 %	J	Securities Law of the People's Re-public of China Ar-ticle 62 (8)	

No	Land	Name der Börse	Website	Mitteilungspflicht bedeutender Beteiligung	Anwendbar für alle Börsen in dem jeweiligen Land	Quelle	BaFin/EU Länderliste
5	Hongkong	Hong Kong Stock Exchange	http://www.hkex.com.hk	Offenlegung ab 5 %	N	SFC – OUTLINE OF PART XV OF THE SECURITIES AND FUTURES ORDINANCE (CAP. 571) – DISCLOSURE OF INTERESTS Kapitel 1.1.3 (i) i.V.m Kapitel 2	X
6	Indien	Bombay Stock Exchange (BSE)	http://www.bseindia.com/	Offenlegung ab 5 %	J	SECURITIES AND EXCHANGE BOARD OF INDIA (SUBSTANTIAL ACQUISTION OF SHARES AND TAKEOVERS) REGULATIONS, 1997 Chapter II	
7	Indien	National Stock Exchange of India (NSE)	http://www.nseindia.com/	Offenlegung ab 5 %	J	SECURITIES AND EXCHANGE BOARD OF INDIA (SUBSTANTIAL ACQUISTION OF SHARES AND TAKEOVERS) REGULATIONS, 1997 Chapter II	

No	Land	Name der Börse	Website	Mitteilungs-pflicht be-deutender Beteiligung	Anwendbar für alle Bör-sen in dem je-weiligen Land	Quelle	BaFin/EU Länder-liste
8	Indonesien	Indonesia Stock Ex-change (IDX)	http://www.idx.co.id/	Offenle-gung ab 5 %	N	DECISION OF THE BOARD OF DIREC-TORS OF THE JA-KARTA STOCK EX-CHANGE NUMBER : Kep-306/BEJ/07-2004 CONCER-NING RULE NUM-BER I-E CONCER-NING THE OBLIGATION OF INFORMATION SUBMISSION Kapi-tel III.3.4.2.2	
9	Japan	Tokyo Stock Ex-change	http://www.tse.or.jp	Offenle-gung ab 5 %	J	New Legislative Framework for In-vestor Protection "Financial Instru-ments and Ex-change Law" page 16	X
10	Japan	TSE – MO-THERS	http://www.tse.or.jp/eng-lish/mothers/	Offenle-gung ab 5 %	J	New Legislative Framework for In-vestor Protec-tion – "Financial Instruments and Exchange Law" page 16	X

No	Land	Name der Börse	Website	Mitteilungs-pflicht be-deutender Beteiligung	Anwendbar für alle Bör-sen in dem je-weiligen Land	Quelle	BaFin/EU Länder-liste
11	Japan	JASDAQ	http://www.jasdaq.co.jp/index_e.html	Offenle-gung ab 5 %	J	New Legislative Framework for In-vestor Protec-tion – "Financial Instruments and Exchange Law" page 16	X
12	Japan	Osaka Secu-rities Ex-change	http://www.ose.or.jp	Offenle-gung ab 5 %	J	New Legislative Framework for In-vestor Protec-tion – "Financial Instruments and Exchange Law" page 16	X
13	Japan	Hercules (Part of the Osaka Stock Ex-change)	http://hercu-les.ose.or.jp/e/	Offenle-gung ab 5 %	J	New Legislative Framework for In-vestor Protec-tion – "Financial Instruments and Exchange Law" page 16	X
14	Japan	Nagoya Stock Ex-change	http://www.nse.or.jp/e/index.html	Offenle-gung ab 5 %	J	New Legislative Framework for In-vestor Protec-tion – "Financial Instruments and Exchange Law" page 16	X

Anhang

No	Land	Name der Börse	Website	Mitteilungs-pflicht be-deutender Beteiligung	Anwendbar für alle Bör-sen in dem je-weiligen Land	Quelle	BaFin/EU Länder-liste
15	Japan	Centrex (Part of the Nagoya Stock Ex-change)	http:// www.nse.or.jp/e/ index.html	Offenle-gung ab 5 %	J	New Legislative Framework for In-vestor Protec-tion – "Financial Instruments and Exchange Law" page 16	X
16	Kanada	Toronto Stock Ex-change	http:// www.tsx.com	Offenle-gung ab 10 %	N	Policy Statement of Timely Disclo-sure page 5 Securities Act Sec-tion 1, 75	X
17	Malaysia	Kuala Lum-pur Stock Exchange	http:// www.klse.com.my	Offenle-gung ab 5 %	N	LISTING REQUIRE-MENTS OF BURSA MALAYSIA SECU-RITIES BERHAD FOR THE MESDAQ MARKET (APPENDIX 9C (24) (a)) S. 24 / 164	
18	Neusee-land	New Zea-land Stock Exchange	http:// www.nzx.com	Offenle-gung ab 5 %	J	Securities Markets Act 1988 No 234 (as at 02 May 2008), Part 2 Sub-part 3 – 21 (2)	X
19	Schweiz	Eurex Zu-rich	http://www.eurex-change.com	Offenle-gung ab 3 %	J	Art. 20 BEHG	X

No	Land	Name der Börse	Website	Mitteilungspflicht bedeutender Beteiligung	Anwendbar für alle Börsen in dem jeweiligen Land	Quelle	BaFin/EU Länderliste
20	Schweiz	Swiss Exchange (SWX)	http://www.swx.com	Offenlegung ab 3 %	J	Art. 20 BEHG	X
21	Südafrika	Johannesburg Stock Exchange	http://www.jse.co.za	Offenlegung ab 5 %	N	Listing Requirements – Section 8 Financial Information (8.63 e und f)	X
22	Südkorea	Korea Stock Exchange	http://www.kse.or.kr	Offenlegung ab 10 %	J	Securities And Exchange Act (Republic of Korea) Art. 188 (1) STOCK MARKET DISCLOSURE REGULATION § 2 (6) / § 7 (2) Nr.2 (Seite 13)	
23	Südkorea	KOSDAQ	http://english.kosdaq.com/	Offenlegung ab 10 %	J	Securities And Exchange Act (Republic of Korea) Art. 188 (1) STOCK MARKET DISCLOSURE REGULATION § 2 (6) / § 7 (2) Nr.2 (Seite 13)	

No	Land	Name der Börse	Website	Mitteilungspflicht bedeutender Beteiligung	Anwendbar für alle Börsen in dem jeweiligen Land	Quelle	BaFin/EU Länderliste
24	Taiwan	Taiwan Stock Exchange	http://www.tse.com.tw	Offenlegung ab 10 %	J	Securities and Exchange Act Art. 25	
25	Thailand	The Stock Exchange of Thailand	http://www.set.or.th/th/index.html	Offenlegung ab 10 %	N	REGULATIONS OF THE STOCK EXCHANGE OF THAILAND Re: Rules, Conditions and Procedures Governing the Disclosure of Information and Other Acts of a Listed Company Seite 1 Definition / Seite 2 (3. (7)	
26	USA	American Stock Exchange	http://www.amex.com	Offenlegung ab 10 %	J	Securities Act of 1933 Schedule A No. 6	X
27	USA	NASDAQ	http://www.nasdaq.com/	Offenlegung ab 10 %	J	Securities Act of 1933 Schedule A No. 6	X
28	USA	New York Stock Exchange	http://www.nyse.com	Offenlegung ab 10 %	J	Securities Act of 1933 Schedule A No. 6	X

Stichwortverzeichnis

Die Zahlen verweisen auf die Randnummern neben dem Text.